KB244702

TransLatin
트랜스라틴 총서 02

대홍수

라틴아메리카,
신자유주의 20년의 경험

대홍수: 라틴아메리카, 신자유주의 20년의 경험

초판 1쇄 발행 _ 2009년 11월 5일
초판 3쇄 발행 _ 2015년 2월 10일

지은이 · 이성형

펴낸이 · 임성안
펴낸곳 · (주)그린비출판사 | 등록번호 · 제313-1990-32호
주소 · 서울시 마포구 동교로 17길 7, 4층(서교동, 은혜빌딩) | 전화 · 702-2717 | 팩스 · 703-0272

ISBN 978-89-7682-733-3 04300
     978-89-7682-710-4 (세트)
이 도서의 국립중앙도서관 출판시도서목록(CIP)은 e-CIP홈페이지(http://www.nl.go.kr/ecip)에서
이용하실 수 있습니다.(CIP제어번호: CIP2009003239)

(주)그린비 출판사 나를 바꾸는 책, 세상을 바꾸는 책
홈페이지 · www.greenbee.co.kr | 전자우편 · editor@greenbee.co.kr

TransLatin
트랜스라틴 총서 02

대홍수

라틴아메리카, 신자유주의 20년의 경험

이성형 지음

그린비

I

1992년 2월에 부에노스아이레스를 방문하면서 나의 신자유주의 연구는 시작되었다. 당시 아르헨티나의 메넴 대통령은 신자유주의의 기수로 인기가 있었다. 국민들은 그가 침체의 덫에 빠진 경제를 구원하리라 믿었다. 언론과 식자층은 매일 페론과 페론주의 때문에 나라를 망쳤다고 성토했다. 미국발 워싱턴 컨센서스(Washington Consensus)는 개방과 민영화만이 대안이라 설파하며 남미 전역에 지지층을 확보하고 있었다. 하지만 메넴의 10년 집권기가 지나고 2001~02년에 아르헨티나는 또다시 몰락의 비운을 맛보았다. 이번에는 시민들이 외쳤다. "모두 다 나가라!" 정치에 대한 혐오증은 극도에 달했다. 역설적으로 이후 회복기는 IMF와 대결구도 속에 경제를 운영해 온 좌파 페론주의자인 기르치네르(2002~07) 정부 때였다. 그는 위기의 아르헨티나 경제를 구했고, 상대적으로 고도 성장기를 구가했다. 덕분에 그는 권력을 부인 크리스티나에게 넘길 수 있었다.

이상하게도 워싱턴 컨센서스를 열렬히 수용한 나라들은 모두 심각한 경제적 위기를 맞이했다. 아르헨티나, 멕시코, 볼리비아는 경제위기와 더불어 격심한 정치적, 사회적 위기를 함께 경험했다. 반면에 워싱턴 컨센서스를 수용하되 발전주의 전통의 견제를 받았던 브라질의 경우는 비교적 큰 무리가 없이 시장경제 개혁을 지속할 수 있었다. 과격한 개혁 스타일은 신자유주의의 경우에도 예외 없이 큰 후유증을 치렀다. 쇼크 요법은 이제 낡은 처방전임이 만사에 드러났다.

라틴아메리카에서 신자유주의 개혁의 신호탄이 되었던 사건은 1982년의 외채위기였다. 그리고 27년이 흘렀다. 외채위기를 수습하고 본격적인 시장경제 개혁이 시작된 시기는 1990년대이니, 실험의 연한은 이제 20년 정도가 되었다. 그러니 이제는 신자유주의 개혁의 옳고 그름은 지난 세월의 다양한 실험에 대한 공과를 통해 살펴볼 수가 있다. 타이밍도 좋다. 이제 그 누구도 신자유주의가 도입된 초기에 볼 수 있었던 열광적 지지자나 도그마적 비판자도 아니다. 사례를 두고 찬찬히 공과를 나눌 수 있는 시점인 것이다. 한때 칠레의 연금 민영화 계획은 열렬한 숭배자 그룹을 만들었다. 하지만 현재 칠레를 포함하여 연금 민영화 계획을 받아들인 국가들을 보면 모두 울상이다. 연금 생활자의 미래는 주식시장의 폭락과 더불어 사라졌다. 연금의 특성인 안정적 소득의 확보가 너무 불안정해졌다면, 그것은 더 이상 연금이 아닐 것이다.

II

신자유주의 경제개혁의 피로감은 곧 바로 선거정치에 반영되었다. 사람들은 시장개혁과 민영화가 가져온 후유증에 넌더리를 낸다. 실업자가 증가하고 고용 불안정이 만성적인 현상이 되었다. 최빈층에 정부 재원이 집중되어 빈민층을 줄이는 프로젝트는 계속되지만 중간층의 복지나 소득 수준은 하락하였다. 신자유주의가 내세우는 점습효과(trickle-down effect)는 실현되지 않았다. 나라마다 정도의 차이는 있지만 비공식부문은 계속 늘어만 갔다. 이런 연유로 선거정치의 추는 바로 중도좌파 정당들로 쏠리게 되었다.

중남미의 좌파정부 도미노 현상은 진부할 정도로 시간이 흘렀다. 베네수엘라의 차베스, 아르헨티나의 키르치네르(부부), 브라질의 룰라, 우루과이의 바스케스, 파나마의 토리호스, 도미니카의 페르난데스, 칠레의 바첼레트, 볼리비아의 에보 모랄레스, 니카라과의 다니엘 오르테가, 파라과이의 페르난도 루고, 에콰도르의 라파엘 코레아 정부는 모두 중도좌파적 지향을 내걸고 권좌에 올랐다. 벌써 연임에 성공한 정부도 많다. 정말 중도좌파 정부들이 넘쳐난다.

무엇이 이런 변화를 가져왔을까? 우선 지적할 수 있는 것이 지난 20년간의 신자유주의 개혁이 남긴 사회적 위기 상황이다. 개혁과 개방은 국민들에게 약속했던 빵과 일자리를 가져다주지 못했다. '눈물의 계곡'을 그렇게 오랫동안 견뎠건만, 여전히 실업자는 넘쳐나고, 고용의 불안정은 심화되었으며 사회치안도 말이 아니다. 정치적 부패도 여전하다. 선거에서 좌파들이 연전연승을 거두는 까닭은 대중들의 사회적, 정치적 불만이 배경에 깔려 있다.

둘째, 좌파의 승리는 다양한 세력을 결집시킨 실용주의적 중도파 지향의 반영이기도 하다. 중남미 좌파의 대다수는 지난 20년간 대의민주제와 시장경제, 그리고 세계화의 대세를 수용하며 중도파로 이동하였다. 여기에 지난 10년간 강력하게 부상한 신사회운동의 동력이 결합하여 선거 승리란 결과를 창출한 것이다. 중남미에서 칠레를 제외한다면 계급정치의 힘은 허약하다. 대개의 경우 다양한 세력을 결집시키는 민족적-민중적 담론이나 민중주의적 호소가 선거정치에서 더 잘 먹힌다.

물론 좌파정권의 내부사정도 나라마다 다르다. 대체로 베네수엘라의 차베스나 볼리비아의 에보 모랄레스가 민중주의 좌파에 해당한다면, 아르헨티나·브라질·칠레·우루과이·파나마 등의 좌파 정권은 개혁좌파에 가깝다. 전자는 석유나 가스가 풍부한 에너지 자원을 배경으로 자원민족주의를 내세우며 급진적인 반미 자주화 구호를 외치기도 한다. 유가가 고공으로 행진하던 시기에 집권한 것도 큰 도움이 되었다. 석유재원으로 베네수엘라는 사회빈민층에 대한 지원을 대폭 강화할 수 있었다. 볼리비아는 차베스주의를 모방하려 하지만 국내사정이 달라 쉽지만은 않다. 2006년 5월 1일 가스와 석유 자원을 국유화했지만 국제사회와의 협상도 생각보다 어려웠고, 국내의 사정도 순조로울 것 같지 않다.

반면 개혁좌파 정부들은 세계화의 제약조건을 어쩔 수 없이 인정하며 그 한계 내에서 신자유주의 개혁이 남긴 사회적 상처를 치유하려 한다. 따라서 예산지출 삭감에는 과감하고, 사회정책에는 굼뜨고 이전 정부의 정책을 답습한다는 비난이 인다. 심지어 원칙을 저버렸다는 지적까지도 있다. 이들이 주로 목소리를 높이는 분야는 대외정책 분야이다. 이라크 전쟁에 반대하고, 메르코수르(남미공동시장)를 강화하여 미국과 블록 협상을 추구한다든지, 제3세계의 이익을 옹호하는 다자주의 협상 태도를 취한다. 좌파로서의 정체성을 마음껏 발휘할 수 있는 분야이기 때문이다.

라틴아메리카의 좌파정부의 붐 현상은 당분간 지속될 것이다. 국제정세도 이런 상황이 유지되는 데 한몫을 한다. 미국은 중동과 중앙아시아, 그리고 아시아에 풀 베팅을 하고 있기에 중남미에 힘을 행사할 여력이 많지 않다. 게다가 세계경제의 다극화로 유럽연합과 아시아의 역할이 중남미에서도 강화되어 왔다. 특히 중국이나 인도의 부상도 중남미 좌파 정부로서는 호재이다. 아시아의 달러가 원자재와 식량 공급처의 새로운 수요를 창출하면서, 가격도 오르고 수출물량도 크게 증가하는 혜택을 보고 있기 때문이다. 덕분에 좌파정부의 금고에도 다소 여유가 생겼고, 국정운영과 인기도 유지가 수월해졌다.

중도좌파 붐 현상은 미국의 힘이 상대적으로 약화되고 있는 현 정세에서, 라틴아메리카 국가들의 결속력이 강화되는 데 기능적이다. 하지만 이러한 결속력의 강화도 브라질과 같은 역내 리더가 리더십을 충분히 발휘해야만 가능하다. 메르코수르, 남미국가연합(Unasur), 남미은행은 이러한 결속력의 표현이지만, 아직까지 조직화의 수준은 허약하다. 분명히 신자유주의의 전성기는 지나갔지만, 그렇다고 동트는 새벽이 온 것은 아니다. 여전히 국제금융의 위세는 강하고, 라틴아메리카의 단합은 허약하다. 중도좌파 정부들도 흐르는 시간 속에서 풍상을 겪어야 하고, 대중들의 신임을 계속 확인해 나가야 한다.

III

이 책은 필자가 신자유주의를 연구하고 낸 저서인 『IMF 시대의 멕시코』(1998), 『신자유주의의 빛과 그림자: 라틴아메리카의 정치와 경제』(1999), 『라틴아메리카, 영원한 위기의 정치경제』(2002)에 이은 네번째 저술이다. 『신자유주의의 빛과 그림자』 이후 꼭 10년 만에 이 책이 나왔으니, 나로서는 감회가 없을 수 없다. 이 책은 이전 저술들과 달리 대부분 신자유주의 경험에 대한 사례 분석과 평가를 담았다. 나라 전반에 대한 분석도 담겼지만, 전력산업, 가스 산업, 노동정책, 반부패 정책 등과 같은 사례를 통해 신자유주의 정책의 공과를 살펴보고자 했다.

책의 1부는 발전 모델의 명암이란 주제로 신자유주의 개혁의 두 모델을 다루었다. 1장에서는 NAFTA란 자유무역협정으로 내면화한 멕시코의 사례를, 2장에서는 최근 브릭스(BRICs) 국가의 일환으로 각광을 받는 룰라의 브라질의 경험을 다루었다. 특히 NAFTA의 경험에 대한 글은 한미 FTA가 한참 논의되던 2006년에 작성된 것이다. 필자는 NAFTA의 경험을 한미 FTA의 찬반논리로 아전인수 격으로 몰아붙이는 비학술적이고 과도하게 정치적인 태도가 몹시 미더웠다. 우리나라와 멕시코의 경험에는 비교하기 어려운 요소가 많았기 때문이다.

브라질과 멕시코 모두 신자유주의 개혁을 실행했지만, 멕시코의 경험이 훨씬 과격했다. 브라질의 경우는 발전주의 전통이 강력하므로, 국내 산업을 일정하게 보호하는 역내 통합운동이 개방과 개혁을 보완하는 역할을 했다. 현재 시점에서 보자면 브라질의 임기응변식 실용주의가 훨씬 경제적으로 폐해가 작았다고 평가할 수 있다. 반면 NAFTA를 통해 미국경제에 통합되는 길을 택한 멕시코는 상대적으로 저성장을 경험했을 뿐만 아니라, 글로벌 경제위기에서 회복되는 속도도 브라질보다 훨씬 더디다.

3장에서는 사회주의 쿠바의 경제개혁 실험을 다뤘다. 외딴 섬 쿠바의 개혁 실험은 중앙집중적 계획경제에 시장을 도입하는 것으로 생존 전략 차원에서 시작되었다. 여기에서는 시장개혁이 일정한 성과를 거두면 다시 재집중화되는 '성공의 역설'이 등장한다. 그런 점에서 쿠바에서 자본주의 시장경제로의 이행을 점친다는 것은 현 단계로서는 무망한 노릇이다.

2부는 신자유주의 개혁의 정책적 차원을 살펴본다. 4장은 멕시코의 노동법 개혁 문제를 다루었다. 멕시코의 폭스 행정부는 오랫동안 멕시코의 노-사-정 관계를 지배해 온 코포라티즘 체제를 개편하고자 했다. 하지만 여소야대의 정국에서 노동법 개혁은 표류했고, 현재까지도 그 체제는 큰 변화가 없이 유지되고 있다. 경제개혁은 관료정치로 밀어 부칠 수 있지만, 정치 부문에 연결된 노-사-정 체제는 정치세력의 사활이 달려 있는 문제이다. 멕시코의 제왕적 대통령제도 여소야대와 결합하면 아무런 개혁도 성취할 수 없다는 역설을 이 사례를 잘 보여 준다.

5장은 멕시코의 정치적 부패와 반부패 드라이브를 다루었다. 멕시코의 부패 문제는 제도혁명당 정부 아래 형성된 후원-수혜 관계에 연원을 두고 있다. 폭스 정부의 정보공개청 신설과 고위 공직자의 전문화를 강조한 반부패 드라이브(세계은행 스타일)는 멕시코에서 부패가 갖는 정치적 특성을 전혀 제거하지 못했기에 그 한계가 뚜렷하다. 멕시코에서 정치적 부패의 제거는 정당을 포함한 정치제도의 대대적 개편을 통해서만 가능하다고 할 것이다.

6장에서 8장까지는 전력, 가스산업과 같은 망 산업의 민영화를 살펴보았다. 일반적으로 망 산업의 민영화는 기술적으로 매우 어렵고, 민영화 이후 서비스 공급에서 문제가 발생하면 사후 규제 또한 쉽지 않기 때문에 많은 논란이 일었다. 6장에서는 칠레에서 전력산업의 민영화로 인해 얻었던 득과 실을 살펴보았다. 독과점에 따른 요금 상승, 발전사의 담합, 공급 불안정과 잦은 단전, 외국기업의 지배 등이 주요한 폐해로 지적된다.

7장에서는 남미 천연가스 산업의 재구조화 과정을 살펴보았다. 1990년대 남미의 에너지 국영기업들은 저투자, 저생산성, 재정압박으로 민영화가 불가피한 실정에 놓여 있었다. 민영화 이후 탐사와 시추가 증가하고, 보유 매장량과 시장 생산량이 늘어나는 긍정적인 결과가 있었다. 하지만 몇 가지 문제점도 드러났다. 천연가스전과 배급망을 보유하게 된 내외 민간기업들은 나름대로 시장력을 이용하여 가격 상승을 압박하는 전략적 행동을 하지만, 규제기구는 속수무책이다. 에너지 부문의 규제기구는 대부분 민간기업들에 의해 포획되어 있기 때문이다. 결국 정부, 기업, 소비자는 서로 믿지 않고 불만만 쌓여 간다.

8장에서는 브라질과 아르헨티나의 비교분석을 통해 민영화 과정과 그 귀결을 살펴보았다. 두 사례는 소유구조와 민간참여에 대한 개방성에서 대조적이다. 아르헨티나는 상류와 하류를 분할하고 이를 모두 민간부문에 넘겼다. 반면 브라질에서는 공기업이 지배적인 통합 시스템으로 작동하고, 탐사, 공급, 판매 부분만 민간에게 개방했다. 하지만 망 산업의 특성상 수직적 통합이 효율적인 동시에 수익성도 높았다. 따라서 두 나라 모두 시간이 흐르자, 수직적 통합의 경향을 보였다. 원점으로 다시 돌아온 것이다. 하지만 아르헨티나에서는 스페인 자본이 수혜자가 되었고, 브라질은 여전히 페트로브라스 주도 체제로 남아 있다. 글의 말미에는 남미 경제통합의 상징인 가스관 통합이 안고 있는 여러 가지 문제점을 다루었다.

3부는 최근 라틴아메리카의 국제관계 문제를 다루었다. 9장에서는 카스트로 이후의 쿠바의 정치와 국제관계를 다루었다. 나는 쿠바 문제를 볼 때 '카스트로 중심주의'에서 벗어나서 제도와 정치세력의 힘 관계를 중심으로 바라볼 것을 강조했다. 카스트로 이후의 쿠바는 여전히 견고하다. 그런 점에서 향후 이행이 있다면 그것은 실질적 지배자인 군부와 마이애미의 쿠바계 미국인이 적절한 수준에서 타협하는 수준에서 실행될 것이다. 쿠바의 대외관계도 미국 내부의 분열, 베네수엘라와 중국의 등장 등으로 의외의 호조건을 맞이하고 있다. 미국의 힘이 다소 약화되고,

라틴아메리카의 목소리가 커지면서 쿠바의 입지도 상대적으로 개선되었다. 이런 환경 변화가 쿠바의 시장개혁을 뒷걸음질치게 만드는 요인으로 작용한다.

10장에서는 미국의 콜롬비아 마약정책의 문제점을 다루었다. 클린턴 행정부 이래 현재까지 50억 달러 이상의 군사원조를 받으면서 진행된 마약전쟁은 여전히 미궁 속에 빠져 있다. 코카 생산량은 줄지 않았고, 인권침해 사례는 급증하였으며, 역내 인접국과의 갈등도 크게 늘었다. 미국은 마약문제를 국가안보의 차원에서 이해하는 현실주의적인 처방으로 재단하며 콜롬비아 국내의 복잡한 문제를 무시한다. 미국은 마약 퇴치에 관심이 있지만 콜롬비아는 폭력의 종식과 평화가 궁극적 관심이다. 콜롬비아는 '불안정의 딜레마'에 빠져 있고, 미국은 '전략적 딜레마'에 빠져 있다. 오바마 행정부도 공급 측면의 압박전략에서 벗어나지 못하고 있다.

11장은 2008년에 출범한 남미국가연합(Unasur)의 역사적 의의를 다루었다. 2000년대에 들어와서 미국이 주도하던 '미주자유무역지대'(FTAA)안은 사장되고, 대신 라틴아메리카 내부의 통합운동이 강화되었다. 통합파의 힘이 세진 것이다. 남미국가연합은 메르코수르(Mercosur)의 보완물로, 역내 문제는 역내 역량으로 해결하자는 일종의 남미판 '먼로 독트린'이다. 하지만 이러한 의지에 반하여 역내의 통합력 자체가 많은 문제점을 안고 있다. 브라질은 지도력의 비용을 치르지 않으려 하고, 미국의 견제도 만만치 않다. 유럽연합 수준의 통합을 이루기는 쉽지 않겠지만, 이미 가스관, 도로망 연결과 같은 인프라 통합 프로젝트는 꾸준히 추진되고 있다. 남미국가연합은 2000년대 들어와서 상대적으로 고성장의 붐을 겪은 남미국가들의 자신감이 반영된 노력이라고 보면 된다.

12장은 오바마 행정부 출범 이후 라틴아메리카 정세를 개관한 것이다. 부시 행정부의 라틴아메리카는 '정치적 공백' 상태에 있었다. 오바마 행정부는 적극적 관여 정책을 천명했다. 하지만 대쿠바 유화 정책, 에너지 파트너십을 제외하고는 하나하나 만만치 않은 도전에 둘러싸여 있다. 이미 라틴아메리카를 둘러싼 국제정세가 다변화되어 있다. 중국, 러시아, 유럽연합, 이란 등도 '뒤뜰'에 다시 나타났다. 남미 국가들 내부의 결속력도 그 어느 때보다 강하다. 그렇기에 미국 제4함대의 시위, 콜롬비아 군사기지(7개) 주둔을 통한 압박 전술도 함께 구사한다. 현재까지 오바마 행정부의 대라틴아메리카 정책은 이렇다. 수사는 부드럽되, 행동은 단호하게.

13장은 논란이 많은 차베스 현상에 대한 나름대로의 관찰이다. 2008년 2월에 필자는 카라카스를 5일간 방문한 적이 있었다. 석유산업과 가스 산업의 실태를 파악하는 조사단의 일원으로 이모저모를 살펴볼 수 있었다. 차베스 현상에 대한 분석은 대단히 정치화되어 있다. 지지자들은 새로운 실험으로서 차베스주의가 갖는 긍정적인 측면을 극대화한다. 반면에 비판자들은 포퓰리스트, 어릿광대, 몽상가로 폄하한다. 필자는 베네수엘라의 역사적 전망 속에서 차베스주의를 바라볼 것을 주문한다. '21세기 사회주의'와 같은 거대담론이나 하나의 모델보다는 과거사가 남긴 후유증에서 시작된 현상으로, 그것이 가진 긍정적인 측면과 부정적인 측면 모두 볼 수 있기를 바란다.

이 책을 쓰면서도 필자는 여러 분들의 도움을 받았다. 에너지 부문 연구는 전국교수공공부문연구회의 연구 프로젝트에 참여하면서 썼던 글이다. 연구회를 이끌고 지도해 주셨던 김상곤 교수님 이하 여러 분께 감사드린다. 2009년 7월부터 필자는 서울대학교 라틴아메리카연구소로 자리를 옮겼다. 관악산 자락이 휘돌아가는 전망 좋은 연구실에서 이 책의 마지막 편집 작업을 끝냈다. 소장이신 김창민 교수님과 여러 동료들과 함께 출간의 기쁨을 나누고 싶다. 들쑥날쑥한 글들을 꼼꼼하게 편집하고 교정을 봐 주신 그린비의 진승우 씨께 진심으로 감사드린다.

2009년 10월
관악산 기슭에서
이성형

CONTENTS
······················

| 일러두기 |

1 본문과 각주의 참고문헌은 괄호 안에 저자명, 출간년도, 인용 쪽수 순으로 정리되어 있
  으며, 구체적인 서지사항은 이 책 뒷 부분의 '참고문헌'에 정리되어 있다.
2 저자가 참고한 인터넷 사이트의 경우, 저자가 자료를 검색한 당시의 일자를 병기했다.
3 단행본·정기간행물은 겹낫표(『 』)로, 논문·영화제목 등은 낫표(「 」)로 표시했다.
4 외국 인명이나 지명, 작품명은 2002년에 〈국립국어원〉에서 펴낸 외래어 표기법을 따라
  표기했다.

1

발전 모델의 명암

1장 NAFTA와 멕시코(1994~2006):
경제적·사회적 효과

1. 서론

2006년부터 우리 사회에서는 한미 FTA를 둘러싼 논란이 있었다. 한미 FTA는 양국 정부 간에 이미 협상이 완료되어 협정문 초안이 나왔고, 현재 국회의 비준을 앞둔 상황이다. 시민사회와 비판적인 사회과학자들은 논란의 초기부터 한미 FTA 협상에 대해 비판적인 태도를 보여 왔다. 한마디로 이들은 한미 FTA가 체결되면 손실이 실익보다 크다고 주장한다. 이들이 주로 내세우는 논리는 NAFTA로 인해 멕시코가 겪은 경제적·사회적 충격을 보면 우리의 미래도 가늠할 수 있다는 것이다.[1] 반면에 관변 연구기관이나 정부 측은 멕시코가 NAFTA를 통해 훌륭한 거시경제적 성과를 얻었으며, 세계화에 나름대로 잘 대응하고 있다고 주장한다.[2] 두

---

1) 언론에 보도된 많은 주장이 이 범주에 속한다. 대표적인 예가 인터넷 언론매체인『프레시안』 (http://www.pressian.com/)에 2006년 3월부터 7월 사이에 실린 멕시코와 NAFTA 관련 기사들일 것이다.
2) 대외경제정책연구원에서 나온 많은 연구나 이를 홍보차원에서 국민들에게 전달하는 국정홍보처에서 내는 수많은 자료들이 이에 속한다. 윤대희 외(2006)가 대표적이다.

입장은 정치적으로 양분되어 있어 상호토론의 여지는 별로 없어 보인다.

이제까지 양쪽의 논쟁은 다소 소모적이기도 하다. 무엇보다 FTA에 대한 복잡한 논의를 찬반양론으로 재단하고 있어, 납득할 만한 수준의 토론과 합리적인 해결책을 도출하는 데 어려움을 가중시키고 있다.[3] 필자는 이러한 논쟁의 구도에서 부적절하게 인용되고 있는 멕시코 사례에 주목하여 한국이 겪을 경험과 일대일 대응으로 사고하는 논법의 문제점을 지적하고자 한다. 특히 관변 연구의 멕시코 사례 인용은 부적절할 뿐 아니라 사실 왜곡의 위험성까지 지니고 있는 것 같다. 비판적 진영의 멕시코 사례 인용도 아전인수인 경우가 많다. 멕시코가 그런 경로를 걸었다고 해서 반드시 우리의 경험도 이를 답습하리라는 주장은 양국의 능력 차이를 동일시하는 오류를 범하고 있다.

이 글의 출발점은 먼저 멕시코의 NAFTA 경험이 어떠하든지 간에 그 경험이 우리의 것과 결코 동일할 수 없다는 점이다.[4] 멕시코의 지리적 입지, 산업구조, 인적 자원과 잠재력은 한국의 그것과 판이하기 때문이

---

3) 양극화된 논쟁의 배경에는 FTA에 대한 통상적인 오해가 내재하고 있다. 첫째, '단일한 국가 이익'이 쉽게 도출될 수 있다는 전제이다. 하지만 FTA에는 체약국 내부에 승자와 패자가 엇갈리고, 손익 계산과 더불어 이해조정 과정이란 매개항이 부가된다. 멕시코의 손익계산이 한국의 손익계산과 결코 같을 수 없다. 장기와 단기를 고려한다면 손익계산 방식은 더욱 복잡해질 것이다. 둘째, 자유무역협정(FTA)은 실제로 자유무역보다는 체약국 사이의 특혜무역에 가깝다. 이를 고려한다면 '자유무역협정'은 '잘못 붙여진 이름'(misnomer)이다. '자유무역협정'은 체약국이 상호 협상한 조건 속에서 '관리된 자유무역'(managed free trade)에 합의하는 협정일 뿐이다. 때에 따라서 이익집단의 로비로 인해 자유무역의 조건이 훼손되는 경우가 왕왕 존재한다. 그래서 자유무역론자들은 '특혜무역협정'(PTA: preferential trade agreement)이란 표현이 훨씬 정확하다고 주장한다. 필자도 여기에 공감한다. 미국의 관세가 이미 충분히 낮은데 굳이 새로운 특혜무역협정을 맺을 필요가 있을까 하는 의구심은 수출대기업과 자유무역론자로부터 나올 수도 있고, 또 그런 주장을 필자는 여러 차례 들은 바 있다. 반면에 한반도를 지정학적 공간으로 사고하는 국제정치학자라면 경제적 손익을 넘어서 한미동맹의 강화를 위해 FTA가 가능하다는 논리도 있을 법하다.

다. 우선 지리적 근접성은 역내 산업의 수직적 통합을 가능케 한다. 국가 경쟁력에 영향을 주는 국가의 능력과 공적 투자의 비중도 두 나라는 큰 차이를 보인다. 산업구조도 마찬가지이다. 한국은 철강, 자동차, 전자, 정보통신기술, 섬유 등에 강하고, 국내 대기업 주도형 수출이라면, 멕시코의 경우는 석유, 판유리, 맥주 등에 비교우위가 있고, 제조업은 대부분 다국적기업이 주도하는 전자, 자동차 산업 위주이다. 또 멕시코의 인구구조는 젊은 인구가 큰 비중을 차지하는 피라미드형이기 때문에 노동시장에 대한 압력이 크다. 성장률이 7%에 도달하지 않는 한 현재 노동시장에 매년 진입하는 120만 명의 인구를 소화할 수 없는 실정이다. 만약 멕시코의 사례가 우리에게 좋은 반면교사가 된다고 한다면 먼저 멕시코의 특수성에 천착하여 기존 NAFTA의 실적을 평가할 필요가 있다. 단순히 멕시코와 한국의 사례를 일대일 대응 관계로 보아서는 곤란할 것이다.

　　멕시코의 특수성에 천착하는 비교연구의 경우에도 우리는 큰 어려움에 직면한다. 사회경제적 데이터에서 순수하게 NAFTA의 효과를 적출해 내는 것이 쉽지 않기 때문이다. 특히 NAFTA를 1982년 외채위기 이후에 진행된 시장개혁과 개방의 큰 흐름 속에서 진행된 것으로 이해한다면, 1982년 이후의 긴축기조의 경제운영의 효과와 NAFTA의 효과를 명쾌하게 분리하는 것이 쉽지만은 않다. 그렇다고 NAFTA의 효과를 전혀 판별할 수 없을까? 필자는 그렇지는 않다고 본다. 무엇보다 NAFTA는 1980년대 개혁과 개방의 실험을 최종적으로 봉인하는 신자유주의 발전모델의 정점(이성형, 1998)이기 때문에 시기적으로 1994년 전후를 계기

---

4) NAFTA를 둘러싼 이론적 논의는 필자의 선행연구(이성형, 1998: 1~38)를 참고하시오. 이 논문과 관련된 부분은 특히 2절(5~12쪽)을 보시오.

로 분리하여 보는 것도 의미가 있다. 다만 멕시코 경제의 실적은 NAFTA 란 개방의 틀 속에서 이에 대응하는 정부와 미시경제주체(기업과 개인) 들의 능력이 결합한 변증법적 종합이므로, 모든 결과를 NAFTA로 돌리는 환원주의의 오류에 빠져서는 아니 될 것이다.[5]

NAFTA가 출범될 당시 멕시코의 위정자들이나 관변 연구자들은 NAFTA가 멕시코인에게 제공할 거대한 이점에 대해 침소봉대한 측면이 있었다. 당시 카를로스 살리나스(Carlos Salinas) 대통령은 NAFTA가 곧 '제1세계로의 진입'(primermundialización)이라고 주장했다. 미국에서도 NAFTA는 멕시코에 대한 지정학적 고려였고 그런 만큼 기대도 많았다. 당시 법무장관 재닛 리노(Janet Reno)는 이렇게 말했다. "불법이민자들이 멕시코에서 제대로 된 임금을 받는 근사한 일자리를 얻지 못한다면, 우리는 이 이민자들의 행렬을 줄일 수 없다. 불법이민자들을 줄일 수 있는 가장 좋은 기회는 멕시코의 강력한 경제성장이다. NAFTA는 멕시코에 일자리 ── 만약 실패한다면 미국으로 불법으로 이주할 멕시코 노동자들을 위한 일자리 ── 를 만들어 낼 것이다"(Papademetriou, 2003: 43에서 재인용).

계량경제학을 동원한 연구들도 NAFTA가 멕시코에 가져다줄 이점을 과장한 측면이 있었다. 수많은 경제학자들이 동원된 계량경제학 모

---

5) 일찍이 와인트롭(Sidney Weintraub)은 이렇게 지적한 바 있다. "자유무역은 멕시코의 경제문제를 해결하지 못할 것이다. 멕시코 경제문제는 국내적으로 해결되어야 한다. 한 나라의 고용수준은 그 나라의 무역 성과에 의해 결정되는 것이 아니라, 본질적으로 거시경제정책에 달려 있기 때문이다. 국제무역에서 경쟁능력은 일차적으로 거시경제적 수단에 규정되는 것이 아니라 생산성과 같은 영역의 미시적 수준에서 규정된다.…… 자유무역은 국내정책을 보완할 수 있으나 적절한 국내 경제수단을 대체할 수는 없다." 이성형(1998: 76)에서 재인용함.

델의 예측 결과도 각각 전제가 달랐기에 어떤 합의점도 도출하지 못했다. 대체로 자유무역의 이점을 강조하는 컨설팅 회사나 관변 연구들은 NAFTA가 멕시코에 가져다줄 고용 증가나 실질임금에 대한 긍정적인 효과를 강조한 바 있었다(de la Garza, 2003: 80).[6]

하지만 NAFTA가 발효된 지 10년이 지난 다음 노벨 경제학상 수상자 조지프 스티글리츠는 「NAFTA의 깨어진 약속」이란 칼럼에서 멕시코가 기대한 것을 많이 얻지 못했다고 평가했다(Stiglitz, 2004). 일자리는 별로 생기지 않았고, 그것도 중국과의 경쟁에서 밀리고 있다고 그는 평가했다. "멕시코의 조세기반은 낮고, 교육과 기술에 대한 투자도 낮으며, 불평등도 높아서" 중국과의 경쟁도 힘들어 한다는 것이다. 결국 NAFTA가 준 기회도 정부와 미시경제주체들의 무능력으로 살리지 못했다는 이

---

6) 연구기관별로 NAFTA의 효과 분석에 대한 결과는 천차만별이다. 계량경제학 모델(CGE 모델)의 신뢰도에 우리가 한 번쯤 의심을 할 필요가 있는 것은 모두가 수긍하는 "객관적인 데이터"는 없다는 점 때문이다. 모든 연구는 1995년까지의 효과를 다룬 1992년의 결과물들이다. NAFTA와 관련된 일반균형 모델링에 대한 비판으로는 Cyper와 Sanford의 주장(1993)이 있는데, 그 핵심은 "비현실적이고 비역사적 가설에 기초하고 있기 때문에 사회정치적 성격을 띠고 있는 비용-수익 배분의 문제나 복지효과 분석에는 한계가 있"다는 것이다. 이에 대해서는 이성형(1998: 주 10)을 참조하시오.

〈표 1〉 NAFTA 발효 이전에 나온 계량경제 모델의 예측치(1995년까지의 효과)

	IIE	Almond	KMPG	Berkeley	Baylor	Michigan	Colmex
무역수지(미국-멕시코)	4.5	6	-1.1	0	1.8	-0.3	2.1
무역수지(멕시코-미국)	-6	-2.7	4	0	-1.8	-0.2	0
고용증가(미국)	65,000	44,000	0	-234,000	n.d.	0	0
고용증가(멕시코)	687,000	-158,000	1464,000	273,000	n.d.	0	0
실질임금증가(미국)	0%	0.02%	0.03%	0.04%	0.01%	0.1%	n.d.
실질임금증가(멕시코)	0%	n.d.	0	2.27%	n.d.	2.9%	16%

출처: de la Garza(2003: 80)

야기이다. 이러한 평가는 멕시코 내 비판적인 학계가 오래 전부터 공유하고 있었고, 최근 들어서는 기업인들이나 정치인들 사이에서도 동조하는 사람들이 많아지고 있다. 멕시코 사회는 'FTA 피로증'을 겪고 있다.

실제로 NAFTA가 체결된 이래 멕시코 경제의 국제 경쟁력은 지속적으로 하락하였다. 〈세계경제포럼〉(World Economic Forum)의 국제 경쟁력 평가에 따르면 104개국 가운데 멕시코의 지위는 1999년에는 34위를 차지하였지만, 2004년에는 48위, 2005년에는 59위로 지속적으로 떨어졌다.[7] 국제 경쟁력의 하락 수치만큼 "깨어진 약속"을 잘 웅변하고 있는 자료도 없을 것이다.

본고는 이런 측면에서 1994년부터 이후 10년(때때로 12년)간의 사회경제적 통계를 살펴보며, 멕시코의 구체적 조건 속에서 NAFTA의 실적을 평가하고자 한다. 이때 평가는 멕시코가 처해 있는 역사적·사회적 맥락 속에서 이뤄져야 그 성과와 한계를 과장하지 않고 충분히 이해할 수 있다고 본다. 숫자를 보되, 그것을 산업구조의 변화 속에서 해석해야 하고, 임금과 고용 통계를 보되 그것이 노동시장 전반적인 상황과 연결시켜 해석해야 큰 그림이 그려질 것이다.

사회과학자들의 대표적 연구 대부분은 멕시코에 관한 한 NAFTA의 약속은 깨어졌다고 본다.[8] 경제지표면에서, 사회정치적 과정 속에서 확인되는 양극화의 심화와 미래 성장 잠재력의 약화를 보면 그것을 평가할 수 있으리라 본다. 이 글의 순서는 다음과 같다. 2절에서는 NAFTA의 거

---

7) Augusto Lopez-Claros, "The Latin American Competitiveness Review 2006: Paving the Way for Regional Prosperity"(http://www.weforum.org/PDF/Latin_America/Review.PDF, 2007년 6월 21일 검색).

시경제적 효과를 주로 무역, 투자, 그리고 성장 지표를 통해 살펴보고, 그 의미를 해석할 것이다. 3절에서는 고용과 임금에 미친 효과를 살펴보고, 다음으로 4절에서는 소득배분 구조에 미친 영향을, 5절에서는 불법이주민과 이들이 보내는 송금액의 정치경제를 살펴보고자 한다. 마지막 장에서는 이런 논의가 한미 FTA 논란에 던져 주는 의미를 간단히 음미해 보고자 한다.

2. 거시경제적 효과: 무역, 투자 그리고 성장

1) 무역

NAFTA가 멕시코 경제의 체질을 크게 바꿔 놓았다는 데는 이견이 없다. 하지만 경제적 성과를 둘러싸고는 견해가 엇갈린다. 무엇보다 성공적이라고 평가하는 측은 일단 공산품 위주의 무역구조로 개편되었고, 무역수지도 개선되었다고 주장한다. 1993년에 519억 달러를 기록했던 수출액은 2005년에는 1,822억 달러로 거의 3.5배가량 증가하였다. 비석유부문의 수출은 지난 10년간 거의 20%에 가까운 경이적인 성장을 지속해 온 것이다. 이에 따라 OECD 국가에 대한 멕시코의 국제경쟁력도 그만큼 제고되었다.

---

8) 이에 대한 대표적인 저술로는 카네기 재단이 지원한 Audley et al.(2003), 라틴아메리카 사회과학위원회(CLACSO)가 펴낸 De la Garza y Salas(2003), Economic Policy Institute가 펴낸 「EPI 브리핑 보고서」인 Scott, Salas and Campbell(2006), Weintraub, Rugman and Boyd eds.(2004), Moreno-Bird et al.(2005), Alba(2006), Dussel Peters(2006), Delgado-Wise(2006) 등을 꼽을 수 있다. 관점이 조금씩 다르긴 하지만 멕시코가 지닌 문제점과 한계("깨어진 약속")에 대해서는 미국 학자들이나 멕시코 학자들 모두 거의 일치된 목소리를 내고 있다.

무엇보다 시장 점유율이 1985년에는 1.78%에 머물던 것이 1994년의 2.03%, 나아가 2001년의 3.62%로 증가하였다(〈표 2〉). 수출품의 구조역시 1차 산품의 비중이 크게 줄고 공산품 위주로 개선되었다. 주요 수출상품은 원유를 제외하면 대부분 자동차와 자동차 부품, 그리고 전자·전기 제품 등의 공산품이다. 특히 1985년 대OECD 수출에서 45.9%나 차지했던 석유의 비중은 2001년에는 9.1%로 줄어들었고, 제조업의 비중은 반대로 39%에서 81.4%로 증가했다. 이와 더불어 10년간 대미 무역흑자액도 1,410억 달러나 되었다. 분명히 NAFTA 이후에 긍정적으로 평가할 수 있는 변화상이다.

대부분의 수출은 미국으로 향한다. 1990년에 수출시장의 대미 점유율은 68%였지만 2000년의 점유율은 89%로 높아졌다. 대신에 유럽연합의 점유율은 13%에서 3%로 크게 줄었고, 아시아의 경우는 7%에서 1%로, 라틴아메리카의 경우는 9%에서 5%로 줄었다(López Villapane, 2002). 이로 인해 멕시코 경제가 이제 미국 경기의 부침에 움직이는 동조화 현상을 보인다는 점이다. 이런 경기의 동조화 현상은 대미 수출이 총수출고에서 거의 90%나 차지하는 수출구조상 어쩔 수 없는 것이다. 시장 다변화보다는 시장집중화의 결과로 대미 의존성이 심화된 것이다.[9] 하지만 최근에는 미국 시장 내에서 아시아 제품과의 경쟁, 특히 중국 제품과의 경쟁이 격심해지면서 미국 경기의 호조나 유가 상승 국면임에도 불구하고 수출의 성장추세가 뚜렷이 둔화되었다. 이 점은 NAFTA의 효

---

9) 똑같이 미국과 FTA를 체결한 칠레의 수출시장 다변화 정책과는 대조적이다. 칠레는 현재 아시아 지역(34.5%), 유럽연합(23.7%), 라틴아메리카(16.7%) 등으로 수출시장의 다변화에 성공했다(*L'État du monde 2006*, p. 425). 이는 의도적인 수출시장 다변화 정책의 결과이며, 아울러 한 지역의 침체에 따른 경기 동조화 현상을 막기 위한 것으로 보인다.

<표 2> 멕시코의 대OECD 국가 수출품의 국제경쟁력

단위: %

연도	1985	1990	1994	2001
시장점유율	1.78	1.51	2.03	3.62
천연자원	3.08	2.10	1.98	2.65
농업	1.30	1.28	1.37	2.09
에너지	4.60	3.26	2.99	3.29
섬유, 광산물	1.89	1.48	1.57	1.49
제조업	1.10	1.29	2.02	3.85
천연자원 가공	1.23	0.96	1.03	1.26
비천연자원	1.10	1.33	2.10	4.03
기타	1.61	2.54	2.70	4.12
수출품의 구조(기여도)	100.0	100.0	100.0	100.0
천연자원	58.6	33.6	21.4	14.7
농업	9.7	10.3	8.2	5.1
에너지	45.9	21.0	11.8	9.1
섬유, 광산물	3.0	2.3	1.4	0.5
제조업	39.1	62.5	74.9	81.4
천연자원 가공	3.4	3.4	2.5	1.5
비천연자원	35.0	57.6	70.7	78.1
기타	2.3	3.9	3.7	3.9

출처: ECLAC 각 연도; Moreno-Bird, 2005에서 재인용

과나 멕시코의 지리적 이점이 다자경쟁 국면에서 장기적으로 약화되고 있음을 보여 준다.

둘째, 공산품 수출이 수출대기업에 집중되어 있다는 점이다. 1992~96년 사이에 비석유부문의 수출은 몇몇 대기업을 중심으로 이뤄졌다. 1996년에 5대 기업(대부분 자동차 회사들이다)이 수출의 20%를 차지하

였고, 오디오, 비디오 기기, 컴퓨터를 수출하는 전자회사들이 수출가치의 40%를 창출하였으며, 나아가 630개 기업이 총수출의 60%를 차지할 정도로 집중화되어 있었다(Alba Vega, 2006: 37~38).

셋째, 과도한 집중도는 국내 생산구조의 해체와 분절화와도 직결되어 있다. 최종 수요 구성에서 수출의 중요성이 늘어난 반면 내수부문, 특히 정부 소비는 크게 줄었다. 이와 더불어 총공급부문에서 GDP 대비 수입의 비중도 1991년의 3.67%에서 2001년의 9.21%로 크게 증가함을 볼 수 있는데, 이는 대부분 중간재 수입의 급증에 기인한다. 역내에서 산업 내 무역(intra-industry trade)이 늘어나면서 과거에 내수산업에서 공급하던 중간재가 외부에서 수입되어 대체되고 있다. 결국 내수산업 침체 위에서 수출산업이 성장하고 있다는 역설적인 결과가 나타난 것이다. 국내 수출업자들이나 다국적기업들은 미국 생산부품을 주로 사용하므로 멕시코 내수 산업과의 연관성은 크게 줄어들었다.

불머-토머스의 연구에 따르면 NAFTA가 역내의 산업 내 무역을 강화시켰고, 멕시코는 미국의 생산망과 상품 체인에 더욱 밀접하게 연계되었다고 본다. 하지만 멕시코 주요 수입품의 생산물 변화(product transformation)의 정도는 매우 작아서 결국 같은 생산물 그룹으로 재수출되고 있다고 한다. 이는 멕시코의 산업 내 무역이 수평적 성격이 아니라, 수직적인 성격을 띠며, 생산요소의 부존량 차이와 요소집약도에 따라 비교생산비 차이가 발생하여 무역 전문화가 일어난다는 헥셔-올린 유형의 무역 패턴과도 크게 다르지 않음을 나타낸다(Bulmer-Thomas, 2001: 84~86)

결국 NAFTA는 멕시코에다 복잡한 공정을 단순화시키고 산업구조의 다변화를 감소시키는 효과를 가져다주었다. 그래서 멕시코의 산업은

<표 3> 수출에서 마킬라도라가 차지하는 비중(1994년 기준가격)

단위: 천 달러

연도	총수출	마킬라도라	총수출 대비 마킬라도라 비율(%)
1991	46,448.5	17,228.1	37.1
1992	90,539.7	35,320.3	39.0
1993	53,214.7	22,412.6	42.1
1994	60,882.2	26,269.2	43.1
1995	77,349.5	30,246.0	39.1
1996	90,676.6	34,873.0	38.5
1997	101,968.3	41,704.4	40.9
1998	106,794.4	48,263.3	45.2
1999	121,327.5	56,801.2	46.8
2000	143,255.6	68,391.9	47.7
2001	132,670.6	64,302.8	48.5

출처: INEGI and US Department of Commerce(Salas, 2003: 59에서 재인용)

전체적으로 '마킬라도라화'(maquiladorization)의 길을 걷고 생산공정은 짧은 단기형 저부가가치 산업에 주력하게 되는 경향이 있다. 말하자면 생산구조의 전후방 연계효과가 떨어지고 미국계 내지 다국적기업의 하청계열화 현상을 보이는 것이다(Aroche, 2006).

특히 대미 무역 증가분 가운데 상당 부분은 마킬라도라 공단의 생산에 기인한다. <표 3>에서 보듯이 2001년의 총수출에서 마킬라도라가 차지하는 비중은 거의 절반에 육박한다. 마킬라도라 공단 수출품의 부가가치는 매우 낮은 것으로 알려져 있다. 대체로 필요한 원부자재를 외부로부터 무관세로 수입하고, 조립 가공하여 수출하는 마킬라도라 산업으로 인해 멕시코가 얻는 것은 임금과 인프라(전력, 수도 등)를 사용하면서 내는 공공요금에 그친다. 따라서 수출 통계에는 총액이 잡히지만 국내경제에 미치는 연관효과는 극히 적다. 이 경우 무역은 극단적으로 표현하면 다국적기업의 기업내부 거래에 불과한 것이다. 1996년 기준으로 국내요소의 투입 비중은 임금을 포함해서 17%에 머물고 있는 것으로 알려져 있다. 게다가 수출 마킬라도라 기업의 대부분은 외국계 기업이다.[10]

2000년 이후 멕시코의 무역 증가는 다시 힘이 빠진 듯 보인다. 무엇보다 GDP 대비 무역의 비중이 2000년에는 거의 절반을 차지했으나, 2004년에 와서는 40% 수준으로 떨어졌기 때문이다. 비센테 폭스 케사다(Vicente Fox Quesada) 행정부의 시기와 겹치는 이 시절은 성장의 견인차였던 수출부문의 성장이 둔화되면서 1인당 GDP는 거의 증가하지 않은 것으로 드러났다. 대외개방과 수출전략을 추천하는 IMF나 세계은행의 몇몇 연구도 멕시코가 인프라 투자를 소홀히 했고 국내산업과 수출을 연계하는 전략이 없었기 때문에 NAFTA의 효과를 잘 살리지 못했고, 이제 그 잠재력도 둔화되었다고 지적한다.

멕시코 정부는 1982년부터 본격적으로 자유화와 개방정책을 추진하였고, 그 개혁정책을 최종적으로 봉인하는 과정으로 1994년 NAFTA를 발족시켰다. NAFTA 체결 15년 후인 오늘날 나타난 경제적 결과는 결국 1980년대의 개혁·개방정책의 연속선상에서 나타난 후유증의 산물이라고도 할 수 있다. 일방적인 개방정책을 추진한 멕시코 경제는 이제 완전히 국제화되었다. 그리고 생산구조는 대륙화(continentalization)

---

10) 경제학자 엔리케 두셀(Dussel, 2006: 71)은 "수출 마킬라도라 산업"(industria maquiladora de exportación)이란 용어가 분석적 개념으로 불충분하다고 지적한다. 왜냐하면 생산품이 주로 수입자재에 과다하게 의존하고 국내투입물 지수가 2~4%에 불과하므로 '수출' 산업이라고 할 만한 요소가 없다는 것이다.

란 명분 아래 북미권에 완전히 통합되었고, 그 결과 중간재마저 수입하여 조립 가공형으로 수출하는 개방경제가 되었다. 하지만 경제성장이나 여러 가지 지표들은 대단히 불안정한 경제가 되었음을 잘 보여 준다. 1960~80년 시기에 보여 준 '안정적 성장'(Stabilizing Development) 패턴과는 전혀 다른 시스템이 안착된 것이다.

멕시코의 NAFTA 실험은 우리에게 이런 질문을 던지게 한다. 미국과 같은 거대국가에 대한 무역이 늘어나서 생산구조가 통합되는 것은 어떤 의미일까? 멕시코는 왜 안정적 성장을 유지할 수 있는 능력을 갖지 못했을까? 북미의 경제통합은 멕시코 국내의 생산구조와 축적 과정을 분절화시켰고, 나아가 외부의 수요에 반응하는 성장 패턴을 고착시켰다. 따라서 성장률은 둔화되었을 뿐 아니라 안정성을 상실하였고, 결국 국내 경제 활동의 위축으로, 나아가 대규모 인구의 불법이민이란 형식으로 표출되고 있다.

2) 외국인 투자

1994년 이후 외국인 투자 역시 증가하여 안정적인 추세를 보여 준다. 멕시코는 신흥시장 가운데 해외직접투자를 가장 많이 끌어들이는 3개국에 속한다. 〈표 4〉에서 보듯이 멕시코는 1994년부터 2004년 사이에 총 1,621억 달러의 직접투자를 끌어 들였다. 씨티그룹이 굴지의 은행 바나멕스(Bananamex)를 매수했던 2001년을 제외한다면 대체로 연평균 140억 달러를 끌어들인 셈이다. 이것은 주로 NAFTA의 긍정적 효과를 주장하는 논자들이 즐겨 인용하는 주제이다. 하지만 그 내용을 자세히 살펴보면 사정은 그리 좋지 않다.

우선 해외직접투자 가운데 신규투자가 많은 비중을 차지하고 있지

〈표 4〉1994~2004년 멕시코에서의 해외직접투자

연도별	1994	1995	1996	1997	1998	1999	2000	2001	2002	2003	2004	총계
금액	15.1	9.7	10.1	14.2	12.4	13.2	16.8	27.6	15.0	11.4	16.6	162.1

부문별	신규투자	재투자된 소득	기업내부계정	마킬라도라 투자	총계
금액	93.5	27.8	18.9	21.9	162.1

출처: Banco de México

만, 대부분은 멕시코 국내기업의 인수합병 대금으로 지불되는 것이지 새로운 생산설비와 기술을 이전하는 형식은 아니었다. 이와 더불어 마킬라도라의 투자나 다국적기업 내부의 계정 이동에 의한 투자 역시 상당한 비중을 차지한다. 이 두 가지 유형의 투자는 실질적인 기술이전 효과를 유발하지는 않는다. 말하자면 투자는 있으되, 대체로 기업의 인수합병 대금이거나 저임금을 효과적으로 활용하는 투자 방안인 셈이다. 2004년에는 해외직접투자에서 제조업부문이 차지하는 비중이 52%로 떨어져 서비스 산업에 대한 투자의 비중이 점차 커져 감을 알 수 있다. 이것 역시 실질적인 기술이전 효과가 작은 부문이다(Salas, 2005: 41).

서비스 산업 가운데 금융업의 자유화로 멕시코 금융회사 대부분은 NAFTA 이후 수년 만에 외국계 금융업체로 넘어가 버렸다. 스페인(Banco Bilbao Viscaya Argentaria, Santander)과 미국(City Bank), 캐나다(Scotia Bank)의 은행들이 몇 년 걸리지 않아서 멕시코 민간은행들을 대부분 장악하였고, 현재는 여수신 업무의 90% 이상이 외국계 은행에 의해 이뤄지고 있다. 그런 점에서 수출대기업이나 다국적기업에게는 좋은 금융 환경이 조성되어 있지만 중소기업, 소기업, 그리고 농민들에 대한 대부를 제공할 금융시스템은 거의 없다고 해도 무방할 정도이다. 이 외 유통업(Wal Mart, Price Club, Home Mart, Costco)이나 기타 서비스

<표 5> 시기별 경제성장률(1970~2005)

단위: %

구조조정 이전	성장률	구조조정기	성장률	NAFTA 시기	성장률
1971	4.2	1983	-3.5	1995 (페소 위기)	-6.4
1972	8.5	1984	3.4	1996	5.0
1973	8.4	1985	2.2	1997	6.6
1974	6.1	1986	-3.1	1998	4.9
1975	5.6	1987	1.7	1999	3.7
1976	4.2	1988	1.2	2000	6.6
1977	3.4	1989	4.1	2001	0.0
1978	8.2	1990	4.9	2002	0.8
1979	9.2	1991	4.1	2003	1.4
1980	8.3	1992	3.6	2004	4.2
1981	8.2	1993	1.9	2005	3.0
1982 (외채위기)	-0.5	1994 (NAFTA)	4.3	2006	-

출처: INEGI, Banco de México; 1971~1980년 자료, 이성형(1998: 46, 50); 1982~2000년 자료, Avila(2006: 265); 2001~2005년 자료, ECLAC(2006)

업종(Home Depot, Office Max, Tower Record, Mixup)에서도 외국계 기업의 시장 지배력이 크게 높아졌다(Alba Vega, 2006: 41).

3) 성장

무엇보다도 NAFTA 시대에 들어와서 안정적 발전시대(Stabilizing Development)보다는 상대적으로 저성장 체질로 굳어졌다는 점이다. 1992~2002년 사이의 연평균 성장률은 3%에 머물고 있다(<표5> 참고). 이는 '구조개혁'이 진행되기 이전 시기인 1960~80년의 평균 성장률이

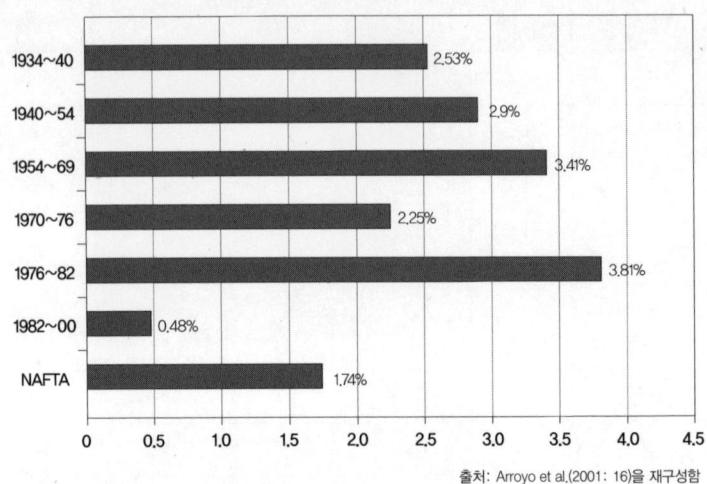

출처: Arroyo et al.(2001: 16)을 재구성함

6.5%를 기록한 것의 절반 수준에 머물고 있다. 구조조정 기간을 포함한 1982~2003년 사이의 성장률은 2.2%에 불과하다. 〈그림 1〉에서 보듯이 1인당 GDP 성장률의 성과도 마찬가지이다. NAFTA 10년간의 실적은 수입대체산업화 시기(1954~69)의 실적 3.4%의 절반 수준에 그친다. 일단 성장률과 발전의 측면에서 성과가 미약하다. 따라서 개방정책과 NAFTA가 약속한 성장률은 결코 실현된 바가 없다고 이야기하는 것이 옳을 것이다.

지난 10년간은 크게 세 개의 시기로 구분할 수 있는데, 1994년 말의 금융위기로 인한 마이너스 성장과 이후 큰 폭의 평가절하와 미국의 수요증가에 따른 5~6% 수준의 고성장 시기로 나뉜다. 특히 1996~2000년 시기의 연평균 5.5% 성장률을 가지고 NAFTA의 성과라고 주장하는 사람도 있다. 하지만 이 시기 성장률은 1994년 금융위기 이후 페소화의 평가절하가 대폭 시행되었으며 내수도 긴축 기조에 있었기에 가능했던 '수

<표 6> 연도별 GDP 성장률, 1인당 성장률(멕시코, 브라질, 아르헨티나, 칠레 비교)

단위: %

연도	93	94	95	96	97	98	99	00	01	02	03	04	05	92~02
멕시코	1.8	4.5	-6.2	5.4	6.8	5.0	3.8	6.6	0.0	0.8	1.4	4.2	3.0	3.0
브라질	4.5	6.2	4.2	2.5	3.3	0.1	0.8	4.4	1.3	1.9	0.5	4.9	2.3	2.6
아르헨티나	5.9	5.8	-2.9	5.5	8.1	3.9	-3.4	-0.8	-4.4	-10.9	8.8	9.0	9.2	2.8
칠레	6.9	5.0	9.0	6.9	6.6	3.2	-0.8	4.5	3.4	2.2	3.9	6.2	6.3	5.5

출처: ECLAC 각 연도 자료에서 구성

출 붐' 탓이었다. 결국 저(低) 페소화의 이점이 사라진 2001년 이후 다시 성장은 둔화되었다. 2005년과 2006년은 고유가에 힘입어 경제가 나아질 것이라는 전망도 있었지만, 결국 3%대에서 주춤거리고 있는 실정이다. 결국 NAFTA 이후 멕시코의 성장은 산업의 기술혁신이나 생산성 향상에 따른 경쟁력 증대가 아니라, 미국 경제의 팽창-수축 사이클과 맞물려 돌아가는 저임금 조립가공 산업화 패턴으로 바뀐 것이다.

경제성장률로 말하자면 중남미 중진국과 비교하는 편이 나을지 모른다. <표 6>에서 보듯 멕시코의 1인당 경제성장률은 1990년대 경제위기가 잦았던 브라질이나 2001년 심각한 금융위기를 맞이한 아르헨티나의 실적과도 근소한 차이밖에 나지 않으며, 비슷한 자유주의 개혁과 개방을 시도한 칠레의 성장률과 비교하면 절반에 달하는 실적에 불과하다.

왜 이렇게 지조한 실적을 보였을까? 1994년 이후 2002년 사이 해외직접투자는 증가했지만, 국내투자는 위축되어 GDP 대비 국내투자율은 16.5%에 머물렀다. 이 기록은 1988~93년의 실적인 17.2%와 비슷한 수준이다. 국내투자의 위축을 가져온 가장 큰 이유는 중소기업에 대한 신용을 공급해 줄 수 있는 금융기관이 없다는 점이다(Zarsky and Gallagher, 2004: 2).

NAFTA 이후 정부는 외국인 투자를 끌어들이기 위해 통화 금융 정책을 긴축기조로 운영하였다. 그 결과가 고평가된 페소화와 NAFTA 이래 평균 22%를 기록한 고금리이다. 정부의 공적 자금도 주로 대기업의 채무 탕감용으로 사용하고 있으니, 자연스럽게 국내 민간기업을 향한 금융재원은 마를 수밖에 없다. 말하자면 외화내빈의 금융정책인 셈이다. 다국적기업이나 수출대기업들은 금리가 싼 외국계 은행 자금을 이용하여 확장할 수 있지만, 국내 중소기업들은 자연스레 위축될 수밖에 없었다. 멕시코의 수출산업은 비약적으로 발전하였지만, 국내 내수경기는 반대로 그만큼 침체되었기에 성장률은 둔화될 수밖에 없었던 것이다.

라틴아메리카의 비판론자들 중에 멕시코의 '자유무역병'(FTA disease)을 지적하는 말이 있다. '네덜란드병', '베네수엘라병'이 한 품목의 수출에 과도한 의존이 가져오는 국민경제적 부작용을 지적하는 것처럼 미국시장에 대한 과도한 의존이 가져오는 후유증을 지칭하는 말이다. 결국 일국 의존성의 심화를 부추길 경제통합은 안정적 성장, 발전, 복지를 최적화할 수 없다는 말이다.[11] 오히려 시장의 다변화와 분산화야말로 성장, 발전, 복지를 최적화할 수 있는 방안인 것이다(Aroche, 2003: 160).

3. 고용과 임금에 미친 효과

국가통계청의 고용 통계에 따르면 멕시코 경제는 1991년에서 2000년 사이에 총고용이 연 4.25% 증가한 것으로 보인다. 하지만 멕시코의 노동

---

11) 이 점은 우리 경제의 지나친 대중 의존도를 생각할 때 새겨볼 부분이라고 생각한다.

경제학자 카를로스 살라스에 따르면 1998년 전국고용조사(ENE)의 추계방법이 바뀌면서 생긴 부풀리기라고 한다. 실제 일자리 증가분은 35만 개에 불과하다고 주장한다(Salas, 2003 : 60). 증가분에 비해 2001년의 저성장으로 사라진 일자리는 70만 개나 달했다.

멕시코 노동시장에 신규로 진입하는 노동력은 약 120만 명 정도이다. 인구 구성에서 젊은이의 비중이 압도적으로 높기 때문에 신규진입 노동력 숫자가 비교적 큰 편이다. 이 정도의 노동력을 흡수하기 위해서 고용증가율은 2.5%를 유지해야 하고 이를 충족시킬 국민경제의 성장률은 7%를 유지해야만 한다. 하지만 NAFTA 발효 이후 성장률은 3% 정도로 이에 크게 미달했다. 그것도 1994년 말의 금융위기로 노동시장이 큰 시련을 겪었다는 점을 감안해야 한다.

그럼에도 불구하고 멕시코의 실업 통계는 매우 낮은 수준에 머물러 있다. 1987년에서 2001년 사이 도시 실업률은 2~3%에 불과하다. 왜 이렇게 공식 실업률은 낮게 잡힐까? 멕시코에서 실업 통계는 조사 시점 1주일 전에 적어도 1시간 노동을 하였다면 실업자로 분류하지 않는다. 따라서 파트타임 노동, 가계기업 노동, 비정규직, 정규직 모두 가리지 않고 고용자로 분류된다. 실업보험도 없으므로 일정한 저축소득도 없는 저소득층 거의 대부분 사람에게 공개 실업이란 거의 꿈과 같은 사치에 해당한다. 멕시코 사회에서 문제가 되는 것은 공개 실업이 아니라 갈수록 저하되고 있는 고용의 질, 불안정성, 그리고 저임금인 것이다.

멕시코 경제를 연구하는 저명한 한 학자는 이렇게 말한 적이 있다. "미국 노동자에게 NAFTA가 줄 이득의 첫번째 소스는 멕시코의 소득증가분일 것이다. 저명한 경제예측 조사기관에 따르면, NAFTA는 멕시코의 전체 경제성장률과 임금증가율을 두 배로 늘릴 것이다. 실제로 1994

년과 1998년 사이 연평균 실질임금 증가율은 1.2%에서 2.4%로 늘었다. 이미 미국 상품을 열렬히 원하는 고객이 된 멕시코 노동자들은 사용하는 1달러 가운데 70센트를 미국 수입상품 소비에 사용하니, 조만간 더욱 미국 제품을 많이 살 것이다. 멕시코 노동자들도 드디어 미국 기업이 생산하고 효율적으로 마케팅하는 '월마트' 상품 패키지를 살 수 있는 적당한 소득을 얻기 시작하고 있다."(Lustig, 1994: 8; Salas, 2003: 62 재인용)

하지만 현실은 너무나 다르다. 첫째, 신규고용 가운데 마킬라도라 업종의 비중이 크다. 1993~98년 사이의 제조업 센서스에 따르면 967,000개의 일자리가 창출되었다(5인 이하 작업장은 제외). 이 신규 고용인력의 80%는 무엇보다 섬유의류업(380,000개), 기계장치업(자동차, TV 조립, 전자제품 등), 요식업에 집중되어 있다. 967,000개의 일자리 가운데 마킬라도라 공단에서 창출된 것이 거의 절반에 해당하니, 사실상 제조업 분야에서 새로 생긴 일자리는 거의 마킬라도라 공단의 몫이라 해도 큰 무리가 없을 것이다. 마킬라도라 공단이 아직까지는 북부 국경지대에 밀집되어 있지만, 섬유의류 산업은 푸에블라나 오아하카와 같은 남부에 집중되어 있다. 특히 섬유의류 산업은 여성노동력이 밀집되어 있고, 근로조건이 열악하며 저임금이 일반화되어 있는 부문이다. 살라스가 지적하듯이 역설적인 측면은 NAFTA가 자유무역과 제조업 수출을 강조하고 있지만, 멕시코에서 증가하는 것은 자유무역과 별 관련이 없는 마킬라도라의 수출과 고용 증가란 점이다. 그나마 최근 마킬라도라의 수출과 고용은 중국의 도전에 직면하여 증가추세가 둔화되고 있는 실정이다.

둘째, 멕시코 도시부문의 고용에서 특징적인 부분은 서비스 부문의 고용이 압도적으로 많다는 점이다. 1991~2000년 사이에 창출된 고용의 65%가 서비스 산업이다. 노동사회학자들은 이를 소위 '고용의 제3부문

단위 : %

연도	1991	1992	1993	1994	1995	1996	1997	1998	1999	2000	2001
비율	40.0	41.5	42.3	42.2	44.4	44.5	43.7	42.8	42.1	40.9	41.6

출전: INEGI y Secretaría del Trabajo y Previsión Social

화'(terciarización del empleo)라고 일컫는다. OECD 국가와 같이 부가가치가 높은 서비스 산업이 발전된 곳과는 달리 멕시코의 서비스 산업은 주로 저부가가치 업종에 밀집되어 있다. 물론 NAFTA 이후에 시장이 커진 금융서비스, 증권거래소 등에서 보이는 근대적 부분도 있지만 서비스 산업은 자기영업, 노점상, 파출부 등에 이르는 저임금 소득층을 포괄하는 극단적 이질성을 지니고 있다.

셋째, 창출된 신규 비농업 고용인구 가운데 40% 이상이 1~5인 사이의 소기업(microempresa) 내지 소상업(micronegocio)에 고용된다는 점이다. 기본적으로 이 부분은 생계형 자영업자에 가깝고, 저소득과 불안정성을 특징으로 한다. 소득의 형태도 임금이 아닌 경우가 많다. 고용인구의 임금 하락과 실업에 대한 방어책으로 나온 대책이지만 문제는 〈표 7〉에서 보듯이 이 부분이 줄어들지 않고 있다는 점에 있다.

2000년의 조사에 따르면 고용된 노동자 가운데 주당 15시간 이하 노동자의 비중도 9.2%가량 되고, 또 의료보험이나 사회보장제도에 접근할 수 없는 노동자의 비중도 22.9%나 되었다. 이런 통계에서 보듯이 멕시코 고용의 질은 NAFTA를 통해서 결코 나아졌다고 보기 힘들다.

다음으로 NAFTA 발효 이후 실질임금이 어떻게 진화했는지 살펴보기로 하자. 〈표 8〉에서 보듯이 실질임금의 하락도 NAFTA의 깨어진 약속을 잘 보여 준다. 무엇보다 1994년과 1995년의 금융위기의 후유증으로 실질임금이 대폭 하락하였지만, 이후 1996~2000년의 회복기에도 임

〈표 8〉 멕시코 임금의 변동 양상(1994~2001)

단위 : %

연도	최저임금	평균임금(IMSS등록)	제조업 평균임금
1994	100.0	100.0	100.0
1995	87.1	84.4	85.3
1996	80.5	75.2	76.9
1997	79.5	73.9	77.8
1998	79.9	75.2	80.0
1999	77.2	75.6	81.7
2000	77.6	79.2	87.0
2001	78.4	83.8	89.0

출전: INEGI y Secretaría del Trabajo y Previsión Social에 기초한 Salas의 계산(Salas, 2003: 66)

금은 별로 증가하지 않았다. 다만 2000~01년 사이에 1~2% 수준의 성장을 보여 줄 뿐이다. 이런 리듬이라면 1994년 수준의 임금에 도달하는 데에도 20년 이상이 걸릴지 모른다. 특히 이 통계는 사회보장에 대한 접근이 가능한 IMSS(사회보장공단) 등록 노동자들을 대상으로 한 것이란 점을 유념해야 한다. 이 부분은 전체 노동자층의 50% 미만에 해당하는 것으로, 모든 노동자들의 임금을 총괄한다면 실질임금의 하락은 이 통계가 보여 주는 것보다 훨씬 심할 것이다.

4. 소득분배에 미친 영향

NAFTA가 멕시코의 소득분배에 미친 영향은 어떠할까? 멕시코인들의 소득 가운데 화폐소득의 60%는 근로소득에서 나온다. 38%는 주로 자산소득이거나 아니면 자영업자의 소득인 혼합소득 범주에 속하고, 나머지

〈표 9〉 화폐소득의 분배(1992~2000)

단위 : %

소득구간별 (20%)	1992	1994	1998	2000
최상위	56.93	57.54	56.61	56.51
차상위	19.84	19.63	20.35	19.94
중위	12.22	12.02	12.33	12.39
차하위	7.74	7.53	7.57	7.65
최하위	3.27	3.28	3.14	3.51

출처: INEGI 전국 가구당 소득지출 조사 각 연도; Salas, 2005: 67에서 재인용

2%가 금융자산이나 부동산 소득에서 나온다. 따라서 주된 소득원이 근로소득인 가계의 경우 72%가 임금노동에서 자신의 소득을 얻는다. 하지만 앞에서 보았듯이 NAFTA 12년 동안 정규직 고용이 별로 증가하지 않았고, 따라서 실질소득은 상대적으로 줄어드는 현상을 목도했다. 이에 따라 소득분배의 측면에서도 별로 개선되지 않았다.

대체로 화폐소득의 배분 상황은 〈표 9〉에서 보는 바와 같다. NAFTA 시대에 와서 최하위 20%의 소득이 미미한 수준으로 개선되었지만, 이것은 비공식부문에 가계성원이 최대한 동원되어 벌어들인 여분의 소득이 더해진 것일 가능성이 높다. 최상위 20%의 소득이 1%가량 줄었고, 차상위 20%의 소득이 약간 늘었으므로 전체적으로 보면 큰 변화가 없다고 보아도 무방할 것이다.

NAFTA가 소득배분에 큰 영향을 미치지 못한 것은 지니계수의 변화를 보아도 잘 알 수 있다(〈표 10〉 참고). 수입대체 시기에서 1984년까지 멕시코의 지니계수는 재분배 정책의 영향으로 지속적으로 하락하였다. 하지만 신자유주의 개혁이 본격화된 이후로 분배는 악화되었고, NAFTA 시대에 들어와서도 큰 변화를 보이지 않았다.

〈표 10〉 화폐소득의 집중도(1992~2000)

	1992	1994	1998	2000
지니계수	0.586	0.514	0.509	0.503

출처: INEGI 전국 가구당 소득지출 조사(1992, 1994, 1998, 2000년도분); Salas 2005: 68에서 재인용

이보다 더욱 심각해진 것은 소득배분의 지리적 격차가 확대되고 있는 현상이다. 이미 NAFTA 이전 시대부터 멕시코의 경제지리는 '두 개의 멕시코'로 양극화된 모습을 보였다(이성형, 1998: 24~25). NAFTA는 이 양극화 논리를 더욱 가속화시켜 그 격차를 늘리고 있다. 우선 미국과 지리적 거리가 가깝고 마킬라도라 공단이 밀집해 있으며 산업기반 시설이 집중해 있는 북부와 중북부에 투자와 고용이 증가하였기에 당연히 이 지역의 소득이 상대적으로 크게 증가하였다. 이 지역의 인프라나 여타 서비스 설비 여건도 다른 지역의 그것보다 훨씬 좋다. 이와 더불어 전통적으로 산업 중심지였던 멕시코시티, 물류 중심지였던 과달라하라의 중요성이 상대적으로 하락하였고, 아울러 이 지역들이 지니고 있던 역동성이 줄어들었다. 반면에 전통적으로 생계농과 빈곤층 자영업자들이 밀집해 있던 남부 치아파스, 오아하카, 게레로 등의 주에서는 투자와 고용의 기회가 줄어들어 농촌과 소도시들은 많은 이농인구를 배출하고 있는 실정이다.

주변화지수의 경향을 보면서 지역 간 격차의 추세를 알아보기로 하자. 대체로 주 인구의 60% 이상이 주변화 조건에 있다면 그 주는 '높은 주변화'의 주에 해당한다. 1975~95년 사이에 주변화지수가 높은 주들은 10개에서 8개로 줄었다. 나름대로 정부가 지속적으로 추진한 지역균형발전전략에 따라 한계 주들의 조건이 부분적으로 개선된 것이다. 하지

<표 11> 연방주별 1인당 국민소득(1993~2002, 전국 평균=100)

단위: 달러

	코아우일라	치아파스	연방지구	멕시코 주	누에보레온	오아하카
1993	125.62	45.20	246.27	81.20	169.42	45.63
1994	124.20	44.86	248.05	80.14	170.79	45.29
1995	131.30	47.48	245.78	77.23	169.78	46.30
1996	138.56	45.42	244.81	78.87	168.77	45.05
1997	140.40	44.31	248.09	79.83	171.85	42.53
1998	140.98	43.99	246.66	79.06	174.56	42.27
1999	139.62	43.16	248.68	78.63	176.89	42.17
2000	136.48	41.89	253.73	78.45	177.69	41.63
2001	135.48	42.39	253.81	78.92	176.59	42.36
2002	141.11	43.18	257.77	77.06	180.75	41.61

출처: PEF(2004)에 의한 계산; Dussel(2006: 75)에서 재인용

만 2000년 국가통계청(INEGI)이 발표한 바에 의하면 지리적 양극화와 빈곤의 집중화는 심화된 것으로 나타났다. 이에 따라 높은 주변화지수를 보인 주들의 숫자도 늘어났다. 결국 자유무역협정으로 인해 지리적 균형 발전보다는 다국적기업의 전략에 따라 생산에 유리하고 수송비용이 저렴한 곳에 집중적으로 투자가 일어나고 발전하는 패턴이 일반화되었다.

따라서 <표 11>에서 보듯이 미국과 가까운 북부 지역(코아우일라, 누에보레온 등)과 수도권의 경우는 1인당 소득이 부분적으로 개선된 반면에, 남부의 주들은 상황이 악화된 것으로 나타났다(Dussel, 2006: 74~5). 원래 빈한한 멕시코 남부의 주들은 발전의 기회를 가질 가능성은 더욱 약화되었다고 보면 큰 무리가 없을 것이다. 그런 까닭에 치안이 미치지 못하는 남부 몇몇 주에 게릴라가 출몰하고 있는 것이다. 치아파스의 농

민반란이나 오아하카 시의 소요는 이런 맥락에서 쉽게 이해될 수 있다. 그 결과 남부 주들이나 주변화지수가 높은 주들이 도시로, 북부로, 미국으로 방출하는 불법 이민노동력의 공급지가 되고 있다.

5. 농촌과 식량주권에 미친 영향

NAFTA가 멕시코의 농업부문에 치명적인 피해를 입힌다는 주장은 협상 이전부터 많이 제기되었다. 그리고 그것은 이제 현실이 되었다. 무엇보다 식량주권을 잃었고, 농촌 사회의 노동주권마저 상실하였다(Bartra, 2006: 48). 식량주권의 상실은 주곡인 옥수수와 콩의 수입 물량이 증가한 데서 잘 드러나고, 더욱이 2006년 토르티야 가격의 급등으로 인한 도시 소요('토르티야 위기')에서도 표현되었다. 식량주권의 상실은 현재 대두의 98%, 옥수수의 25%, 밀의 50%, 쌀의 80%가 수입되고 있는 데서 잘 드러난다(Quintana, 2007: 5). 특히 주곡인 옥수수 물량 수입이 NAFTA 발효 이래 계속 연평균 11.9%씩 증가해 왔고, 2006년의 경우 31.9%까지 증가한 바 있다. 이는 값싸고 양질의 주곡을 대중에게 공급하는 데 NAFTA가 역기능적이었다는 점을 웅변한다. 1994년 NAFTA가 통과된 이래 주식인 토르티야 가격은 2007년 현재 738%나 올랐다. 1994년에 최저임금 하나로 16킬로그램의 토르티야를 살 수 있었다면, 2007년 1월 현재는 5킬로그램밖에 살 수 없다. 2006년 1월에 터진 '토르티야 위기'는 바로 이런 구조적 문제가 터져 나온 것이다.[12]

농촌에서 노동주권(soberanía laboral)의 상실은 2,500만 명에 달하는 농촌인구의 일자리가 급격하게 줄어든 데서 잘 드러난다. 미국 카네기 재단의 연구에 따르면 1993년 농업 종사자 인구는 810만 명이었지만, 2002년 말에는 약 680만 명으로 줄어들었다. 130만 개의 일자리가 줄어든 것이다(Audley et al., 2003: 5~6). 멕시코 통계청 자료를 이용한 살라스의 추계에 따르면 1991~2000년 사이에 옥수수 생산자의 일자리만도 101만 개 줄어들었다(〈표 12〉). 나아가 화수업과 채소 재배자 숫자도 14만 개 줄어들었다(Salas, 2006: 42~3). 그런 점에서 NAFTA는 멕시코, 특히 생계형 옥수수 영농자들이 많이 있는 남부 농촌 사회에 치명적인 손실을 입혔다고 할 수 있다. 1994년 이후 10년간 농촌의 일자리가 130만 개 줄어들었고, 이에 따라 농촌에서 도시로, 나아가 국경도시로, 미국으로 이어지는 불법이민의 흐름을 강하게 만들어 낸 측면이 있다. 아울러 식량자급도도 하락하였고, 주곡인 옥수수와 콩의 수입물량도 2.3배나 급증하였다. 1993년의 수입물량이 9백만 톤이었는데, 2002년에는 2천만 톤을 기록한 것이다.

그럼에도 불구하고 멕시코 내부의 옥수수 경작지는 줄어들지 않았고, 실제로 조금 늘었다는 분석이 있다. 이전에는 전혀 옥수수를 심지 않았던 시날로아나 할리스코와 같은 주에서도 옥수수를 재배한다고 한다. 그 이유는 무엇일까? NAFTA에서 옥수수 수입 유예기간이었던 10년이

---

12) 2006년 1월 멕시코인들의 주식인 토르티야 가격이 킬로당 6페소에서 10페소로 41.6%나 급상승하였다. 그 결과 1,800만 명의 저소득층이 심각한 식량난을 겪었고, 1,200만 명의 인구가 영양공급 과소로 고생하였다. 멕시코시티에서도 10만 명의 인구가 동원된 소요가 있었다. '토르티야 위기'의 원인은 첫째, 시카고 증권시장에서 옥수수 가격이 톤당 103달러(2006년 9월)에서 151달러로 폭등했다. 미국의 에탄올 생산 수요와 목축업자들의 옥수수 수요가 반영된 것이다. 둘째, 옥수수 제분을 장악하고 있는 마세카와 유통을 담당하는 카길사의 독과점적 시장 지배력으로 인해 공급 압박('투기 의혹')이 가해졌다. 셋째, 국제 유가와 국내 에너지 상승으로 운송비와 제분 비용의 증가가 반영되었다. 하지만 구조적인 원인은 옥수수와 콩과 같은 주곡시장을 자유화시킨 신자유주의 농업정책의 결과물로 보아야 할 것이다(Quintana, 2007).

〈표 12〉 옥수수 농업의 일자리 상실(1991~2000)

	일자리 총계	남성	여성
자가소비	-670,000	-597,000	-73,000
판매	-343,000	-309,000	-34,000
총계	-1,013,000	-906,000	-107,000

출처: INEGI 전국고용조사(1991, 2001); Salas(2006: 43)에서 재인용함

지나면서 국내 옥수수 톤당 가격도 국제가격에 수렴하게 되었다. 따라서 미국의 생산성과 비용 수준에는 못 미치지만, 수요가 안정적인 옥수수를 국내에서도 계속 경작할 인센티브가 나름대로 생긴 것이다.

 NAFTA가 멕시코 농촌에 미친 치명적 위협 가운데 다른 하나는 중농의 생존 가능성을 심각하게 위협하고 있다는 점이다. 수출농업을 위한 투자나 신용이 부족한 중농들의 경우 수입물량에 의해 계속 도산의 압박을 받고 있다. 중농의 채무 탕감과 금융 지원을 외치는 엘 바르손(El Barzón) 운동에서 볼 수 있듯이, 이들에게 부족한 것은 정부나 농업은행의 신용과 기술 지원이다. 이것이 없다면 다국적기업의 영농기법과 마케팅을 당해 낼 수 없다. 그 결과 중농이 과거에 고용하던 농업노동자들(멕시코 농촌 사람들의 농한기 현금 수입원이었다)이 일자리를 잃게 되고 나아가 대량으로 주변도시로, 북부로 밀려나는 수밖에 없게 되었다. 2003년 1월 31일에 전국의 농민단체들이 10만 명을 동원하여 멕시코시티에서 "농촌은 더 이상 수수방관하지 않겠다!"(El campo no auguanta más!)는 슬로건으로 적극적인 동원 시위에 나선 것도, 2006년 선거전에서 중도좌파 후보였던 로페스 오브라도르(López Obrador)가 NAFTA의 농업협정을 재협상하겠다고 주장한 것도 현 단계 농민층의 위기상과 긴밀한 관련을 가지고 있다.

6. 깨진 약속: 저성장, 불법이주, 그리고 송금액

불법이민 현상이 모두 NAFTA의 결과라고 말할 수 있을까? 그것은 명백히 과장이리라. 불법이민의 구조적 배경에는 무엇보다 멕시코의 인구구조에서 젊은 층의 노동시장 유입이 빠르게 늘어난 1980년대 이후의 인구동학이 존재한다. 이와 더불어 저임금 불법 노동력으로 일자리를 채우는 미국의 한계산업, 즉 남서부의 농장노동, 건설업, 호텔, 청소업 등 서비스 산업의 꾸준한 수요도 한몫을 한다. 말하자면 국경 양쪽 모두에 불법 노동력을 배출(push)하는 요인, 유인(pull)하는 요인이 모두 존재하는 것이다.[13] 여기에다 국경을 사이에 두고 존재하는 엄청난 시간당 임금격차도 두 개의 노동시장을 강력하게 매개한다. NAFTA는 미국의 위정자 입장에서 멕시코에 좋은 일자리를 마련해 주어서 미국으로의 불법이민 유혹을 일정하게 사전에 차단하려는 노력이었다. 하지만 이 약속은 깨지고 말았다.

오늘날 NAFTA가 멕시코에 안정적 성장과 일자리를 주지 못한 까닭에 노동시장에 진입을 할 수 없는 많은 젊은이들과 농촌 사람들이 죽음을 무릅쓰고 이주 행렬에 가담한다. 멕시코인의 미국 이주 행렬의 역사는 20세기 초엽부터 꽤 길다. 1990년대 들어와서 생긴 새로운 현상은 이주의 규모가 대형화되고, 불법월경의 과정이 조직화되고 있다는 점이다. 1994~2004년 사이에 멕시코 노동시장에 신규로 진입한 사람은

---

13) 미국은 이민자들이 어느 정도 유입되어야 인구의 감소를 막을 수 있는 나라이다. 따라서 이민을 제한하거나 금지하는 문제가 아니라 "어느 정도까지 허용해야 하느냐"와 "숙련자와 비숙련자의 비율을 어느 정도로 해야 하는가"가 논쟁의 핵심적인 부분이다(Halstead and Lind, 2001; 한국어판, 211쪽).

〈표 13〉 치카노의 대멕시코 송금액

	1999	2000	2001	2002	2003	2004
송금액(10억 달러)	5.9	6.6	8.9	9.8	13.4	16.6
GDP 대비 송금액	1.23	1.1 3	1.43	1.51	2.10	2.46

출처: Inter-American Development Bank

1,300만 명가량이다. 하지만 공식부문의 경우 일자리 수는 270만 개에 불과했다. 결국 1천만 명가량은 비공식부문이거나 월경을 통해서 기회를 찾아야만 했다. 그래서 지난 10여 년간 비공식부문이 빠르게 팽창해 왔고, 매년 40~60만 명의 인구가 불법으로 월경하여 미국으로 갔다.

우선 비공식부문의 팽창이 빨랐다. 1980년의 경우 비공식부문에 종사하는 인구는 470만 명 정도였고, 도시인구의 30% 정도를 차지했다. 하지만 오늘날은 약 2천만 명의 인구가 비공식부문에 종사한다. 도시 고용인구의 60%를 차지하는 비공식부문이 생산하는 GDP는 전체의 12.3%에 머물 정도로 생산성은 떨어지고 노동환경은 열악하다.

좌절에 빠진 사람들은 돈을 모아 월경의 꿈을 꾼다. 그래서 1970년 대에 매년 3만 명 정도 월경하던 인구가 90년대에 와서는 40만 명 규모로 늘어났고, 2000년대에는 60만 명 규모로 증가하리라고 〈퓨 히스패닉 센터〉(Pew Hispanic Center)는 예측한다. 월경 이주민을 배출하는 주에는 전통적으로 이주민을 배출했던 중서부의 할리스코, 사카테카스, 과나후아토, 미초아칸 주는 물론이고, 예전에는 전혀 이주민을 보낸 바 없었던 남부 주인 치아파스, 오아하카, 게레로 주도 가담하고 있다. 남부 주 이주민들의 월경은 분명히 NAFTA 이후 생계영농의 위기상과 긴밀한 관련을 가진다(Bartra, 2005: 7~10).

월경 이주민이 급증하면서 이들이 보내는 송금액도 급증하고 있다.

〈표 14〉 각 부문별 외환소득 금액(1994~2004)

단위: 백만 달러

연도	송금액	관광업	석유수입	제조업	농축산업
1994	3,475	4,855	7,445	51,075	2,678
1995	3,673	4,688	8,423	67,383	4,016
1996	4,224	5,287	11,654	81,014	3,592
1997	4,865	5,748	11,323	95,565	3,828
1998	5,627	6,038	7,134	106,550	3,796
1999	5,910	5,869	9,928	122,819	4,144
2000	6,572	5,953	16,383	145,261	4,263
2001	8,895	6,538	12,799	141,346	4,007
2002	9,814	6,695	14,476	142,031	3,866
2003	13,266	7,252	18,654	143,031	4,665
2004	16,612	7,783	23,666	157,747	5,684

출처: Banco de México ; INEGI: Delgado-Wise(2006: 197)에서 재인용

오늘날 멕시코는 해외 이민자의 수가 훨씬 많은 인도보다 더 많은 송금
액이 유입되는 국가이다(〈표 13〉 참조). 1980년의 경우 송금액은 불과 7
억 달러에 불과했다. 하지만 2000년에는 66억 달러, 2002년에는 98억
달러, 2004년에는 166억 달러로, 급기야 2006년에는 235억 달러로 급증
했다(Banco de México의 통계, 〈표 14〉 참조).

　　2004년의 경우 166억 달러이면 멕시코의 원유 수출액의 78%, 관
광소득의 153%, 마킬라도라가 산출한 소득의 87%에 해당한다(IADB,
2005). 〈표 15〉에서 보건대 순무역수지로 본다면 해외 송금액은 원유수
입으로 번 돈과 거의 비슷하다. 또 이 금액은 해외직접투자 유입액과도
거의 일치한다. 월경 이주민 산업이 멕시코의 최대 성장산업이 된 것이

〈표 15〉 순무역수지에서 송금액이 차지하는 비중의 증가 양상

단위: 백만 달러

연도	송금액	관광업	석유수입	제조업	농축산업
1994	3,475	2,305	6,265	-23,350	-693
1995	3,673	3,028	7,507	-117	1,373
1996	4,224	3,327	10,469	-124	-1,079
1997	4,865	3,710	9,227	-6,023	-345
1998	5,627	3,760	5,406	-9,881	-976
1999	5,910	3,768	8,954	-10,363	-554
2000	6,572	3,990	11,337	-18,638	-582
2001	8,895	3,771	7,764	-17,293	-1,229
2002	9,814	3,947	8,153	-13,845	-1,509
2003	13,266	4,416	14,406	-14,406	-1,067
2004	16,612	3,794	17,022	-20,149	-426

출처: Banco de México; INEGI: Delgado—Wise(2006: 2004)에서 재인용

다. 이주민이 보낸 송금액은 주로 빈한한 도시와 농촌 가계의 주거생활비가 되고 있기에 멕시코 정부의 사회복지의 허약성을 보완해 주고 있기도 하다. NAFTA의 깨진 약속은 바로 이주민 행렬이 끊이지 않고 계속 증가하고 있다는 데서 잘 드러난다. 미국이 FTA를 맺으면서 속으로 바랐던 것은 멕시코 경제의 안정화였다. 나아가 내부에 고용이 충분히 창출되어 이주민 행렬이 줄어들 것이라고 예견했다. 하지만 이 모든 것은 뜻대로 이루어지지 않았다. 오늘날 미국 내에 1,200만 명의 불법이주민 인구의 거의 절반이 멕시코계이다. 이것만큼이나 NAFTA의 약점을, 더 나아가 멕시코의 실험 실패를 웅변하는 것이 어디에 있겠는가?

7. 한국에 주는 함의

한·미 두 정부는 현재 자유무역협정 협상을 일단락하고 국회에서 비준을 준비하고 있는 중이다. 하지만 아직도 시민사회와 학계 내부에 찬반 양론이 팽팽하다. 정부는 FTA의 실익이 크다고 주장하고, 비판적인 시민사회는 피해가 크다고 주장한다. 그러나 항상 문제가 되는 것은 개방에 대한 찬반여부가 아니라 개방의 구체적인 방법과 경로일 것이다.

한·미 FTA 협상문안은 북미자유무역협정(NAFTA)과 유사하다. 민감한 부분의 배제와 절충도 있었지만 골격은 대동소이하다고 할 것이다. NAFTA는 이미 15년의 실적을 쌓았다. 코끼리 미국과 결합한 마우스 캐나다와 멕시코의 평가를 들어 보면 우리의 미래를 가늠하는 데 도움이 될 것이다. 하지만 멕시코의 사례와 우리의 사례가 같을 것이라는 암묵적인 전제는 피해야 한다. 양국은 미국과의 지리적 여건도 다르고, 또한 산업구조나 인적자원 등 제반 여건이 크게 다르기 때문이다. 따라서 양국의 경험을 일대일 대응으로 보는 것도 피해야 한다. 현재 FTA를 지지하는 입장은 멕시코의 경험이 긍정적이라고 주장하고 있고, 비판하는 쪽은 부정적으로만 바라보는 경향이 있다. 멕시코의 경험이 비록 부정적이라고 할지라도 이는 우리가 비교 평가해야 할 준거틀일 뿐이지, 마치 한국이 걸어가게 될 유일한 코스의 축도는 아닐 것이다.

필자가 강력하게 비판하고자 하는 것은 우리나라의 추진론자들이 급조해 낸 논리들이 별로 근거가 없다는 것이다. 멕시코가 NAFTA로 인해 얻은 성과와 문제점을 바탕으로 하나씩 살펴보기로 하자. 첫째, 성장률이 높아지고 일자리가 늘어난다는 주장이다. 하지만 멕시코·캐나다 어디에도 성장률은 2~3% 수준으로 거의 변동이 없었고 일자리 증가도 거의 없었다. 역내 수출 물량은 크게 증가하였지만, 부품과 원자재의 수입 또한 증가하였기에 일자리는 대체로 상쇄되는 경향을 보였다. 부품과 원자재 수입의 증가는 곧 산업의 후방 연계효과가 사라짐을 의미하고 일자리가 준다는 것을 뜻한다. 반면에 농업부문의 위기는 심각하였다.

둘째, FTA가 양극화 개선의 기회가 된다는 논리이다. 멕시코의 기업인·학자·언론 모두 NAFTA가 경제와 사회 전반의 양극화를 고착시켰다고 평가했다. 물론 멕시코의 양극화 경험은 오랜 역사적 배경을 갖는다. 하지만 NAFTA가 신자유주의 개혁 이래의 양극화 경향을 강화시켰고 최종적으로 봉인했다. 일단 산업의 양극화가 눈에 띈다. 수출기업의 2%에 해당하는 700개 대기업이 대미 수출의 80%를 담당할 정도로 기업구조는 양극화되어 있다. 기업구조의 양극화는 기술구조의 양극화, 내수시장과 수출시장의 분절화로 연결된다. 소득의 양극화도 심화된다.

10년간의 경제통합 가운데 노동생산성은 향상되었건만, 노동 분배율은 악화되었다. 제조업의 평균임금은 1994년을 100으로 보면 2001년의 경우 89에 불과했다. 나아가 의료·보험·교육과 같은 공적 서비스가 민영화 압력에 직면하고 사회적 약자에 대한 보호방벽이 줄어든다. 농업부문은 130만 명이나 일자리를 잃을 정도로 초토화되었고, 남부에는 아직도 농민 게릴라 운동이 존재할 정도이다. 이에 따른 지역의 불균형과 양극화도 심각한 수준이다.

셋째, 서비스 산업의 고도화가 일어날 것이라는 낙관론이다. 하지만 NAFTA 15년의 경험에서 보여 준 것은 캐나다와 멕시코의 주요 서비스 산업이 외국계 기업에 종속되어 버린 냉혹한 현실이다. 멕시코의 총여·수신액의 90%가 외국계 은행에서 공급된다. 내수산업에 기반을 둔 중소기업에 금융을 제공하는 은행은 거의 없다. 금융·보험·의료·교육 서비스에서 선진화가 일어난 부분은 곧 외국계가 장악한 부분이고 그 혜택이 돌아가는 곳은 극소수의 부유층이다. 멕시코에 왜 저투자 현상과 저성장 체질이 구조화되었는가에 대한 질문은 금융의 종속화 현상에서 부분적인 답을 찾을 수 있을 것이다.

마지막으로 자유무역협정이 체결되면 통상마찰이 줄어들 것이라는 낙관론을 살펴보자. NAFTA 체제 아래서도 미국의 반덤핑 제소나 상계 관세 부과 관행은 없어지지 않았다. 심지어 분쟁해결 패널 아래 결정이 나도 미국은 불리하면 지키지 않는다. 캐나다의 경우 통나무 수출 건으로 20년간 미국 측과 싸워 여러 차례 이겼지만, 항상 양보하도록 압력을 받았다.

필자는 정부 당국자들이나 관련 연구기관이 NAFTA 10년에 대한 평가를 관변학자나 기관의 연구뿐만 아니라, 멕시코 측과 캐나다 측의 학계와 시민사회의 다양한 평가를 면밀하게 살펴보았으면 한다. 10여 년간의 통합이 멕시코와 캐나다에 남긴 상처와 후유증을 분야별로 살펴본다면 우리가 한미 FTA에서 무엇을 지키고, 무엇을 내줄 것인지를 좀더 구체적으로 알 수 있을 것이고, 나아가 우리가 얻을 이득과 피해가 좀더 구체적으로 그려질 것이다.

2장 룰라의 브라질, 브릭스의 미래는 있는가?

1. 미래의 나라, 브라질?

브라질에는 이런 자조어린 속담이 있다고 한다. "브라질은 미래의 나라이다. 그리고 항상 미래의 나라로 남을 것이다."[14] 이 말은 엄청난 규모의 영토와 자원과 그리고 잠재력을 보유했음에도 강대국으로 발돋움하지 못하고 좌절당한 과거와 현재를 웅변한다. 뛰어난 인류학자 로베르투 다마타(Roberto da Matta)도 이렇게 말한다. 브라질인들은 "과거를 버리지 않았다. 하지만 온갖 힘을 다해 미래를 껴안으려 한다"(Eakin, 1997: 7). 그는 여전히 전통과 과거가 발목을 잡고 있지만 미래를 향해 열심히 달리는 브라질의 밝은 모습을 포착한다. 이렇게 모순적인 양면성을 지닌 브라질이 가진 잠재력은 대체 얼마나 되고 그 매력은 무엇일까?

요즘 들어와서 브릭스(신흥 경제권으로 각광을 받고 있는 브라질, 러시아, 인도, 중국 네 나라를 일컫는 말)의 밝은 전망에 대한 장밋빛 분석이 쏟아져 나온다. 특히 브라질의 잠재력에 대해서는 미국계 투자은행인 골드

---

14) '미래의 나라'란 표현은 오스트리아 작가 슈테판 츠바이크(1881~1942)가 쓴 『브라질, 미래의 나라』에서 나온 것인데, 이후 브라질의 곤경과 딜레마를 표현하는 말로 자리 잡았다.

만삭스가 2003년 10월에 발표한「BRICs와 함께 꿈을: 2050년으로 가는 길」(*Dreaming with BRICs: The Path to 2050*)이 나온 이래 간간히 언급되었다. 카르도주 대통령의 연임 기간 동안 경제는 안정을 찾았고, 뒤이은 룰라 정부의 강력한 수출성장 드라이브로 경제가 이전보다 다소 나아진 것은 틀림없다. 하지만 이런 장밋빛 전망에 많은 브라질 사회과학자들은 동의하지 않는다.

카르도주 정부에서 과기처 장관을 역임한 정치학자 브레세르-페레라(Bresser-Pereira)는 시니컬하기까지 하다. 그는 브릭스란 것이 있다 해도, "금리가 20%나 되는 고리대 국가에다가 원자재 수출을 하는" 브라질이 그렇게 되긴 힘들 것이라고 말했다(브레세르-페레라, 손호철과의 인터뷰,『한국일보』, 2004). 로베르투 다 마타의 지적처럼 브라질의 밝은 미래를 붙잡고 있는 과거의 유산도 여전히 존재한다. 아마도 브라질의 미래는 브라질인들이 얼마나 과거를 슬기롭게 청산하며, 미래를 향해 현재의 에너지를 결집시킬 수 있느냐에 달려 있을 것이다.

이 글은 브릭스의 한 대상국인 브라질의 현 단계 개혁의 성과와 한계를 점검해 보기 위해 썼다. 브라질에 대한 장밋빛 전망이건 비관적 전망이건 그 전망의 근거가 되는 구체적 내용에서 출발할 수밖에 없다. 이 글은 현재 브라질이 처해 있는 국제적·국내적 정치, 경제상황에 주목하면서 안정적 성장의 제약조건에 주목할 것이다. 이 글의 전개는 다음과 같다. 2절에서는 브라질 국가가 지닌 잠재력에 주목하면서 아울러 미래의 안정적 성장으로 나아가는 데 장애로 흔히 지적하는 양극화 문제와 '브라질 코스트'(Custo Brasil) 문제를 살펴본다. 3절에서는 이러한 장애를 극복하기 위한 그간의 시장개혁 조치를 카르도주 정부와 룰라 정부의 성과를 중심으로 살펴보되, 아울러 정책의 문제점과 한계도 조명한다. 4

절에서는 브라질 경제와 미래를 발목 잡고 있는 고비용의 정치구조를 분석하고, 2005년 부패 스캔들 이후에 나온 정치개혁안에 대한 논의도 살펴본다. 5절에서는 최근 국제무대에서 각광을 받고 있는 공세적인 브라질의 대외정책을 무역정책을 중심으로 살펴보고, 특히 남남협력과 대중협력의 차원에 주목하여 향후 전망을 제시하고자 한다. 필자의 결론은 브라질의 미래에 관한 한 조건부 낙관론이다. 조건부란 브라질 국민들이 안고 있는 양극화와 치안 부재, 브라질 코스트, 고비용 정치구조라는 산재된 문제를 해결해야만 그 골드만삭스 보고서가 강조하는 잠재력이 현실화될 수 있다는 것이다. 카르도주와 룰라 정부가 나름대로 성과를 낳고 있지만, 밝은 미래는 아직도 가시권에 들어와 있지 않은 것 같다.

2. 잠재력과 문제점

1) 잠재력

먼저 잠재력의 일단을 살펴보기로 하자. 브라질의 영토 규모는 알래스카와 하와이를 뺀 미국 본토보다 큰 854만 제곱킬로미터로 세계 5위를 자랑한다. 지정학적으로 대륙국가로 남미 대륙 인구의 절반과 전체 GDP 절반을 차지하니, 자연스레 지역의 헤게모니도 브라질의 몫일 수밖에 없다. 이 나라는 세계의 곡물창고란 표현이 어울릴 정도로 온갖 종류의 식량자원이 대량으로 생산된다. 대표적인 농축산물로서는 세계 1위를 점하는 설탕, 오렌지, 커피가 있고, 2위를 차지하는 콩, 쇠고기가 있으며, 3위를 점하는 닭고기, 담배, 옥수수 등이 있다(62쪽, 〈표 16〉). 국토 가운데 44%가 경작이 가능하지만, 현재 약 30%만 이용되고 있다. 확대가 가능한 경작지가 풍부하고, 추가 투자 없이 확대할 수 있는 경작지도 거의 9

천만 헥타르에 이른다. 갈수록 식량에 대한 수요가 늘어가는 중국의 문제는 브라질만이 해결할 수 있다고 말할 정도이다.

광물자원도 엄청나게 풍부하다. 최근에 중국에서 대량으로 구매하고 있는 철광석을 비롯하여 총 70여 종의 광물이 있는데, 이 가운데 공업용 광물이 45종, 금속광물이 21종, 연료광물이 4종 등이다. 최근 들어서 개발이 활성화되고 있는 아마존 지역에는 철광석, 마그네슘, 알루미늄(보크사이트), 금, 주석 등 많은 광물이 풍부한 것으로 알려져 있다.

생산량 기준으로 본 세계 랭킹을 보면 니오븀(세계1위), 철광석, 탄탈석(이상 2위), 알루미늄, 고령토, 흑연, 망간(이상 3위), 마그네사이트, 질석(이상 4위), 감람석, 주석, 장석, 활석(5위) 등의 순이다(권기수, 2004: 88~9). 광산물 수출은 현재 중국과 인도 등의 경제 활성화가 랠리를 이어가면서 활기를 띠고 있다.

한편 석유 생산량도 1980년대에는 일일 평균 20만 배럴을 생산했지만, 2003년 현재 일일 평균 150만 배럴로 대폭 증가하여 석유 자급도가 크게 제고되었다. 이에 따라 국제유가가 상승해도 국내경제에 미치는 영향은 미미할 뿐이다. 예컨대 유가가 20% 상승할 경우 브라질이 추가로 지출해야 하는 석유수입 대금이 1980년에는 GDP의 0.8% 수준이었지만, 2003년에는 0.1%(약 4억 달러)에 불과하다.[15]

이외에도 브라질은 열대기후에서 아열대, 온대에 이르는 다양한 기후대를 지닌 특징 때문에 '그린 골드'(Green Gold)라 불리는 생물자원도

---

15) 한국의 경우는 GDP의 1%가 추가로 지급된다. 수은 해외경제연구소, 「브라질, 석유자급률 상승으로 국제 고유가 영향 적어」, 〈한국수출입은행〉, '해외지역정보', 2004년 7월 1일자 (www.koreaexim.go.kr/kr/file/nation/braecon040701.PDF)

품목	순위	점유율	품목	순위	점유율
설탕	1	16.6%	카카오	5	6.2%
사탕수수	1	28.0%	면화	7	3.9%
오렌지	1	19.4%	철강	8	3.3%
커피	1	32.5%	합성고무	9	3.2%
콩	2	23.3%	쌀	10	1.8%
옥수수	3	6.8%	자동차	12	2.9%

출처 : Image economique du monde(2004 : 116)

풍부하게 보유하고 있어 IT와 더불어 21세기 세계경제의 신(新)성장동력으로 부상하는 BT(바이오기술) 분야에서의 발전 가능성이 큰 것으로 평가받고 있다(권기수, 2004 : 87~88).

인구도 2003년 현재 1억 7천만 명에 달하고(세계 5위), GDP 규모도 1조 3,520억 달러(구매력 기준)에 달해 세계 9위 경제대국의 위상을 과시하고 있다. 그래서 브라질 기업인들은 "대국 의식"(big country ideas)을 자연스럽게 공유하고 있다. 이들은 언제나 거대한 구상을 하고 큰소리치는 "포르투갈어를 말하는 텍사스인"(Portuguese-speaking Texans)처럼 행동한다고 한다. 브라질 관리, 특히 외무부 관리들도 마찬가지이다. 외무부를 부르는 통칭 '이타마라티'(Itamaraty)는 통상업무와 외교를 글로벌 차원에서 관리한다. 브라질 외교의 수준은 국제사회에서도 평판이 높다(Klom, 2003 : 351).

브라질은 1964년에 들어선 군정 시절(1964~85)에 비교적 빠른 산업발전을 보였다. 1980년대에 들어와서 자동차, 군수물자, 항공기 제조 분야에서 이미 선두주자로 이름을 떨쳤고, 산업기반도 라틴아메리카보

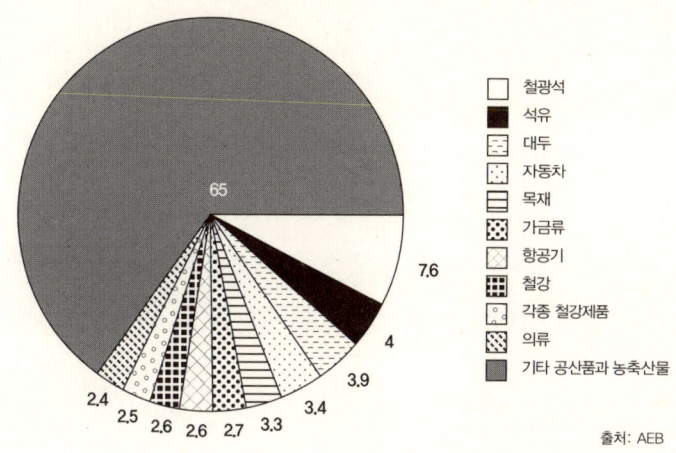

출처: AEB

다는 유럽 수준에 가깝게 다가갔다. 1990년대 브라질 정부는 나름대로 미사일, 우주항공 프로그램을 개발하였고, 미국과 갈등을 일으켰던 핵개발 계획도 갖고 있었다. 컴퓨터 산업 역시 세계 8대 시장에 들 정도로 내수기반이 넓었고, 정부는 미국, 유럽, 일본의 수입품과 경쟁할 국내 컴퓨터 산업을 지원하기도 했다. 따라서 수출 상품도 철광석, 석유, 대두와 같은 1차 산품과 더불어, 중소형 비행기, 철강 관련제품, 컴퓨터도 상당한 비중을 차지한다(〈그림 2〉).

인적 자원도 과학기술 기반도 비교적 발달해 있다. 초중등 교육 지표에서는 여타 중진국에 비해 뒤떨어지지만, 국제적 수준에 올라 있는 유수의 대학과 연구소는 비교적 많은 편이다. 여기서도 우리는 양극화된 사회의 한 단면을 볼 수 있다. 2003년 〈조지아 기술연구소〉는 브릭스 국가 가운데 러시아와 중국을 제치고 인도 다음의 기술 강국으로 부상하리라고 전망한 바 있다. 특히 높은 경쟁력을 지니고 있는 농업부문과 생명

	총 R&D 인력	기업부문 총 R&D 인력	과학기술논문건수	기업의 R&D 지출
순위	8(53)	13(52)	19(60)	23(56)

출처: IMD, World Competitiveness Yearbook 2004; 권기수(2004: 91)에서 재인용

공학 부문은 세계에서 가장 많은 고급인력을 양산하는 것으로 알려져 있다(〈표 17〉). 연구개발 인력보유 부문에서는 세계 8위이고, 기업부문의 연구개발 인력 보유 랭킹은 세계 13위를 기록하는 등 비교적 높은 순위에 올라 있다(권기수, 2004: 91).

2) 양극화 사회

하지만 브라질은 엄청난 대조와 패러독스의 나라이기도 하다. 거대한 잠재력과 부는 거대한 빈곤과 공존하고 있다. 양극화는 산업에도, 빈부격차에도, 남북축의 지리에도 반영되어 있다(〈그림 3〉). 상파울루와 리우데자네이루의 산업 인프라는 선진국 어디에도 못지않은 수준이지만 북동부 오지의 낙후된 농업시설과 삶은 아프리카 대륙의 그것과 닮았다. 로켓을 쏘아 올릴 실력이지만 유아사망률이 천 명당 27.4명이나 되고, 문맹률은 14%에 달하며 빈곤 또한 제3세계 국가의 수준이다. 인구의 거의 절반에 해당하는 47.3%(2000년 기준)가 빈곤층이다(〈표 18〉). 가장 부유한 인구 10%가 국부의 45.7%를 장악하고 있는 반면에, 하위 40%는 10.6%를 지닐 뿐이다. 2005년 현재 브라질 지니계수는 중남미 국가 가운데 가장 높은 0.59를 기록하고 있는데, 이는 과테말라(0.58), 콜롬비아(0.57)보다 열악한 것이다. 1970년대 한 브라질 경제학자가 만든 조어인 '벨린디아'(Belindia)는 바로 이런 엄청난 대조를 잘 보여 준다. "근대산업의 기반은 벨기에를 닮았지만, 낙후된 사회구조는 마치 인도 같다

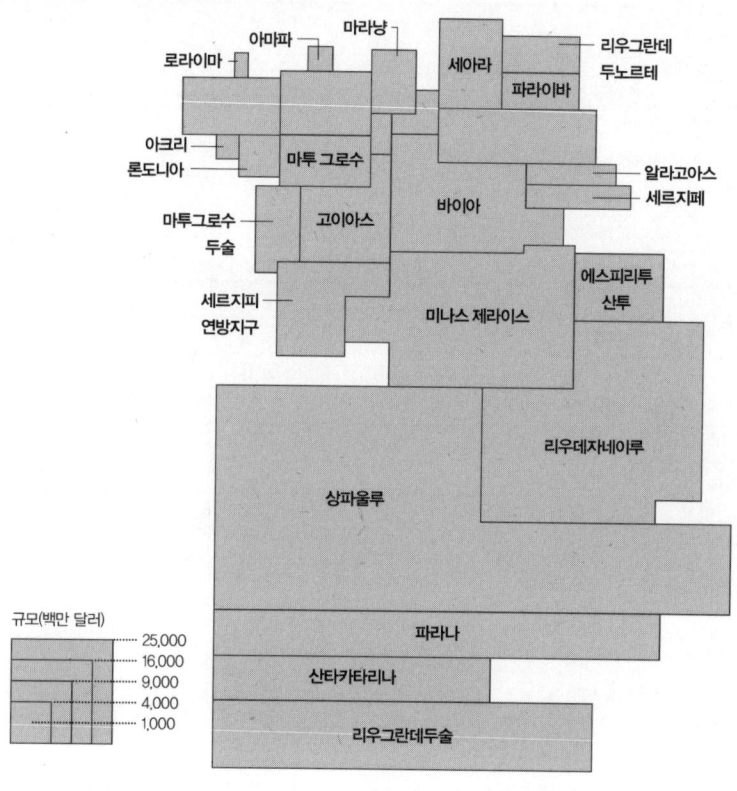

〈그림 3〉 브라질의 경제: 지역적 격차의 심각성

출처: IBGE

고……."(Eakin, 1997:1).

　　브라질의 소득불균형 현상은 오래된 것이기도 하지만 1998년 외환
위기 이후 가속화되고 있다는 데 문제의 심각성이 있다. 룰라 정부에서
도 긴축기조의 경제정책이 지속됨에 따라 내수경기가 둔화되고 실업과
저고용이 줄어들지 않고 있다. 소득불균형 현상의 가속화로 인해 브라질
의 소비시장도 양극화되고 있다. 중산층이 약화되고 그들의 구매력이 떨
어짐으로 인해 소비시장은 고가시장과 저가시장으로 양극화되고 있다.

<표 18> 브라질(아르헨티나, 칠레)과 한국 비교

	국가 내용	아르헨티나	브라질	칠레	한국
인구적 특성	총인구(천 명, 2005)	38,747	186,405	16,295	47,817
	밀집도(hab./km², 2005)	13.9	21.9	21.5	481.7
	연간증가율(2000~05) (%)	1.0	1.4	1.1	0.4
	출산력지수(2000~05)(유아/여)	2.35	2.35	2.00	1.23
	유아사망력(2000~05) (천분율)	15.0	27.4	8.0	3.8
	평균수명(2000~05)	74.3	70.3	77.9	76.8
	도시인구(2003) (%)	90.1	83.1	87.0	80.3
사회 문화적 지표	인간개발지수(HDI, 2002)	0.853	0.775	0.839	0.888
	의사 수(천분율)	2.68(02)	2.06(01)	1.09(03)	1.40(02)
	남성 문맹률(%, 2000~04)	3.0	12.0	4.2	0.7
	여성 문맹률(%, 2000~04)	3.0	11.7	4.4	3.0
	평균취학년수(2002~03)	16.4	14.7	13.7	15.8
	고등학교 취학률(%)	56.3(01)	18.2(01)	42.4(02)	84.7(02)
	인터넷 접속률(천 명당, 2003)	112.02	82.24	237.54	603.42
	출판 종 수	11,991(98)	21,689(98)	1,443(99)	30,487(96)
병력	육군(천 명)	41.4	189	47.7	560
	해군(천 명)	17.5	48.6	19	63
	공군(천 명)	12.5	65.309	11	64.7
경제	총GDP(구매력기준, 백만 달러)	484,232	1,462,564	173,812	1,029,848
	연간성장률(%, 1993~2003)	0.8	2.5	4.6	5.3
	연간성장률(%, 2004)	9.0	5.2	6.0	4.6
	일인당 GDP(PPP, 달러)	12,468	8,328	10,869	21,305
	투자(GDP 대비 %, 2002~04)	15.2	16.1	21.8	29.5
	인플레이션율(%)	4.4	6.6	1.1	3.6
	에너지(커버율 %, 2002)	145.1	84.8	35.6	17.8
	교육예산(GDP 대비 %)	4.6	4.3	4.2	4.3
	국방예산(GDP 대비 %)	1.1	1.5	3.5	2.4
	총외채(2003, 백만 달러)	147,319	221,384	43,931	146,838
	외채 서비스/수출(%, 2001~03)	32.4	69.4	30.7	10.5
	수입(백만 달러)	22,309	65,904	24,823	224,440
	수출(백만 달러)	34,320	96,474	32,000	253,910
	경상수지(GDP 대비 %)	2.0	1.9	1.5	3.9

출처 : *L'Etat du monde 2006*, Paris: La Découverte

3) 브라질 코스트

엄청난 잠재력으로 인해 외국 투자자들에게 매력적으로 다가오는 이 나라이건만 외국인들이 비즈니스를 하기에 쉽지만은 않다. 소위 말해 '브라질 코스트'가 있기 때문이다. 대단히 복잡한 세무체계, 외국인에게는 미로 같은 노무관련 제도, 고율의 세금, 높은 금융비용, 음성적으로 자행되는 불공정 경쟁관행, 과다한 기업규제, 관료주의 문제 등이 브라질을 기업 활동하기에 힘든 곳으로 만들고 있다. 그러니 훌륭한 로비스트가 없으면 입찰에 성공하기 힘들고, 끈끈한 인맥과 유능한 변호사와 회계사의 도움이 없으면 안정적인 기업 경영도 어렵다. 정치권 역시 정경유착으로 인한 부패 현상이 심각하고, 이는 좌파정당인 노동자당의 집권 시기인 지금도 마찬가지이다.

외국 투자자들의 발목을 잡는 또 다른 요인은 심각한 사회간접시설의 부족 현상이다. 브라질의 물류 관련 설비는 낙후되었을 뿐 아니라 양적으로도 부족하고, 전력과 가스 등의 에너지 공급도 그렇게 원활하지 않다. 따라서 물류비용은 비싸고, 서비스의 질은 낮아 브라질의 국제경쟁력을 크게 갉아 먹는 것으로 알려져 있다.

브라질의 경우 영업비용에서 물류비용이 차지하는 비중이 섬유산업 11%, 식품산업 60% 등 평균 35%를 기록하고 있는데 이는 평균 20% 수준인 선진국에 비해 크게 뒤진 것이다. 브라질 수출기업의 경우 납기미이행의 경우를 대비하여 21일분 재고를 보유하고 있는데, 연간 300억 달러의 추가 비용이 든다. 브라질 코스트의 대표적인 예이다.

부문별 물류 수송 분담률은 도로 63%, 철도 24%, 수로 14%인데 운송비가 가장 비싼 도로의 수송 분담률이 너무 높기 때문에 도로 여건 개선뿐만 아니라 도로 집중도를 낮추기 위해 철도, 수로의 개발이 시급한 실정이다. 항만설비도 부족해서 최근의 수출붐을 제대로 대처하지 못하고 있다. 상파울루 주의 상투스 항은 브라질 총화물의 20%를 처리하고 있으나 시간당 컨테이너 처리가 40개에 불과하여 동아시아의 철광석 및 대두 수요 증가에 제대로 대처하지 못하는 등 심각한 적체현상을 겪고 있다. 그래서 철광석 1톤의 생산지 출하가격이 8~10달러에 불과하지만 외국에 수출하기 위해 지급하는 항구 선적비가 미국(18달러), 아르헨티나(17달러)에 비해 현저히 높은 수준이 톤당 40달러에 달한다(고희원, 2005: 81~3).

브라질이 브릭스의 강국이 되려면 이러한 인프라의 미비점을 빠른 시일 이내에 해결해야만 할 것이다. 다행인 것은 카르도주 정부 시절부터 각종 인프라 설비투자와 보수 관리에 민간기업을 참여시키는 방안이 실현되어 이 분야에 조금씩 개선이 이루어지고 있다는 점이다. 공공도로망의 확충과 보수 관리도 이제 민간기업의 참여하에서 개선이 되고 있고, 연방철도회사의 민영화에 따라 철도망의 근대화와 확장도 이루어지고 있다. 항만설비 역시 카르도주 정부 시절부터 민영화되어 투자가 활발히 이루어지고 있다. 텔레커뮤니케이션 망의 확장도 인상적이다. 정부는 1998년 국영 텔레브라스(Telebras)의 지분 51%를 민간기업에 팔았고 총 12개의 회사로 쪼개 경쟁체제를 도입했다. 그 결과 전화선의 밀집도가 낮은 브라질에 이동전화의 보급이 폭발적으로 늘었고, 가격도 떨어지는 효과가 있었다(EIU, 2004: 19~20). 이 모든 것은 정부와 관련 규제 기구들이 민간기업의 탈법적인 행동을 규제하고 경쟁체제를 잘 활용한다면 브라질 코스트를 낮추는 데 기여할 수 있다는 점을 잘 보여 준다.

개방의 후유증은 있었지만 1990년대에 들어와서 브라질은 밖을 향해 큰 기지개를 켜고 있다. 카르도주 정부(1995~2002)의 개혁과 개방정책에 뒤이어 룰라 정부(2003~2010)도 안정적인 경제운영을 바탕으로 대외적으로 공세적인 수출정책을 펴고 있다. 브라질은 두 대통령 재임기에 갖가지 개혁을 통해 이른바 '브라질 코스트'를 착실히 줄여 나가고 있으며 점차 안정적인 성장과 발전기조도 안착되고 있다. 카르도주 정부가 고질적인 인플레이션 위협과 환율 불안정을 제거했다면, 룰라 정부는 이를 바탕으로 안정적인 성장기조와 도약을 준비한 시기로 기록될 것이다.

특히 브라질은 브릭스 국가 가운데 다자협상 무대에서 제3세계와 농산물 수출국가를 대변하는 등 중심적인 역할을 하는 외교강국이기도 하다. 칸쿤회의에서 G-20의 힘을 묶어 내었고, 국제무대에서 남아프리카공화국, 인도, 중국과 더불어 선진국 중심의 다자협상에 자신의 목소리를 반영하고자 했던, '미래의 나라' 브라질. 그들은 자신에게 잠재력으로만 존재했던 미래를 더 이상 미래로 이연시키지 않으려 한다.

하지만 이러한 경제개혁 과제를 효율적으로 실행할 정치구조는 여전히 낙후되어 있다. 강력한 연방제, 강력한 대통령제, 과도하게 분산적인 다당제, 정치적 부패의 온존 등으로 인해 브라질 정치는 밝은 미래를 향해 나아갈 잠재력을 소진시키고 있다. 깨끗하다고 믿었던 노동자당의 룰라 정부마저 2005년 내내 정치적 부패 스캔들에 시달려야만 했고, 급기야 상하원 의장이 사임하는 소동까지 빚었다. 정치개혁의 과제야말로 현재 브라질이 시급히 해결해야만 하지만 사정은 여전히 녹녹치 않다.

3. 시장개혁 드라이브

1) 카르도주 정부의 유산 : 시장근본주의

엔소 팔레토(Enzo Faletto)와 함께 『라틴아메리카의 종속과 발전』

(*Dependency and Development in Latin America*, 1979)이라는 종속이론의 명저를 써서 큰 논란을 불러 일으켰던 카르도주 대통령은 한때 라틴아메리카 '사회학의 군주'로 불릴 만큼 명망이 높았던 사회과학자였다. 군정 시절 정치적 탄압을 피해 망명을 갔고, 군정 말기에 브라질에 돌아와서 민주화 공간에서 브라질사회민주당(PSDB)을 창당하여 민주화 이행에 개입하기도 했다. 카르도주는 라틴아메리카에 중도좌파 유형의 개혁정치를 꿈꾸었고, 나아가 유럽형의 사회민주주의를 뿌리내리고자 시도했다.

하지만 이타마르 프랑쿠(Itamar Franco) 정부에서 재무부 장관으로 입각한 다음 선거에 나선 카르도주는 브라질 정치 현실에 적응해야만 했고, 보수파와의 연정(PSDB-PFL)으로 권력을 잡은 후 국내외 금융권과 워싱턴의 외압에 쉽게 무릎을 꿇었다. 카르도주는 시장이 요구하는 민영화, 금융과 무역의 개방을 서둘러 취했지만, 원래 자신이 목청을 높여 온 농지개혁은 실시할 수 없었다. 고질적인 인플레이션을 잡았지만, 그것은 고평가된 헤알화에 기댄 것이었고, 종국에는 만성적인 경상수지 적자를 대외저축으로 보전하는 외채누증으로 나타났다. 그렇다면 카르도주 정부의 공과를 어떻게 평가할 수 있을까? 이전 시기부터 차례대로 살펴보기로 하자.

1988년 신헌법이 탄생한 다음 선거에서 당선된 페르난도 콜로르 데 멜루(Fernando Collor de Mello) 대통령은 국민들의 열망을 한 몸에 안고 집권을 했다. 그가 군정 시절의 적폐를 척결하는 데 적임자라고 믿었기 때문이었다. 그가 내건 자유주의 개혁과 개방의 드라이브는 낡은 브라질을 청산하고 '신브라질'(Novo Brasil)을 정초하고자 했다. 사실 브라질 군정도 낡은 브라질을 근대화하고자 병영에서 나왔다. 기술 관료들과 엘리트 군부가 결합한 이 군정은 경제적으로 '브라질의 기적'이란 성과를 낳기도 했다. 하지만 군정의 정치행태는 전혀 다른 역설적인 결과를 낳았다.

군정세력은 사회를 안정적으로 관리한다는 차원에서 보수 세력을 비경쟁적인 선거에 끌어 들였다. 이 결과 주나 지방 차원의 전통과두제 세력들이 공식여당에 정치적 지지를 동원해 주는 대가로 행정부의 예산이나 공적기금을 잘라먹는 후견주의(clientelismo) 정치가 구조화된 것이다(Panizza, 2004: 55). 군정 시절에 예산 낭비는 고질화되었으며, 지방의 낡은 정치관행이 중앙무대에서도 통하게 되었다. 브라질 군정은 아이러니하게도 부패한 정치를 결코 청산하지 못했고, 민주화는 이런 후견정치의 공식화로 이어졌다.

콜로르의 신자유주의 개혁 드라이브는 오래 가지 못했다. 개방과 시장 개혁을 통해 후원-수혜 관계를 척결하고 부패한 관행을 청산하고자 하는 노력이 성과를 보기도 전에 역설적이게도 자신이 부패 스캔들에 빠져들었다. 정당정치를 우회한 그의 인기몰이 정치 스타일이 의회의 반발을 불러일으켰고, 의회는 수뢰혐의를 걸어 그를 탄핵했다. 결국 잔여임기는 부통령인 이타마르 프랑쿠의 몫이었다. 카르도주는 프랑쿠 대통령 정부에서 1993년 5월에 재무부 장관으로 입각했다.

① 헤알 플랜 : 성과와 후유증

민선정부가 여러 차례 들어섰지만 크루자두 계획(Cruzado Plan)을 위시하여 대부분의 안정화 계획이 실패했다.[16] 1993년 누적 인플레이션이 5,014%에 달하는 시점에서 그의 '헤알 플랜'(Plano Real)이 연말에 제출되었다. 헤알 플랜의 핵심은 고정환율제를 이용하여 인플레이션을 잡되,

아울러 시장개방과 자유화 그리고 재정의 합리화를 도모하여 안정화를 이루겠다는 것이었다.[17] 이는 안정화를 넘어서 외국자본의 도움으로 국가 경제를 근대화하겠다는 뜻도 담겨 있었다.

외국자본을 끌어들이기 위해서는 무엇보다 인플레이션을 잡아야 했다. 인플레이션 기대심리를 해체하고 나면 시장개방과 자유화로 인해 내외기업에게 우호적인 투자환경이 조성될 것이고, 그 다음 해외직접투자가 들어와서 산업구조를 근대화하고, 생산성을 높여 브라질의 대외경쟁력이 향상될 것이라는 논리였다. 이를 위해서는 무엇보다 내외기업에 대한 모든 장애가 철폐되어야 했고, 인프라 부문에 있어서 전략적 국영기업들을 민영화시켜 외국기업들에게 유인을 제공해야만 했다. 소위 말해 '시장근본주의'(market fundamentalism)가 국가개혁의 근간이 되었던 것이다.

1994년 7월에 달러화와 1:1로 묶은 새 통화인 헤알(Real)화가 도입되었다. 중앙은행에는 이미 403억 달러의 달러보유고를 조성해 놓았다.

---

16) 군정 시절 지속된 소위 '브라질의 기적'은 1970년대 중반에 멈추었다. 외채를 동반한 성장전략은 1980년대 초에 외채위기로 가시화되었고, 이것의 후유증으로 1980년대 내내 재정부문에 적자가 누적되었다. 인플레이션과 평가절하가 연이어 진행되었고, 임금과 제품가격을 물가인상률에 연동하는 인덱세이션(indexation) 제도는 이를 더욱 부추겼다. 1986년과 1991년 사이에 5번의 안정화 계획이 있었고, 통화명칭 변경이 네 번이나 되었지만 상황은 안정되지 못했다. 모두 위기의 근본 원인에 대한 처방보다는 가격동결을 안정화 계획의 근간으로 삼았기 때문이다(EIU, 2004: 24). 이런 경제적 설명과는 반대로 메텐하임은 지속적 실패의 원인을 브라질의 정치적 유산에서 찾는다. 그는 헤알 플랜 이전의 안정화 계획이 계속 실패한 까닭은 정치세력이 기업, 노조와의 대화나 연계가 없는 상황에서 일방적으로 쇼크 요법을 사용하여 안정화를 추구했기 때문이라고 한다. 정치적 지지의 부재는 곧 시니시즘으로 귀결될 수밖에 없었던 것이다. 반면에 카르도주의 헤알 플랜은 일종의 점진적 접근으로 '임기응변'(muddling-through) 과정으로 진행했기에 안정화와 부의 재분배 효과를 누릴 수 있었고 그 효과도 지속될 수 있었다고 평가한다(Mettenheim, 2001: 174~8).

17) 헤알 플랜의 구체적인 내용과 평가에 대해서는 Palermo(2003)를 참조하시오.

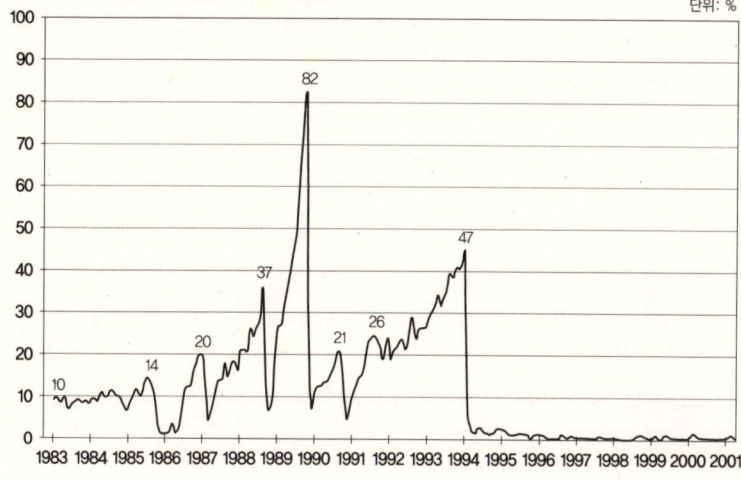

〈그림 4〉 브라질의 월별 인플레이션의 동향(1983~2001)

단위: %

출처: Instituto Brasileiro de Geografia e Estadística

이와 더불어 자본계정의 자유화도 실행되어 고금리를 노린 핫머니가 유입되고 있었다. 고금리와 고정환율제가 헤알 플랜의 근간이었다. 무역도 자유화되어 수입품도 점차 증가하기 시작했다. 통화의 안정과 수입 소비재의 증가로 소비자 물가는 급속도로 떨어지기 시작했다(〈그림 4〉). 소비자 가격지수는 1995년 22%로 떨어졌고, 1996년에는 9%, 1997년에는 4%, 1998년에는 2.5%로 하락했다.

무엇보다 하이퍼인플레이션 시절 자신의 구매력을 방어할 수 없었던 빈민층의 구매력이 증가되었다. 소비자 신용의 증가로 기초 소비재는 물론 내구소비재에 대한 수요도 늘어났다. 하지만 고평가된 헤알화, 강력한 내수, 낮은 저축률은 바로 대외계정에 반영되었다. 즉 1993년에 흑자를 보았던 무역수지와 경상수지가 1995년 이후 상당한 적자로 돌아섰다. 이는 결국 민간부문의 대외채무 증가나 해외직접투자의 유입으로 해소되어야 했다.

<표 19> 카르도주 집권 8년(1995~2002)간의 명암(GDP 성장은 백분율, 2002년은 추정치)

단위 : 10억 달러

연도	무역수지	경상수지	원리금상환	총외채액	GDP 성장
1994	10.4	-1.7	-11.0	148.2	-
1995	-3.4	-17.9	-11.0	159.2	4.2
1996	-5.5	-23.1	-14.4	179.9	2.7
1997	-8.3	-30.7	-28.7	199.9	3.3
1998	-6.5	-33.4	-33.5	241.6	0.1
1999	-1.2	-25.4	-49.5	241.4	0.8
2000	-0.6	-24.6	-34.6	236.8	4.4
2001	2.6	-23.2	-35.2	210.8	1.5
2002	10.0			250.0	1.0

출처 : Banco Central do Brasil

인플레이션을 잡은 헤알 플랜의 도움으로 카르도주는 1994년 대통령 선거의 1차 투표에서 54%를 얻어 상대인 룰라 후보를 쉽게 눌렀다. 결선투표를 치를 필요도 없을 정도였다. 하지만 고금리와 고평가된 헤알화는 갈수록 내수 생산을 위축시켰고, 공공부문의 채무도 누증되어 금융불안이 해소될 수 없었다. 이 체제는 인플레이션 기대심리를 해체하기 위해 고금리와 고평가된 헤알화를 유지하고, 경상수지 적자는 외채로 메우는 외채의존형이었다.

카르도주 대통령은 새로운 신자유주의 경제개혁이 내놓은 성과에 스스로 흥분했다. 그를 위시한 신정부의 기술관료들은 수입자유화가 비효율적인 브라질 경제의 효율성과 생산성을 제고시키며, 경상수지 적자는 "해외 저축을 경제발전에 기여하게" 하는 수단일 뿐이라고 주장했다. 헤알 플랜이 카르도주가 과거에 비판해 마지않던 "연합종속적 발전"

(associate-dependent development, 다국적 자본과 국내 금융자본의 연합으로 경제의 탈국적화를 완성하는 발전전략)을 더욱 심화시켰던 것은 참으로 아이러니였다.

그는 고평가된 헤알화와 핫머니의 대거 유입에 힘입어 임기 제1기에 인플레이션을 진정시키고, 국민들의 소비 붐을 조성하는 데는 성공했다. 성장률도 1994년도 중반기부터 3.5%로 증가했고, 1995년도에는 4%대에 진입했다(〈표 19〉). 국내 기업들의 수익률도 크게 제고되었고, 노동자들의 평균 실질임금도 고평가된 환율 덕분에 증가했고, 빈곤층의 숫자도 인구의 42%에서 34%로 줄었던 것이다. 그러나 이런 경제 운용은 수출부문의 경쟁력 약화, 무역수지 악화, 외채 누증의 문제를 낳게 마련이었다. 게다가 수시로 핫머니들이 치고 빠지는 식으로 카르도주 정부를 괴롭혔다.

② 환율 포퓰리즘의 후유증

재정부문의 안정화도 이뤄지지 않았다. 공공지출의 삭감을 통해 균형재정을 이루고자 하는 노력은 번번이 의회에서 거부당했고, 공적은행들의 미기장 채무를 정부가 인수하는 바람에 공적 채무의 규모는 더욱 커졌다. 카르도주 정부가 민영화 계획을 야심차게 수행하여 1,005억 달러의 수입을 올렸지만, 임기 초에 30%에 달했던 GDP 대비 공적순채무는 임기 말에 42%로 증가했다.

고평가된 헤알화에 기초를 둔 '환율 포퓰리즘'(exchange-rate populism)은 경상수지 적자폭을 증가시켰고, 이는 공적 채무의 누적과 결합하여 끊임없이 금융시장의 공격에 노출되어 결국 제2기 임기 말에 IMF 위기를 부르고 말았다.

우선 1994년의 멕시코 페소위기, 1997년의 아시아 통화위기, 그리고 1998년의 러시아 금융위기의 파고가 차례대로 밀려왔다. 아시아 통화위기의 시절 헤알화에 대한 투기적 공격이 거세었다. 하지만 정부는 금리를 인상하고 IMF에 대기성 차관을 도입하여 그럭저럭 끌어갔다. 하지만 재선이 되어 집권 2기에 들어간 이후에도 투기적 공격은 계속되었다. 정부는 더 이상 버틸 수 없었다.

1999년 1월 집권 2기를 출범한 카르도주 정부는 헤알화를 평가절하하고 변동환율제로 이행했다. 헤알화의 가치는 3분의 1로 줄어들었다. 다행스런 것은 아르헨티나 상황과 달리 대규모 평가절하에도 불구하고 인플레이션 양진이 일어나지 않았고, 중앙은행과 정부는 인플레이션 목표수치를 정하여 엄격하게 재정수지를 관리할 수 있었다는 점이다. 나아가 심각한 경기침체도 일어나지 않았고, 금융시스템이나 기업부문은 달러 채무를 환율에 연동된 공채를 통해 헤징(hedging)을 했기 때문에 큰 문제는 없었다.

하지만 헤징의 비용은 고스란히 정부의 몫이었다. GDP 대비 공적순채무의 비율이 42%에서 50%(1999)로 급증했던 것이다. 결국 외채누증은 인플레이션 기대심리를 해체하고 안정성을 보존한 값비싼 대가였다. 1994년에는 총외채 규모가 1,482억 달러 수준이었지만, 그의 임기 말인 2002년에는 2,500억 달러로 증가했고, 공적순채무/GDP 비율은 60%로 치솟았다. 결국 1,000억 달러의 외채누증으로 그의 임기 8년이 굴러온 것이었다.

이런 와중에도 성과도 있었다. 1999년 초에 카르도주 정부는 IMF와 협정을 개정하고 1차 재정잉여를 GDP 대비 3% 수준을 확보하겠다고 약속했다. 정부는 이를 위해 2000년에 「재정책임법」(Fiscal

Responsibility Law)을 의회에 상정하여 통과시켜, 주 정부나 지방 정부의 기채 능력이나 지출 능력을 제한했다. 아울러 행정개혁도 단행하여 행정 관료들의 급여와 지출비용에 상한선을 정했다. IMF의 압력을 바탕으로 정부는 관료정치와 클라이언틀리즘(clientelism)의 폐해를 부분적이나마 개혁할 수 있었던 것이다.

카르도주는 파리풍의 뛰어난 사회학자이자 정치경제학의 대가였지만 정치의 세계는 달랐다. 그는 고비용의 정치구조도 개조할 수 없었다. 연방구조의 재정비에 어느 정도 성과가 있었고, 재정지출을 엄격히 하는 전통을 세우긴 했지만, 카르도주 정부도 이전 정부와 마찬가지로 정치권의 부패 스캔들을 잠재울 수 없었다. 상파울루나 리우데자네이루에 조직범죄도 심각하게 증가했다. 기업인뿐 아니라 중간계층도 늘어난 유괴의 위협에 시달려야 했다. 물론 카르도주는 공적 자금을 사회복지와 교육부문에 투입하여 사회보건 분야와 초등교육 분야에 큰 성과를 낳기도 했다. 그의 재임기는 빈곤퇴치에도 어느 정도 성과가 있었던 것으로 평가한다(Groetzel, 2003). 특히 룰라의 경쟁자 세하(Jose Serra)가 보건복지부 장관으로 있을 때 다국적 의약회사들과 대결하여 에이즈 치료제를 값싸게 공급하는 성과를 얻기도 했다. 그렇지만 실업자가 늘고, 빈곤층이 증가하는 전반적인 경향을 반전시킬 수는 없었다.

빈곤층은 늘어났고, 실업도 증가했다. 임기 제1기에는 5.5%에 머물렀던 실업률은 제2기 말에 이르러 7.5%로 증가했는데, 이는 지난 20년 내에서 최고의 기록이기도 하다. 현재 인구 1억 7,500만 명 가운데 빈곤층이 5,500만 명, 최빈층이 3,300만 명이나 된다. 집권 2기가 되자 노동자층은 말할 것도 없고, 중간계층도 이제 카르도주 정부와 국제금융권이 유포한 '깨어진 약속'을 의심하기 시작했다. 게다가 현 단계 공적 채무는

GDP의 62% 수준(1달러당 4헤알 기준)에 육박했고, 외채는 앞서 언급한 대로 2,500억 달러나 누적되었다.

2) 룰라 당선의 의미

2002년 10월 선거에서 노동자당의 룰라 후보가 당선된 것은 바로 카르도주 정부의 실정에 대한 '거부의 투표' 덕분이었다.[18] 하지만 선거전 내내 시장의 반발은 만만치 않았다. 국제 핫머니의 대부 격인 조지 소로스는 "룰라는 곧 디폴트"란 선동적인 구호를 써가면서 브라질 금융시장을 뒤흔들었다. 언론과 국제금융권도 룰라의 당선이 브라질 경제의 신인도를 떨어뜨려 위험하게 만들 것이라고 압력을 가했다. 실제로 룰라에 대한 여론의 지지도가 오를 때마다 상파울루 주식지수나 헤알화의 가치는 계속 떨어졌고, 국가위험도는 상향조정되었다. 8월에 카르도주 정부는 IMF로부터 304억 달러의 대기성 차관을 얻어 10월 대선을 앞둔 금융시장의 혼란을 수습해야만 했다.

룰라의 선거전략은 과거의 투기자들이 이익을 누리던 '금융천국'을 비판하고 '생산자천국'을 향한 동맹세력에 기초한 것이었다(〈표 20〉). 이를 위해 그는 노동자당의 다수파를 설득하여 강령을 유럽 사회민주주의 정당 수준으로 순화시켰다. 구조개혁에 입각한 생산자동맹은 그동안 큰 이익을 누린 금융부문과 대재벌 세력을 제외한 모두를 묶는 프로젝트였다. 내수산업과 수출산업에 종사하는 기업인들, 노동자들, 농민들의 연대를 지지표로 묶겠다는 것이다. 이미 무토지농촌노동자운동(MST)과

---

18) 이하에 대해서는 이성형(2002), Sader(2005)를 주로 참고하였다.

정책 분야	룰라(노동자당)	세하(브라질 사민당)
경제	• 내수시장 개발, 생산적 부문에 대한 투자, 대외 허약성 감소를 위한 수출부문 강화를 통해 성장을 회복함. • 공산품 및 농산물 대중 소비재의 공급과 기본 공공서비스를 확대하기 위해 모든 수단을 강구함. • 국가의 규제능력과 계획능력을 증대시킴. • 예산 및 재정지출의 엄격한 운용과 아울러, 인플레이션을 통제하고 국제적 약속 및 의무를 준수함.	• 향후 4년간 연성장 4.5%를 유지하고 8백만 개의 일자리를 창출함. • 변동환율제의 고수, 인플레이션 통제, 엄격한 재정지출. • 경상수지 적자를 GDP 4%에서 2% 수준으로 줄이기 위해 공산품 생산과 수출부문을 확대함.
사회	• 일자리 1천만 개 창출, 4년 내에 최저임금을 4배 증액, 최저소득의 보장, 기아와 빈곤의 철폐, 교육과 보건 그리고 은퇴연금의 개선.	• 고용창출 효과가 큰 분야(농업, 건설, 관광, 보건, 교육)를 지원함. • 모두가 교육, 보건, 퇴직금 제도의 혜택을 받도록 제도를 강화함.
치안	• 분권화되어 있는 공공안전 시스템을 전국적 차원의 조정 시스템으로 대체함. 연방경찰 공무원의 증원.	• 공공안전부를 창설하여 조직범죄를 척결함. 연방경찰 수를 8천에서 2만 명으로 증원함.
외교	• 공동의 대외정책과 통화정책을 실시하여 메르코수르(남미남부공동시장)를 강화시킴. • 미국이 보호주의 정책을 고수한다면 미주자유무역협정(FTAA)은 동의할 수 없음. • 남아프리카공화국, 인도, 중국 및 러시아를 포함하는 여타 지역의 강국들과 연대를 강화하여 IMF, UN, WTO와 같은 기구를 만들고자 노력함.	• 브라질 수출 시장을 위한 무역장벽 철폐를 위해 다각적인 정책을 도입. • 메르코수르를 자유무역지대로 공고화시킴. 관세동맹 규정을 완화시켜 회원국이 제3국들과 무역협정을 맺기 쉽게 만듦. • 미주자유무역협정 협상을 추진함.

출처: 이성형(2002)

민주노총(CUT), 그리고 중간층 지지기반은 나름대로 확고했다. 기업인들의 지지만 일부 확보하면 당선은 큰 문제가 없었다. 그는 IMF와 미국을 향해서도 브라질이 지고 있는 외채에 대한 원리금 상환은 성실히 이행하겠다고 여러 차례 다짐했다. 금융시장의 불안을 잠재우려는 노력의 일환이었다. 이런 맥락에서 룰라의 선거 강령과 캠페인 행태는 브라질 사민당 후보 주제 세하와의 그것과 크게 다르지 않음을 알 수 있다. 다만 대미 협상 방식이나 메르코수르와 남남협력을 강화하겠다는 점에서만 두드러진 차이점을 보일 뿐이었다.

하지만 그의 선거강령에 뒤섞여 있는 시장의 요구와 사회적 요구는 화해하기 쉽지 않았다. 시장과 IMF는 재정부문의 1차 잉여를 GDP 대비 3.75%를 유지하겠다는 약속을 성실히 지키라고 했다. 쉽게 말해 그동안 브라질 정부가 지고 있는 대외채무와 공채에 대한 상환의무를 다하기 위해서 재정을 긴축적으로 운용하라는 것이다. 이미 공적채무가 GDP 대비 62%가 되므로 이자 상환을 위해서는 극도로 예산을 아껴 집행해야만 했다.

하지만 이를 지키자면 노동자당의 지지기반인 '가난한 브라질'을 위한 정책인 '기아 제로'나 농지배분정책 등을 희생하거나 느슨하게 집행해야 한다. 미나스제라이스 연방대학의 정치학자 카를로스 하눌푸는 선거 당선 직후 룰라의 처지를 이렇게 평했다. 그는 "사회운동과 금융시장이란 두 개의 불기둥 가운데 꼼짝달싹 못한 채 끼어 있다". 새로 탄생할 룰라 정부는 IMF와 채권자들을 위해 노동자당의 지지기반인 사회운동을 희생해야 할 운명에 처했다.

3) 룰라 정부의 경제정책

① 시장근본주의의 수용

2003년 1월에 취임한 룰라 대통령은 시장의 우려를 불식시키기 위해 재무장관에 안토니오 팔로치, 중앙은행 총재에 메이렐리를 기용하여 시장 중심의 정책을 근간으로 삼겠다는 점을 명확히 했다. 두 사람 모두 금

〈표 21〉 브라질의 경제지표(2000~2004)

	2000	2001	2002	2003	2004
GDP(시장가격, 10억 헤알)	1,101.3	1,198.7	1,346.0	1,566.2	1,766.6
GDP(10억 달러)	601.7	510.0	460.8	505.5	603.8
실질 GDP성장률(%)	4.3	1.3	1.9	0.5	4.9
소비자가격 인플레이션(%)	7.0	6.8	8.5	14.7	6.6
수출(fob 백만 달러)	55,086	58,223	60,362	73,084	96,475
수입(fob 백만 달러)	-55,783	-55,572	-47,241	-48,290	-62,809
경상수지(백만 달러)	-24,224	-23,215	-7,637	4,177	11,738
외환보유고(백만 달러)	32,488	35,739	37,684	49,111	52,740
총외채(10억 달러)	239.6	226.8	228.6	235.4	225.7
원리금상환율(지불기준, %)	92.6	74.8	68.2	63.3	45.0
환율(헤알:달러)	1.83	2.35	2.92	3.08	2.93

*fob: 본선인도가격. 출처: EIU Country Report(2005~06: 5)

융시장이 지지하는 인물이었다. 팔로치 장관은 워싱턴과 IMF와의 합의 사항을 철저히 준수하여 시장의 불안정을 조기에 진화했다. 즉 2002년 IMF와 합의한 1차 재정수지 3.75%를 2003년에 목표치 4.25%로 올렸고 초과 달성했다(〈표 21〉). 연이어 2004년에도 목표치 4.5%를 초과하여 4.6%를 달성했다. 이는 곧 사회정책을 희생한다는 점을 의미하며 전통적 지지층의 요구를 일정 기간 억누를 수밖에 없다는 점을 의미했다.

정부는 인플레이션의 억제를 화폐금융 정책의 최우선 과제로 설정하고 기준금리도 시장 상황에 맞춰 신속히 조정하여 고금리 체제를 유지하였다. 2004년 9월에도 금리를 3.25% 인상하여 19.75%란 높은 수준을 유지하여 인플레이션을 억제하는 데 성공했다.

인플레이션 억제와 고금리 체제의 유지, 그리고 1차 재정수지 목표의 초과달성은 곧 룰라 정부가 카르도주 정부의 자유주의 개혁기조를 그대로 유지했다는 점을 의미한다. 이는 곧 국가가 스스로 공적 투자의 주체로 기업가적 기능을 수행하여 생산자 동맹의 중심 역할을 하는 것이 아니라, 모든 것을 시장기능에 맡기고, 성장 동력은 해외직접투자에 기대는 자유주의 헤게모니를 승인함을 의미했다.

캠페인 당시 룰라가 내건 선거강령과도 차이가 많았다. 금융천국을 지나 생산자천국으로 넘어가지 못했고, 여전히 금융천국의 주변에서 머물고 있기 때문이었다. 비판자들은 룰라가 IMF와 금융세력의 압력에 "과민반응"(over-reactive)한 결과라고 평가하며 하루 빨리 노선을 전환할 것을 요구했지만 금융자본 중심적 기조는 바꿀 수 없었다(Sallum y Kugelmas, 2003). 결국에는 카르도주 정부와 마찬가지로 외국자본과 민간자본의 투자에 모든 것을 맡길 수밖에 없었다. 공공서비스는 민영화되었고, 공기업과 국영은행들도 계속 민간의 손으로 넘겨야만 했다. 팔로치 장관과 미레일리 총재가 IMF와 미국 재무성의 극찬을 듣는 것은 당연했다.

비록 사회적 요구를 포기하고 시장의 요구에 굴복했다는 비판을 들었지만(Bresser-Pereira, 2004), 룰라 행정부의 정책이 가져온 이점도 적지 않았다. 다행히 큰 폭의 평가절하와 중국 수요 등에 기댄 수출붐 덕택에 2003년 248억 달러 규모의 무역흑자가 실현되었고, 2004년에도 337억 달러의 흑자가 생겼다. 말하자면 수출부문의 활황으로 대외수지가 현저하게 개선되었다. 외환유동성이 원활해지자 정부는 2002년에 맺은 IMF와의 대기성 차관협정을 갱신하지 않기로 2005년 3월에 결정했다. 또 긴축으로 인한 흑자재정과 이자 부담의 감소로 GDP 대비 순공공부채 비율이 취임 첫해인 2003년 12월에 58.7% 하던 것이 2005년 5월 50.9%로 크게 감소하였다. 외채원리금 상환 비율도 2002년의 68.2%에서 2004년에는 45%로 낮춰졌다.

하지만 이 모델의 취약점은 다음과 같다. 일단 국내 경제의 성장률은 주로 수출과 대외저축에 의존한다. 만약 외국투자와 차입이 줄어들고, 외부 환경이 좋지 않아 수출이 둔화될 경우 성장률도 둔화되고 금리 하락도 저지된다. 현재 대외환경이 비교적 좋고 수출도 호황을 보이므로 성장률은 4%대를 유지하지만, 문제는 고질적인 빈곤과 실업의 문제는 전혀 해결할 수 없다는 점이다. 그러므로 이에 대한 발전론자들의 비판은 따갑다.

② 구조개혁의 실행

룰라 행정부는 "성공적인 경제운영을 위해 필요한 것은 무엇이든 바꾼다"고 천명하여 본격적인 구조개혁에 나섰다. 하지만 노동자당이 의회에서는 여소야대의 상황에 몰렸기에 확고한 다수자 연합이 필요한 구조개혁은 쉽지 않았다. 특히 재정악화의 주범인 퇴직연금제도를 개혁하는 문제는 개혁대상이 자신의 지지층(공무원 노조)과 정치권이었기에 쉽지 않았다. 하지만 룰라 정부는 반대를 극복하고 이를 개혁하여 향후 재정안정의 기초를 튼튼히 만들었다는 평가를 들었다.

• 공무원 연금제도 개혁: 브라질의 사회보장제도는 두 가지 점에서 악명이 높다. 첫째, 공무원 연금제도는 터무니없어 보일 정도로 특혜적이며, 둘째, 재정적으로 거의 파산 상태에 놓여 있다. 공무원 연금은 1인당 GDP 대비 수혜액의 비율이 약 2.4배로 선진국 수준에 이르고, 총지급액의

50%가 상위 10%인 고위 공직 퇴직자에 편중되어 있다. 공무원들은 55세에 퇴직을 하며 퇴직 시점의 월급 전액을 연금으로 받는다(〈그림 5〉). 연방공무원의 경우 퇴직 시점의 20% 인상분으로 받기도 한다. 민간부문의 연금제도와의 격차는 너무 크다.

다른 한편 브라질 연금제도의 파산은 사실상 인구구조의 변화를 반영하는 것이기도 했다. 우선 출산율이 크게 줄면서 노동시장에서 청년세대의 참가율이 낮아졌다. 게다가 평균수명(현 64.8세)이 증가하여 2000년 현재 50세에 달한 사람은 대체로 73.4세까지 사는 것으로 추계되었다. 게다가 연금제도의 변화를 우려한 사람들이 무더기로 조기정년을 신청하여 한꺼번에 연금수요가 늘어났다(Monclaire, 2004: 22). 따라서 은퇴자 대비 경제활동인구의 비율은 나날이 줄어만 갔다. 정부는 적자분을 줄이기 위해 수혜자의 기여년수를 늘이고, 퇴직연도를 늦추며, 급여액도 줄여야만 했다.

적자폭은 가파르게 증가했다. 2001년에는 적자분이 GDP의 1.1% 수준이었다. 하지만 2002년의 적자는 민간연금 부문의 적자 170억 헤알, 공무원연금 부문의 적자 392억 헤알로, 도합 GDP 대비 4.3%나 되었다(Monclaire, 2004: 21). 연금개혁은 재정의 건전성을 담보하기 위해 시급했지만, 공무원들과 공기업 노조는 파업과 단식농성으로 반대의 목소리를 높였고, 국립대 교수들은 물론 심지어 판사들조차 파업을 하겠다고 위협했다. 하지만 특권층의 특권 상실에 대한 대중과 미디어의 동정은 없었다. 공기업 노조는 룰라와 노동자당의 지지층이었다. 하지만 룰라는 대승적 견지에서 의회에서 다수파 연합을 결성하였고, 상대적으로 쉽게 연금개혁법안을 통과시킬 수 있었다. 이는 룰라 정부가 귀중하게 따낸 최초의 승리였다(Tavares de Almeida, 2003).

단위 : 수혜자 천 명(1996), 지출비 천 달러(1998)

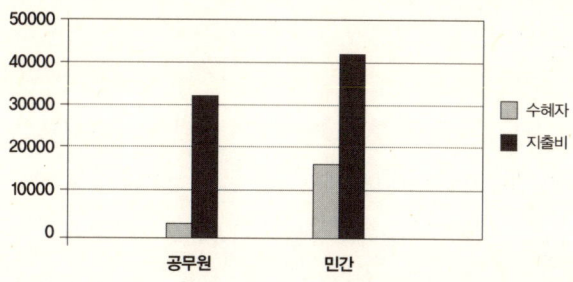

출처: Draibe, 114; Goertzel(2003: 15)에서 재인용

• 세제개혁: 아울러 룰라는 긴축기조의 재정정책과 인플레이션 억제를 위한 정책기조의 한계를 극복하기로 하고, 내국인의 투자를 진작하고 기업인들의 경제활동을 활성화하기 위한 '공급 사이드' 개혁 조치와 지원 조치도 적극적으로 추진하였다. 무엇보다 높은 담세율과 복잡한 세제로 악명 높은 세제 개혁에도 부분적으로 손을 대서 일정한 성과를 거두었다. 우선 기업의 누진과세 제도를 폐지하고 산업제품세(IPI)를 낮추었다. 이와 더불어 27개 세법을 단일화하여 세율 밴드도 5개로 간소화하여 세제의 투명성을 강화하였다.

2005년 10월에는 대통령령으로 일련의 세금감면 조치인 'MP 255'를 취해 생산량의 80% 이상을 수출하는 기업들이 구입하는 기계설비에 대해서는 사회통합계획기여세(PIS: 매출액의 0.65%), 사회안정조성기금기여세(COFINS: 매출액의 3%)를 면제하도록 하고 있는데, 이 면세금액은 3년간 약 33억 헤알(약 14억 달러)에 달할 것으로 예상된다. 이 조치는 브라질 코스트 가운데 하나인 과중한 세금부담으로 인해 지연되어 왔던 약 100억 달러에 이르는 철강·펄프 및 제지 분야 투자를 원활하게 함과

동시에 컴퓨터 부문의 투자를 촉진하는 데 그 목적이 있는 것으로 알려져 있다.

• 수출능력과 산업경쟁력 제고: "수출입국 브라질"이란 슬로건에 걸맞게 수출산업 진흥책도 마련하였다. 이를 위해 정부는 산업정책, 대외통상정책, 그리고 과학기술정책을 통합적으로 운용하기로 했고, 수출투자진흥청(APEX)을 신설하며, 중소기업 수출가능 장려사업(PROPEX) 프로그램을 만들었다. 아울러 세계의 주요 41개국의 수입 통계 자료망을 구축하여 기업에 직접 도움을 주도록 하였다.

최근 들어 무역수지 흑자로 인해 헤알화가 강세로 돌아서고 고금리에 따른 수출기업의 부담을 경감하기 위해 수출 주력회사가 자본재를 수입하면 면세혜택을 부여하는 조치를 대통령령으로 추진하였다. 이 조치로 생산품의 80% 이상을 수출하는 기업들의 경우 면세혜택의 규모가 약 6억 달러에 달하고, 해당기업들은 약 11%의 자본재 도입비용 절감의 효과가 있는 것으로 평가되었다.

이와 더불어 국가경쟁력 강화를 위해 핵심분야에 국가역량을 집중하는 다양한 조치를 취하였다. 정부는 우선 소프트웨어, 반도체, 의약품 등 전략산업을 육성하기 위한 산업개발청(ADBI)을 설립하고, 일명 '혁신법'도 제정하였다. 브라질이 경쟁력을 지니고 있는 철강과 석유화학 등과 같은 기간산업에 대한 투자도 지원하고, 생명공학 등과 같이 경쟁력이 있는 분야에 대한 연구개발과 산업정책 사이의 연계도 강화하였다. 하지만 재정적 압박 때문에 생산자동맹을 만들 만큼 강력한 산업정책은 불가능했기에, 나름대로 제한된 범위 내에서 전략산업을 지원하는 선으로 그 한계를 정했다.

<표 22> 2004년 브라질 정부가 계획한 PPP 프로젝트

사업분야	프로젝트 수	사업내용	투자액(백만 헤알)
고속도로	7	2,152km 신설	7,215
철도	9	1,339km 신설	2,400
항만	3	-	760
개간	4	164,827ha 개간	2,692
합계	23		13,067

출처: 브라질 기획예산부

•사회간접자본의 재구축——민관합동투자사업(PPP): 브라질 코스트 가운데 큰 비중을 차지하는 것이 인프라 설비에 대한 병목현상이다. 룰라 당선 이후 수출이 증가하고 내수경기도 확장되려는 추세이지만, 이를 부응할 에너지망, 도로, 항만 설비가 따라가지 못하는 경우가 비일비재하다. 정부는 이런 문제점을 개선하기 위해 2005년에 파일럿 투자프로젝트(PPI)를 통해 26억 헤알의 예산을 배정하고 의회의 승인을 기다리고 있다(<표 22>).

정부는 내외 민간자본의 인프라 투자를 유치하기 위해 오래전부터 민관합동투자사업(PPP: Public Private Partnership) 제도를 준비해 왔다. 이는 기초 인프라 건설사업에 민간투자를 유치하고 정부가 민자사업에 대해 일정기간 수익성을 보장해 주는 것이다. 수익성 보장방법에는 민간 사업자가 건설한 사회간접자본 시설에 대한 양허권을 부여하거나 장기 저리의 금융을 지원하는 방안 등이 검토되고 있다. PPP는 매년 세부사항이 기획부에서 논의되어 외부 투자자에게 공개되는데 정부는 이를 구체화하기 위한 법률 제정을 준비하고 있다.

룰라 정부는 PPP 프로그램을 통해 향후 3년간 360억 헤알(약 120억 달러)의 내외 민간투자를 유치하고자 한다. PPP 프로그램은 주로 고속도로, 철도, 항만 등 수송 인프라 건설사업과 관개사업 그리고 에너지 분야(전력, 석유, 천연가스)와 통신 분야 사업에 집중되어 있다. 2004년에는 약 23개 PPP 프로젝트를 유치하여 총 131억 헤알(약 46억 달러)을 인프라 사업에 투자하도록 독려한 바 있다.[19] 이 가운데는 중부곡창 지대인 마토 그로소(Mato Grosso, 최근 중국 붐에 따른 대두 수출로 각광을 받은 곳이다) 주와 아마존 항구도시인 산타렝(Santarém)을 연결하는 1천 킬로미터의 고속도로 등 9개의 도로망을 개선하는 역점사업을 선정하여 민간에 25년간 수익권을 부여하는 프로젝트도 포함되어 있다.

에너지망의 통합관리도 여전히 숙제 가운데 하나이다. 카르도주 정부 시절 오랜 가뭄으로 수력발전량이 줄어 사상 최대의 정전을 기록한 악몽이 아직 기억에 선하기 때문이다. 룰라 정부는 광대한 영토 곳곳에 분할되어 운영되고 있는 전력망이나 가스관을 통합관리하고, 대체 에너지 개발을 지원하는 에너지 정책을 펴 미래 수요에 부응하고자 하였다.

③ 사회부문의 지체

룰라 정부가 선거 국면에서 채택한 슬로건은 "모두를 위한 브라질"이었다. 하지만 안토니오 팔로치가 경제부처를 장악하면서 슬로건은 슬그머니 "성장, 고용, 사회통합"으로 바뀌었고, 구체적인 사회통합의 프로그램도 희미해졌다. 이제 프로그램의 목표수치도, 재원염출 방안도, 개혁의 총비용도 모두 IMF와의 약속을 지키기 위해 포기되었다.

---

19) 이에 관해서는 김영석(2004)을 참조하였다.

1차 재정수지의 흑자를 낳기 위해서는 지출부문은 모두 엄격하게 통제해야만 했다. 룰라 정부는 우선 공공투자를 통한 기업가적 역할을 포기했다. 2003년도 예산에 잡혀 있던 인프라 투자재원 142억 헤알 가운데 연말까지 집행된 것은 8%에 불과했다. 일반교육 예산은 23%만 집행되었고, 경찰 혁신 예산은 19%, 연방법원 혁신 예산은 14%, 수자원 관리 프로그램 예산은 3%만 집행하였다. 연방정부는 정부기능의 개선을 예산제약을 이유로 거의 포기한 셈이었다. 더 큰 문제는 룰라가 자신을 찍어준 지지층인 저소득층과 민중부문에 대한 공약을 유보하지 않을 수 없었다는 데 있다. 이는 IMF와 워싱턴 그리고 금융시장의 반발을 누그러뜨리기 위해서는 어쩔 수 없는 선택지이긴 했지만, 대다수 하층민에겐 실망을 안겨 주었다. 비판자들 가운데 룰라 행정부의 사회정책이 카르도주 정부의 그것만 못하다는 혹평까지 했다.

•'기아 제로': '포미 제로'(Fome Zero: Hunger Zero) 프로그램은 "브라질인이라면 세 끼는 먹어야 한다"는 룰라의 확고한 정치적 신념을 표현한 공약사항이었다. 미국의 '푸드 스탬프'(Food Stamp)와 유사한 이 제도는 빈곤층 930만 가구에 세 끼 식사비로 월 최고 30달러 수준까지 지원하고, 대신 부모는 아동에게 취학과 백신 접종의 의무를 부과하는 내용을 지니고 있었다. 하지만 이 상징적인 프로그램에도 충분한 예산을 배정하지 못했다. 2003년 말 당시 성과는 목표 수치의 3분의 2 정도 달성한 것으로 알려져 지지층의 비난을 샀다. 특히 급여 전달체계에도 문제점이 많은 것으로 나타나 북동부 오지의 수혜자 가운데 10% 이상이 "대단히 문제가 많다"(fraudulent)고 평한 것으로 알려져 있다.

　　전임 대통령인 카르도주는 '포미 제로' 프로그램이 "빈곤을 배고픔과, 영양실조를 빈둥거림으로 혼동하는" "개념적 빈곤"에 시달리고 있다고 비판한다. 혜택을 입은 수혜자들이 일을 하거나 미래를 준비할 수 있도록 행태적 변화를 가져와야 하는데, '포미 제로' 프로그램은 현재의 빈곤을 완화시켜 주는 일회용 원조 프로그램에 불과하다는 혹평이다 (Cardoso, 2004).

• 농지개혁: 브라질의 토지소유구조는 1%의 인구가 43%의 농지를 소유하고 있는 불평등 소유의 전형적인 사례이다. 53%의 농민은 경작지의 3% 미만을 소유하고 있다. 중국의 수요에 따른 콩 수출이 엄청나게 늘어났지만, 그것은 애그리비즈니스(agribusiness, 기업으로 운영되는 농업)와 지주 몇 사람의 축제이지 대다수 농민들의 삶과는 관계가 없다. 1,200만 명의 무토지노동자들이 현재 MST(무토지농촌노동자운동)를 결성하여, 불법적으로 유휴지에 주택을 건설하고 농장을 가꿔 지주들과 잦은 충돌을 빚고 있다. 선거 시 룰라를 지지한 이들은 12만 가구에게 농지를 부여할 것을 공약사항으로 요구했지만 룰라와 노동자당은 6만 가구로 제한했다. 문제는 2003년에 배정된 예산 113억 헤알(이 가운데 70%가 토지 보상금 용도이다) 가운데 연말까지 집행된 돈이 22%에 불과하다는 사실이다. 무토지농촌노동자들이 룰라 정부의 굼뜬 행동에 불만을 터뜨리고, 다시 불법점거와 지지 철회로 위협하고 있다.

4. 정치개혁의 과제: 고비용의 정치구조

룰라 대통령은 애초에 노동자당의 지지표만으로 당선될 수 없었다. 엘리트와 호족들과 거대 미디어가 주도하는 선거판은 노동자 후보에게는 불리한 것이었다. 그렇지만 근대적인 정당으로 발돋움한 노동자당과 사회운동이 결합했고, 여기에 '생산자동맹'이란 슬로건 아래 우익정당 일부와 산업계의 지지를 받음으로서 결선투표에서 쉽게 이길 수 있었다. 그런 점에서 룰라 정부는 중도좌파 정당, 우익정당, 산업/수출 이익이 포괄된 레인보우 연합의 성격을 띤다고 하겠다. 중도좌파 정당의 집권이 가능했다는 점에서, 그리고 전임 카르도주 정부와 정권 인수 시기에 협력을 했다는 점을 보면 브라질에서도 민주주의는 공고화되었다고 말할 수 있을 것이다.

룰라 정부는 하원에서 18% 수준의 의석을 얻지 못했기에 법안 통과를 위해서는 군소정당과의 연합이 필수적이었다. 선거동맹세력이었던 자유당(PL, 우익정당)을 위시하여 브라질 민주운동당(PMDB), 브라질 노동당(PTB) 등 기타 군소 정당들이 정책연합의 형태로 여당연합에 포괄되었다. 물론 여기에는 응분의 대가가 따랐다. 행정부의 장관직, 예산편성의 고려, 그리고 유용된 자금으로 이루어진 정치자금 지원이 뒤따랐다. 이는 브라질 정치에서는 오래된 관행이었다.[20]

룰라 정부의 지지도는 대체로 취임 이후 40% 수준에서 안정화되었다. 대통령 개인에 대한 지지도는 이보다 높은 60% 수준이었다. 2004년 10월의 지방선거에서도 룰라 정부는 사회정책의 후퇴로 비난을 받았지만, 이런 지지도에 힘입어 상대적으로 선전을 했다. 하지만 정부정책이 시장근본주의에서 벗어나지 못하고 공약(公約) 사항이 공약(空約)으로 바뀌자 집권여당 내부에서 정체성을 둘러싼 내분이 생겼고, 끝내 급진좌

---

20) 브라질의 경제개혁에 대한 정치적 장애물을 포괄적으로 논의한 글로는 Lopes(1996)를 참조하시오.

파가 탈당하는 사태까지 벌어졌다. 상원과 하원에도 '독립파' 의원이 증가했다.

취임 후 1년 6개월이 지나자 적극적인 지지층인 사회운동 세력의 불만이 터져 나왔다. 2004년 9월 상파울루에서 정부의 경제정책에 항의하는 2백만 명이 "배제된 자들의 외침"이란 슬로건 아래 데모를 했다. 여기에는 핵심 지지세력인 민주노총(CUT)과 무토지농촌노동자운동도 참여했다. 농지개혁이 지체를 보이자 이미 3월부터 이들에 의한 농장 점거운동이 시작되었다. 한 달 만에 40여 개의 농장이 점거되었고, 이를 둘러싼 폭력 사태가 재연되었다.

처음 운영하는 행정부라 국정운영이 1년 6개월 동안은 서툴렀다. 2004년에 이르면 나아졌지만, 2005년 결국 부패 스캔들이 일어났고, 룰라 행정부는 큰 정치적 위기에 봉착했다. 이 위기는 고질적인 브라질병(病)인 후원-수혜 관계의 정치가 만들어 낸 정치적 부패 사건이었다.

민주화 이후의 브라질 정치는 군정 시절보다 더욱 파편화된 정당체계가 만들어졌다. 메인웨어링은 "허약한 정당, 무력한 민주주의"라고 요약한다(Mainwaring, 1995). 민주화 이후 제도화된 브라질 대통령제는 4가지 요소의 조합이다. 즉 강력한 헌법상의 권한을 지닌 대통령, 파편화된 정당체제, 규율이 약한 캐치올 정당(catchall party), 그리고 강력한 연방주의이다(Mainwaring, 1997).

강력한 대통령제를 채택했지만[21] 하원의원을 뽑는 선거제도는 중대선거구제와 개방형 명부식의 비례대표제를 혼합했다. 정당의 유지조건을 유효투표의 2%로 제한한 것도 다당제가 난립하는 데 기여했다. 대통령제에 비례대표제를 결합한 제도적 디자인이 헌법상 강력한 권한을 가진 대통령과 다당 난립이란 '연립형 대통령제'(coalition presidentialism)

를 낳았다(Novaro, 2001). 게다가 강력한 연방주의로 인해 주지사나 시장은 상하원 의원들에 대해 영향력을 행사하여 대통령의 계획을 돕거나 위협한다. 이런 까닭에 캐치올 정당의 분파주의는 심해지고, 정당의 약한 규율은 더욱 약화된다. 2005년 현재 브라질의 유효정당 수는 하원의 경우 16개, 상원의 경우 11개로 세계 최고 수준의 파편화를 자랑한다.

브라질의 정당들은 몇몇을 제외하고는 대부분 규율이나 이념적 정향이 허약한 캐치올 정당이다. 당기나 충성도도 낮아 의원들은 매수를 통해 쉽게 당적을 바꾸고, 의안표결 시에 표를 팔기도 한다. 이에 따라 정책과 입법안의 운명을 예측하기도 곤란하다. 특히 대통령의 인기가 하락할 경우 여당연합의 유지조차 힘들어지는 경향도 있다. 따라서 대통령과 여당은 민감한 법안 통과 시에 항상 부족한 표를 돈을 주고 사야만 한다. 거래의 내용에는 금전 제공이나 행정부나 공기업의 고위직, 지역구 예산 늘여주기 등이 포함된다. 소위 말해 '후원-수혜 정치'(patronage politics)가 다당 난립 속에서 부패와 공존하고 있다고 할 수 있다. 이 경우 하원의원 대부분은 자신을 연방정부와 지역구를 연계하는 정치적 브로커(political broker)로 생각한다.

강력한 연방주의 전통으로 말미암아 의회 내에 주(州) 수준의 정치(state-level politics)가 작동한다. 주지사들은 출신 주 의원들을 뭉쳐서 조종하여 주의 이익을 옹호하게끔 한다. 주 의원단(Bancada estaduais)은 자신의 소속 성낭이나 연방수준의 연립세력과 상관없이 뭉쳐 주의

---

21) 브라질 대통령의 헌법상 권한은 미국 대통령의 그것보다 강하다(Lopes, 1996: 204). 헌법상 대통령은 법안 제출권, 포고령(medidas provisorias)에 의한 입법권, 법안 거부권 이외에도 강력한 의제설정 능력이 있다. 의회 통과가 어려운 사안은 포고령을 통해 처리할 수도 있다. 실제로 카르도주 대통령은 각종 민영화 사안을 포고령으로 처리한 적이 있었다.

이익을 옹호한다. 몇몇 주 의원단은 출신 주의 이익에 나쁜 영향을 미치는 입법안들을 사실상 무력화시키는 능력도 지니고 있다(Lopes, 1996: 205~6). 카르도주 정부 시절에 대통령과 이타마르 프랑쿠 주지사와의 갈등은 결국 브라질 경제를 금융위기로 몰고 가기도 했다. 파편화된 정당체제, 캐치올 정당, 강력한 연방주의는 아직까지 강력한 대통령제와 부조화를 이루고 있기에 중앙정부의 개혁정치를 어렵게 만들고, 개혁정치에 필요한 연립세력의 동맹 형성과 유지에 비싼 정치적 비용을 치르게 만든다. 이런 구조적 맥락에서 정치적 부패 스캔들은 빈발한다.

1985년 문민정부가 들어선 지 20년 동안 여러 차례 정치적 스캔들이 있었다. 이미 콜로르 대통령이 부패 스캔들로 탄핵을 받은 적도 있었고, 고고한 학자 출신 대통령이었던 카르도주 정부 아래서도 정치적 부패 스캔들이 있었다. 하지만 국민들은 노동자당을 부패에 물들지 않은 깨끗한 정당이라고 생각했고, 룰라를 지긋지긋한 정치적 부패를 끝낼 정치인이라 기대를 걸었다.

2005년에 노동자당과 룰라에게 최대의 정치적 위기가 찾아왔다. 보수적 경제운영에 정신이 없었던 룰라와 노동자당은 브라질 최대의 뇌관인 정치적 부패를 해체할 정치개혁에는 전혀 신경을 쓰지 못했다. 당연히 관행대로 공기업의 공금을 유용하거나, 민간기업에서 조성한 비자금으로 연립여당 의원들을 매수하는 관행은 지속되었다. 노동자당도 기존 정당들처럼 후원-수혜 관계에서 자유롭지 못했고, 당내에 관료제가 전횡을 하는 '스탈린주의 정당'(Touraine, 2006; Flynn, 2005)을 닮아 갔던 것이다. 노동자당도 당의 팽창과 더불어 로베르트 미헬스가 말한 '과두정의 철칙'을 넘어설 수 없었다.

로베르투 제페르손(Roberto Jefferson) 의원의 폭로로 시작된 이 스캔들은 일파만파 정국을 뒤흔들었다. 노동자당 의장이 사임하고 구속되었고, 하원의장도 대가성 뇌물 수수 혐의로 사임하였다. 의회는 연일 재벌기업인과 고위 정치인들을 소환하여 조사를 진행하였다. 2005년 11월의 여론조사에 따르면 룰라와 노동자당이 2006년 대선에서 패배할 수밖에 없다고 했다. 깨끗하다고 믿었던 노동자당마저 부패의 사슬에서 벗어나지 못한 것에 국민들이 등을 돌리고 있기 때문이다. 하지만 이 스캔들은 낡은 관행을 해체할 제도개혁의 부재에서 터져 나오는 것이기에, 이미 예고된 것이었다(Dugas, 2005; Martins e Escribano, 2005).

브라질 대통령 선거는 결선투표를 거치기 때문에 대체로 두 번 치른다. 1차에서 후보들이 난립하고 2차에서 승자가 가려진다. 결선투표에서 62%의 지지로 승리한 룰라이지만, 여당인 노동자당의 하원 의석은 겨우 18%에 불과했다. 룰라는 당선되기 위해서 우익정당인 자유당과 선거연합을 맺었고, 당선된 이후 의회에서 다수파가 되기 위해서는 여러 군소정당들의 협조를 얻어야 했다.

협조를 얻는 방식에는 크게 두 가지가 있다. 정부예산에 교묘하게 지역구 사업을 끼워 넣어 해당 의원들의 표를 사는 방법이다. 전임이었던 카르도주 정부의 브라질사회민주당은 의회에서 다수를 확보하기 위해서 주로 이 방식을 이용했다. 불법이라고 말하긴 힘들었지만, 예산의 효율적 집행에는 거리가 멀었다.

룰라 정부는 보다 전통적인 방법을 이용했다. 전체 예산은 효율적으로 집행하되, 다수파 연합을 만드는 데 직접 돈으로 의원을 매수하는 방식을 이용했다. 당연히 돈은 민간기업에서 구해야 했고, 돈세탁하기 쉬운 광고회사나 돈이 많이 흘러 다니는 정보통신 산업 계열의 회사들이 이용되었다. 물론 정부의 특혜적 계약이 기업들에게 주어졌다. 사실 이

방식은 오랫동안 이용된 관행이었다. 그랬기에 콜로르 대통령은 탄핵위기에 처해 사임했다. 프랑쿠, 카르도주 대통령 정부 모두 부패 스캔들에서 자유로울 수가 없었다. 문제는 구조적인 정치적 부패를 해체하는 제도개혁을 20년간 단행하지 않았다는 데 있다.

스캔들이 터지자 룰라 정부에 대한 미디어와 야당의 공세가 가속화되었다. 룰라 정부에 대한 지지층의 실망도 컸다. 지식인들, 노동운동, MST도 비판에 가담했지만, 브라질 사민당을 포함한 우파 진영과 미디어들은 탄핵을 들먹이며 공세를 했고, 이에 밀려 사회운동세력은 다시 룰라 정부를 옹호하는 입장으로 선회하였다. 하지만 노동자당 내부에서도 정체성 논쟁이 가중되었고, 당내 좌파의 목소리도 더욱 커졌다. 노동자당 지도부 선거는 당내 중앙파인 '단합'파(Articulacao)가 접전 끝에 이길 수 있었지만, 어느 때보다 좌파의 지지표도 증가되었다. 하원의 의장선거도 박빙 끝에 여당 연립세력인 공산당 후보가 당선되면서 룰라는 한숨을 돌렸다. 만약 야당 후보가 의장에 당선되었다면 탄핵 논란을 피해갈 수 없었을 것이다.

이런 우여곡절 끝에 정치권도 정치제도 개혁 논의를 시작했다. 다당난립, 임기응변적인 정당연합, 허약한 당기율, 불투명한 선거자금이 통치안정성도 해치고, 나아가 정치적 부패를 구조화시키고 있다는 인식은 대부분이 공유했다. 정치개혁 제안은 이미 카르도주 정부 때부터 정리되어 있었지만, 개혁으로 인해 피해를 입을 소당들의 반대로 무산된 전례가 있다. 이번에도 소당의 저항은 여전히 강하다. 따라서 논의가 아니라 이를 실행에 옮길 실천력이 관건인 것이다. 현재 제안된 정치개혁안은 다음과 같은데 여전히 문제점도 많다(EIU, 2005: 17).

i) 투표자가 개인에게 선호도를 표시하는 현재의 개방형 명부제(open list)를 폐기하고 정당에 선호도를 표시하는 정당명부제(closed list)로 대체한다.

ii) 선거용 정당연합은 선거 이후 3년간 유지되어야만 하고, 그 전에 정당 이동을 허용하지 않는다.

iii) 정당 유지 조건의 한도를 유효득표 2%에서 5%로 올려 군소정당의 난립을 방지한다.

iv) 선거 캠페인은 10억 헤알의 예산을 가지고 하원의석 수에 따라 비례로 나눠 배정되는 공적 자금만으로 행한다.

정당명부제가 도입되어 선거비용이 크게 줄겠지만 2002년 선거에서 사용되었다고 하는 추정치 200억 헤알에는 크게 미치지 못하는 비현실적인 예산이므로 불법적인 선거자금 공여가 사라질지는 의문이다.

5. 공세적인 대외정책

브라질은 전통적으로 남미의 아제국주의(subimperialism) 국가로 자리매김을 해왔다. 미국에 대해서는 종속적이지만 남미 주변국들에게는 지역 헤게모니를 강제하고, 공산품을 수출하는 '중진국'(intermediate state; middle power)의 위상을 지녔던 것이다. 하지만 민주화가 되고 경제가 본격적으로 개방되면서, 브라질의 지정학적 야심은 지역단위의 아제국주의를 넘어 세계로 확장되고 있다. 브라질은 1990년대에 메르코수르(Mercosur)란 남미공동시장을 결성하여 주도국으로서 입지를 공고히 하고 대미 블록 협상을 주장해 왔다. 나아가 유엔 개혁에도 적극적인 의

사와 안보리 상임이사국으로 입성하겠다는 야심을 공공연히 표명해 왔다. 이런 브라질의 지정학적, 지경학적 야심은 룰라 행정부가 들어서면서 다자외교와 양자외교를 통해 더욱 강조되고 있다(Hirst, 1996; 2004).

하지만 가능한 범위 내에서 대미 협력도 활발하다. 카리브 해의 아이티에 정변이 일어났을 때 미국의 요청에 따라 치안군 1,200명을 파견하였고, 마약, 돈세탁 방지 등에서도 양국은 긴밀한 협조를 하고 있다.

1) 메르코수르 심화전략

룰라 대통령과 셀조 아모링이 이끄는 브라질 외교부가 이 새로운 흐름을 이끌어 간다. 룰라는 무엇보다 남미의 맹주로서 메르코수르를 심화하여 남미자유무역지대(SAFTA)를 결성하고, 이를 바탕으로 미국이 주도하는 미주자유무역협정(FTAA)안과 협상하고자 한다. 미국의 FTAA안에 브라질이 쉽게 동조하지 않는 까닭은 첫째, 미국 이해와 연관된 국제적 쟁점에 대한 대외정책의 자율성이 현저히 저하되는 것을 방지하고, 둘째, 지적 소유권, 서비스와 투자, 환경보호, 과학과 기술, 거시경제정책에 대한 정책결정의 자율성이 크게 약화된 것을 우려하기 때문이라고 한다(Rompay, 2004: 121). 브라질은 미국이 일방적으로 정한 기준에 따른 협상이 아니라 모두가 '동등한 파트너'로 협상이 이뤄져야 한다고 주장한다. 즉 이타마라티 궁은 '상호성' 접근법을 주장한다.[22]

---

22) 만약 브라질이 지적 재산권과 정부조달에 대한 미국의 제안을 수용하는 개혁을 단행한다면, 미국도 브라질 상품을 배제하는 비관세장벽이나 보조금 제도를 해체해야 한다는 것이다. 워싱턴의 브라질 대사관(2000년)에 따르면 브라질 15대 수출상품에 대한 미국의 관세는 45.6%인데, 미국의 대브라질 15대 수출상품에 대한 브라질 관세는 14.3%에 불과하다고 한다(Rompay, 2004: 123에서 재인용).

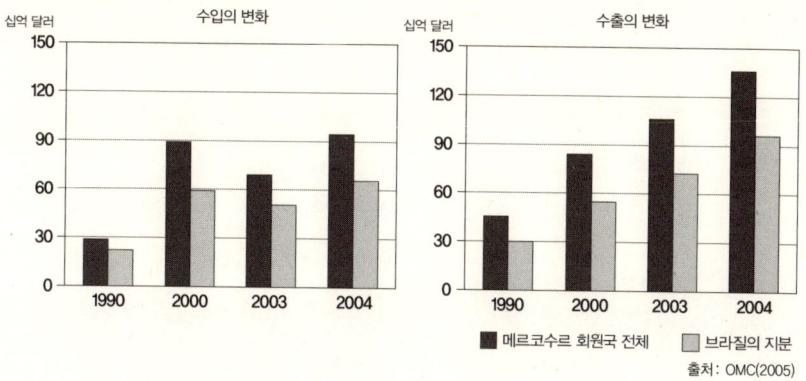

〈그림 6〉 메르코수르 내 브라질의 비중

수입의 변화 / 십억 달러

수출의 변화 / 십억 달러

■ 메르코수르 회원국 전체　□ 브라질의 지분

출처: OMC(2005)

그런 점에서 브라질은 메르코수르를 강화하고, 이어 남미자유무역지대를 만들 것을 제안한다. SAFTA는 메르코수르 4개국(브라질, 아르헨티나, 우루과이, 파라과이)에 안데스공동체(ANCOM: 콜롬비아, 페루, 에콰도르, 볼리비아, 베네수엘라)가 결합하여 자유무역지대를 만든다는 안이다. 일단 차베스의 베네수엘라가 2005년 메르코수르 정회원국에 가입함으로써 룰라의 프로젝트는 약간의 모멘텀을 얻게 되었다. 또 2005년 7월에 메르코수르와 안데스공동체가 자유무역협정을 맺기로 합의하여 3억 5천만 명의 인구와 8,500억 달러의 GDP를 가진 중남미 최대의 단일 경제블럭이 현실화되고 있다. 양 지역은 향후 10년간 교역품의 80%를 무관세화할 예정이다.[23] 미국 역시 페루, 에콰도르, 볼리비아, 콜롬비아와의 자유무역협상을 추진할 계획을 밝히자 브라질 등 메르코수르 국가들이 신수를 친 것으로 알려져 있다(〈그림 6〉).

　룰라는 블록 강화 접근법(building-block approach)을 통해 미국으

---

23) 메르코수르의 민감 품목은 철강, 직물, 종이 등이고, 안데스공동체의 민감 품목은 밀, 대두, 자동차 등이다.

로부터 농산물 보조금에 대한 양보를 얻어 내고, 아울러 지적재산권을 비롯한 서비스 무역이나 정부 조달 분야에 대한 최대한 양보를 얻어 내고자 한다. 룰라는 선거공약에서도 이 점을 분명히 했고, 이 때문에 미국 행정부와의 관계도 원만하지 못했다. 2005년 제4차 미주정상회담에서도 이 갈등은 그대로 표출되었다. 브라질의 힘 겨루기는 충분히 이해할 만하다.

미국의 FTAA안에 따라 무역자유화가 이뤄지면 브라질의 경쟁력 우위산업인 1차 산품(곡물류, 쇠고기 등 농축산물)의 수출은 증가할 것이다. 하지만 대미 주요 수출품인 전자, 화학, 기계, 제지, 자동차 분야는 큰 타격을 입을 예정이라 자국의 산업 경쟁력을 제고하기 위해서는 최대한 관세 일정을 연기하는 것이 유리하다고 판단한 것이다(Philips, 2003).

사실 이러한 룰라의 질질 끌기 전술에 미국과 경쟁관계에 있는 유럽연합도 일정하게 동조한다. 유럽연합은 브라질의 메르코수르 심화(deepening) 전략과 공동시장(common market) 전략이 자신에게 도움이 된다고 판단하기에 룰라의 전략을 지지하지만, 자신들의 아킬레스건인 농산물 보조금 문제는 좀처럼 양보를 하지 않고 있다.

하지만 미국은 현재 브라질의 전략을 해체하기 위해 각개격파의 방식을 이용하고 있다(Deblock et Turcotte, 2003). 일단 NAFTA를 통해 멕시코를 묶어 둔 미국은 이후 2004년 칠레와 FTA를 맺었고, 이어 2005년에는 중미자유무역협정(CAFTA)을 체결한 바 있다. 이어 콜롬비아와 안데스 국가와도 FTA를 협상하겠다는 의향을 밝혔다. FTAA가 일괄적으로 타결되는 것이 어려운 만큼 양자 FTA를 확대하면서 FTAA 협상에 압박을 가하겠다는 전술을 쓰고 있는 셈이다. 하지만 지루한 힘 겨루기가 극적인 합의를 통해 양국이 민감사안을 맞바꾸기하든지 아니면 약화시켜 FTAA안에 전격적으로 합의할 가능성도 있다. 즉 브라질이 농업 보조금 감축과 비관세장벽 철폐 요구를 포기하거나 약화하고, 반대급부로 미국도 지적소유권, 서비스 및 정부조달 시장 개방 요구를 포기하거나 약화하는 것이다. 이러한 민감한 쟁점들이 폐기된다면 "연성의 FTAA"(light FTAA)가 탄생할 것이고 그만큼 타결은 쉬울 수 있을 것이다(Vigevani and Pssini, 2005).

2) 남남협력의 지정학

2003년 칸쿤회의에서 브라질이 주도한 농업개도국 G-20[24] 는 선진국의 농산물 보조금 철폐를 강력하게 주장했고 그 결과 도하개발아젠다(DDA)는 무산되었다. 1980년대부터 국제무대에서 발언권을 잃었던 제3세계가 2003년 인도, 브라질, 남아프리카공화국(IBSA)이 결성한 G-3(the IBSA Intitiative)를 계기로 다시 발돋움을 하고 있다(Hirst, 2004: 5). G-3는 칸쿤회의에서 G-20로 확대되었고, 선진국의 협상 주도에 블록을 만들어 대응했다.

룰라 대통령과 셀조 아모링이 이끄는 브라질 외교부가 이 새로운 흐름을 이끌어 간다. 룰라의 공세적인 남남협력 모델은 그동안 공산품과 서비스 시장의 개방으로 피해를 감수해야만 했던 제3세계에게 새로운 활력소가 되고 있다. 룰라 정부는 인도, 중국, 남아공과 더불어 전략적 동맹을 결성하고, 유럽연합과 미국이 주도하는 다자협상 테이블에서 자신들의 목소리를 낸다. 이런 변화는 두 가지를 반영하는데, 하나는 다

---

24) 당시는 22개국이 참여했으나, 이후 증감이 있어 현재는 보통 G-20으로 불린다.

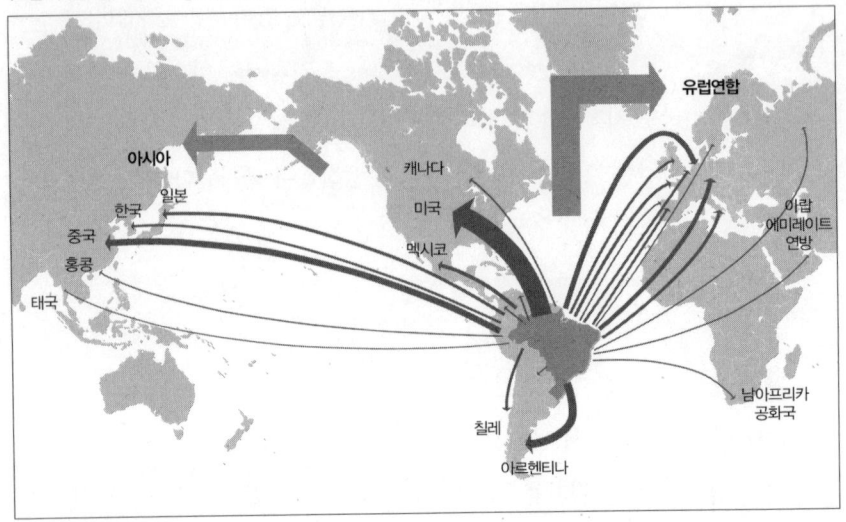

〈그림 7〉 브라질 수출의 다변화(유럽과 미국, 아시아)

변화된 브라질 무역구조의 특성이고, 다른 하나는 '차이나 달러'(China Dollar)이다.

　브라질의 무역구조는 수입과 수출 모두 선진국과 중남미에 골고루 분산이 되어 있다. 수입선은 대체로 유럽연합(26.5%), 미국(23.1%), 중남미(20.1%)의 순이고, 수출선은 미국(24.7%), 중남미(24.3%), 유럽연합(23.3%) 순이다. 중국(6%)도 수출시장으로 급격하게 부상하고 있다. 따라서 다자협상에서 선진국과도 협력과 갈등의 게임을 반복해야 한다. 특히 선진국의 농산물 보조금에 대해서는 인도와 더불어 제3세계를 대변하지 않을 수 없다. 남남협력의 강력한 동인 가운데 또 다른 하나는 에너지와 식량을 찾아 공세적으로 접근하는 중국의 투자와 무역의 흐름이다. 이 때문에 브라질을 위시한 제3세계 각국은 그만큼 미국과 글로벌 금융에 대한 의존도를 줄일 수 있게 되었다. 미주의 뒤뜰에서 아르헨티나, 베네수엘라, 쿠바가 미국과 IMF에 큰소리치는 것도, 브라질이 미국의 미주

자유무역지대안에 맞서는 남미국가공동체를 구체화한 것도 1990년대 보다는 다극화된 지경(地經)학적 변화의 산물이다.

룰라의 지정학적 구상은 거대한 남남 벨트를 짜는 것이다. 브라질은 중국에 '시장경제' 지위를 부여한 대가로 에너지와 인프라 부문에 대규모 투자를 유치하였다. 양국의 무역도 비약적으로 증가하여 2006년에는 300억 달러 규모가 되었다. G-3 국가 외에도 라틴아메리카와 아랍의 정상회담도 정례화시켰다. 중동과 남미를 연결하는 새로운 축을 미국이 곱게 볼 리 없다.

브라질의 공세적 다자협상 전략도 구체적인 성과를 내고 있다. 인도와 브라질은 2003년 8월에 빈국이 제너릭 의약품(generic drug: 특허가 끝난 의약품을 다시 연구·개발한 약품)에 쉽게 접근케 하는 잠정합의를 WTO 146개국에게 동의를 받아낸 바 있다. 인체면역결핍바이러스(HIV)로 고통을 받고 있는 아프리카 나라들이 혜택을 입게 되었고, 이 분야 제약업이 발달한 브라질과 인도가 덕을 보게 되었다. 같은 해 설탕산업 대국인 브라질은 타이, 호주와 더불어 유럽의 설탕산업 보조금 지급 사례를 문제 삼았고, 유럽위원회로부터 1년 뒤에 삭감하겠다는 동의를 얻어 내었다. 경쟁력이 있는 브라질 설탕업계가 환호하는 것은 당연했다. 2004년에는 미국 정부의 면화재배에 지불하는 보조금을 문제시하여 WTO에 제소하여 승소하였다. 면화를 재배하는 제3세계 역시 이 조치의 덕을 볼 것이다(Paquin-Boutin, 2005: 5). 2005년 있었던 제4차 미주정상회담에서는 농산물 보조금을 문제시하여 미국의 FTAA 제안에 각을 세웠고, 또 베네수엘라는 남미공동시장에 정회원으로 가입하여 룰라의 프로젝트에 힘을 실어 주었다.

외채 때문에 국제금융권의 압박을 강하게 느끼는 브라질 경제에도 불구하고 룰라 정부는 다자협상의 공간에 제3세계의 목소리를 다시 채우고 있다. 하지만 룰라의 노선은 비동맹외교나 반제국주의와는 거리가 멀다. 그가 바라는 것은 크게는 남측이 북측으로부터 정당한 대접을 받는 것이고, 작게는 브라질 시장을 확대하는 것이다. 그는 실리주의자이지 이데올로그는 아니다. 그래서 이러한 비판도 받고 있다. 제3세계 대변자로 나서는 그가 남측의 공동이익은 제쳐 두고, 자국 이익만 옹호하고 관철하며, 남측 시장의 보호와 전통적인 소농의 보호에는 무관심하다고 한다.

3) 브라질과 중국의 협력

현재 브라질과 중국은 지정학 차원에서 미국과 유럽의 영향력을 억제하기 위해 전략적 협력 관계를 유지하고 있다. 나아가 지경학적 차원에서 중국은 브라질을 고도성장에 따른 에너지와 식량 수요를 충족시켜 줄 전략적 요충으로 파악하고 있다. 브라질은 유엔 안보리 상임이사국 진출 시 중국의 지지를 기대하고 있고, 중국은 원자재와 곡물 공급 이외에도 DDA 협상 시에도 공조를 하기를 원한다.

일단 양국의 무역규모가 날이 갈수록 증가하고 있다. 브라질의 대중 수출은 2001년 11억 달러 규모에서 2002년의 25억 달러, 2004년 55억 달러로 가파르게 증가했다. 중국의 고도성장에 필요한 원자재와 식량, 특히 철광석과 콩의 수입물량이 급증했기 때문이다. 최근 들어 브라질 육류 수입도 증가하고 있는 것으로 알려져 있다. 중국 역시 브라질에 의류, 장난감, 신발 등의 저가품을 대량으로 수출하고 있다.

2004년 브라질은 당시 APEC 정상회담 참여차 남미를 순방 중인 후진타오 주석과 정상회담을 갖고, 중국에게 "시장경제국 지위"를 부여한 바 있다. 대신 중국은 인프라 등에 대한 대규모 투자를 유치하겠고 약정한 바 있었다.

에너지와 원자재 그리고 식량을 찾아 공세적으로 접근하는 중국에게 브라질은 좋은 투자처이기도 하다(Coiteux, 2005). 이미 중국의 시노펙(Sinopec)과 브라질의 페트로브라스(Petrobras)는 석유, 가스 탐사 및 개발 사업을 공동으로 추진하고 있다. 브라질은 약 110억 배럴의 석유 매장량을 확보하고 있으며 2006년에는 석유자급을 목표로 투자를 확대하고 있는데, 여기에 중국이 관심을 표한 것이다. 양국의 사업이 구체화되면 중국의 투자와 석유화학제품 수출도 크게 증가할 것으로 예상된다.

철강업에 대한 양국의 협력도 인상적이다. 상해의 바오스틸(Baosteel)과 브라질 광업회사 CVRD는 합작으로 11억 달러를 투자하여 연간 370만 톤 규모를 생산하는 철강공장 프로젝트를 발주하였다. 이 프로젝트는 향후 80억 달러까지 투자를 확대할 계획이라고 한다. 이외에도 CVRD와 중국의 알루미늄공사(Chalco de China)가 10억 달러 규모의 합작투자로 알루미늄 공장을 건설한다고 하며, 중국은 대규모로 농지를 구입해 농산물 공급의 안정화를 도모하는 사업도 벌이고 있다.

하지만 양국의 경제협력이 1차 산품과 원자재에만 국한되는 것이 아니다. 인공위성, 생명공학, 항공우주산업, 원자력 분야에서도 협력이 강화되고 있고, 브라질에게 부족한 인프라 분야에서도 중국의 투자가 이뤄지고 있다.

철도와 항만 설비에 대한 중국의 관심은 브라질에서 대규모 물량(철광석, 콩 등)을 도입하는 마당에 날로 높아만 가는 물류비용을 합리화하기 위한 것이기도 하다. 그런 까닭에 중국은 남미의 물류지도를 다시 그리는 데 관심을 가지고 있다. 중국은 2004년부터 안데스 관통 터널(Trans-Andean Tunnel) 사업에 관심을 보였다. 아르헨티나와 브라질로부터 수입하는 대량 물량을 안데스 터널로 빼서 칠레의 코피아포(Copiapo) 항구로 보내고 여기서 선적하는 방안이었다. 이는 거리와 시간을 크게 줄이는 효과를 갖는다. 이미 중국의 브라질 수입 붐으로 2003년 이래 브라질-중국 해상운송료는 120% 앙등하였고, 이는 전 세계 구간에 파급효과를 낳았다. 건조에 2년이나 소요되는 컨테이너의 부족으로 2006년까지 운송료 인상 행진이 지속될 전망인데, 안데스 관통 터널로 남미의 각 고속도로와 국도가 연결이 되면 물류비용은 어느 정도 합리화될 전망이다.

브라질 역시 나름대로 남미의 '무역 실크로드'에 관심을 가지고 있다. 브라질은 상파울루 근교에 있는 상투스 항에서 칠레의 북부 항구도시 안토파가스타 항을 연결하는 남미 대륙횡단 철도 계획을 천명한 바 있다. 이것이 성사된다면 이는 대서양과 태평양을 잇는 메르코수르의 역내 통합 인프라이기도 하고, 나아가 중국 물량의 물류비용 절감 효과도 있는 일석이조의 네트워크가 될 것이다. 2004~07년 사이에 80억 달러가 소요될 이 계획은 중국도 큰 관심을 보이면서, 100억 헤알(34억 달러)을 철도, 도로, 항만설비에 투자할 용의가 있다고 표명하였다.

초국적 노선의 연결은 브라질의 상투스-코롬바(Santos-Coromba), 볼리비아의 코롬바-포시토스(Coromba-Positos), 아르헨티나의 포시토스-살타-소콤파(Positos-Salta-Socompa), 칠레의 소콤파-아우구스토 비토리아(Socompa-Aug. Vitoria), 아우구스토 비토리아-안토파가스타(Aug. Vitoria-Antopagasta)로 이어진다. 철로가 연결되는 공사구간 4,269킬로미터가 완공될 경우 동북아 삼국 및 인도, 러시아와의 교역거리는 약 7,000킬로미터나 단축된다고 하니 그 파급효과가 클 것이다. 현재 상투스 항에서 파나마 운하까지의 거리는 11,000킬로미터이다. 이런 계획이 구체화되면 중국과 브라질은 세계물류지도에 큰 변화를 주게 될 것이다.

하지만 양국의 관계가 매끄럽게 나가고 있지만은 않다. 2005년 하반기부터 브라질은 중국 저가 상품의 범람을 걱정하고 있고, 중국이 약속한 투자가 제대로 이뤄지지 않음에 대해 불평을 하고 있다. 특히 중국이 수출하는 섬유류와 신발류 물량에 대해 자율적으로 규제해 달라는 의사를 브라질이 표명했음에도 중국이 별로 반응을 하지 않자, 긴급수입제한조치를 발동할 것을 심각하게 고려하고 있다. 아모링 외무장관은 최근 "브라질이 지난해 중국에 대해 시장경제지위(Market Economy Status)를 인정했지만 중국으로부터 받은 것이 없다"며 "(시장경제지위 인정 취소를 포함하여) 양국관계를 근본적으로 재검토해야 하는 상황"이라고 일갈한 바 있다. 그리고 결국 유야무야되었다.

6. 결론

"미래의 나라" 브라질은 카르도주 정부 이후부터 룰라 정부에 이르기까지 개혁정치가 가속화되면서 브라질 코스트를 줄이는 노력을 지속적으로 추진하고 있다. 비록 대외개방 과정에서 금융 부분의 혼란이 있었고, 외채 증가로 부담이 늘어난 비용 지불은 있었지만, 인플레이션의 진정과 기득권층의 특혜 축소란 성과를 거두기도 했다. 특히 룰라 정부가 추진하고 있는 수출 경제의 활성화는 매년 20% 가량의 성장으로 가시화되고 있다. 또 숙원사업이었던 공무원 연금제도의 불합리한 측면이 개혁되면서 재정구조의 건전화에도 큰 진전을 이루었다. 하지만 브릭스 국가로 향후 성장의 릴레이를 이어가기 위해서는 대내외적으로 개혁해야 할 과제가 산적해 있다.

첫째, 고비용 정치구조를 해체하기 위해서 선거관련 제도를 대폭 정비할 필요가 있다. 룰라의 노동당 정부도 여소야대의 의회 상황을 타개하기 위해 뇌물이나 특혜를 통해 의원 표를 매수하는 관행을 지속할 수밖에 없었다. 향후 정치제도 개혁 프로그램이 군소정당과 주단위 정치세력의 반대를 극복하고 순항되어야 행정부의 개혁정치가 안정적인 경제성장의 과실을 맺을 것이다.

둘째, 브라질이 고도성장의 릴레이를 이어가기 위해서는 물류 부분의 혁명적 조치가 필요하다. 대륙 차원의 인프라를 정비하는 것이 쉬운 일은 아니지만, 글로벌 경제에 경쟁력을 크게 갉아먹고 있는 낙후된 도로, 항만, 철도 등의 물류 부문을 포함하여 전력, 전화, 인터넷과 같은 망산업의 개선조치가 시급히 해결되어야 한다. 정부도 PPP를 통해 민간투자를 받아들이고 있으나 인프라의 정비 속도가 더디어 경쟁력을 획기적으로 제고시키는 일은 쉽지 않다.

셋째, 부자와 빈자, 근대화 부문과 전통부문, 대기업과 중소기업, 주택지와 빈민가 등으로 양극화된 브라질 사회를 통합하는 것도 향후 지속적인 성장을 위해 시급히 추진되어야 한다. 수출경제가 활성화되고 성장을 하지만 하층부문이 혜택을 보는 부분은 적다. 소득 양극화와 경기 양극화로 인해 빈곤 문제의 심각성은 여전히 해결되지 않아 사회정책이나 빈자를 위한 토지개혁 정책도 강력하게 추진되어야 한다. 하지만 공공채무 상환을 위해 예산을 긴축적으로 운용하고 있어서 룰라 정부에 들어와 사회정책은 기아 제로 정책을 제외하면 큰 진전이 없다. 양극화의 지속 아래 브라질이 브릭스의 밝은 전망을 꿈꾼다는 것은 어려울 것이다.

넷째, 룰라 정부는 과거 정부와 달리 대외정책에서 대미 견제와 더불어 중견국과 동맹하는 다각화 정책을 추진하고 있다. 유럽과 미국의 경쟁, 아시아의 부상이 룰라 정부의 진취적 대외정책을 뒷받침해 주는 외생적인 변수일 것이다. 인도-브라질-남아공을 엮는 중견국 3국이 남남협력을 추진하는 외교정책(IBSA diplomacy)은 현재까지 국제사회에 참신한 충격으로 다가오지만, 과연 룰라의 대외정책이 대내적 지지기반을 확고하게 가지고 있느냐에 의문이 간다. 수출대기업들은 대미시장의 중심성을 강조하고 대미 견제 정책의 무용함을 지적한다. 그런 점에서 대내적 지지기반의 허약성을 보완하고 브라질의 국익을 최대화하는 대외정책을 최적화하는 것은 향후 브릭스의 미래를 이어나가는 데 관건이 된다고 하겠다.

보론: 룰라, 대통령이 된 선반공

잘린 손가락

박봉에다 피곤에 지친 의사는 피가 묻은 한 노동자의 왼손 새끼손가락을 잘라 버리기로 결심했다. 환자는 아침에 공장에서 일하다 기계에 손가락이 끼어 짓이겨진 룰라였다. 브라질 공단 지역이 밀집해 있는 이곳에서 이런 산재를 당한 금속 노동자들이 거의 매일 실려 왔다. 공공병원 의사도 평상시처럼 그날 저녁에 환자의 손가락을 잘라 냈다. 잘 수술하면 손가락을 살릴 수도 있었지만, 그런 작업은 시간이 걸렸고 힘들고 귀찮았다. 잃어버린 새끼손가락의 주인공이 미래의 대통령이 될 것이라고 의사는 상상이라도 했을까? 잘려 나간 새끼손가락은 불평등과 고난의 브라질 사회를 상징했지만, 그 고난 속에서 미래의 희망 또한 자라고 있었다. 희망의 이름은 룰라라 불렸다.

선반공에서 공화국의 대통령에 오른 룰라의 인생은 마치 텔레노벨라(telenovela: 중남미의 연속극으로 주로 치정, 성공담 등을 다룬다)나 전기영화의 스토리가 요구하는 모든 것을 담고 있다. 가난한 북동부 오지에서 태어난 그는 상파울루 지역으로 올라왔다. 가난한 브라질 어린이가 그랬듯이 축구에 미친 듯이 집착했다. 코린티안스의 프로 선수가 되는 것이 목표였다. 거리에서 땅콩이랑 타피오카를 팔았고, 구두도 닦았다. 영화 「중앙역」(Central do Brasil)에 나오는 소년들 가운데 한 사람처럼. 실업의 고통을 누구보다 잘 알았고, 거의 가정을 돌보지 않는 아버지의 무표정한 얼굴에도 질렸을 것이다. 그렇지만 소년은 "거리의 대학"에서 "인생의 학교"를 통해 성장했다. 글자도 어깨 너머로 깨쳤고, 어머니에게 신문도 읽어 줄 수 있었다. 정부에서 운영하는 직업학교에서 선반공 과정을 마치고 드디어 꿈꾸던 금속공장의 노동자가 될 수 있었다. 그는 먹물에 잔뜩 물던 지식인 노동운동가와는 달리, 거리의 언어와 특유의 친근한 미소로 노동자들을 사로잡았다. 곧 노조위원장이 되었고, 군정 말기의 파업에서 국제적인 스타로 발돋움한다. 노동자당을 창당하고, 이를 발판으로 4수 끝에 대통령직을 거머쥔다.

그의 일생은 영화 스토리이기 이전에 브라질 근대사의 빛과 그림자를 비춰 주는 생생한 그림이다. 룰라의 전기로 공인을 받고 있는 데니지 파라나의 『다른 세계는 가능하다』(Lula, o filho do Brasil)에 따르면, 룰라의 인생역정은 "빈곤한 북동부에서 부유한 동남부로 이민을 온 한 사람의 지리적 경력을, 그리고 사회적으로 배제된 이름 없는 사람이 일국의 가장 중요한 대중 지도자로, 그것도 역사책에 영원히 이름이 기록될 대중 지도자로 부상한 또 다른 사회적 경력을" 잘 드러낸다. 룰라와 실바 가계의 역사만큼 브라질 현대 사회의 굴곡이 잘 반영된 것이 있을까?

세르탕 출신

그는 1945년 10월 27일 페르남부쿠 주의 가라눈스에서 태어났다. 우연의 일치인지 2002년 선거의 결선투표에서 당선이 확정된 날도 10월 27일 57세 생일날이었다. 가라눈스는 북동부 오지(세르탕 지역)가 의례 그렇듯이 오랜 가뭄과 한발에 지친 사람들이 사는 조그만 도시였다. 세르탕은 오랫동안 비가 오지 않는 이상 기후 현상 때문에 생존에 무척 힘이 드는 곳이다. 간혹 엄청난 비가 내려 급류를 이루고, 짧은 기간 동안 녹지대가 형성되기도 했지만, 그것도 잠깐이었다. 이 순간을 틈타 세르탕 사람들(sertanejos)은 가축을 길렀고, 면화나 사이잘삼을 심어 먹고 살아야 했다. 가난은 그들의 숙명이었다. 사람들은 이 가난을 벗어나려고 고물 자동차에 짐짝처럼 실려 상파울루가 있는 동남부를 향해 떠났다.

북동부의 개인 소득은 브라질 평균의 40% 수준. 그 뒤를 잇는 중서부도 북동부 평균의 2배 수준이다. 브라질 빈민층의 절반 이상이 북동부 사람이다. 문맹률이 20%나 되는 브라질이지만 북동부의 경우에는 더 심각해 40%나 된다. 당연히 룰라의 부모 모두 문맹자였다. 룰라의 회상으로 어머니가 가끔 신문을 사 보셨다고 하지만 그것은 사진을 보기 위해서였다고 한다. 룰라도 페르남부쿠를 떠나지 않았더라면 당연히 부모님들처럼 문맹자도 살아갈 확률이 무척 높았다.

아버지에 대한 쓰라린 추억

브라질에서 실바란 성은 우리나라 김, 박, 이만큼 흔하다. 아버지 아리스티데스 이나시우 다 실바는 룰라 말대로 "일자무식꾼이었다". 아버지에 대한 기억은 별로 행복하지 못했다. 브라질 빈민가의 아버지들이 그렇듯이 술주정꾼에다 아이들에겐 애정이 전혀 없는 마초 스타일이기 때문이었다. 쓰라린 첫 기억은 이렇다. "아버지는 우리가 먹는 빵을 먹지 않았다. 모두 자고 있는 새벽 일찍 일어나 커피와 함께 자신만이 좋은 빵을 먹었다. 남은 것은 챙겨 아무도 손을 댈 수 없는 찬장에다 숨겨 두었다."

두번째 기억은 1952년, 일곱 살 시절의 일이었다. "세 살배기 여동생이 빵을 먹고 있는 아버지에게 조금만 떼어 달라고 칭얼댔다. 아버지는 먹던 빵조각을 데리고 놀던 강아지에게 주었지만, 여동생에겐 주지 않았다. 그에겐 강아지 새끼들이 자녀들보다 훨씬 중요했던 것이다."

아버지가 지긋지긋한 세르탕을 떠나 일자리를 찾으려고 먼저 상파울루로 갔다. 1950년대 상파울루는 거대한 산업화의 열기가 꿈틀거리는 공단지역으로 변해 가고 있었다. 그만큼 기회도 많았다. 북동부의 이민 행렬은 이미 시작되었다. 어머니 에우리디시 페레이라 지 멜루는 자녀 8명을 데리고 뒤늦게 남쪽으로 남편을 찾으러 내려갔다. 1952년 일곱 살이던 룰라와 가족들은 '파우-데-아라라'(사람들을 생선 짐짝처럼 태워 먼 길 여행을 했던 고물 자동차)를 타고 장장 15일에 걸친 장정에 올랐다. 고물 자동차의 여행은 괴로웠지만, 그 당시 세르탕을 탈출하려는 사람들이 통과해야만 하는 고통스런 의례이기도 했다. 사람들은 밤에 자동차 밑에서 새우잠을 잤고, 배가 고프면 밀가루 전병과 사탕수수 그리고 치즈로 허기를 달랬다.

상파울루 시대

연락이 끊긴 남편을 여기저기 수소문해서 찾았던 에우리디시는 마침내 상파울루 근교 도시인 상투스에서 남편을 만났지만, 이미 다른 여자와 살림을 차리고 있었다. 일자무식꾼이던 그가 편지를 쓰지 않은 것은 당연했지만, 8명의 자녀도 깨끗하게 버릴 정도로 가정에 전혀 애착을 가지고 있지 않았던 것이다. 이즈음 아버지를 한 번쯤 보았을 룰라도 큰 충격을 받았을 것이다. 그리고 그는 자신이 가정을 꾸리면 충실한 가장과 남편이 되겠다는 꿈을 다졌을 것이다. 그의 언행에는 행복한 가정에 대한 집착이 자주 드러나는데, 어린 시절의 상처가 영향을 주었을 것이다.

그는 아무것도 변하는 것이 없던 세르탕과 달리 호흡이 가쁠 정도로 급변하는 도시의 리듬이 즐거웠을 것이다. 상투스로 이사를 온 뒤 3년 동안 그는 빈민가 소년들이라면 했을 법한 모든 일을 경험한다. 우선 축구에 몰입했다. 축구는 지금이나 그때나 가난한 소년들에게 유일한 탈출구였다. 둥근 공 하나면 가난이나 궁핍으로 인한 모든 시름을 잊을 수 있었다. 만약 눈에 띄어 프로 팀에 진출할 수만 있다면 팔자를 고칠 수 있는 마법의 공이기도 했다. 상파울루 시민의 영원한 고향, 코린티안스 팀의 선수가 되는 것. 또래 아이들 모두가 그런 꿈을 꾸었다. 룰라도 성모 마리아와 오리샤(아프리카 정령신앙의 신들로 가톨릭의 성인 숭배와 결합되어 있다)에게 열심히 기도했을 것이다. 그리고 가계에 보탬이 되기 위해서는 땅콩과 타피오카, 오렌지를 팔러 시내와 해변을 돌아다녔다. 이런 와중에도 그는 글자를 읽고 쓰는 법을 깨쳤다. 룰라는 자신의 말대로 "거리의 학교"에서 인생을 배우고 있었던 것이다. 1956년 가족들은 상파울루 시의 이피랑가 빈민가로 이사를 했다.

의젓한 11세의 소년이 되었다. 염색공장과 전화회사의 급사로 취직을 했지만 오래 가진 않았다. 구두닦이도 했다. 14세가 된 소년 룰라가 일궈 낸 최초의 작은 승리는 콜롬비아 백화점의 일자리였다. 난생 처음 자신의 책상에 앉아 일을 하게 되었던 것이다.

선반공의 꿈

다음에 얻었던 직장인 파라푸주스 마르치 공장은 미래에 대통령이 될 소년에게 또 한 번 도약할 기회를 주었다. 그곳에서 그는 국가가 기능공을 신속하게 공급하기 위해 만든 전국직업학교(Senai)의 선반기계공 양성 과정을 시작할 수 있었던 것이다.

브라질 노동자당 연구로 명성이 높은 정치학자 마거릿 켁 교수(존스 홉킨스대)는 당시 분위기를 이렇게 전한다. "룰라에게 ABC(상투 안드레, 상 베르나르두, 상 카이타노의 약자로 상파울루 근교 공단 지역을 말한다) 공장들은 거대한 신분상승의 기회를 의미했다. 그곳에는 노동자계급의 엘리트들이 살고 있었기 때문이다." 1950년대 쿠비쉐키(Juscelino Kubitschek) 정권부터 다양한 산업화 프로젝트가 진행되기 시작했다. 나아가 1964년에 성립된 군정은 자신들의 정당성을 경제성장에서 찾고자 했기에 이 시절 ABC 공단은 그만큼 바빴다. 룰라는 어떤 의미에서 군정이 만든 질서 속에서 자신의 기회를 찾은 역설의 산물이기도 했다.

　　켁 교수는 이어간다. "사회적 이동이 잦은 시기였지요. 가난한 사람이 부자가 되는 그런 것이 아니라, 중간계급의 하층이 될 수 있는 시기였답니다." 드디어 룰라는 선반공 자격증을 따게 되고, 새로운 직장을 얻게 되었다. 구두닦이 소년이 일군 결코 적지 않은 성과였다. 그는 예쁜 아가씨를 만나 아름다운 가정을 이루고 행복하게 살 꿈에 부풀어 있었다. 룰라가 엿본 브라질의 꿈은 그리 쉽게 자리를 내어 주지 않았다. 그에겐 힘든 시련의 앞날이 열려 있었던 것이다. 18세가 된 어느 날 아침 졸린, 눈을 비비고 힘겹게 작업을 하다가 왼손이 기계에 끼어 버렸다. 영화의 한 장면처럼 순식간에 일어난 일이었다. 잘린 손가락은 그에게 닥칠 시련의 세월을 예고하는 것이기도 했다.

오리샤의 질투

1964년 브라질 군정이 들어서기 전 몇 년 동안은 혼란의 시대였다. 정치 세력은 좌우로 나뉘었고, 연일 시가지는 데모대로 뒤끓었다. 카를루스 마리겔라(Carlos Marighella)를 위시한 과격화된 학생운동 세력 일부는 도시 게릴라가 되기도 했다. 민족해방연합(ALN)은 미국 대사를 납치하기도 했고, 기업인들을 인질로 잡기도 했다. 브라질 사회는 끓어 넘쳐흘렀다. 군부 엘리트들은 이 모든 혼란을 종식시키고자 탱크를 몰고 시가지로 나왔다. 그들은 질서당의 최후 보루였다. 브라질 국기에 그려져 있는 "질서와 진보"(Ordem e progresso)를 확고하게 믿는 실증주의적 진보 관념을 20세기까지 연이어 온 콩트의 진정한 제자들이기도 했다. 프랑스 철학자 콩트는 대서양 너머 브라질에서 배신을 모르는 충성스런 신도들을 얻었던 것이다.

군정 시절은 노동자들에겐 악몽의 시대였다. 이 시절 룰라는 가정적으로도 행복하지 못했다. 1966년 군정이 확고하게 질서를 잡았을 때, 그는 금속산업 공단지역이었던 상 베르나르두 두 캄푸에 있던 인두스트리아스 빌라리스에서 직장생활을 하고 있었다. 이 시절 우연히 만난 마리아 지 루르디스와 연애를 하게 되었고, 그 사랑은 1969년의 결혼으로 이어졌다. 그가 꿈꾼 행복한 가정은 이제 손안에 들어온 것 같았다. 하지만 아직 행운은 따르지 않았다. 오리샤의 장난이었을까? 루르디스는 1년 뒤 임신을 했지만, 몸이 자주 아파 입원을 했다. 헤파티티스를 앓고 있었지만 공공병원의 어느 의사도 그것을 발견하지 못했다. 다시 한 번 의사의 실수로 그는 부인과 첫아이를 잃게 되었던 것이다. 룰라에게 닥친 최초의 큰 시련이었다.

이어서 간호사와 잠깐 동거하면서 루리안이란 딸도 낳았지만, 결혼까지 가진 않았다. 이런 일들은 노동자들 세계에도 빈번한 일이었다. 그러다가 마리사 레티시아 로코 카사를 만났다. 그녀는 이혼한 후 혼자 아들을 키우고 있었고 룰라는 그녀를 매우 좋아했다. 둘은 마침내 결혼을 했고, 아이도 셋을 더 낳았다. 가정은 이제 안정을 찾은 것 같았다.

정치의 계절

인투스트리아스 빌라리스 시절 룰라는 형 프레이 쉬쿠의 권유로 상 베르나르두 두 캄푸의 금속노조에 가입했다. 상 베르나르두는 룰라에게 제2의 고향이라고 할 수 있다. 그곳에서 룰라는 노동운동과 정치의 세계에 입문했고, 후일 브라질 정치를 바꾸게 되는 노동자당과 제2노총인 CUT를 창설했다.

그렇지만 처음에는 정치에 전혀 관심이 없는 모범 노동자였던 룰라였다. 그는 맑스와 레닌, 트로츠키의 이름을 들어본 적도 없었다. 그렇지만 룰라는 동료들 사이에서 인기가 높았다. 1950~60년대의 산업화로 인해 탄생한 노동자들은 공산당이나 신좌파 세력들이 치고받고 싸우는 이념투쟁을 탐닉하지 않는 새로운 세대였다. 1969년에 그는 금속노조의 지도부에 참여했다. 룰라는 타고난 언변으로 협상 테이블에 앉았고, 경영주 앞에서 노동자들의 이익을 대변했다. 그렇지만 아직도 이념이나 신념에 뿌리를 둔 행동가는 아니었다.

그의 세계관에 큰 변화가 온 것은 형인 프레이 쉬쿠가 노동운동을 하다 감옥에 투옥되었을 때였다. 쉬쿠는 공산당에 연계된 노동운동가였다. 그 이유로 군정은 그를 고문했고 감옥에 집어 넣었다. 이 사건으로 그는 군정을 증오하게 되고, 차차 정치화되기 시작했다. 전기는 이 시기 이야기를 이렇게 전한다. "당시 노조들을 장악하려는 엄청난 내부투쟁이 전개되고 있었다. 그렇지만 룰라는 모두가 놀랄 만한 일을 이룬다. 급진파나 온건파 모두가 그를 지도자로 추대한 것이다. 1975년의 첫번째 당선에 이어 1978년에는 98%의 지지율로 금속노련 의장에 두번째 당선되었다."

전국적 영웅

군정이 주도한 중화학 공업화는 소위 '브라질의 기적'을 낳았지만, 후반에 들어서는 점차 균열의 조짐을 보이기 시작했다. 경제관리에 어려움이 가중되자 피게이레두(João Batista Figueiredo) 정부는 스스로 정치 일선에서 퇴각하는 '통제화된 재민주화' 프로그램을 마련했다. 이러한 와중에 1978년 정부가 물가지수를 조작했다는 사실이 폭로되었고, 이에 상파울루 지역의 금속노동자들이 주도한 파업이 발생했다. 당시 임금은 물가지수에 연동되어 산출되고 있었기 때문에, 노동자들은 지수 조작을 간과할 수 없었다. 파업은 금지되어 있었지만, 노동자들은 이를 무시하고 거리에 나섰다. 룰라는 당연히 파업운동의 최전선에 서 있을 수밖에 없었다.

그후 2년간 공단은 연이어 파업으로 술렁댔다. 파업 참여자 숫자도 1978년의 경우 55만 명, 1979년의 경우 200~300만 명에 달했다. 파업운동의 슬로건도 애초의 사안이었던 임금인상 투쟁에서 점차 고용안정, 파업권, 노조의 자율성, 국가개입의 거부, 정치 민주화 등의 쟁점으로 이동하면서 정치화되고 있었다. 브라질 노동자들은 2년간의 파업운동을 통해 변해 가고 있었다. 공장의 독재가 정치의 독재와 연결되어 있다는 것을 그들은 거리에서 체험했다. 정당한 임금을 받기 위한 투쟁이 민주화 투쟁과 결합될 수밖에 없다는 것도 실감했다. 자연히 ABC 공단 노동자들은 군정이 추구하고 있는 간접선거에 의한 대통령 선거나 정부가 주도하여 정당구조를 짜려는 개편 프로그램에도 반발하고 나섰다. 드디어 새로운 세대의 '신노조운동'이 탄생한 것이다.

1980년 4월 룰라는 41일간 상파울루 전역을 마비시킨 대규모 파업을 조직했다. 27만 명의 노동자가 참여했다. 룰라는 빌라 에우클리지스

운동장에 모인 노동자들을 다독거리며 경영주 측과 힘들게 협상을 하고 있었다. 군정은 파업의 정치적 효과를 두려워했다. 결국 강경진압에 나선 정부는 룰라와 노조 지도부를 체포하기로 결정했다. 군경의 탄압을 피해 노동자들은 ABC 공단의 주교 동 클라우디우 우미스의 도움으로 성당에서 계속 농성을 벌였다. 노동자 사목위원회가 파업기금을 모아 주었고, 또 전국에서 답지한 물품을 날라다 주었다. 브라질 가톨릭교회의 해방신학은 노동운동과 결합했던 것이다. 한 신부는 이렇게 말했다. "하느님께 경배하는 것이나 빵을 위해 투쟁하는 사람을 도우는 것이나 무엇이 다른가?"

룰라와 노조 지도부는 31일간 수감되었다. 처음 연행되어 가던 자동차 속에서 룰라는 혹시 '죽음의 부대'에 의해 살해되지나 않을까 하는 두려움마저 느꼈다고 한다. 군사법정은 룰라에게 3년 6개월의 징역형을 선고했지만, 다행히도 후일 그 선고는 상급법원에서 기각되었다. 룰라는 이미 노동자들과 민주화운동 세력에 의해 국민적 영웅으로 부상했고, 또 국제적인 명성까지 얻게 되었다.

어머니의 죽음

그렇지만 룰라는 이 시절 그에게 자존심을 가지며 살 것을 강조했던 모친을 잃게 된다. 룰라의 모친 '도나 린두'(에우리디시의 애칭)는 그 어느 빈민가정의 어머니들이 그렇듯이 여덟 아이를 키웠다. 아버지에 대한 쓰라린 기억과 달리 어머니는 그에게 작은 영웅이었다. 그런 모친이 룰라가 감옥에 갇혀 있을 때 돌아가신 것이다. "어머니는 파출부였지요. 돌아가시던 날이 기억나요. 군사독재 정권이 날 감옥에 가두었지요. 어머니는 그것도 모른 채 돌아가셨답니다. 간수가 측은했던지 상급자들에게 보고하지도 않고 몰래 30분간 장례식장에 다녀올 여유를 주더군요. 그러나 하관 때에는 가지 못했어요. 가족들과 이야기할 기회도 주지 않았지요."

노동자당의 창당

같은 해 지식인들과 ABC 공단 노동자들의 지지를 한데 묶은 새로운 정당 '노동자당'(PT)이 창당되었다. 노동자당의 창당은 엘리트 중심의 협상으로 지탱되어 온 공화국 정치 백년사에 큰 충격이었다. 신당 창당을 주도한 세력들은 군정과 보수 엘리트 사이의 타협으로 흘러가는 재민주화 계획에 제동을 걸려고 했다. 그렇지만 민주화 세력 대동단결('민주전선'론)을 부르짖는 온건야당 세력부터 엘리트 세력 일반에 이르기까지 모두가 이런 움직임을 비난했다. 특히 제도권 교육을 받지 않은 룰라가 당의 대표로 있었다. 정치학자 켁은 이렇게 말한다. "노동자들 스스로가 말할 수 있다는 것은 이 시기에 급진적인 것으로 비쳤다. 여전히 정치는 부자들과 식자층 엘리트들의 게임이었던 것이다."

신노조운동에 기초한 노동자당의 출현은 브라질 정치사에 몇 가지 새로운 면모를 더했다. 첫째, 엘리트주의와 지역주의 특성이 매우 강한 전통적 정당들과는 달리 '아래로부터의' 계급적 동원에 의해 당이 창당되었다. 따라서 노동자계급이나 기초공동체운동(CEB)과 같은 기층 민중의 참여와 개입이 중요할 뿐 아니라, '활동가의 정당'으로 뿌리내리게 되었다. 둘째, 당내 민주주의와 토론이 다른 엘리트 정당들과는 비교가 안 될 정도로 개방적이고 민주적이다. 그런 점에서 노동자당은 다른 정당보다 근대적인 면모를 갖추고 있는 셈이다. 당내에는 사회민주주의자들부터 맑스-레닌주의자, 트로츠키주의자 등에 이르기까지 이데올로기가 다른 분파들이 격렬하게 논쟁을 벌이곤 했다. 하지만 이들은 강령을 명확한 언어로 고정시키지 않았다. 이들이 사용하는 '사회주의' 규정도 분파들마다 다양하게 해석했다. 그렇지만 정통적 해석을 고집하지 않았다. 왜냐하면 잠재적인 당의 지지세력 가운데는 우파 사회민주주의 세력, 가톨릭교회의 진보세력, 교원노조, 자유 전문직업인, 다양한 좌파 그룹, 중간소득층 등이 포함되어 있었기 때문이다. 특히 가톨릭교회의 역할은 중요했다. 켁은 이렇게 말한다. "가톨릭교회가 지닌 중요성은 아무리 강조해도 과장이 아니다. 이는 가장 어려웠던 권위주의 시절에 활동과 조직의 공간을, 커뮤니케이션이 가능한 망과 인권을 옹호하는 공간을 보장해 주었다."

　노동자당은 비교적 수월하게 브라질 정치권 내로 진입했다. 룰라는 타고난 리더십과 언변으로 당의 분열을 막았다. 그는 맑스의 정치경제비판보다는 파울루 프레이리(Paulo Freire)의 교육이론을 믿었다. 그에겐 "착취"보다는 "정의"란 말이 훨씬 선동적으로 보였다. 룰라는 이념 논쟁으로 인해 당이 힘이 빠지지 않도록 활동가들에게 움직이길 원했다. 그래서 노동자당이 대중정당으로 공고화될 수 있었다. 당은 시민사회의 조직들인 제2노총 노동자단일연합(CUT), 민중노동단체 전국연합(Anampos), 카자마르 연구소(민중운동 지도자 양성과정), 시민연구소(IC, 공공정책연구소) 등으로부터 수혈을 받았다. 살아 움직이는 사회운동단체들과의 결합, 이것은 룰라의 리더십이 아니었다면 불가능했을 것이다. 어떤 평자의 말대로 룰라는 "노동자당 이상의 그 무엇"이었던 것이다.

　노동자당은 노동자들만의 정당은 아니었다. 그것은 1960년대 이래 브라질 사회가 아래로부터 응축시켜 온 민중운동의 총화였다. 또 그것은 사회학자 로드리게스 마르틴스의 주장대로 "노동자당은 자신을 노동자 계급의 정당으로 과시하기보다는 엄격한 사회주의 이데올로기를 지니지 않은 임금소득층의 정당으로 내세움으로서 동원의 기초를 확장시킬 수 있었고, 브라질 사회에 보다 잘 적응할 수 있었다".

정치권에 데뷔하다

일약 정국의 태풍으로 부상한 룰라는 1982년 상파울루 주지사 선거에 나섰다. 1986년에는 헌법제정회의 연방의원에 피선되기도 했다. 1989년 대통령 선거는 그에게 좋은 기회였다. 당시 알라고아스 주지사를 역임한 페르난두 콜로르 지 멜루가 부패 청산을 슬로건으로 기득권층의 대변자로 나섰다. 신문과 TV를 비롯한 여론매체들은 대대적으로 콜로르를 지지하고 나섰다. 여론조사에서 1위를 달리던 룰라는 결국 언론의 조직적인 공격으로 44%를 얻는 데 그치고, 50%를 간신히 얻은 콜로르에게 패배하고 만다. 콜로르는 부패 청산을 슬로건으로 내세웠음에도 불구하고, 결국 1992년 부패 혐의로 탄핵위협을 받고 중도에 사임하고 만다.

1994년 선거의 상대 후보는 이타마르 프랑쿠 정부의 재무장관으로 하이퍼인플레이션을 진압하는 데 성공한 헤알 플랜을 입안한 페르난두 엔리키 카르도주였다. 룰라는 선거 초기 몇 달 동안 여론조사에서 1위를 기록했다. 룰라 팀은 1993~94년 10개월 동안 브라질 전역, 총 9만 킬로미터를 버스로 누비며 유세를 했다. "시민 캐러밴"과 함께한 선거 캠페인을 통해 그는 나라의 실상을 생생하게 체험했고, 브라질이 요구하는 개혁이 무엇인지 뼈저리게 느꼈다고 한다. 그렇지만 미디어와 기득권층은 카르도주의 경제적 치적을 홍보하며 그의 인기도를 쉽게 끌어 올렸다. 덕분에 카르도주는 쉽게 1차 투표에서 승리를 낚아챘다. 비록 대선에서는 실패했지만, 점차 노동자당은 주 정부, 시 정부를 장악하며 국정 경험을 쌓게 되었고, 의회에서도 그 비중을 높여 갔다. 그로부터 4년 뒤 다시

한 번 두 사람은 대권을 놓고 격돌했지만, 이번에도 결선투표에서 또 밀려났다. 그렇지만 노동자당은 거의 인구 3분의 1에 해당하는 5천만 명을 관할하는 지방행정의 경험을 쌓게 되었다.

카푸치노 소셜리즘

"매번 이륙은 했지만 한 번도 착륙하지 못한" 비행기 룰라는 2002년 선거에서 드디어 착륙에 성공했다. 10월 27일 결선투표에서 61%의 지지율을 얻어 여당후보 세하를 가볍게 제압했던 것이다. 10월 6일의 1차 투표에서도 세하 후보가 얻은 지지율의 2배 수준인 46.44%를 획득했기에 언론기관들은 쉽게 낙승하리라 예상을 했다. 마지막까지 세하 후보는 그를 베네수엘라의 차베스에 비유했고, 집권하면 브라질 경제가 아르헨티나처럼 엉망이 될 것이란 흑색선전도 서슴지 않았다. 그러나 대세를 뒤집을 수는 없었다.

무엇이 그를 승리로 이끌었을까? 하나는 "붉은 좌파"에서 "부드러운 PT"(PT light)로 탈바꿈한 당 노선의 변화가 주효했다. 리우 지구당 창당 멤버였던 아르투르 오비누는 이렇게 말한다. "1980년대 말부터 당내에서 '민주적 사회주의'를 지향하는 강력한 흐름이 생겼다. 민주주의는 더 이상 권력에 도달하는 수단이 아니라, 목표 그 자체로 받아들인다. 이것은 곧 권력 교체를 뜻했다."

2001년 12월에 헤시피에서 열렸던 당 대회에서 룰라를 위시한 중앙파는 사회민주주의 정당의 강령과 유사한 문건을 제출했다. 격론 끝에 중앙파 '아르티쿨라시옹'은 차기선거 프로그램을 80% 이상의 지지로 통과시켰다. 당 문서에서 '사회주의'에 대한 언급도 거의 사라져 버렸다. 1989년 사회주의권의 몰락 이후 계속 세를 잃어 온 급진파 세력('시아파'

라 불린다)은 이제 거의 소수파로 전락했다. 룰라는 '사회주의적 미래'란 유토피아를 버리고, "연대"와 "성장", "약자보호"와 "대외개방"과 같은 유럽형 사회민주주의 전략으로 선회했던 것이다.

대선 전략의 변화

마침 카르도주 정부는 선거전이 한창이던 9월에 심각한 금융위기를 맞이했다. 그의 8년간 임기는 외채 1천억 달러 증가와 금융위기로 마무리되고 있었다. 실업율도 지난 20년간 최고치를 기록했다. 당연히 국민들은 집권여당의 실정에 거부투표를 행사할 가능성이 높았다.

문제는 금융시장과 기업인들의 반응이었다. 지난 선거에서 재계에서 영향력이 큰 상파울루 기업인연맹의 한 거물이 이렇게 말했다. "룰라가 당선되면, 80만 명의 기업인들이 나라를 떠날 것"이라고. 핫머니의 대부인 조지 소로스도 "룰라는 곧 디폴트"라며 흔들리는 금융시장을 더욱 흔들었다. 달러화는 연초 2.3헤알에서 시작했으나 결선투표 직전에는 4헤알에 이를 정도로 환투기도 심각했다. 정부의 공채 보유로 수익을 극대화하려는 투기꾼들의 작전이었던 것이다.

룰라는 선거 직전에 부통령 후보로 섬유재벌이자 우익인 자유당의 정치인 알렝카르(José Alencar)를 과감하게 영입했다. 그가 유니버설처치(IURD)에 속하는 신교도였기에, 당장 브라질 주교단회의(CNBB)에서 반발했다. 주교단회의는 진보파의 영향력이 큰 조직이었다. 당내 비판세력들도 지나치게 집권을 향한 실용주의적 태도라며 반발했다. 그렇지만 룰라는 덩 샤오핑의 '흑묘백묘'(黑猫白猫)론을 내세워 점잖게 이견들을 눌렀다. "고양이만 잡으면 되었지, 색깔이 무슨 소용이라구." 그는 알렝카르와의 결합을 "로미오와 줄리엣의 결혼"이라고 비유했고, 나아가 노동자당은 "선반공과 기업인이 함께 나라를 꾸려 갈 수 있음"을 보여 주어야 한다고 역설했다. 인구의 10%가 되는 신교도들의 표도 중요했지만, 무엇보다 시장과 재계의 반발을 잠재워야 했던 것이다.

이미지의 변신

더욱 놀랄 만한 일은 노동자당이 두다 멘돈사란 PR의 귀재를 영입했다는 사실이다. 그는 브라질 정가에서 우익 포퓰리스트로 이름이 높은 거물, 파울루 말루피를 상파울루 시장에 당선시킨 적이 있었다. 이 건으로 정치광고업계의 총아가 된 멘돈사였다. 그렇지만 말루피는 노동자당 당원들이 가장 싫어하는 사람이기도 했다. 노동자당이 멘돈사를 영입하자, 당 지도부는 마치 "호나우딩유가 축구 클럽을 바꾸고 욕을 얻어먹는 것처럼" 비난을 받았다. 그렇지만 영입작전은 대성공이었다. 멘돈사는 우선 룰라의 턱수염을 밀어 버리고, 아르마니 양복을 입게 했다. 이전에는 주로 청바지에 셔츠차림으로 대중연설을 했던 룰라였다. 나아가 노동자당 간부 모두 정장 차림으로 공식석상에 나가도록 했다. 티셔츠에 귀걸이를 단 자신만 유일한 예외였다. 그가 만든 슬로건 "귀여운 룰라, 평화와 사랑"(Lulinha, paz e amor)도 대성공이었다. 사람들에게 룰라를 친근한 친구로, 애인으로 받아들이도록 슬로건을 제작한 것이다. 노동자당은 슬로건 정치에서도 '부르주아' 정치 마케팅의 진수를 받아들였던 것이다. 비교컨대 1980년대 노동자당의 슬로건은 이랬다. "3번을 찍으세요. 나머지는 모두 부르주아랍니다." 그 얼마나 큰 변화인가.

"노동자당보다 위대한 룰라"

노동자당의 변신도, 멘돈사의 적절한 미디어 캠페인도 중요했지만, 제일 중요한 것은 역시 룰라였다. 그의 카리스마가 없었더라면 선거 캠프의 단합도 기동성도 유지될 수 없었기 때문이다. 노동자당은 30만 명의 활동가가 있는 기동력 있는 조직이지만 크게 보면 노조, 가톨릭교회, 좌파 조직, 이렇게 세 부분으로 구성되어 있다. 이 이질적인 조직들이 지난 22년간 단합을 유지하면서 버틴 것은 바로 룰라의 리더십 덕분이었다. "룰라만이 이 모든 조직들 위에 군림할 수 있었지요. 그는 당이 유지하는 데 필수적인 접착제 역할을 했답니다." 주제 그라치아누가 말했다. 좌파들은 끊임없이 자신의 정체성을 밝히길 원했다. 당신은 공산주의자, 사회주의자, 아니면 사민주의자냐고? 룰라는 항상 이렇게 받아쳤다. "나는 금속노동자일 뿐입니다." 그는 1980년에도 이런 말을 했다.

"우리들은 사회주의란 말을 사용하지 않습니다. 사회주의란 말은 우리에겐 아무런 의미도 없어요. 우리 현실에 적합한 브라질 모델만 원할 뿐이지요. 선거 캠페인에서 레닌과 트로츠키의 논쟁에 관심을 기울이는 노동자가 어디 있습니까. …… 우리는 이런 일과는 정반대의 일을 할 겁니다. 사람들을 조직하고 그 다음 프로그램을 작성합니다. 이 사람들이 자신들의 입맛에 맞는 음식을 선택할 권리를 가져야 합니다." 노동자당에 대한 여러 차례 연구 끝에 "노동계급 정당이 아닌 중간계급의 정당"으로 평가한 사회학자 레온시우 마르틴스 로드리게스는 "노동자당보다 더 위대한 룰라"라고 평했다. 이 모든 것의 원인도 룰라였고, 그 결과도 룰라였다는 것이다.

생일날의 축복과 기도

10월 27일 역사적인 결선 투표일이었다. 내외 언론이나 심지어 IMF와 미국 대사관까지 룰라의 낙승을 점치고 있었기에, 과연 몇 퍼센트의 지지를 얻느냐가 관심거리였다. 룰라는 부인 마리사와 투표를 하고 아파트로 돌아왔다. 친구 몇몇과 이야기를 나누며 TV 뉴스를 쳐다보았지만, 너무 피곤했다. 정오쯤 두 시간 눈을 부치곤 일어났다. 미디어 총책임자 두다 멘돈사가 와서 룰라의 정치적 역정을 담은 다큐멘터리를 찍었다.

그리곤 누군가가 모든 불을 껐다. 57개의 촛불을 켜졌고, 룰라는 이를 불었다. 그 다음 케이크를 잘랐다. 돌아가신 어머니를 생각하곤 눈물이 글썽거렸다. "어머니가 살아 계셨더라면……." 룰라의 57세를 기념하는 생일날이었던 것이다. 대통령이란 타이틀이 생일 선물로 오고 있었지만, 아직 도착하진 않았다.

마리사와 아이들 그리고 친구들이 모두 주기도문 "하늘에 계신 우리 아버지"를 읊었다. 그리고 룰라에게 주는 시편 제72편을 낭송했다. "하느님이시여 주의 판단력을 왕에게 주시고 주의 의를 왕의 아들에게 주소서. 그가 주의 백성을 의로 판단하며 주의 가난한 자를 공의로 판단하리니, 의로 인하여 산들이 백성에게 평강을 주며 작은 산들도 그리하리로다. 그가 백성의 가난한 자를 신원하며 궁핍한 자의 자손을 구원하며 압박하는 자를 꺾으리로다. 저희가 해가 있을 동안에 주를 두려워하며 달이 있을 동안에 대대로 그리하리로다……." 과연 차기의 대통령 룰라에게 어울리는 성경구절이었다.

생일날 함께한 신부 프레이 베투는 룰라와 친구 사이였다. 상 베르나르두 두 캄푸에서 노동자 사목을 하고 있던 베투는 레오나르두 보프 신부와 더불어 해방신학과 기초공동체 운동으로 세계적 명성을 날리고 있는 신학자이자 운동가였다. 노동자 사목활동 덕분에 룰라는 자연히 가톨릭교회와 친근해졌다. 그는 때때로 예수와 프란체스코 성인에게 기도를 했다. 식사 전에는 항상 성호를 긋고 기도한 다음 빵을 먹었다. 메이데이에 상 베르나르두 두 캄푸에서 집전하는 노동자 미사에도 항상 참여했다. 특히 이번 선거 기간 중에는 제발 언론이 자신과 가족들을 비열하게 공격하지 않도록 기도했다고 베투는 「친구 룰라」란 글에서 밝혔다.

룰라에게 닥친 도전, 빈곤과 폭력

당선이 확실시된 다음 파울리스타 대로에 운집한 환영객들에게 말했다. "세 끼 식사를 거르는 브라질 사람은 없어져야 합니다." 5,300만 명의 빈민들이 있는 나라였다. 1인당 GDP는 최빈층의 8배, 빈곤층의 4배 수준이다. 이 수치는 브라질 사회가 안고 있는 문제가 자원이 부족해서가 아닌 크게 왜곡되어 있는 분배구조라는 점을 잘 보여 준다. 리카르두 파에스 지 바리오스에 의하면 1993년에 5,940만 명의 빈민이 있었지만, 카르도주 정부 8년간 640만 명이 줄어서 그나마 이 정도 수준이라고 했다. 소득 불평등 외에도 브라질은 지역 간(남과 북) 불평등, 1인당 교육예산, 전염병 빈발, 어린이 유기, 도시 폭력 등등에서도 세계 챔피언 타이틀을 보유하고 있다. 룰라는 이제 비판하는 야당이 아니라, 난제를 해결해야만 하는 해결사의 입장에 섰다. 하나하나의 도전이 쉽지 않을 것이다.

폭력의 천국

불평등과 빈곤은 바로 폭력의 증가로 이어진다. 이제 조직폭력의 능력은 리우데자네이루 시가지를 마비시키는 수준으로 발전했다. 2002년 10월 1일 리우 시가지는 텅 비었다. 아이들은 등교하지 않았고, 슈퍼마켓은 문을 열지 않았다. 조직폭력의 위협 때문에 누구도 감히 바깥으로 나가려 하지 않았던 것이다. 이들은 조직폭력을 소탕하겠다는 노동자당 리우시장 후보에게 경고를 발했고, 실제로 자신들의 힘을 시위했던 것이다.

영화「시티 오브 갓」(Cidade de Deus)은 실제로 리우의 파벨라(빈민가)에서 일어난 소재를 생생하게 찍은 영화이다. 조직에 속한 젊은이들은 마약 판매를 통제하기 위해 상대방 갱스터들과 전쟁을 벌인다. 냉혹하게 서로 살해하지만 추호의 가책도 없다. 칸을 위시한 여러 영화제에서 호평을 받았던 메이렐리스 감독은 이 영화는 허구가 아니라 실제 상황이라고 강조한다. 그는 "사회적 통합, 좋은 교육시설, 그리고 노동기회의 제공"이 폭력을 줄일 것이라고 말한다. 메이렐리스 감독 말대로 라틴 아메리카의 폭력은 경제적 호황이 진행되면 줄어들다가, 침체 사이클에 들어서면 다시 증가한다. 그러니까 고용기회를 빼앗긴 청년들이 최후로 택하는 출구가 폭력 산업인 것이다. 연 4만 명의 경제활동 인구가 조기에 죽어 나가는 곳이 브라질이다. 20년 전보다 4배나 늘어난 수치이다. 40년 이상을 더 일할 수 있는 이들이 20대에 죽는다고 가정하면, GDP의 약 10%가 유실되는 것이라고 미주개발은행이 분석한다. 치안불안의 비용은 그만큼 크다.

부자라고 안전한 것은 아니다. 날이 갈수록 납치 산업이 극성을 부린다. 상파울루 시에서는 2001년에 30건에 불과하던 유괴사건이 2002년 9월까지 251건으로 증가했다. 광고업계의 거부 와싱톤 올리베투가 유괴되어 화제가 된 적이 있었다. 고급주택가에는 24시간 경비가 삼엄하게 펼쳐지고, 아이들은 집에서 나오지도 못한다. 부자들이나 고위 경영자들은 헬리콥터로 출퇴근하는 경우가 많고, 도심을 이동할 때에는 반드시 경호원이 붙은 방탄자동차만 탄다. 기업주가 매달 1인당 지출하는 경호 경비는 평균 4천 달러 정도. 헬리콥터 한 대 값은 50만 달러부터 200만 달러에 이르는 고가이지만 상파울루 상공은 헬리콥터 운항이 가장 빈번한 5대 도시 안에 속한다. 방탄조끼와 같은 방어용 무기도 불티나게 팔린다. 덕분에 민간보안업체들은 연 20억 달러의 매출액을 올린다.

　"세 끼 식사를 거르지 않는 브라질"이란 구호를 단순히 포퓰리즘적 슬로건으로 보아서는 안 될 이유가 바로 여기에 있다. 브라질에서 불평등과 빈곤은 바로 사회폭력의 악순환과 긴밀히 연계되어 있기 때문이다. 룰라도 빈민가에서 어린 시절을 보냈고, 상파울루 거리를 가난과 싸우면서 배회했다. 인구 3분의 1에 해당하는 빈민들이 그를 특별하게 생각하는 까닭은 바로 여기에 있다.

초미의 과제, 금융위기의 극복

빈곤 문제를 해결하려면 재원이 마련되어야 한다. 그러나 과거처럼 통화 증발을 통한 재정팽창으로 해결할 수는 없다. 룰라는 민중주의를 거부하고, 보호주의도 거부하는 개방론자이다. 외국자본도 브라질 성장의 훌륭한 파트너가 될 수 있다고 여러 차례 공언한 바 있다. 브라질의 총외채는 이미 2,500억 달러나 된다. 2002년 9월의 금융위기로 IMF로부터 300억 달러의 긴급 융자를 받는 조건으로 GDP의 3.75%에 해당하는 재정부문의 1차 잉여를 약속했다. 현재 공적 채무가 GDP의 62%나 되기 때문에 이자 지불만 해도 부담이 크다. 그러니 차기 정부는 긴축기조의 재정 운용으로 버텨내야만 한다.

　2003년부터 외채 원리금 상환에도 약 300억 내지 350억 달러의 재원이 요구된다. 물론 헤알화의 평가절하로 수출부문의 선전이 예상되지만(현재 추세라면 약 150억 달러), 그것도 미국경제의 위축으로 그리 낙관적이지는 않다. 결국 룰라는 외국 채권단들과 앉아서 단기 채무를 중장기로 이연시키는 재협상 게임을 성공적으로 치러야만 한다.

　채무 재협상을 성공적으로 이뤄낸다면, 그는 자신이 염두에 두고 있는 내수산업의 확장과 수출산업의 강화를 통한 새로운 노-사-정 사회 협약을 체결할 수 있을 것이다. 시간은 많지 않다. 그에게 큰 기대를 걸고 있는 민중 부문의 불만이 차오르기 전에 시장과 국제 채권단을 안정시켜야 한다. 만약 외국자본이 떠나기 시작한다면 룰라가 움직일 공간은 더욱 협소해진다. 한 가지 다행스런 것은 무토지농촌노동자운동(MST) 같은 급진적인 사회단체들도 2003년 4월까지 미개간지 점유와 공동체 건설 운동을 자제하겠다고 말했다. 룰라에게 시간적 여유를 주겠다는 사인이다. 당분간 노동계, 가톨릭교회, 내수산업계 등이 그에게 지지를 보낼 것이다. 룰라는 자신을 지지한 민중세력의 사회적 요구를 충족시켜야 하고, 다른 한편으로 금융위기를 해결하고 성장의 잠재력을 배양해야 한다는 두 가지 제약조건 속에서 움직여야 한다. 과연 그가 트로피컬 풍의 '제3의 길'을 낼 수 있을 것인지 새삼 관심이 간다.

2006년, 룰라 재선하다

2006년 10월 29일에 있는 브라질 대선 결선투표에서 시간이 지날수록 룰라의 재선이 확실시되었다. 야당후보 아우크민(Alckmin)과의 TV 토론이 끝난 뒤 여론조사기관 이보피가 발표한 자료에 따르면 57 대 43으로 룰라의 우세가 예상된다고 했다. 격차가 14%나 되고 부동표도 많지 않은 상황이니 재선이 확실할 것으로 점을 쳤다. 이번 대선은 지난번과 마찬가지로 빈부의 대결구도가 명확했다. '벨린디아'의 대결이라고 부를 수도 있을 것이다.

벨린디아는 벨기에와 인디아의 합성어이다. 1974년 극도로 양극화된 브라질 사회를 비꼬아 경제학자 에드마 바샤가 만들어 낸 조어이다. 상파울루의 공업지대와 리우의 해변가는 벨기에에 버금가는 수준이지만 대도시의 빈민가나 동북부는 인도 수준이란 것이다. 2006년 대선에서 상파울루 출신인 야당후보는 브라질의 부가 모여 있는 상파울루 주와 남부 주에서 표를 집중적으로 얻었다. 그가 승리한 주들이 생산하는 부는 국부의 60%를 차지한다. 반면 가난의 대명사인 동북부 출신인 룰라는 동북부와 북부의 16개 주에서 표를 많이 얻었다. 이곳은 원시적 브라질이고, 문맹과 가난의 브라질이다. 브라질의 선거지도도 양극화의 길을 걷고 있다.

양극화 논리가 선거정치에 동원되면 룰라와 같은 중도좌파 후보가 유리해진다. 가난한 사람이 압도적으로 많기 때문이다. 가난한 사람들은 긴축기조의 경제운영을 오랫동안 견디기 어렵다. 민중주의의 유혹은 여기에서 시작된다. 하지만 룰라 역시 긴축기조의 경제운영으로 지난 4년을 버텼다. 그랬기에 사회운동 세력과 가난한 사람들의 불만이 드높았다. 2005년에 여당인 노동자당의 정치부패 스캔들이 잇달아 터지자 룰라의 재선은 물 건너간 것 같았다. 하지만 룰라의 인기는 2006년 들어서 쉽게 회복했다. 빈자들에겐 선택의 여지가 없기 때문이었다. 일종의 빈민 구호대책인 가족기금(Bolsa Famila)의 효과도 컸다.

2006년 선거전에서 야당후보 아우크민은 룰라 정부의 무능과 부패를 도마에 올렸다. 아우크민은 카르도주가 만든 브라질 사민당 소속이다. 기술관료로 출발하여 상파울루 주지사까지 지냈다. 2006년 여름에 방문한 상파울루에서 필자가 만난 지식인들과 전문직 종사자들은 한결같이 아우크민을 지지했다. "청렴하고 유능한 정치인"이라고 했다. 반면 룰라 정부의 사회정책 프로그램은 "퍼주기"에 가깝고, "전달체계도 엉망"이라고 비판했다. 무능한 정부란 것이다. 하지만 부패 스캔들을 입에 떠올리는 사람은 없었다. 정치적 부패가 허약한 정당체계 속에서 구조적일 수밖에 없다는 점은 숙명적으로 받아들이는 것 같았다. 반면에 서민들이나 택시기사들은 한결같이 룰라밖에 대안이 없다고 했다. 룰라가 지난 대선 공약을 어겼지만 사회정책 분야에서 작은 진전은 있었다고 인정했다. 아마도 재선되면 더 나아지지 않을까 기대한다고 했다.

일찌감치 1차 투표에서 룰라의 과반수 득표가 예견되었다. 하지만 투표일 2주 전에 야당세력을 음해하는 문서를 매수하려는 공작 스캔들이 발생했고, 지불할 80만 달러도 발견되었다. 룰라 후보에게는 큰 악재였다. 게다가 룰라는 대선후보들의 TV 토론회에 나타나지 않았다. 선거전 마감일에 그는 축구클럽 코린티안스 복장으로 거리 유세에 나섰다. 이런 행태에 그를 지지하던 중간계급의 표가 일부 떨어져 나갔다. 그는 아깝게도 48.6%를 얻었고, 결선투표의 홍역을 치러야 했다.

룰라 후보의 최대 적은 야당이 아니라 여당인 노동자당이란 점이 이번 선거전에서 드러났다. 브라질에서 대중적 계급정당으로 성공사례라 평가받던 노동자당은 이제 당내 민주주의가 실종된 일종의 '스탈린주의 정당'으로, 기층민주주의가 사라진 선거전문가 정당으로 변신했다. 룰라 대통령은 재선이 되었지만 노동자당은 주지사 상하원 선거에서 브라질 사민당에 완전히 밀렸다. 하원의석은 겨우 16%를 유지하는 데 그쳤다. 룰라의 제2기 정부도 여당연립을 유지하는 데 어려움을 겪을 수밖에 없었고 제1기의 사회정책의 더딘 진전에 불만을 품은 사회운동의 압력도 더욱 기세질 것이있다.

2009년, 룰라 인기의 비결

2009년 상반기에 룰라에 대한 지지도는 80%나 되었다. 제2기의 잔여임기가 1년 6개월 남아 있는 임기 말 대통령으로서 의외의 결과이다. 아마도 2008년의 글로벌 경제위기에서 브라질이 상대적으로 빨리 회복하고 있고, 국제무대에서 발언권이 강화된 것도 국민들이 자랑스럽게 생각하기 때문일 것이다. 하지만 룰라의 인기도를 확인하는 가장 빠른 길은 각종 지표를 보는 것이다.

브라질 통계청(IBGE)은 2006년 전국가구 표본조사를 통해 10년간 사회통계의 변화를 추적하여 발표한 바 있었다. 이 숫자들을 보면 룰라의 인기도를 심층적으로 이해할 수 있다. 모두, 특히 빈곤층에게 상황이 개선되고 있다는 것을 실감할 수 있기 때문이다.

첫째, 룰라의 집권(2003~06) 1기 동안 일자리 창출은 870만 개였다. 특히 2005년과 2006년 사이에 노동시장은 2.4% 성장했고 210만 명이 혜택을 보았다. 이런 성과는 고용인구의 절반 이상인 4,900만 명이 임시직이거나 자영업자인 브라질의 현실에서 큰 의미를 가진다. 2007년과 2008년은 매년 5.7%, 5.5% 증가하였기에 노동시장은 더욱 활성화되었을 것이다.

둘째, 2005년과 2006년 사이에 노동자의 소득이 7.2% 증가하였다. 1990년대 내내 노동자의 소득은 하락 추세에 있었고, 이 추세는 2003년부터 반전되었다. 2006년도의 실질 최저임금은 전년도 대비로 13.3% 증가하였다. 가구의 평균 소득도 2005년에 5%, 2006년도에 7.6%가 증가하였다. 매년 7%가 증가한다면 10년이면 가구소득은 두배로 늘어난다.

셋째, 잘사는 동남부보다 빈곤한 동북부 지방의 소득 증가율이 높아서 오랜 숙원인 지역격차 해소 경향도 나타나고 있다. 전국 평균이 7.2%인 데 반해 동남부는 6.6%, 동북부는 12.1%를 기록했다.

넷째, 남편이 없이 아이를 키우는 여성의 수는 1996년에 1,580만 명에서, 2006년에 1,810만 명으로 늘어났다. 이 가운데 3분의 1 정도는 최저임금 절반 이하의 월소득으로 고통을 겪고 있다. 가족기금은 이들의 빈곤을 해소하는 데 대단히 기능적이다. 여성의 학습연한이 늘어난 것도 큰 변화이다. 중등학교를 마치는 여성의 비중은 43.5%인 데 비해, 남성의 비중은 3분의 1 수준이다. 고등교육에서 여성의 비중도 1996년 55.3%에서 2006년 57.5%로 늘었다. 노동인구 9천만 명 가운데 4,300만 명이 여성이다. 여성인구의 상황이 개선되는 것은 브라질 사회의 고질적인 성별 간 불평등을 해소하는 효과를 가져올 것이다.

룰라가 집권한 이래 빈곤층, 최빈층의 규모가 큰 폭으로 줄었다. 2002년 빈곤층은 5,749만 명이었지만, 2007년에는 4,178만 명으로 줄었다. 최빈층도 2002년의 2,335만 명에서 2007년의 1,464만 명으로 줄었다. 이렇게 크게 준 배경에는 가족기금의 기여가 있다. 2006년 현재 1,120만 가구(4,400만 명)가 가족기금의 수혜를 받고 있다. 소요되는 예산은 GDP의 0.5% 규모로 정부지출의 2.5%를 차지한다. 논란은 많지만 어쨌든 최빈층과 빈곤층 가구의 재활에 큰 도움을 주었다. 또 이것이 룰라의 지지표로 둔갑한다는 것도 부인할 수 없는 사실이다. 비판자들은 "퍼주기"라고 비난하지만, 불평등한 브라질의 현실에서 피할 수 없는 대책이기도 하다.

룰라의 또 다른 인기의 비결은 기득권층의 전폭적인 지지를 업고 있다는 점이다. 그는 브라질 사회경제적 권력을 장악하고 있는 미디어, 금융권, 기업인 단체의 기득권에 손대시 않았다. 대토지 소유자들의 소유권에 영향을 주는 농지개혁도, 금융권의 이해에 영향을 줄 금융개혁도 하지 않았다. 그 대신에 경제가속화프로그램(PAC) 등을 통해 제조업, 수출업체, 그리고 건설업체 등에 파이의 일정한 부분을 나눠 주었다. 대규모 심해저 유전의 발견, 중국 특수도 브라질 경제에 큰 도움이 되었다. 그리고 주로 국제무대에서 많은 활동을 하면서 브라질의 국제적 위상을 높이는 데 기여하였다.

　아마도 그를 지지하지 않는 사람은 좌파 일부, 우파 일부에 제한될 것이다. 좌우를 넘나들되, 능수능란하게 복잡한 사안을 조정하며 봉합하는 리더십이 그의 인기 비책일 것이다. 그는 브라질 정치에서 복잡한 사안을 풀어가는 묘책(jeito)을 잘 찾는다.

3장 쿠바의 경제개혁 (1991~2006):
성과와 문제점, 그리고 전망

1. 서론

1989년 베를린 장벽이 붕괴된 이후 사회주의 쿠바가 살아남으리라 예상한 정치가나 학자들은 별로 없었다. 특히 미국의 많은 정치가와 저널리스트 그리고 학자들은 '카스트로의 시간'은 끝났다고 외쳤다.[25] 하지만 쿠바는 20년이 지난 지금 거뜬히 건재하고 있고, 최근에는 경제적 어려움마저 거의 극복한 것처럼 보인다. 특히 베네수엘라, 중국과 유럽연합 등의 도움으로 외교적 고립에서도 벗어났고, 브라질의 룰라 정부를 위시하여 남미 정부들의 좌경화 바람으로 외교적 입지는 오히려 강화된 것으로 보인다.

소련과 코메콘(COMECON) 체제가 붕괴된 이후 대외무역이 거의 마비상태가 되었고, 생필품 부족과 에너지난으로 큰 어려움을 겪던 경제가 회복된 것은 거의 경이에 가까울 정도이다. 또 극심한 외교적 고립을

---

25) 대표 저작으로는 퓰리처상을 받은 『마이애미 헤럴드』의 기자 오펜하이머(Oppenheimer, 1992)의 책이었다. 이 책은 가장 많이 팔렸으며 스페인어 등으로 번역되었다.

겪었고 게다가 미국의 봉쇄가 날로 강화된 저간의 사정을 생각한다면 쿠바의 살아남기 전략은 독특하게 보이기까지 한다. 쿠바의 사례는 여러 모로 비교의 대상이 되고 있고(Jatar-Hausmann, 1999; Agarwal, 2004), 또 유사한 어려움을 겪고 있는 북한에게 하나의 좌표 역할도 한다. 국교 관계가 없는 우리나라와도 제3국을 통한 경제적 관계는 꾸준히 심화되고 있다. 자동차와 가전제품의 우회수출도 크게 늘었고, KOTRA(대한무역투자진흥공사)는 쿠바지사를 개소하기도 했다. 그런 점에서 쿠바의 개혁·개방의 현재 상황이나, 카스트로 사후 체제의 미래에 대한 관심은 북한연구자들뿐만 아니라 우리 사회 전반에서도 증가하고 있다.

본고는 이러한 관심과 문제의식 아래에서 1990년대 중반 이후의 쿠바의 변화상을 경제개혁의 성과와 문제점에 주목하여 살펴보고자 한다. 개혁의 성과에 대해서는 긍정적인 평가와 부정적인 평가(Jatar-Hausmann, 1999; Domínguez & Villanueva and Barberia eds., 2004)가 공존하고 있고, 최근에 시작된 통제의 강화와 탈(脫)달러화에 대해서도 평가가 엇갈리고 있다(Mesa-Lago, 2005a; Herrera and Nakatani, 2004). 대체로 쿠바의 공식발표나 관변학자들, 그리고 일부 비판적인 연구자들이 쿠바의 변화상에 긍정적인 평가를 견지한다면, 대다수 미국계 학자들은 비판적인 입장을 취한다. 유엔 산하의 라틴아메리카 경제위원회(ECLA)와 같은 국제기구는 쿠바의 경험을 제3세계의 구조조정 경험에 빗대어 '상대적'인 성공작으로 평가한다. 해석이 그만큼 정치화되어 있고, 통계를 둘러싼 시시비비 논란도 끊이지 않는 상태이지만, 필자는 1989년 이후 '살아남기' 전략이 어느 정도 성공했다는 시각에서 최근의 개혁과 개방 경험을 평가할 것이다.

비판자들은 주로 중국이나 베트남의 개혁·개방 경험에 빗대어 쿠바 개혁의 한계를 비판하지만, 러시아나 구(舊)동구권의 이행기 경험이나 중남미의 1980~90년대 구조조정 경험과 비교한다면 비교적 적은 사회적 비용을 지불하면서 성공적으로 개혁과 개방에 적응했다는 점은 부인하기 힘들 것이다. 〈표 23〉에서 보듯이 쿠바의 유아사망률, 평균수명, 인간개발지수, 의사 수 등의 지표를 기준으로 보면 러시아, 중국, 북한, 베트남과 어디를 비교해도 가장 앞서 있다고 할 수 있다. 다만 지난 10년간(1993~2003년)의 경제성장률을 기준으로 보면 전면적인 자본주의적 개방과 개혁을 도입한 중국과 베트남이 각각 8.9%와 7.4%를 기록한 반면 쿠바는 3.5%를 기록하여 다소 뒤지는 것으로 나타났다. 쿠바가 상대적으로 저성장을 기록한 배경에는 미국의 경제봉쇄와 압박의 강화라는 외적 변수도 있음을 염두에 두어야 할 것이다. 이 글의 순서는 다음과 같다.

2절에서는 우선 1990년대의 경제개혁이 이룬 성과와 문제점을 현시점에서 진단할 것이다. 쿠바의 경제개혁은 일단 달러 획득을 통한 무역의 정상화에는 성공했으되, 부분적인 개혁과 개방으로 인한 문제점도 적지 않아 보인다. 3절에서는 성공의 결과로 등장한 일단의 문제점을 주로 다룰 것이다. 필자는 달러권 경제와 페소권 경제의 양극화, 요소시장의 부재로 인한 부패현상의 일반화, 그리고 군부의 독점자본가화 등을 주로 분석할 것이다. 4절에서는 성공의 결과로 생긴 문제점을 극복하기 위해 다시 통제경제를 강화하는 '수문장 국가'(Gatekeeper State)(Corrales, 2002)의 행태를 주로 분석할 것이다. 이 절에서는 쿠바 경제당국이 양극화된 경제를 다시 통합하고, 사회경제적 불평등을 치유하기 위해 경제를 탈달러화하고 재집중화하는 과정을 분석하고, 이것의 함의가무엇인지를 평가할 것이다. 마지막 장에서는 앞의 분석을 요약하고 쿠바경험을 간략히 평가하도록 하겠다.

<표 23> (구) 사회주의 국가의 최근 사회경제지표 비교

		쿠바	러시아	중국	북한	베트남
인구	인구(2005, 천 명)	11,269	143,202	1,315,844	22,488	84,238
	연간증가율 (2000~05, %)	0.3	-0.5	0.7	0.6	1.4
	출산력(2000~05)	1.61	1.33	1.70	2.0	2.32
	유아사망률 (2000~2005, 천 명당)	6.1	16.9	34.7	45.7	29.9
	평균수명 (2000~2005)	79.2	65.4	71.5	63.0	70.4
사회문화적지표	인간개발지수(HDI)	0.809	0.795	0.745	**	0.691
	의사 수(천 명당)	5.91	4.21	1.64	2.97	0.53
	문맹률	3.0	**	4.9(남성)	1.0	6.1(남성)
	교육연한(연)	13.3	13.5	10.8	**	10.6
	고교수학률(%)	33.7	69.8	12.7	**	12.1
	인터넷 접속률 (천 명당)	10.68	40.93	63.25	**	43.01
	서적 종 수	952(99)	36,237(96)	110,283(96)	**	5,581(93)
경제	국민총생산 (100만 달러)	3,920(CIA)	1,449,170	7,334,254	30,888(CIA)	210,937
	연간성장률 (1993~2003)	3.5	0.7	8.9	-2.1	7.4
	연간성장률(2004)	3.0	7.1	9.5	1.0	7.7
	1인당 GDP(PPP, $)	3,000	10,179	5,642	1,400	2,570
	투자(2002~04, GDP 대비)	15.4	18.5	43.6	**	33.5
	물가상승률	5.0	10.9	3.0	**	7.7
	에너지 보급률(2002)	45.6	167.4	99.4	94.0	125.3
	공교육지출 (GDP 대비)	9.0	3.1	2.1	**	2.8
	총외채(100만 달러)	12,000	185,700	228,600	12,000	14,410
	수출 대 외채서비스(%)	**	12.4	7.8	**	5.5

출처: *L'Etat du monde*(2006)에서 발췌하여 작성함

2. 개혁과 개방의 성과

1) 평화 시대의 특수한 시기

1989년 베를린 장벽이 무너지고, 소련의 경제지원이 끊어지면서 쿠바는 심각한 위기에 빠졌다. 1990년대는 쿠바혁명 이후 가장 어려운 암흑의 시기였다. 연간 20억 달러씩 들어오던 소련의 보조금이[26] 끊어졌기 때문에 일단 무역이 거의 붕괴 상태에 들어갔다. 1990년에서 1993년 사이 GDP는 거의 30% 줄어들었다(〈표 24〉 참조). 1980년대 후반기에 미미했던 인플레이션도 1993~94년을 기점으로 심각한 수준으로 높아졌다. 먹을 것을 구하기도 힘들었고 석유도 없어 자동차가 점차 도로에서 사라졌다. 식량 부족으로 인구의 칼로리 섭취량은 1990~96년 사이에 27%나 줄었다. 수입되던 의약품이 품귀 현상을 빚었고, 새로운 질병들이 다시 돌았으며, 쿠바가 자랑하던 의료 서비스 수준은 심각하게 훼손되었다. 무언가 새로운 조치가 필요했다.

2) 경제개혁 조치

1991년 공산당 제4차 대회에서 카스트로는 "조국의 경제발전에 대한 결정"을 통과시켰다. "조국, 혁명, 그리고 사회주의를 구하기 위한" 신경제 정책의 지침이 나왔고, 향후 이 지침에 따라 경제개혁이 진행되었다. 새로운 경제개혁과 개방조치의 주된 목표는 다음 세 가지로 요약할 수 있다. 첫째, 쿠바의 공공 사회보장체계(교육, 보건의료, 식량배급, 주택, 교통,

---

26) 이 보조금은 국제가격보다 높은 가격으로 설탕을 구매한 것과 석유와 공산품에 대한 저가 판매, 국제금리보다 낮은 차관을 통한 개발 프로젝트 지원, 기술자와 연구자 훈련 장학금 지원 등으로 지불되었다.

〈표 24〉 1990~2000년 쿠바 경제 지표(GDP는 1981년 고정가격 기준; 수출입은 현재 가격 기준)

	1990	1993	1994	2000
GDP(1985=100)	99.9	70.4	70.9	81.4
1인당 GDP	95	65	66	74
수입	92.3	25.0	29.3	60.5
수출	90.4	19.3	23.1	28.2
GDP 디플레이터	103.5	117.0	142.6	157.9

출처: 쿠바 정부 통계연보; Domínguez(2005: 13)

식수, 전력, 전화, 문화, 스포츠 등)를 가능한 한 유지한다. 둘째, 소득이 줄어들고 있는 설탕에 대한 경제의존도를 줄이고 관광업과 비설탕 수출품목(의료 관련, 니켈, 담배, 수산물 등)에 주력한다. 셋째, 식량과 에너지 부문에 대한 자급도를 최대한 높인다(Herrera and Nakatani, 2004: 86).

　일단 대외부문의 불균형을 시급히 교정하기 위해서 경제의 부분적 달러화를 용인해야 했고, 국내생산을 활성화시키기 위해 시장경제 메커니즘을 부분적으로 도입하여 계획경제를 유연화시켜야 했다. 신경제정책의 구체적인 지침은 다음과 같았다(Collins, 1993).

* 보다 효율적인 자원 이용과 신기술을 적용하여 식량생산의 자급률을 상당한 수준까지 끌어올린다.
* 의약품, 바이오 기술, 유전자 엔지니어링 부문을 포함하는 국내산 건강 관련 제품과 서비스의 수출을 가능한 한 증대시킨다.
* 관광업 개발을 적극적으로 추진한다.
* 과학연구와 기술개발을 결핍 부문의 해결에다 초점을 맞춘다.

- 수출 정신을 함양하고 수입대체를 촉진하여 무역수지를 개선한다. 설탕과 관련제품, 담배, 시트러스, 니켈, 수산물, 커피와 같은 전통적 수출품에 대한 신시장을 개척하고, 단기에 외환을 획득할 수 있는 신제품과 서비스를 개발한다.
- (합작투자 사업, 공동생산 협정, 공동 마케팅 협정을 통해서) 자본, 기술, 시장접근에 도움이 될 외국투자를 적극적으로 유치한다.
- 생산의 효율성을 증대시키고, 품질 개선 체계를 제고한다.
- 미장이, 라디오와 TV 수선 등과 같은 부차적 서비스 업종을 분산하여 1인 노동자 업소를 허용한다.
- 생산 증대와 보조금 감축을 통해 정부지출을 줄인다.
- 중앙과 지방의 국가장치를 재조직하여 관료조직을 축소한다. 대외무역 절차를 재조정하여 외채 문제를 해결하도록 노력하고, 인력과 물적 자원을 보다 효율적으로 이용한다.

　　카스트로 정부는 이러한 개혁조치를 위해 1992년에 헌법 개정을 단행했다. 소유권 분야에서 협동소유와 합영소유를 허용했고, 독립법인을 인정하고 기업의 자율성을 제고하는 조항을 채택하는 한편, 무역에 대한 국가독점 규정도 완화시켰다(Nadeau, 2005: 3). 헌법 개정에 이어 정부는 군부에게 개혁과 개방에 관한 권한을 대폭 위탁했고, 나아가 젊은 기술관료들을 수혈하여 경제관리를 맡겼다. 개혁에 저항하는 보수파적 시각을 지니기 쉬운 군부를 개혁·개방의 동반자로 끌어들인 점은 쿠바 경제개혁의 독특한 부분이었다.
　　무엇보다 위기에서 탈출하기 위해 달러를 만들어야 했고, 시급한 식량 문제를 해결해야만 했다. '경제의 달러화'는 초기 개혁·개방 정책의 핵심적인 부분이었다. 부족한 달러를 획득하기 위해 달러 사용을 합법화시켰다. 과거 외교관과 당 간부들에게만 허용하던 외화상점(TRD)도 이제 달러를 가진 사람 모두에게 출입을 개방했다. 당연히 마이애미에서 들어오는 송금도 허용했다. 아울러 관광산업을 조속히 활성화시켜 달러 수입을 증대시키는 데 신경을 집중했다. 라울 카스트로(Raúl Castro)가 주도하는 국방부와 군부가 이를 도맡았다.

덕분에 관광수입은 1994~2000년 사이에 2배가 증가했고, 2000년에는 174만 명이 17억 달러를 뿌리고 가서 쿠바경제의 새로운 중추로 자리를 잡았다. 2004년 관광객의 숫자는 전년도의 190만 명을 훌쩍 뛰어넘어 205만 명이란 기록을 달성했고, 관광수입도 22억 5천만 달러나 올렸다(Mesa-Lago, 2005: 5). 쿠바의 설탕 의존 체질이 관광산업 의존 체질로 변화한 것이다(〈그림 8〉 참조).

신경제정책은 식량과 부식 문제를 해결하기 위해 협동농장(UBPC: Unidad Basica de Produccion Cooperativa)을 광범위하게 허용했고, 농업 부문에 개인영농과 농산물시장 개념을 도입했다. 아울러 157개의 서비스 업종에 자영업을 허용하여 부분적으로 민간기업 활동을 용인하기도 했다.

쿠바 정부는 관광업, 광업, 텔레컴 등의 분야에 외국투자를 적극적으로 유치했다. 스페인, 캐나다, 멕시코 등이 이에 화답을 했고, 주로 합작투자 형식으로 달러가 들어오기 시작했다. 광산물 수출도 1994년에 2억 달러 수준이었지만, 외국투자에 힘입어 2000년에는 6억 달러로 증가했다. 외국에서 수입을 하던 제품의 수입대체화도 적극 추진했고 국영기업의 재구조화와 합리화도 적극적으로 추진했다.

그 결과 빈사상태에 빠진 경제가 1990년대 말에 와서 호전되었고

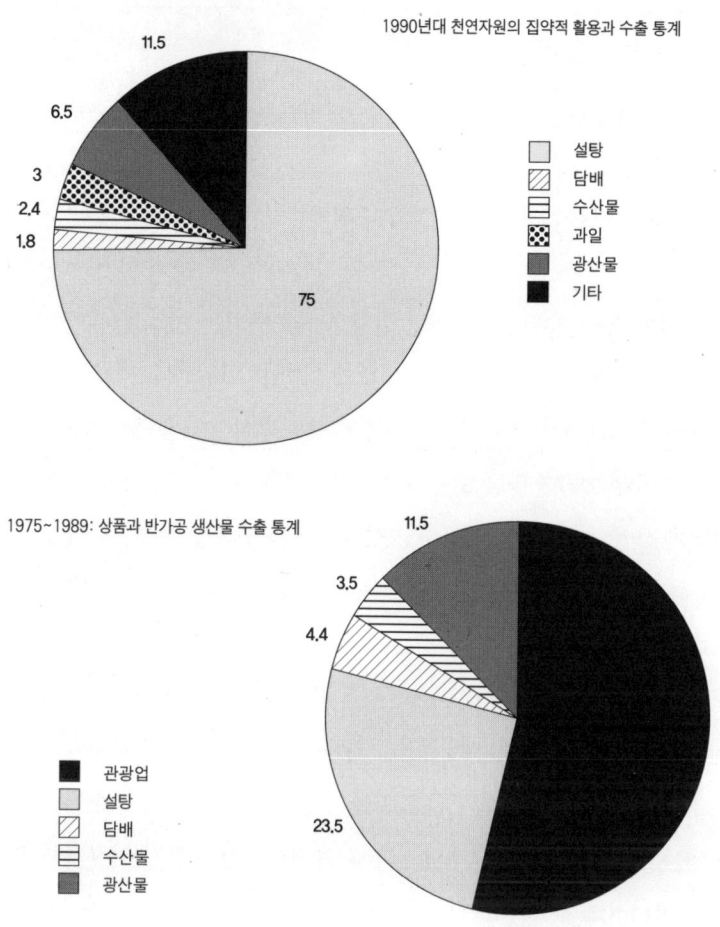

〈그림 8〉 쿠바의 수출산업(외화획득산업)의 변화　　　　　　단위: %

1990년대 천연자원의 집약적 활용과 수출 통계

11.5
6.5
3
2.4
1.8
75

□ 설탕
▨ 담배
▤ 수산물
▧ 과일
▦ 광산물
■ 기타

1975~1989: 상품과 반가공 생산물 수출 통계

11.5
3.5
4.4
23.5

■ 관광업
□ 설탕
▨ 담배
▤ 수산물
▦ 광산물

지금까지 그런대로 굴러가고 있다. 먹을 것도 비교적 풍족해졌고, 아바나 거리도 활기찬 모습을 되찾았다. 2000년에 6.1%의 GDP 성장률을 기록한 이래 9.11 테러 사태로 관광객의 유입이 급락한 2002년을 제외한다면 대체로 3~4%대의 성장률을 유지하고 있기 때문이다.[27]

　하지만 아직도 생활수준은 1989년 이전보다 개선되지 못했다. 외

〈표 25〉 쿠바의 해외직접투자 유입(1994~2001)

단위: 백만 달러

	1994	1995	1996	1997	1998	1999	2000	2001
직접투자	563	5	82	442	207	178	448	39

출처: 쿠바통계연감; Domínguez(2005: 20)

국투자와 관광산업의 호조에 힘입어 경제는 회복되었지만, GDP 규모
나 생활수준은 여전히 소련이 보조금을 지불하던 시대보다 떨어진다. 게
다가 과거 쿠바경제의 중추였던 설탕산업의 위기는 여전히 심각하다.
2004년에만 70개의 제당소를 폐쇄했고, 70개는 가동을 중지시켰다. 설
탕의 국제 시세가 여전히 낮은 데다 설비의 노후화로 경쟁력을 잃어버렸
기 때문이다. 250만 명을 고용하던 설탕산업은 50만 명을 내보냈다. 재
교육과 실업수당으로 정리를 하고 있지만 이는 쿠바경제에 큰 짐이다.

3) 대외부문의 호조

쿠바로서 현재 무엇보다 다행스런 것은 대외부문의 압박이 다소 가셨다
는 점이다. 수출과 수입이 최저점을 기록한 1993년 이후 꾸준히 증가하
여 2004년에는 119억 달러 규모로 늘어났다. 이는 1990년 수준에는 못
미치는 기록이지만, 현 단계의 기조를 유지한다면 조만간 이전 수준으
로 회복하리라 예상할 수 있다. 게다가 2004년에는 오랜만에 1억 7,600
만 달러의 경상수지 흑자를 기록했고, 자본계정도 8억 달러 흑자를 기록

---

27) 쿠바의 경제개혁에 대한 개괄적 논의와 비교 관찰로는 Domínguez(2005), Agarwal(2004)
을 참조하라. 대부분의 학자들은 쿠바 경제개혁을 성공사례로 보고 있는데, 그 이유로 "송
금수용, 외국투자유치, 농업개혁, 관광산업 활성화, 국영기업 합리화"를 들고 있다. 하지
만 사회적 모순, 양극화, 부패 등의 후유증도 크다(Pérez-López, 2003; Eckstein, 2004;
Trumbull, 2000; Elorza, 2000).

<표 26> 쿠바경제 1997~2002(GDP는 1997년 가격기준; 수출입은 현재가격)

	1997	2002
GDP(2000=100)	89	105
1인당 GDP	89	104
수입	83	86
수출	109	84

출처: 쿠바 정부 통계연보; Domínguez(2005: 13)

하여 외화보유고도 9억 7,600만 달러나 증가했다. 이는 2004년 6월 부시 행정부가 대(對)쿠바 달러 송금을 크게 제한하고 아울러 여행에 대한 규제도 강화함에 따라 마이애미발 달러 수입이 큰 폭으로 준 상황에서 이룬 성과라는 점에서 나름대로 의미가 있다고 할 것이다(<표 27> 참조).

무역수지가 호조를 보인 것은 주요 수출품인 니켈, 코발트의 국제가격이 올랐고, 비전통적 수출품인 바이오 기술, 의약, 유전공학 관련 제품의 수출도 증가했기 때문이다. 특히 쿠바 세포면역학연구소(CIMC)와 미국 제약회사 캔서백스(Cancervax)가 공동으로 항암제 백신을 개발하기로 한 협정은 눈여겨 볼 만하다(Cason, 2004).

베네수엘라의 석유 지원에 더불어 국내에서 채굴한 석유로 이제 에너지 사정도 한결 나아졌다. 최근에 들어 카리브 해에 들이닥친 사이클론 피해로 정전 사태가 발생하기도 했지만 기후적인 재앙을 제외한다면 에너지 사정은 크게 호전되었다. 특히 국내 생산분만으로 조만간 전력의 자력 생산이 가능할 정도가 되었다. 2002년 현재 360만 톤의 원유와 5억 8,500만 입방미터의 천연가스가 생산되고 있다. 국제유가가 고공행진을 하는 터인지라, 국내의 석유와 가스 생산이 없었다면 쿠바의 경제성장은 수렁에서 빠져나오기 어려웠을지도 모른다.

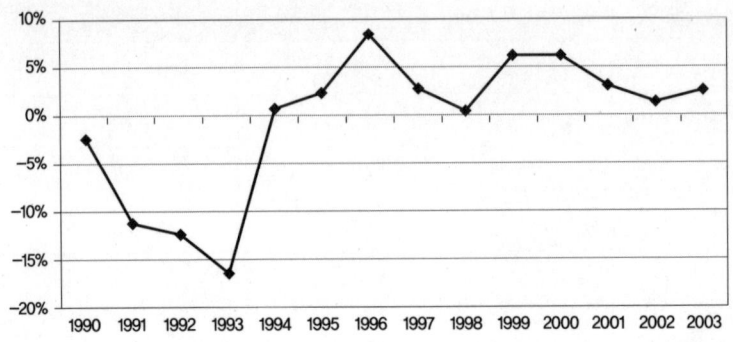

〈그림 9〉 쿠바의 연평균 경제성장률 추이(1995년 가격기준)

출처: ECLA; Nadeau(2005)에서 재인용

　　무엇보다 큰 힘이 된 것은 베네수엘라의 차베스 대통령이 국제시세
와 달리 대단히 싼 가격(배럴당 27달러)으로 상당량의 석유(2005년 기준
400만 톤)를 보내고 있어 에너지 사정은 한결 나아졌다는 점이다.[28] 쿠바
는 이 석유 가운데 일부를 국제현물시장에 처분하여 달러 소득도 상당히
올릴 수 있게 되었다(〈그림 11〉). 베네수엘라는 이전 소련이 쿠바에게 했
던 보조금 지불국가의 역할을 대체하고 있다. 게다가 쿠바는 대금 중의
일부를 의료서비스와 연구원, 그리고 스포츠 감독 파견, 유학생 교육과
훈련 등으로 털어 낸다. 게다가 최근에 동부의 해저에서 발견된 유전의

---

28) 베네수엘라의 차베스 대통령은 2000년 10월에 대(對)쿠바 5개년 무역협정을 맺어 국제관
　　행보다 좋은 조건과 가격에 연간 270만 톤의 석유를 제공한 바 있다. 쿠바는 이 석유물량의
　　일부를 국제시장에 환매하여 달러 소득을 올렸을 뿐 아니라 고공 행진하는 국제유가로부터
　　국내 경제를 부분적으로 보호할 수 있었다. 2004년 이 협정의 특혜 부분은 더욱 확대되어
　　연간 공급량이 270만 톤에서 400만 톤으로 증가되었다. 배럴당 가격도 국제유가의 절반수
　　준에도 미치지 못하는 27달러 수준에 불과하다. 2005년의 경우 쿠바가 베네수엘라로부터
　　석유수입에서 얻는 보조금의 수준은 8억 달러에 이를 것으로 추계한다(Mesa-Lago, 2005:
　　9~10).

〈표 27〉 쿠바 주요 경제지표(2000~2004)

단위: 백만 달러

		2000	2001	2002	2003	2004
GDP 성장률(%)		6.1	3.0	1.5	2.9	3.0
국제수지	경상수지	-696	-547	-277	-132	176
	무역수지	-814	-858	-497	-397	-124
	수출	4,789	4,576	4,258	4,878	5,903
	수입	5,604	5,434	4,754	5,275	6,026
	자본계정	805	595	300	200	800

출처: CEPAL(2005)

매장량은 상당한 것으로 알려져 향후 수출을 통한 달러 획득까지 생각하는 여유도 생겼다.

또 최근 들어서 대외부문의 숨통을 트이게 만든 것은 베네수엘라에 이은 중국의 투자와 특혜무역이었다. 2004년 11월 중국은 쿠바에 무이자 신용 공여와 투자를 약속하는 협정을 맺었다. 이미 니켈 광산, 관광, 텔레커뮤니케이션, 바이오 기술 분야에 협력이 구체화되고 있고, 이에 따라 양국의 무역량도 2003년 4억 달러에서 2004년 6억 달러로 급증했다. 쿠바-중국의 합작회사로 시작한 모아광업소의 경우 중국은 5억 달러의 신용을 건설공기가 지난 다음 12년 내로 상환하라는 좋은 조건으로 제공했다(CEPAL, 2005: 3).

수입대체산업화도 어느 정도 성과를 보이기 시작했다. 관광부문의 조달물자 70%를 이제는 국내에서 공급한다. 도시 유기농업의 성공으로 식탁에는 값비싼 채소와 과일도 자주 오른다.[28] 정부가 선도적으로 지원해 온 바이오기술 산업도 최근 들어 히트 상품을 쏙쏙 내고 있고, 의료기

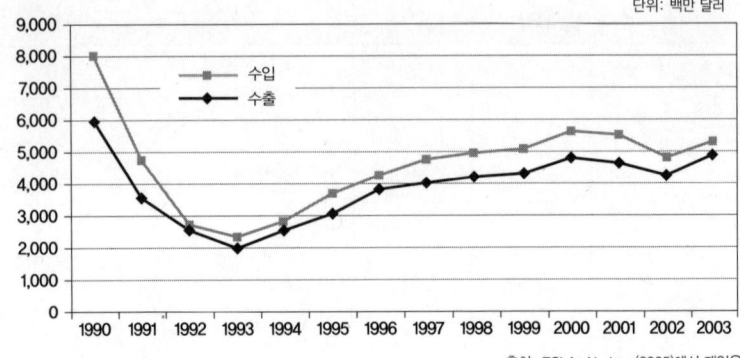

〈그림 10〉 쿠바의 수출입 변화 양상

단위: 백만 달러

출처: ECLA; Nadeau(2005)에서 재인용

기 수출도 점차 증가하고 있는 추세인지라 설탕과 담배 수출국의 전통적 이미지는 점차 약화되고 있다. 외국인 투자는 2001년 이후에 한동안 감소세로 돌아섰다. 쿠바에 투자한 기업인에게 재산권은 물론 미국 입국도 허용하지 않겠다는 「헬름스-버튼법」의 발효에 따른 외국인투자 감소가 그 한 요인이다. 그 결과 2003년에 들어와서 외국인 합작회사의 숫자도 15%나 감소하게 되었다. 하지만 투자 건수가 줄어들고 있는 것은 틀림없음에도 중국, 베네수엘라, 캐나다의 투자가 늘어나고 있기 때문에 투자액은 2003년 1억 5,000만 달러에서 2004년 2억 달러로 증가했다.[29]

2004년에 외국인 관광객은 205만 명으로 증가하여 225억 달러의 관광수입을 올렸다. 2004년은 쿠바 당국이 손꼽아 기다리던 200만 명 선을 돌파했다는 의미에서 큰 승리로 평가하는 것 같다(Mesa-Lago 2005a: 5). 관광업 호조와 광업, 그리고 기타부문의 수출 호황 등으로

---

29) 이 부분에 대한 훌륭한 르포집으로는 요시다 타로의 『생태도시 아바나의 탄생』(들녘, 2004)를 참조하라.

〈그림 11〉 쿠바의 석유 및 부산물 소비

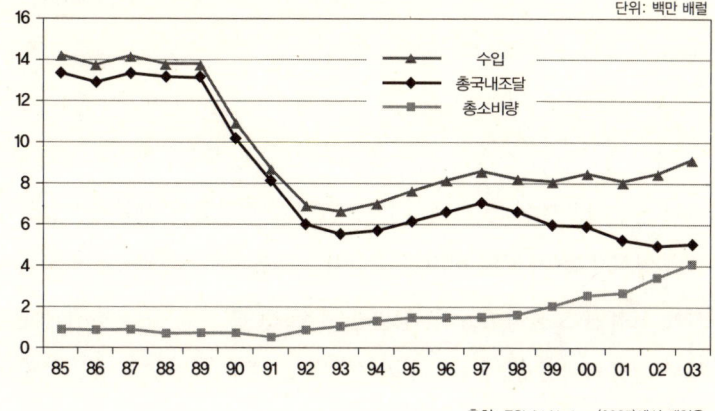

2004년에는 3%, 2005년에는 5%의 성장에 달한 것으로 알려졌다. 지속
적인 성장의 회복세로 실업률도 2.3%로 다시 낮아졌다.

3. 성공의 이면

1) 이중경제구조

유엔 산하기구인 〈라틴아메리카경제위원회〉(ECLAC)는 1997년에 '특수
시기'의 구조조정 경험을 다음과 같이 높이 평가했다. "엄청난 외부적 충
격에도 불구하고 안정화 정책의 비용은 상대적으로 낮았고, 여타 라틴아
메리카 국가들에 비해 분배는 보다 높은 형평성을 유지했다. 이는 인구
의 고용과 소득을 보장하는 정책 덕택일 것이다", "라틴아메리카 국가와
달리 시장의 자유화가 연대를 중시하는 사회적 환경 속에서 이루어져,
소위 '특수 시기'의 비용 전가가 퇴행적으로 왜곡될 수 있는 부분을 경
감시켰기 때문이다."[30] 특수 시기의 구조조정과 안정화 정책은 대부분의

학자들도 성공작으로 평가한다(Jatar-Haussmann, 1999; Domínguez, 2004; Carmona, 2004; Lievesley, 2004).

쿠바는 이중환율 제도(1:1의 공식 환율과 1:26의 비공식 환율)를 통해 달러 경제권의 소득을 페소 경제권으로 이전시켜 공적 사회체계를 거의 손상시키지 않은 채 유지할 수 있었다. 정부는 달러화된 부문(관광업, 합영회사 등)의 잉여 달러를 중앙기금에 위탁하게 하고, 또 외국계 회사에 고용된 노동자의 달러 임금을(페소로 지불하고) 환수하여 전통적 부문(사회 서비스 등)에 1:1의 공식 환율로 싸게 공급했다. 이런 이전 메커니즘을 통해 의료, 보건, 교육 부문은 외화로 수입해야 하는 투입물을 싸게 공급받을 수 있었고, 무료(교육, 보건의료)나 아주 저렴한 가격(전력, 식량 등)으로 공공 사회체계를 유지할 수 있었던 것이다(Herrera and Nakatani, 2004: 88).

하지만 병리현상도 없지 않았다. 무엇보다 달러 경제권(관광 부문)과 페소 경제권으로 분리된 이중경제(dual economy), '두 개의 쿠바'(Cuba dual)가 구조화되었기 때문이다(Elorza, 2000; Trumbull, 2000; Eckstein, 2004; Pérez-Lopez, 2003; Mesa-Lago, 2005b). 달러 경제권에 속한 사람은 관광부문에 종사하는 사람들과 마이애미에서 가족성원이 보내 주는 송금액이 있는 사람들이다.[31] 이들은 거의 대부분 백인이다. 플로리다의 망명자들도, 관광부문 종사자들도 모두 백인이므로 개혁과 개방의 수혜자 대부분은 아바나나 그 주위에 거주하는 자들이다. 따라서 흑백의 피부색 차이가 빈부격차와 중첩되기 시작했다(Habel, 2005). 게

---

30) ECLA/ECF, 1997, "The Cuban Economy: Structural Reforms and Performance in the Nineties"; Saney, 2004: 38에서 재인용.

〈표 28〉 지니계수의 변동

연도	1959	1963	1986	1999
지니계수	0.57	0.28	0.22	0.41

출처: Ranis and Kosack(2004: 2, 16)

다가 흑인과 혼혈인의 50%가량이 동부의 빈곤지역에 몰려 사니 지역 간 격차도 불거지기 시작했다.

소득 배분의 격차도 생겼다. 지니계수는 개혁조치를 도입한 이후 크게 증가했다(〈표 28〉). 유엔개발프로그램(UNDP)의 한 연구에 따르면 1986년 0.22였던 것이 1999년에는 0.41로 악화된 것이다(Ranis and Kosack, 2004: 323). 라틴아메리카 국가들에 비교한다면 아직 양호하다고 할 수 있지만, 선진 개도국의 몇몇 나라 지표에 비교하면 좋다고 할 수 없다. 1998년 국가부문의 임금소득자가 94%였지만 2004년 현재 20~25% 정도 줄었다. 국가 고용자의 소득은 계속 정체된 반면 관광업과 자영업, 그리고 지하경제에 종사하는 가족의 소득은 4배가량 상승했다.

과거 1980년대에는 의사나 엔지니어, 교수가 인기 있는 직업이었지만, 이제는 택시기사, 협동농장의 노동자, 자영식당 종업원의 벌이가 훨씬 낫다(〈표 29〉). 2002년 초반에 대학교수의 월 급여는 300~560페소 수준이었지만, 달러부문의 종업원 임금은 520~1,040페소나 되었다. 자영농민의 경우 2,000~50,000페소에 이르고, 개인택시기사의 경우 10,000~20,000페소에 이르렀다. 숙련기술자나 지식노동자의 벌이가 자

---

31) 1996년에 국가경제연구소의 조사에 따르면 달러 소득의 구조는 다음과 같았다. 68.1%가 관광업과 해외송금, 22.2%가 비국가 판매소득, 8.2%가 외환시장의 환전, 1.5%는 태환페소로 지불된 물질적 인센티브에서 비롯된 것으로 나타났다(Herrera and Nakatani, 2004: 88에서 재인용).

〈표 29〉 국영부문과 민간부문의 월급 비교표(2001년 11월~2002년 2월)

직업군		페소	달러(1달러=26페소)
국영부문	최저연금소득자	100	4
	최저임금소득자	100	4
	교사(초·중·고)	200~400	8~15
	대학교수	300~560	12~22
	엔지니어·의사	300~650	12~25
	쓰레기 청소부	300~500	12~19
	경찰(정규직)	200~500	8~19
	청원경찰(관광업)	700~800	27~31
민간부문	종업원	520~1,040	20~40
	자영농	2,000~50,000	77~1,923
	운전기사	10,000~20,000	385~770

출처: Mesa-Lago(2003); Gonzalez Corzo(2006: 11~12)에서 재인용함

영 노동자나 종업원에 비해 시원찮으니, 고학력·고숙련 노동자가 저학력·저숙련 업종으로 이동하는 희한한 일도 생겼다. 노동력의 흐름도 정규직에서 비공식부문으로 이동이 강화되었고, 노동생산성도 하락하는 모습을 보였다. 게다가 대학생의 등록 숫자마저 감소하는 경향이 나타나기 시작했다(Gonzalez Corzo, 2006: 17). 이로 인해 과거 교육과 경쟁에 의해 짜여 있던 사회적 위계에 혼란이 생기고, 급기야 지식인, 관료, 연구자들 사이에서 개혁에 대한 불만이 터져 나오기에 이른다.

게다가 취약계층도 눈에 띄게 증가하고 있다. 독거노인이나 미혼모들은 배급표(libreta)로 15일간 식량은 구할 수 있지만 저축이나 연금소

득이 제한되어 있기 때문에 생계유지에 고통을 겪는다. 이런 취약계층이 도시인구의 20%나 된다. 이들은 열악한 주거시설에 거주하며, 하루 종일 무료하게 시간을 보낸다. 경제적 침체기에 진행된 사회복지와 보건의 질적 저하도 쿠바 당국으로서는 큰 고민거리라 아니할 수 없다.[32]

쿠바 사회에도 이제 '새로운 계급'이라 부를 만한 계층이 형성되었다. 외국합자회사의 경영인, 개인 식당과 숙소 주인, 국영기업 관리인, 군부 고위직 등은 새로운 계급으로 부상하고 있다. 대학교 교육도 사실상 과외교육을 거친 사람들에게만 허용될 정도로 선택적으로 되어 간다. 정부 당국은 사회의 양극화를 막기 위해 부패 척결과 자영업자들에 대한 고율의 세금 징수로 대응하지만 그 효과는 일시적이었다. 이런 상황 때문에 쿠바 당국은 선택을 해야 했다. 중국처럼 사유재산제를 확대하여 시장경제를 확대할 것인가, 아니면 개혁의 후유증을 다시 국가개입으로 교정할 것이냐 하는 기로에 섰던 것이다. 특히 이중환율제로 인한 경제의 양극화를 어떤 방식으로 치유할 것인지가 중대한 관심이었다.

2) 부패의 구조화

어려웠던 '특수한 시기'에 생긴 습관이지만 노동자들은 국영기업에서 물자를 몰래 빼돌려, 암시장에 파는 물건을 만드는 데 열심이었다. 작업장

---

32) 쿠바는 2005년 달러 사용 금지와 더불어 거의 동시에 공공장소에서 흡연을 금지시킨 조치를 내놓았다. 백화점, 사무실, 공장, 바, 레스토랑, 버스와 공공 수송수단에서 이제 담배를 피울 수 없다. 경제적 어려움 때문에 쿠바의 노년층과 스트레스에 시달리는 시민들은 담배에 더욱 의존하게 되었다. 이에 따라 순환기 질환, 폐암, 호흡기 관련 질병에 걸린 환자가 크게 증가했고, 이로 인한 국가의 의료비 부담도 따라 증대했다. 흡연금지 조치는 이러한 부담을 줄이려는 의도가 있다고 한다(Habel, 2005).

에서는 일하는 척만 하고, 개인적으로 이익이 크게 남는 일에 관심을 보일 수밖에 없었다. 원재료의 조달이 충분하지 않았고, 자본설비도 노후하다 보니 작업장의 노동생산성이나 기율도 크게 떨어졌다. 교육연한은 높지만 노동생산성은 크게 낙후될 수밖에 없었다. 구 사회주의 국가에서 떠돌았던 말처럼 "우리는 일하는 척하고, 그들은 봉급을 지불하는 척한다"는 말이 쿠바의 경우에도 들어맞았다.

자영업에 종사하는 사람들도 마찬가지였다. 쿠바 공식통계에 따르면 국내 민간인 고용자 수는 2001년의 경우 58만 4,800명으로 총고용인구의 14.7%에 해당한다. 이들 중 다수가 소농민이고, 15만 2,300명이 자영업자로 활동한다(Pérez-Lopez, 2004: 306). 물건을 제작하는 데 필요한 생산요소나 물자를 구입할 수 있는 '요소시장'이 없기 때문에 이들은 자연스레 암시장을 이용한다. 암시장에 나오는 물건은 대부분 국영공장에서 빼돌리거나 비합법적으로 유통되는 물건들이다. 쿠바경제 연구자인 자타르-하우스만은 이렇게 말한다.

> 쿠바에는 도매 유통업자가 없다. 쿠바 정부는 공급시장을 열지 않았다. 중계자는 불법일 뿐 아니라, 원하지 않은 존재이다. …… 자영업자 구두장이 호르헤에게 작업 시 사용하는 작은 공구를 어디에서 샀냐고 물어보자. 그는 계면스럽게 대답한다. "조금씩 모아둔 거예요." 그의 미소는 '무슨 바보 같은 질문이냐'고 말하는 것 같다. …… 암시장에 나오는 물건들은 어디에서 나올까? 모두 같은 짓을 하는 노동자들이 조달한다. 쿠바에서는 생존하기 위해 모두가 훔친다(Jatar-Hausmann, 1999: 108~109).

이런 점에서 암시장은 부패와 절도를 제도화하고 있고, 사회 전체에 건전한 기풍을 좀먹는 존재로 자리 잡는다. 여기서 취급하는 품목은 건설자재에서 각종 부품에 이르기까지 자영업자들이 필요로 하는 모든 것이 포함된다. 그러니 시중에는 이런 말이 떠돌 정도이다. "여기서는 모두가 훔친다. 그 덕에 살아간다"(Aqui todo el mundo roba, y gracias a eso todo el mundo vive). 광범위하게 퍼져 있는 암시장을 효과적으로 없애는 방법은 좀더 민영화의 폭을 넓혀 요소시장과 물자조달을 합법화하는 길일 것이다. 하지만 현 단계 쿠바 경제당국의 방침은 불법 행위에 대한 단속과 적발에 초점을 맞출 뿐이지, 전면적인 요소시장의 개방으로 나갈 조짐은 전혀 없다.

3) 경제의 군부화

1단계 경제개혁과 개방의 실험은 지난 10년간 평균 3%대의 성장률 회복과 국제수지의 호조로 나타났다. 그런 점에서 쿠바의 실험은 러시아와 동구권의 이행 실험과 비교하면 큰 성공작이라 평가할 수 있다. 특히 안정적 성장이란 측면을 제외하고도, 안정화와 구조조정의 비용이 낮았고, 또 문제는 있지만 형평성도 상대적으로 잘 유지되었다고 볼 수 있다. 2004년 미국의 부시 행정부가 쿠바 여행과 송금 제한 조치를 취했음에도 불구하고, 100년 만의 가뭄과 사이클론 '이반'과 '찰리'의 내습에도 불구하고 경제가 별로 동요를 보이지 않고 안정을 유지하고 있다는 점은 쿠바 경제가 이제 정상 궤도에 올랐다는 느낌까지 준다.

하지만 10년을 넘긴 성공적인 개혁정책에도 한계와 문제점은 있는 법이다. 우선 경제개방의 영역을 관광, 텔레커뮤니케이션, 니켈 광산에만 국한하여 달러벌이에만 치중한 느낌을 준다. 합작투자 형태로 실시된 외국인투자의 경우 지분 매입을 49%로 제한했고, 쿠바인의 주식 지분 매입은 엄격하게 금지했다. 따라서 생산성의 전반적 제고나 소유권의 확립으로 개혁이 전진할 수는 없었다. 2000년의 경우를 보면 민간투자액은 GDP 대비 4%에 머무는 저조한 수준이었다. 17% 정도를 차지하는 중국의 민간투자액과 비교하면 크게 모자랐다. 자영업자들은 각종 규제 아래 감시를 당했고, 과중한 세금 부담과 제한된 물자 구입, 노동자의 고용 제한으로 사업 확장을 할 수가 없었다. 지난 10년간 자영업자의 수도 그렇게 늘지 않았다. 하지만 쿠바경제는 작지만 강력한 달러 경제권과 크지만 허약한 페소 경제권이란 두 개의 블록으로 분열되었다. 곳곳에 암시장이 성행했고, 친분 관계(socio: 친구)를 이용한 부패한 거래(sociolismo)가 판을 쳤다.

시민사회와 시장의 힘은 그다지 크게 증가하지 않았다. 외국투자와 달러 경제권에 개방된 관광회사, 합작회사, 그리고 내각의 대외부문을 관장했던 군부 장성들의 권력과 부가 증대했을 뿐이었다. 특히 라울 카스트로가 통제하는 군부는 서구식 경영기법을 유럽으로부터 배워 와서 군수산업부문(UIM: Military Industrial Union)의 합리화와 혁신에 성공했다. 이들의 기법은 주로 피터 드러커의 경영이론, 에드워즈 데밍(Edwards Deming)의 질적 관리와 혁신이론, 그리고 존 P. 코터(John P. Kotter)의 조직혁신이론을 학습한 것이라고 한다(Mastrapa III, 2000: 429). 군수산업 부문의 혁신은 자연히 설탕산업과 관광업으로 이어졌다. 이제 수익성과 생산성이 낮은 설탕산업을 과감하게 정리하고, 달러 박스인 관광산업은 효율적인 관리로 경영수익을 극대화하는 방식으로 정리하고 있다.

이런 기업관리기법(Perfeccionamiento Empresarial)으로 무장한

군부는 점차 경영자로서도 두각을 나타내게 되었다. 설탕부 산하 기업들도, 거대 관광업체인 가비오타 그룹(Gaviota Tourism Group)도 모두 군부 인사들이 핵심을 장악하고 있다. 특히 달러가 생기는 관광업에 군부의 지분을 인정해 주어서 개방 공간에 소외되기 쉬운 중고위직 군부 장교들을 포섭했으며, 그들의 충성심을 유지하고 아울러 군부의 자생력도 키우게 된 것이다.

하지만 군부의 경제개입 내지 '경제의 군부화'가 반드시 바람직한 것만은 아니다. 무소불위의 규제권력으로 강력한 국가기구 내부에 군부와 장성들의 입김이 더욱 커졌고, 이제는 어떤 집단도 견제하기 힘든 공룡이 되어버린 것이다. 코랄레스의 표현에 따르면 새로운 개혁과 개방의 공간에 이익을 독식한 "국가-독점자본가 조직"이 탄생한 것이다(Corrales, 2005). 군부의 예산은 2005년 15억 달러로 정부지출의 6.5%를 차지했다. '달러, 무기, 퍼레이드'란 세 단어가 쿠바 군부의 상징어가 되었다. 달러를 벌어들이는 외국 합작사들에서 이득을 얻고, 수익금의 일부는 무기를 구매하며, 국경일에는 대형 퍼레이드를 벌이며 군부의 위세를 더욱 과시하는 것이 새로운 쿠바의 한 단면이 되었다.

요컨대 성공의 이면에는 이런 변화가 있었다. 이중경제의 왜곡, 사회경제적 불평등, 광범위한 부패 현상과 같은 문제점을 어떻게 하든 해결해야 했다. 이를 내버려 둔다면 사회 불만층의 시니시즘이 조만간 정치적 반대로 바뀔 것이고, 나아가 쿠바체제를 동요시키는 원인이 될 수도 있었기 때문이다. 이런 문제들을 해결하기 위해서 정부는 개혁과 개방을 가속화하여 2단계 개혁으로 이행하든지, 아니면 국가통제와 재집중화를 통해 달러화 체제의 부정적 요소를 제거해야만 했다. 기로에 선 카스트로 정부가 취한 길은 후자였다.

4. 경제의 탈달러화와 재집중화

1) 탈달러화와 재집중화

쿠바 공산당과 정부는 1997년부터 경제의 달러화가 정상적인 노선이 아니라 이행기적 현상이며 조건만 허용된다면 탈달러화 조치를 취하겠다고 공언한 바 있었다. 하지만 시기와 방법에 대해서는 함구했다. 2003년에 들어오면서 새로운 기조의 경제정책의 분위기가 감지되었다. 12월에 국회는 경제체제에 대한 "감시"와 "원칙적 운용"을 강조했다. 이미 7월에 중앙은행은 국영기업의 외환 사용을 엄격하게 관리하겠다는 방침을 발표했다. 이미 관광업체로 시장의 40%를 차지하고 있던 쿠바나칸의 사장이 관리 소홀(사실은 "부정")로 경질된 바 있었고, 여타 업체들도 방만하게 외화를 사용하는 관행이 광범위해졌기 때문이었다.

탈달러화는 2004년부터 전격적으로 시행되었다. 1월부터는 페소 경제권과 달러 경제권을 점진적으로 통합하기 위해 '태환페소'(CUC)를 발행하여 국내의 달러 거래를 대체시켰다. 물론 국영기업들이나 합작회사들의 거래도 반드시 중앙은행이 통제하는 통합구좌를 이용할 것과 태환페소로 계산하게 했다. CUC 대 미 달러화는 1:1로 정했고, 페소 대 CUC의 비율은 26:1로 정했다. 물론 이 환율은 시장의 상황에 따라 정부가 변경하는 페그제로 운용되었다. 이와 더불어 정부는 소득재배분에 대한 강력한 의지도 표명했다. 페소 사용자와 페소 경제권 노동자에게 상대적 이득을 주는 각종의 경제조치들이 차례로 쏟아져 나왔다. 결정적인 조치는 2004년 11월에 나왔다. 모든 소매거래에 달러 사용을 금지시키고 아울러 달러 교환에 10% 수수료를 부과하는 조치를 취했다(「결정 제80호」). 달러 보유자에게는 큰 타격이었다.

모든 것은 자신감의 반영이었다. 카스트로는 2005년 3월에 고난의 행군이 강요된 "특수한 시기"는 종결되었다고 선언했다. 정부의 새로운 슬로건도 "우리는 잘하고 있다"(Vamos bien)로 바뀌었다. 쿠바의 외환 사정이 베네수엘라와 중국의 특혜무역과 투자에 힘입어 나아졌기 때문이었다. 아울러 그간의 경제개혁이 나름대로 성과를 내었기 때문이기도 했다. 국가는 다시 민간 부문을 통제하면서 "수문장 국가"로 복귀했다(Corrales, 2002). 민간부문의 확장과 개혁의 심화를 바랐던 개혁파들의 입김은 위축되었고, 다시 보수파들이 결정권의 중심으로 복귀했다.

앞서 보았듯이 '탈달러화'(de-dollarization) 정책이 나왔고, 달러화의 가치를 의도적으로 떨어뜨리는 조치들이 뒤를 이었다. 태환페소는 26:1에서 2005년 3월에 24:1로 재평가되었다. 1년 사이에 달러의 가치가 3분의 1가량 줄어들었다. 이미 2004년 5월에는 달러 상점의 제품 가격을 15% 올렸다. 여기에 환전 수수료 10%를 더하고, 페소화 평가절상분 8%를 더하면 달러 보유자의 소득이 얼마나 줄게 되었는지 알 수 있으리라. 이들의 심기는 불편할 수밖에 없었다. 하지만 페소 경제권의 구매력은 상대적으로 높아졌다.

자율과 분권화에 대한 통제도 다시 강화되었다. 1992년의 헌법 개정 당시와는 사뭇 다른 분위기가 연출되었다. 자영업자들의 발을 묶는 조치가 이어졌다. 158개로 정해진 자영업자의 업종이 40개나 축소되었다. 40개 업종은 다시 국영부문으로 돌아갔다('재국유화'). 개인식당을 운영하는 사람이 열 수 있는 테이블의 개수도 12개 이내로 제한했다. 이와 더불어 노동자를 고용할 수 없게 했고, 이들에 대한 감시와 중과세 부과도 마다하지 않았다. 자영업자의 가운데 일부는 가속화된 규제와 중세조치에 못 이겨 허가증을 반납하는 사태까지 빚어졌다.

이어 2005년 3월에는 과감하게 소득을 재배분하는 정책조치도 취해졌다. 퇴직 연금의 월 급여 최저치인 55~105페소는 150페소로 인상했고, 중간치 101~160페소도 190페소로 인상했다. 퇴직연금자의 숫자는 약 150만 명에 달한다. 4월에는 최저임금을 100페소에서 225페소로 크게 인상했다. 이로써 평균 월급은 282페소에서 311페소로 올라갔다(EIU, 2005: 20). 물론 GDP 3%에 해당하는 추가 예산이 소요되는 부담스런 조치였지만, 니켈광업과 관광업의 호조, 중국과 베네수엘라의 도움으로 경제정책 당국은 자신감을 얻었던 것이다. 이제 더 이상 마이애미의 달러에만 목을 매달지 않아도 될 정도는 된 것이다.

2) 개혁의 후퇴인가 조정기인가

쿠바의 개혁과 개방 경험은 구 사회주의권의 이행과는 분명히 다른 특징을 지닌다. 심지어 시장경제로의 개혁을 심화시킨 중국이나 베트남의 경로와도 상당히 다르다. 쿠바의 개혁과 개방의 특징은 그야말로 "쿠바식"(a la cubana)이라고 말할 수밖에 없다(Agarwal, 2004). 군부가 초기부터 개혁과 개방을 관리하는 방식으로 진행했기에, 개혁이 성과를 보이자, 자연스럽게 그동안 나타난 후유증을 조정하는 과정을 거치게 된 것이다. 만약 시장개혁의 성과를 더욱 급진화시키고자 한다면 사적 소유를 합법화하고, 노동시장과 요소시장도 자유화시켜야만 한다. 아울러 광업, 텔레커뮤니케이션, 그리고 관광업에만 국한시킨 대외개방과 민영화도 다른 부문에까지 확산되어야 한다. 하지만 쿠바 정부는 구 동구권이나 중국과 같이 소유권 체제의 전면적 변화와 개방을 실행할 정도로 과감한 변화를 모색하고자 하지 않았다. 미국의 호전적 봉쇄정책에 체제를 수호해야 한다는 방어심리가 전면적 개혁과 개방으로 나가는 것을 저지하고 있기 때문이다. 정치적 고려가 경제적 고려에 우선하는 것이다.

카스트로 정부는 오히려 자영업자들이나 달러 보유자들이 정치적 반대세력으로 성장하고 불만세력이 되는 것을 두려워했다. 게다가 달러 경제권이 강화되면서 생긴 소득격차, 피부색 갈등, 아바나와 지방의 격차가 더욱 커진다면 기층대중의 불만이 카스트로 사후 이행기에 반체제로 진화할 가능성도 배제할 수 없었다. 자연스레 체제 수호와 방어를 주장하던 군부나 보수파들의 입김이 강해졌던 것이다.

보수파의 강세는 내각의 구성에도 반영되었다. 내각에서 개혁파로 지칭되던 1993~96년 충원세대는 보직의 4분의 1 정도에 해당하는 9개에 거친 반면, 1992년 이전 충원세대는 4분의 3에 해당하는 14개를 장악했다(Corrales, 2002). 개혁은 지그재그를 그리면서 그동안 생긴 사회적 격차나 달러 경제권의 부정적인 측면을 해소하는 조정과정에 돌입했다. 최근의 재집중화와 탈달러화를 카스트로 사후 원만한 체제 이행을 위해 취한 정치적 의도로 해석하는 연구(Mesa-Lago, 2005a)도 있지만, 양극화된 이중경제의 폐해를 해결하겠다는 카스트로 정부의 의지도 무시할 수는 없을 것이다. 그렇다고 해도 이번 조치들은 공기업이나 합작기업 상층부의 부정부패나 자원의 뒤틀린 배분 문제를 어느 정도 해결하겠지만, 동시에 민간부문의 위축에 따른 또 다른 성격의 왜곡된 분배나 노동생산성의 저하 문제는 여전히 남을 것이다.

쿠바의 경험은 "분절화된 시장화"(segmented marketization) 체제가 그 자체로 안정화될 수 없다는 탈사회주의 시장개혁의 고전적인 범례에 속한다. 쿠바의 개혁은 성공의 결과로 브레이크가 걸리는 결과를 가져왔다. 개혁은 현재 일정한 조정기를 거친 후에 통제 가능한 범위에서 시장 인센티브와 국가통제를 재결합할 것으로 보인다. 쿠바개혁이 중장기적으로 어떤 경로를 취할까? 현재로서는 뚜렷한 답은 없지만, 대체로 개혁의 완급이 카스트로 사후의 정치일정과 체제의 향방에 좌우될 가능성이 높다.

5. 결론

쿠바 경제는 이제 고난의 시기를 벗어난 것으로 보인다. 관광부문이 과거에 설탕부문이 하던 달러 박스 역할을 대체하면서 경제는 안정적인 성장세로 진입했다. 베네수엘라 등의 남미 좌파정부의 도움과 차이나 달러의 효과로 대외적 고립도 크게 완화되었다. 하지만 경제 정상화의 측면에서 긍정적으로 기여한 달러화 조치는 또한 많은 문제점을 낳았다. 무엇보다 쿠바 경제의 이중경제화를 가속화시켰고, 이에 따른 후유증도 나타났다. 달러 경제권과 페소 경제권의 격차가 커지면서 다양한 차원의 사회적 불평등 문제가 불거졌다. 요소시장의 부재로 인해 암시장이 성행하게 되었고 훔치기 행위가 만연되었다. 개혁과 개방에 깊숙이 개입한 군부는 관광산업 등을 통해 달러 경제권에 큰 영향력을 지닌 독점자본가 조직으로 재탄생하기도 했다. 개혁과 개방에 따라 '경제의 군부화'도 함께 진행된 것이다.

2003년 말부터 시작된 달러 경제권에 대한 규제조치의 확대와 달러 사용 금지조치는 쿠바 정부가 시장개혁과 개방의 결과로 나타난 후유증을 치유하기 위해 '수문장 국가'의 역할로 복귀한 것으로 해석할 수 있다. 달러 경제권의 소득의 일정한 부분을 국가가 환수하여 페소 경제권의 허약한 부분을 보전하는 소득재배분 조치를 국가가 직접 취한 것이다. 또 자영업자의 영향력을 축소하여 사회적 불평등이 더욱 증가하지 않도록 재집중화를 취했다. 쿠바에서 시장개혁은 성공적인 1단계(부분적 개혁과 개방)를 지났지만 2단계(소유권 개혁과 전면적 개방)로 심화되지 않았다. 다시 국가는 강력한 규제권력을 행사하며 과거 개방된 부분에 대한 통제를 강화했다. 이 점에서 쿠바의 개혁 경험은 중국과 베트남과 달리 "자본주의로의 이행"이란 딱지를 붙이기 힘들 것이다. 쿠바 정부는 경제적 필요성에 따라 적절하게 시장 메커니즘과 자본주의적 경영기법은 도입하겠지만, 사회적 계층화를 가져올 사적 소유권은 결코 인정하지 않을 것이다.

시중에는 피델 카스트로가 죽는다면 쿠바 체제도 붕괴할 것이라는 '피델 중심주의'의 분석이 많다. 하지만 카스트로 체제는 쿠바식 '고난의 행군'을 통해 체제를 효과적으로 보전해 왔다. 그간의 경제개혁과 개방을 통해 체제는 유연하게 자기생존 능력을 보여 주었다. 현 단계 대외환경도 과거와 달리 호전되고 있다.

카스트로 사후에 경제체제는 어떤 방향으로 흘러갈까? 이미 체제 내에서 지도자 집단의 세대교체도 이뤄진 상태이고, 또 보수파 세력이 국가권력의 다양한 층위에 강력하게 포진하고 있다. 게다가 시민사회의 정치적 반대세력이 너무 허약하기 때문에 마이애미의 반(反)카스트로 세력도 이미 강력한 지위를 확보한 군부와 모종의 타협 시나리오를 모색할 가능성도 높다. 미국도 이런 맥락에서 강경책을 지속하기 어려운 딜레마에 빠져 있다. 미국 의회 내에서도 대쿠바 정책을 둘러싼 의견 차이가 크다. 중서부주의 농업이익은 대쿠바 봉쇄를 강화한 부시 행정부의 조치를 못마땅하게 생각하고 있다. 좀더 실용주의적 사고를 지닌 대통령이 등장한다면 대쿠바 정책이 변화될 가능성이 높을 것이다. 쿠바의 정국도 카스트로가 죽는다고 급격하게 변할 가능성은 희박하다. 오히려 마이애미 쿠바 이민 기업가들의 달러 힘과 군부 보수파가 서로 합의하는

타협적 이행방안이 가장 가능한 이행 시나리오가 될 것이다. 향후 개혁
과 개방의 범위와 방향도 급진적인 해체와 전면적 개방 시나리오보다는
쿠바식 타협과 적응 시나리오가 될 가능성이 높다.

2
신자유주의
정책의 평가

4장 멕시코 폭스 정부의 신자유주의 노동정책(2000~2006)

1. 서론

2000년 멕시코를 71년간 집권해 온 제도혁명당이 권좌에서 물러났다. 중도우파 야당인 국민행동당의 비센테 폭스 후보가 여당의 프란시스코 라바스티다(Francisco Labastida) 후보를 물리치고 대통령에 당선된 것이다. 많은 사람들은 제도혁명당의 패배로 이 나라 정치와 경제를 좌지우지해 온 코포라티즘 체제가 종언을 고하고, 아울러 뿌리 깊게 자리 잡은 정경유착이나 부패가 사라지리라 믿었다. 하지만 지난 2003년의 시점에서 보자면 폭스 행정부는 화려한 담론 외에는 커다란 변화의 조짐은 보이지 않았다. 그 이유는 현 행정부도 살리나스(1988~94), 세디요(1994~2000) 행정부가 추진한 신자유주의 세계화 정책을 이어받고 있어 정책의 연속성이 지탱되고 있기 때문이다. 또 국민행동당도 제도혁명당과 같이 후원-수혜 관계의 고리에서 자유롭지 않다는 점도 변화보다는 연속성을 느끼게 하는 대목이다.

1982년 멕시코는 외채위기를 겪으면서 수입대체산업화의 잠재력이 완전히 소진되었음을 절감했다. 이후 경제개방과 세계화는 거역할

수 없는 대세가 되었다. 1988년에 집권한 살리나스 대통령은 특히 대외
개방과 구조조정을 과격하게 실행에 옮겼다. 국가경쟁력을 제고시킨다
는 명목으로 밀어부친 일방적인 대외무역 개방조치는 중소기업에게 도
산을 강요했고, 나아가 생산구조의 이질성을 심화시켰다. 멕시코 경제는
이제 500대 수출대기업과 다국적기업 중심으로 재편되었고, 나아가 저
임금 노동력에 기초한 마킬라도라 산업화가 새로운 성장의 축으로 자리
를 잡게 되었다. 국민경제의 '마킬라도라화'(maquiladorization)는 1994
년 북미자유무역협정이 발효되면서 마무리되었다.

이러한 경제개방과 생산의 재구조화는 노동의 세계에 엄청난 변화
를 가져왔다. 첫째, 지난 15년 동안 실질임금은 지속적으로 하락하였다.
둘째, 전통적으로 코포라티즘 노조들이 누려 왔던 단체협약도 대단히 허
약해졌다. 셋째, 1982년의 외채위기, 1994년의 페소화위기 등과 같이 잦
은 경제위기 속에서 대량해고 사태가 빈발하였고, 나아가 상용직이 줄어
들고 일용직이 급증하는 부작용을 낳았다. 넷째, 제도혁명당의 노동부문
을 통해 경제정책에 영향력을 행사하던 시스템이 와해되고, 경제정책과
노동정책은 완전히 경제관료들의 고유 영역이 되어 버렸다. 다섯째, 노
동부문에 대한 사회보장체제도 약화되었고, 연금제도도 부분적으로 민
영화되었다. 사회보장 예산 지출은 이제 다수 대중을 위하기보다는 주로
극빈층에 초점을 맞추는 방향으로 재조정되었다.

확실히 멕시코가 걸었던 세계화의 길은 험난했다. 성장률은 시원치
않았기에 고용기회는 불충분했고, 새로 노동시장에 뛰어든 젊은이들이
나 농촌에서 밀려나온 사람들은 일자리를 찾아 불법으로 국경을 넘었다.
잦은 금융위기로 부실해진 금융권은 정부의 대규모 지원에도 불구하고
결국 미국(씨티그룹)과 스페인계(빌바오 비스카야, 산탄데르) 은행들에게

무더기로 넘어갔다. 빈곤층은 인구의 절반으로 육박했고, 고용구조도 비공식부문이 비대하게 발전하는 모습을 보이고 있다. 2000년 7월 선거에서 제도혁명당이 패배한 것도 바로 이러한 경제적 실패와 정치적 부패에 대해 국민들이 '거부의 투표 행태'를 보인 탓이었다.

비센테 폭스 정부는 선거 기간과 집권 초기에는 이전 행정부의 실패를 "신자유주의의 과잉"으로 규정하고 적절한 국가개입과 조절로 후유증을 치료해 나가겠다고 공언했다. 그의 한 비서관은 이를 "멕시코판 제3의 길"이라고 명명하기도 했다. 그렇지만 현재 이 주장은 거의 공염불인 것으로 드러났다. 이 글에서는 폭스 정부가 출범한 이후의 상황을 주로 노동세계의 현황과 노동정책을 중심으로 살펴보고자 한다. 이에 더하여 새로운 변화에 허약하게 대응하고 있는 노동조합운동의 현 단계도 점검해 보고, 왜 노동운동이 신자유주의 압력에 허약한지도 아울러 검토해 본다. 마지막으로 벌써 10년을 넘긴 노동법 개혁논란의 현황을 점검하며, 폭스 정부가 노리고 있는 개혁의 방향을 점검해 보고, 최근 노사정 관계에서 흥미로운 사례를 간략히 추려 보기로 하자.

2. 임금과 고용

폭스 행정부의 노동정책은 근본적으로 살리나스-세디요 행정부의 정책을 이어받고 있다. 말하자면 국제경쟁력의 제고를 명목으로 저임금 체제를 유지하며, 아울러 노동시장의 유연화를 더욱 확장하여 외국자본을 유치하려는 것이다. 이는 1980년대 후반 이래 지배연합에서 우위를 차지하고 있는 수출지향적 경제그룹에 편익을 제공하는 방식이기도 하며, 아울러 국민행동당의 한 축을 장악하고 있는 북부 기업인들의 입장을 반영하고 있는 것이기도 하다. 이와 더불어 저임금 체제와 노동시장의 유연화는 날로 멕시코의 고용구조에서 중요성을 더해 가는 마킬라도라 산업공단에 외국자본을 불러들이는 방식이기도 하다.

1) 임금정책

전국최저임금위원회(CNSM)는 2002년 1월 1일자로 최저임금을 5.78% 올렸다. 전국 평균 41.33페소(1달러 = 9페소) 수준이었다. 하지만 2001년 인플레이션이 5~6% 추정되는 상황이었기에 최저임금을 그대로 묶어 둔 것이나 마찬가지였다. 하지만 이러한 조치는 지난 18년(1984~2002) 동안 실질임금이 66%나 하락하였고, 북미자유무역협정이 발효된 이후 지난 7년간(1994~2001) 임금의 구매력이 20% 이상 하락했다는 사실을 염두에 두어야만 한다. 노동자들은 날로 줄어드는 월급봉투와 씨름해야 했고 국내 소비시장은 그만큼 위축되었다. 국립멕시코자치대학교 펠리페 토레스 교수에 따르면 '영양 장바구니 물가'(Canasta Normativa Alimentaria)가 1990년에는 최저임금 3.5배였지만, 2001년의 경우 5.62배나 된다고 한다. 그만큼 최저임금의 구매력이 떨어진 것이다(Centro, 2002b: 114).

2000년의 전국고용조사에 따르면 경제활동인구의 임금소득은 여전히 열악한 것으로 드러났다. 최저임금의 한 배 이하를 받는 노동자의 비율은 26%, 한 배에서 두 배까지 받는 노동자 비율은 28%, 두 배에서 세 배까지 받는 비율은 18%, 세 배 이상을 받는 비율은 28%로 집계되었다. 통상적으로 생계유지에 필요한 최소한의 식료품 구입에 해당하는 임금 규모가 최저임금 두 배라고 한다면 경제활동인구의 54%가 한 가계의 식사비용을 책임지지 못하는 경제적 무능력자가 되는 셈이다. 자연히 주부도, 아이도 "먹고 살기 위해" 경제활동에 편입되지 않을 수 없는 결과가 나오는 셈이다.

폭스 행정부는 임금과 고용조건 개선을 위한 단체협상의 길은 항상 열려 있다고 공언해 왔다. 그러나 단체협상의 길은 신화에 다름 아니다. 멕시코 노동자들의 노조 조직율은 15% 정도에 해당한다. 여기서 공공부문 노조에게는 단체협상의 권리가 배제되어 있다. 그렇다면 결국 5%의 노동자가 실질적으로 단체협상을 할 수 있다는 이야기가 된다. 그러나 기업과 이들 노조 사이의 단체협상도 기층 노동자들이 모르는 사이에 어용노조들이 기업과 결탁한 "보호계약"(contratos de proteccion)의 형태가 많다. 보호계약은 어용노조가 기업과 결탁하여 단체협약을 체결하고, 이 내용을 노동부와 화해중재위원회에 등록해서 구속력을 갖게 만든다. 대부분의 기층 노동자들은 이 협약의 내용이 무엇인지 모르는 경우가 다수이다.

2) 고용과 실업

멕시코 통계청(INEGI)의 공식 통계에 따르면 공개 실업율은 2000년 2.2%, 2001년 2.4%이다. 공개 실업의 개념은 "12세 이상으로 일을 할 의향이 있어서 일자리를 찾았지만, 지난 두 달 동안 일을 하지 못한 경우"에 국한된다. 통상 (인터뷰하는 시점에서) "전 주에 주당 1시간 이상 일을 해서 임금을 받은 경우"는 고용자로 분류된다. 따라서 실업보험이 없고, 대개 가계저축마저 거의 없기 때문에 어떤 형태의 일이라도 해야 하는 멕시코의 경우에 실업의 개념은 큰 의미가 없다. '멕시코식 실업'의 감소는 곧 비공식부문이나 소기업(micronegocios)의 불안정 취업의 증가로 연결되어 있기 때문이다. 따라서 사회보장이나 제도적 보장이 전혀 없는

〈표 1〉 멕시코 사회보장공단 등록명부에 따른 고용 상실자: 상용직 및 임시직

단위: 명

	2000년 11월	2001년 9월	격차
IMSS 가입자 총수	12,775,125	12,335,266	-439,859
상용직 노동자	11,166,619	10,812,557	-354,062
임시직 노동자	1,608,506	1,522,709	-85,797

출처: IMSS; Centro(2002a: 112)에서 재인용

'불안정 고용'이 문제이다.

안정적인 고용자가 가입하는 멕시코 사회보장공단(IMSS)의 통계에 따르면 2000년 11월부터 2001년 9월 사이에 직장을 잃은 사람 수는 약 44만 명에 달한다(〈표 1〉 참조). IMSS나 공무원 사회보장공단(ISSTE)에 가입한 사람들은 주로 상용직 고용자들로 전체 고용인구의 34% 정도일 뿐이다. 66% 남짓은 불안정 고용에 시달리는 노동인구이니 실업자의 숫자는 훨씬 늘어날 것임에 틀림없다.

따라서 맞벌이 부부에 이어 12세 미만의 아이들까지 거리에서 좌판을 벌이는 경우도 허다하다. 이 나라의 노동시장은 정규직 고용의 위축과 더불어 비공식부문의 팽창으로 특징지워진다. 당연히 농촌에서 도시로, 남쪽에서 북녘으로 기회를 찾아 이동하는 이주노동력의 물결이 나라 전체를 뒤흔든다. 정말 실업율이 2% 수준에서 동결되고 있다면 거의 완전고용에 가까운 천국에 가깝다는 이야기인데, 이는 열악한 멕시코의 노동시장 상황과 너무 동떨어져 있다. 멕시코에서 공식통계는 진실을 밝히는 데 장애가 되는 경우가 많다.

2001년 미국의 경기침체로 멕시코의 수출부문도 큰 타격을 입었다. 미국 경기와의 동조화 현상은 이 나라 경제가 고도의 비대칭적 상호의존 관계에 놓여 있다는 점을 말해주는데, 미국의 경기 하락은 곧 바로 멕

〈표 2〉 고용 상실자의 업종별 분포

단위: 명

관련업체	부문	실업자수
전국제조업회의(Canacintra)	제조업	140,000(2001.1~6)
전국자동차부품산업	자동차부품	25,000(2001.1~6)
멕시코광업회의소	광업	5,000(미확인)
마킬라도라협회	마킬라도라 업종	74,587(2000.8~01.4)
전국수출마킬라도라산업협회	마킬라도라 업종	70,000(2001.1~5)
멕시코광산업회의소	광업	15,000(미확인)
전국의류업회의소(Canaive)	의류업	92,260(2001.1~9)

출처: Centro(2002a: 111)

시코 경제의 성장률 둔화로 나아가 노동자들의 고용 축소로 연결된다(〈표 2〉 참조). 멕시코는 2000년 6.9%의 성장률을 보였지만, 2001년에는 -0.2%의 급격한 하락을 경험해야 했고 2002년에도 1.2%의 성장률에 머물렀다.

미국으로의 수출 수요가 축소됨에 따라 수출 기업들의 해고, 기술적 파업이 증가하였고, 경우에 따라서는 기업이 파산하거나 정리되는 경우도 속출하였다. 이들 기업 대부분은 수출 마킬라도라 산업체, 제조업체, 자동차 및 부품업체, 건설업체들이었다(Centro, 2002a: 112).

이러한 결과들은 폭스 대통령의 선거공약과 평상시 공언과는 너무나 동떨어진 것이었다. 그는 선거공약에서 매년 7%의 성장률과 130만 개의 일자리를 만들겠다고 기염을 토했는데, 1년 만에 너무 무참한 결과가 연출된 것이다. 정부의 노동통계 비판으로 권위가 있는 멕시코노동대학에 따르면 대안적 통계는 다음과 같다(Gonzalez, 2002: 123~4)

- 2001년 한 해는 고용이 줄어든 해였다.
- 2000년 창출된 일자리의 96.5%가 1년 만에 사라졌다.
- 노동부가 해고자 수를 382,000명이라고 발표했지만, 정확한 수는 844,129명이다.
- 12월에만 191,324명이 해고되었다. 이 중 107,308명은 상근 고용자였고, 84,016명은 일용직이었다.
- 2002년 현재 실업자 인구는 2,386,120명이다.

멕시코에는 현재 매년 125만 명의 신규노동인력이 노동시장에 진입한다. 그렇지만 2001년에 새로 창출된 일자리 숫자는 불과 40만 개에 불과했다. 결국 젊은 노동력 85만 명은 국내 노동시장에 흡수되지 못하는 것이다. 게다가 이미 누적된 실업, 저고용 인구도 상당한 숫자이다. 비록 비공식부문에서 생계를 찾고 있긴 하지만 상당한 숫자는 국경을 넘어서 기회를 엿보거나, 범죄의 세계에 기웃거리게 된다. 정부의 통계 숫자는 암울한 노동의 현실을 이해하는 데 너무 안일하게 접근하고 있는 셈이다.

3. 노동운동 조직의 상황

1) 노동의회와 멕시코노총

1980년대 후반부터 가속화된 신자유주의 개혁은 전통적으로 노동부문을 대변해 온 노동의회(CT)와 코포라티즘 노조들의 위상을 크게 실추시켰다. 임금 결정은 이제 노동의회를 제치고 경제부처의 기술관료들이 주도하게 되었다. 따라서 실질임금은 지속적으로 하락하였고, 노동에 '대표성의 위기'가 생겼고, 어용노조에 대한 비판도 점차 수위가 높아갔다.

그렇지만 노동의회와 핵심적인 연맹체 멕시코노총(CTM)은 전설적인 지도자 피델 벨라스케스(Fidel Velázquez Sánchez)가 사망한 뒤에도 건재하고 있다. 로드리게스 알카이네(Rodríguez Alcaine)를 위시한 노장층들이 여전히 지도부를 장악하여 국가 코포라티즘의 연속성을 굳건하게 유지하고 있다. 제도혁명당의 선거 패배 이후에도 이들은 당에 대한 정치적 지지를 계속 유지하고 있다. 이들은 폭스 행정부의 긴축기조 경제정책을 겉으로는 비판하는 척하면서 사실상은 임금 억제책에 동조한다. 그들은 자신들의 정치적 입지와 이해관계를 유지하기 위해 정부와 기업의 요구와 주문을 받아들이고 그것을 노동자들에게 강제하는 통제조직으로 기능한다.

국가조합주의 노조들은 1990년대에 등장한 신노동자계급을 흡수하는 데 실패했다. 젊은 노동자들이나 여성 노동자들은 구조조정의 여파로 주로 저임금, 저숙련 업종에 밀집해 있다. 이들은 대체로 노조에 가입하지 않으며, 개인주의적인 태도를 취한다. 새로운 노동자층의 개인주의는 기층 노동자층을 대변하지 못하는 공식노조운동의 위기를 그대로 반영하고 있는 셈이다.

2) 전국노동자연합과 메이데이노조협의회

이런 분위기에 힘입어 1995년 전화노조, 사회보장노조, 그리고 대학노조와 같은 민주적 대형노조들이 주도가 되어 '전국노동자연합'(UNT: 이하 '전노련')이 결성되었다. 전노련은 결성 당시 국가조합주의를 해체하고 노조의 민주화를 열망하는 사람들의 희망으로 부상했고, 사람들은 신자유주의 세계화에 대응한 새로운 노동운동 모델을 정초할 것으로 기대했다. 그러나 지난 7년간 자신들이 제출한 강령을 구체적인 전술로 전환하는 데 실패했고, 또 노동운동 내부에서 세몰이하는 데에도 실패했다. 왜 이런 결과가 나왔을까?

첫째, 전노련 지도자들 일부(특히 전화노조의 에르난데스 후아레스)는 여전히 국가나 노동부와 거래를 하려는 습성을 버리지 못했다. 이들은 노동의회나 멕시코노총을 제치고 국가나 대통령이 자신들을 협상의 주 대상자로 지정해 주기를 바란다. 국가는 여전히 노조등록, 파업권 인정, 단체협약에 관한 조건들을 통제하면서 이들에게 영향을 미치고 있고, 전노련 노조들도 결국 이런 미끼에서 완전히 자유롭지 못한 것이다.

둘째, 전노련에서 실질적인 영향력을 행사하고 있는 노조는 전화노조(STRM), 사회보장노조(STIMSS), 국립멕시코자치대학교노조(STUNAM), 그리고 국제연대 활동이 활발한 진정노동전선(FAT)이다. 특히 앞의 3개 노조 지도부는 전노련의 주도권을 장악하기 위해 치열하게 경쟁한다. 따라서 단합이 요구되는 시점에서 쉽게 응집력을 잃어 버리고 역량을 소모적으로 낭비하게 된다.

셋째, 전노련과 같은 민주노조가 취하는 기본 전술은 기본적으로 정부와 어용노조의 제안이나 주도권을 비난하고 거부하는 것이다. 이런 비난 전술은 구체적인 대안 제시로 발전하기 힘들다. 게다가 이들도 멕시코 노동운동이 안고 있는 오랜 전통에서 자유로울 수 없다. 상층부가 모든 정책을 결정하고, 모든 권한을 견제 받지 않는 지도부에게 위임하는 공식노조의 조직문화가 전노련에도 여전히 남아 있는 것이다.

넷째, 이들은 정당과의 연대전략에서도 중도좌파인 민주혁명당을 택할 것인지, 제도혁명당을 택할 것인지 혼란을 겪고 있다. 한동안 노동운동과 사회운동의 결합을 모색하는 '노동자사회운동'(MST)을 결성했지만, 결국 이 노력은 별 성과 없이 이름만 남고 말았다. 요컨대 전노련은 코포라티즘 노동운동을 전면적으로 비판하는 독립적 민주노조운동으로 자리잡지 못했다. 폭스 정부 아래서도 계속 대통령, 노동부와 관계를 끊지 못하고 애매하게 유지하는 이중 행보가 결국 이 조직을 표류시키고 있는 셈이다.

멕시코 노동운동 내에서 가장 급진적인 입장을 지닌 조직이 '메이데이노조협의회'(CPM)이다. 이들은 1970년대 등장한 좌익 분파들(트로츠키주의, 마오주의, 체 게바라주의, 아나키즘 등)의 후신으로, 1990년대 후반에 저항적 노동운동 세력과 민중운동 세력을 재결집한 것이다. 그러나 제조업 노조들이 거의 참여하지 않고 있으며 소규모의 서비스 노조들이 중심인지라, 멕시코 노동운동 내의 위상은 크지 않다. 어떤 논자는 이들이 외치는 반자본주의적 구호와 비판과 비난을 주로 "탄식의 포럼"(forum de lamentación)에 불과하다는 비판까지 하는 실정이다. 이들은 특히 전노련이나 진정노동전선, 국립멕시코자치대학교 노조와 같은 개혁주의 노조 진영을 '개량주의와 기회주의'라고 공격하는 섹트주의 투쟁에 힘을 과도하게 낭비한다. 노동사회학자 엔리케 데 라 가르사(Enrique de La Garza)는 이 현상을 "불안정한 부문의 절망적인 상황을 반영하는 코미디"라고 잘라 말한다.

요컨대 멕시코의 국가 코포라티즘 체제는 제도혁명당이 권좌에서 물러났음에도 아직도 죽지 않았고, 여전히 건재해 있다. 민주주의의 부재, 위계적 조직문화, 기층 대중의 참여 부재, 후원-수혜 관계, 보호계약과 같은 낡은 관행도 여전히 기승을 부리고 있다. 다만 몇몇 대형노조에서 민주적인 경향이 나타나서 개혁의 기치를 내세우고 있지만, 여전히 전체적인 판도를 바꾸는 데에는 역부족이다.

게다가 1990년대 구조조정을 겪은 뒤에 나타난 청년 노동자층과 여성 노동자들은 기존 노조 구조에 전혀 흡수되지 않고 있어 향후 멕시코 노동운동의 전망이 밝지 않으리라 생각된다.

4. 폭스 행정부의 노동정책

1) 보잘것없는 실적

폭스 대통령은 선거전 당시부터 노동자들의 사회적 권리를 보장하겠다고 공약했다. 역사적으로 노동자들이 획득한 사회적 권리를 존중하고 국제협약도 준수하겠으며, 완전고용과 임금 회복에도 노력하겠다고 천명했다. 그는 생산성과 노동의 질을 향상시켜 경쟁력을 제고한다는 정책을 바탕으로 노조의 자유도 보장하겠다고 말했다. 폭스는 제도혁명당의 장기집권이 낳은 코포라티즘 체제의 부패와 무능을 강하게 공격했으며, 자신이 집권하면 노동세계의 민주화와 근대화에 매진하겠다고 주장하여 변화를 바라는 시민들의 호응을 받기도 했다.

이런 맥락에서 노동부 장관 카를로스 아바스칼(Carlos Abascal)은 2001년 연말경 「노동부문의 진전」(El sector laboral avanza)를 제출하여 1년간 노동부문의 성과를 다음과 같이 요약했다.

- 노사평화: 통합과 화해 전략 덕분에 노사평화가 안착되었다. 4,150건의 파업위협이 있었지만, 이 중 0.7%만 파업이 이루어지고, 과반수는 해결됐다. 아에로메히코 항공사 파업 최초로 강제력 동원이 없었다.
- 노사대화: '생산적 부문과의 대화를 위한 위원회'가 구성되었다.
- 절대적 자유: 노사협상에 절대적 자유를 보장한다. 임금의 구매력이

3% 증가해서 내수시장에 그만큼 영향을 주었다.

- 노동의 근대화: 고용의 수요 공급을 연결하는 다양한 장치를 만들었다. 참바텔(Chambatel), 참바넷(Chambanet), 고용시장, 이민노동자 시장과 같은 장치를 통해 454,000명에게 도움을 주었다.
- 노동사회복지부(STPS)의 기능 재조직: 연방노동감시국은 교정 활동보다는 예방 활동으로 전환한다. 노동부의 국제 활동을 강화한다.

노동부가 제출한 문서는 마치 대단한 성과가 있었던 것처럼 묘사하고 있지만 실상은 그렇지 못하다. 비록 파업 발생 숫자가 크게 줄었다고는 하나, 이는 몇 년 전부터 줄곧 관찰된 현상이다. 또 이러한 결과는 결코 노사평화의 안착이 아니라, 노조의 대표능력 상실에 따른 노동자들의 개인주의 성향이 표출된 결과일 뿐이다. 아울러 노동자들의 집단적 정체성도 점차 하락하고 있는 추세이다.

노조의 절대적 자유를 이야기하지만, 그것도 소수의 조직노동자에게만 해당되고, 그나마도 대부분 어용노조의 '보호계약'의 관행에 의해서 무시되기 일쑤이다. 참바텔이나 참바넷 같은 노동시장 정보 공유의 장이 일부 노동자들에게 도움을 준 것은 틀림없지만, 그것이 멕시코 노동시장이 안고 있는 구조적인 문제를 해결하는 데는 전혀 도움이 되지 않는다.

무엇보다 폭스 행정부가 주장한 노동세세의 민주화와 근대화가 집권 2년이 지나도 전혀 진전이 없다는 점이다. 폭스 행정부는 멕시코의 부패한 노조관료제를 근본적으로 수술할 정치적 의지는 전혀 없는 것으로 보인다. 그렇기 때문에 국민행동당 정부 아래서도 여전히 제도혁명당 세력과 연계된 코포라티즘 노조 세력이 활거를 하고 있다. 심지어 폭스 대통령은 코포라티즘 노조의 대명사인 멕시코노총(CTM), 멕시코전력노동자단일노동조합(SUTERM), 전화노조, 석유노조 위원장의 재선을 지지하기도 했다. 이런 조치는 그의 선거공약에 크게 어긋난 행동일 것이다.

요약컨대 폭스 행정부는 국가의 노동부와 코포라티즘 노조들의 상층 지도부와 거래를 하면서 노사정 관계를 조율하는 기존의 관행에서 크게 벗어나지 못했다. 기층 노동자들의 이익보다는 노조관료제의 이익을 주로 대변하는 이들 어용노조들에 대한 개혁의 칼날은 아직 칼집에서 잠을 자고 있는 것이다.

2) 노동법 개혁

폭스 행정부는 세계화와 민주화의 추세에 맞추어 연방노동법을 개혁하려는 의지를 집권 초기부터 강력하게 드러냈다. 연방노동법 개혁 움직임은 살리나스 행정부 시절부터 가시화된 것이고 주된 추진세력은 생산성과 국가경쟁력 제고에 기능적인 노사관계를 주창한 기업인들과 기술관료 세력이었다. 따라서 위로부터의 연방노동법 개혁 움직임은 10년 이상의 역사를 가지고 있는 셈이다. 이와 더불어 멕시코의 국가 코포라티즘이 안고 있는 비민주성, 반노동자적 성격을 비판하는 독립노조 측에서도 노사정 시스템을 새롭게 짜는 민주적 개혁안을 제시하여 연방노동법의 개혁에 대한 지지를 표명한 바 있었다. 확실한 것은 현재의 연방노동법이 많은 문제점을 안고 있다는 사실이었다. 다만 어떤 방향에서 접근하느냐가 문제였다.

이런 맥락에서 2002년 3월 노동부가 주축이 되어 '생산부문과의 대화를 위한 위원회'가 소집되었고, 기업가 조직, 공식노조와 독립노조의 상층 지도부가 모두 참여하는 대화의 틀이 만들어졌다. 그렇지만 대화의 주도권은 여전히 관에서 장악하고 있었고, 여론 수렴의 형태도 주로 법률 개정에 초점이 맞추어져 있어서, 코포라티즘 체제의 광범한 개혁은 아예 토론 의제에 포함되지도 않았다. 몇몇 전문가들과 학자들이 노동체제의 개혁이 사회부문들로부터 나온 것이 아니라 국가가 주도하고 있고, 아예 노동 관련 제도 전반의 개혁과 경기규칙은 논의조차 되지도 않는다고 비판한 바 있었다.

기업가 조직에서는 애초부터 투자자들을 유치하기 위해서는 파업권을 축소해야 하며, 임금 산정도 시간제로 바꾸자고 강력하게 주장했다. 전통노조를 대변하는 멕시코노총의 위원장 로드리게스 알카이네는 이에 대해 멕시코 노동자계급이 역사적으로 쟁취한 노동3권과 사회적 권리는 하나도 바꿀 수 없다는 상투적인 주장과 연방노동법 개정은 불가하다는 종전의 주장을 반복했다. 독립노조를 대변하는 전화노조의 프란시스코 에르난데스 후아레스는 애초부터 대화가 정부, 기업, 전통노조가 과거에 해왔던 것처럼 "낡은 틀 속에서" 조합주의 게임이 반복되는 것을 간파하고 위원회에서 퇴장하였다.

이제 각 부문의 입장이 정해지자, 아바스칼 노동부 장관은 7월 11일에 '연방노동법 근대화를 위한 결정 중심 테이블'을 결성하였다. 기업인 조직에서 11인, 전통노조에서 8명, 독립노조에서 3명, 그리고 노동부 관료가 참여하는 새로운 의견수렴 장치가 결성된 것이다. 장관은 향후 노조, 기업인 조직, 전문가 집단, 대학사회, 학자 등의 의견들을 청취하면서 광범한 의견 수렴에 노력하겠노라고 재삼 강조하였다. 그러나 이 '중심 테이블'도 결국 기존의 코포라티즘 노조들과 기업가 조직이 다수 참여하는 의견수렴 창구가 되었고, 민주노조로는 전국노동자연합만이 참여하여 소수의 목소리를 내는 데 그친 비대칭적인 조직이 되어 버렸다. 자연스레 의견을 수렴하겠다는 애초의 계획은 물거품이 되었다.

하원 회기에 법안을 제출할 시한이 다가오자, 아바스칼 장관은 중심 테이블에 압박을 가했다. 이미 기업인 조직과 전통노조는 여러 차례 의견교환을 했기에 대체로 입을 맞추고 있었다. 그러나 독립노조 측인 전노련은 반발했다. 법안의 초안을 아예 노동부가 제출했다는 점은 노사합의로 새 연방노동법을 개정하겠다는 애초의 제안과 어긋났다. 공공노조의 노동3권을 제한한 123조의 B조항을 없애자는 독립노조의 주장은 완전히 배제되었다. 이런 과정에서 합의가 도출될 수 없었다. 8월 말에 이르자, 자연스레 기업인 조직과 전통노조가 합의한 법률개정안이 나왔고, 이에 대응한 독립노조와 이들의 주장에 동조하는 민주혁명당이 머리를 맞대어 만든 제2안이 만들어졌다.

비판자들은 기업인 조직과 전통노조의 동의를 얻어 낸 아바스칼의 개혁입법안이 결국은 기업과 정부의 입장을 대변하는 임금-생산성 연계, 작업배치 이동의 극대화, 노동일의 수시변동, 고용안정성의 해체, 생산과정의 효율적인 통제와 같은 노동의 유연성 극대화에 초점이 맞추어져 있다고 비판한다. 반면에 독립 노조가 제시한 안에는 코포라티즘 체제의 근간이 되어 온 화해중재위원회의 폐지, 연방노동법 제123조 B조항과 같은 독소조항의 제거 등이 포함되어 있다. 두 개의 법안에서 중요한 차이점은 다음과 같다(〈표 3〉 참조).

첫째, 연방노동법 제123조는 민간기업 노동자(A부문)들과는 달리 공공부문 노동자(B부문)들에게 노동3권의 행사를 크게 억제하고 있다. 노동부의 제안은 이 조항을 그대로 유지하는 것이나, 독립 노조측은 제123조의 A, B부문을 공히 통합하여 노동자들 모두의 권리를 보호해야 한다고 입을 모은다.

〈표 3〉 정부-기업-전통노조의 연방노동법 개정안과 독립노조 측의 개정안 비교

노동부 - 기업인 조직 - 전통노조	독립노조 - 민주혁명당
① 노동자의 학력 강제 규정을 완화한다. 이전의 중졸 규정 대신 초등학교 이수로 대체한다.	① 주당 최대 노동시간을 48시간에서 40시간으로 줄일 것을 제안한다.
② 8시간 근무제를 유연화한다.	② 최저임금제를 전국에 똑같이 적용한다.
③ 파업 발생을 억제하기 위한 사전 고지제를 만든다.	③ 단체협약을 사회적 권리의 "특권적 제도"로 인정함을 헌법조항에 첨가한다.
④ 연대파업을 금지한다.	④ 하원의회가 최저임금 상승에 대한 승인권을 갖는다.
⑤ 기업인들을 위한 산별노조 조직을 허용한다.	⑤ 파업 갈등 시에 국가인권위원회의 개입을 허용한다.
⑥ 연공제에 의한 승진제를 없애고, 능력별 승진제를 도입한다.	⑥ 화해중재위원회를 폐지한다.
⑦ 기업은 수시로 임시직 고용 계약을 활용하되, 상용 고용자에게 부여한 권리와 의무를 공히 적용한다.	⑦ 노동판사제를 도입한다.
⑧ 노조는 비밀투표로 지도부를 선출해야 한다. 노조 간부가 회계장부를 제출하지 않을 때에는 제재를 받는다.	⑧ 연방노동법 제123조의 B항을 없앤다.
⑨ 개정법률안에 제123조 B항의 변경은 포함시키지 않는다.	
⑩ 고용인 21명 미만의 사업장의 경우 '생산성 및 능력개발 노사위원회', '안전보건 노사위원회' 설치의무를 면제한다.	
⑫ 연방노동법 제153조 A항에 고용인과 피고용인 모두에게 능력개발과 훈련의 의무가 있음을 부가한다.	

둘째, 노동부의 법률 초안은 코포라티즘 체제의 근간에 해당하는 최저임금위원회, 화해중재위원회 제도를 그대로 유지하고 있다. 반면 독립노조 측은 최저임금 산정은 국민 민의가 수렴되는 하원으로 이관하고, 화해중재위원회도 폐지하는 대신 노동판사제의 도입을 요구한다.

셋째, 노동부의 초안이 비록 노조의 비밀선거를 명시하여 노조 민주화에 전진을 보여 주고는 있지만, 코포라티즘 제도를 유지하고 있는 경기규칙 전반은 묵인하여 전통노조의 특권과 부패관행에 제동을 걸지 않는다. 반면 독립노조안은 멕시코 정부가 비준한 국제노동기구의 제87조와 제98조에 합당하게, 노조의 자유와 민주주의를 창달하는 조항들을 부가할 것을 제안한다. 이 안은 특히 코포라티즘 노조의 부패 관행을 뿌리 뽑고, 기층 노동자들과 노조의 이해 일치를 도모하기 위해서는 '보호계약'의 관행을 반드시 제거할 것을 제안한다. 아울러 노조 선거 시에 보통·직접·비밀 투표를 보장해야 하며, 노조의 공개등록 등도 반드시 신연방노동법에 포함되어야 할 사항이라고 주장한다.

이 두 개의 법률안은 하원 위원회에서 심의 중에 있다.[1] 정부 여당인 국민행동당(PAN)과 전통노조가 지지하는 제도혁명당(PRI)이 다수 의석을 장악하고 있기에 노동부의 개정법률안이 통과될 가능성이 높지만, 독립노조측의 제안에 대한 지지도 적지 않다. 독립노조안에 대해서는 일단 중도좌파 정당인 민주혁명당(PRD)이 지지를 보내고 있고, 녹색당(PVEM), 노동당(PT)도 여기에 합류할 예정이다. 아울러 제도혁명당에서 이탈할 표가 어느 정도 있는 것으로 정가는 관측한다. 폭스 정부가 집권한 이래 제시한 에너지 부문과 전력부문의 민영화 프로젝트가 의회에서 계속 난항을 거듭하고 있고, 또 신세법 제안도 무산된 경험이 있다. 게다가 지금 멕시코 석유공사의 부패사건 '페멕스게이트'(Pemexgate)에 대한 조사가 진행되고 있는 상황인지라, 향후 의회 내에서 새로운 이합집산이 형성되어 의외의 결과가 도출될지도 모르는 실정이다.

---

1) 결국 두 법안은 절충에 실패하고 모두 부결되었다.

5. 노사정 갈등

폭스 정부가 출범한 다음 노동운동 내부에는 두 갈래의 갈등이 등장했다. 하나는 정치 민주화의 분위기에 편승하여 노조 민주화를 부르짖는 조직 내부의 갈등이다. 석유공사 페멕스 노조, 교원노조, 그리고 연방지구 공무원, 광산노조 등의 경우가 여기에 해당한다. 다른 한 갈래는 바깥으로 터져나온 노사 간의 갈등이다. 항공사인 아에로메히코, 푸에블라 소재의 폭스바겐의 파업 활동, 구조조정 과정에 있는 사탕수수공장 노조, 마킬라도라 노조들의 사용자와의 갈등이 여기에 포함된다. 주요한 파업의 원인과 결말은 다음과 같다.

1) 노사갈등

① 폭스바겐 푸에블라 공장 파업: 폭스바겐 멕시코 지사는 2001년 총 81억 달러어치 자동차를 수출했다. 이 중 69억 달러어치는 푸에블라 공장에서 생산된 것이었다. 노조 지도부는 파업 위협을 했고, 화해중재위원회는 파업의 '부재'(불법)를 선언했지만, 18일간 파업이 진행되었고, 결국 경영진측은 14.7%(10.2% 임금인상, 4.5% 보너스)의 임금 상승안을 받아들이면서 파업은 중단되었다.

그러나 기업측은 파업 과정에 푸에블라 공장에 예정된 10억 달러의 추가 투자분을 철회하겠다고 언론에 위협했고, 향후 수개월 내에 인력 감축을 시행하겠다고 발표하기도 했다. 폭스바겐은 상기적으로 안정적인 투자가 유치될 수 있도록 연방노동법을 개정해 줄 것을 요구하면서, 이것이 여의치 않으면 칠레나 브라질로 공장을 이전하겠다고 강력하게 정부를 압박했다. 2001년 9월 28일 폭스바겐사는 다시 임시휴업 조치에 들어갔으며, 생산 중인 모델 2개를 생산 중지시켰다.

② 설탕 노동자 시위: 멕시코 설탕 산업의 위기가 심각해짐에 따라 설탕 공장은 오래전부터 경영압박을 받아 왔다. 최근에는 이 공장들이 노동자들에게 임금 지불을 정지하자, 임금체불 노동자들은 멕시코시티의 농림부, 재무부, 경제부 건물 앞에서 34일이나 농성을 벌였다. 4,500명의 노동자들에게 각 공장들이 지불하지 못한 임금액은 총 23억 페소에 달하는 것으로 알려졌다.

문제의 발단은 멕시코 정부가 위기에 처한 설탕정제공장 60개 가운데 27개를 재국유화하면서 일어났다. 정부는 과도한 채무에 시달리는 이들 기업을 재정비한 다음 외국인 투자를 유치하고자 했다. 이에 따라 멕시코설탕그룹(GAM), 산토스, 에스코르피온 설탕 컨소시엄(CAZE), 마차도 우노 등은 10억 페소 상당의 채무를 정리하게 되었고, 7만 명의 사탕수수 노동자들은 2000~01년의 추수를 준비할 수 있게 되었다. 전국농촌지주연합은 정부의 구조조정안이 성공해도 외국인 투자를 유치할 수 없을 것이라고 비관적으로 전망한다.

③ 시카르사 제철소 파업: 2001년 11월 19일 멕시코광산금속업노조 제371섹션, 시카르사(Sicartsa: Siderurgica Lazaro Cardenas Las Truchas) 제철소에 300명의 전경이 투입되었다. 문제의 발단은 그 전달인 10월 23일에 있었던 신임 지도부의 탄생을 노동부가 인정하지 않자 일어났다. 노동자들은 노조의 자유를 부르짖으며 두 차례나 라사로 카르데나스 시의 주민들과 노동자 가족들과 함께 시위를 벌였다. 결국 미초아칸 주지사와 노동부는 나폴레온 고메스 우루티아 지도부를 승인했다. 신임 지도부는 2002년 1월 17일 파업을 벌였고, 곧 10%의 임금인상, 임금하락분 50% 보전 등에 합의함으로써 정상을 회복했다. 경영진은 결국 제271섹션 집행부의 법인성을 인정할 수밖에 없었던 것이다.

④ 에우스카디의 경영주 파업: 2001년 자동차 시장이 부진하자, 연관업종인 타이어 업체도 심각한 불황에 빠졌다. 지난 4월에는 굿이어-옥소사가 문을 닫아 1,358명의 실직자를 내었고 뒤이어 유니로열 사는 850명을 해고했다. 독일계 기업인 에우스카디는 불법적인 방법으로 경영주 파업을 시도했다. 즉 노동시장의 유연화가 없는 상황에서 할리스코 주의 엘 살토 공장의 문을 닫을 수밖에 없다는 논리로, 1,164명을 해고시켰다. 이렇게 연관업체의 22,000명도 영향을 받게 되었고, 엘 살토 주민 4만 명의 생계도 위험해졌다. 노동자들과 노조는 회사의 위장 정리를 거부하고 공장 재가동을 요구하며 2002년 1월 22일 파업을 벌였다. 회사의 방침은 완전정리라고 주장하나, 에우스카디 노조는 시민사회와 여타 노조와 연대하여 정리 철회를 위해 노력하였다.

⑤ 교원들의 동원: 전국 교원들의 동원도 2002년 5월을 계기로 활성화되었다. 5월 8일 헌법광장에서 교원들의 행사와 동원이 시작되었다. '스승의 날'인 5월 15일 전통노조에 속하는 전국교육노동자조합(SNTE)이 교육부의 임금 5.75% 인상안을 받아들이자, 비판적인 조류에 속하는 전국교육노동자협의회(전교협: CNTE)가 하루 6페소의 인상에 불과하다며 불만을 표시했고, 교육노조의 수수방관을 비판했다. 멕시코 교원들의 임금 수준은 대단히 열악한 상태이나, 폭스 행정부도 재정적 여력이 없다는 이유로 주 정부에 그 책임을 미루고 있는 실정이다.

전교협은 각 주에서 올라온 교원들을 동원하여 자신들의 주장을 내세우며 시위를 시작했고, 정무장관실 앞에서는 보안요원들과 충돌하기도 했다. 정부는 교원들의 시위와 동원에 대해 "정부 공권력에 대한 침해"라고 비난했지만, 전교협은 정치적 억압을 문제로 삼겠다는 입장을 표명했다.

<표 4> 멕시코의 주요 노동력 관련 통계

	1994	2000
노동자 수(천 명)	34,991	39,633
남성	23,089	25,761
여성	11,902	13,872
도시지역 노동자(%)	54.7	57.5
사회보장공단(IMSS) 등록자(천 명)	10,086	12,732

출처: 노동력 통계는 EIU, Banxico(2001); 고용 및 노사관계 통계는 통계청(INEGI) 및 기획예산부(2001)

2) 노정갈등

노정 간의 갈등도 폭스 행정부 탄생 이후 심각하게 부상되었다. 애초부터 폭스 정부는 에너지 부문과 전력부문을 내외 민간부문에게 개방하고자 했기에 이 부문의 민영화를 저지하려는 노동운동 세력은 '멕시코 노조전선'(FSM)을 결성하여 반대 투쟁에 나섰다. 특히 전력부문과 페멕스의 민영화는 미국 정부와 민간부문이 집요하게 요구하고 있지만, 자원부문의 국가 소유를 규정한 헌법의 수정 없이는 불가능하기 때문에 민영화 저지 투쟁은 곧 민족주의적 감정의 표출로 나타나기도 했다.

또 북미자유무역협정의 운송 조항에 따라 멕시코 수송차량에게도 미국 영토 진입과 영업을 허락해야 함에도 불구하고, 미국 정부가 여러 가지 조건(마약, 안전 등)을 들이대며 이를 거부하자, 멕시코 운수노조 측은 이를 격렬하게 항의하였다.

노정 간의 갈등은 폭스 정권의 재무부가 신조세법을 제정하면서 의약품, 식료품, 도서, 사회적 서비스 부문에 부가가치세를 부가하려는 시도에서도 표출되었다. 신조세법에 대한 노동자들의 불만은 대단히 컸고,

<표 5> 멕시코의 고용 및 노사관계 관련 통계

	1990	2000	2001
공개실업률(%)	2.7	2.2	2.4
저고용(%)	20.5	18.9	19.9
비자발적 실업(%)	51.9	51.9	66.4
파업 신청 건수	6,395	8,282	6,821
파업 발생 건수	150	26	35
임금 상승률(연간, %)	5.6	6.1	-2.1

출처: 노동력 통계는 EIU, Banxico, 2001; 고용 및 노사관계 통계는 통계청(INEGI) 및 기획예산부(2001)

이 법안에 대한 반대운동은 쉽게 세를 모았다. 노동자들의 동원은 곧 민중 세력의 참여로 이어졌고, 결국 이 법안은 의회에서 통과될 수 없었다.

6. 결론

폭스 행정부는 71년간의 제도혁명당 장기집권을 끝냈지만, 그 유산으로부터 자유롭지는 않다. 경제 상황이 호전되지 않고 있기에, 고용 관련 지표도 여전히 개선되지 않고 있다. 이전 정부에서 시도한 연방노동법의 개혁 논의가 급물살을 타고 있지만, 노사 모두를 만족시키기보다는 주로 노동시장의 유연화 쪽으로 가닥을 잡아 가고 있다. 현재 의회에서 법안을 심의하고 있지만, 여당과 제도혁명당이 힘을 합친다면 노동부의 제안이 통과될 가능성이 높다.

대체로 경제의 개방과 개혁이 가속화되면 코포라티즘 노조의 입지는 약화되고, 기업별 노조가 강화되리라 전망한다. 그렇지만 멕시코의 사례에서는 정치 논리가 강한 코포라티즘 노조의 약화 현상을 찾아 볼 수가 없다. 이들은 야당인 제도혁명당에 결합된 노조임에도 불구하고, 친기업적인 태도를 유지함으로써 대정부 협상력은 물론 전통노조의 특권을 상당한 수준에서 보존하고 있다. 반면 몇 년 전에 기세를 올렸던 독립·민주노조 측의 상대적 후퇴가 눈에 돋보인다. 이러한 힘 관계 때문에 멕시코 노사관계의 민주화 전망은 그렇게 밝지는 않다. 이라크 전쟁의 여파로 미국 경제의 침체 현상이 더욱 심화된다면, 멕시코의 수출 경기 역시 크게 위축될 것이고, 고용이나 임금 모든 측면에서 나쁜 효과를 남길 것이다. 게다가 폭스 행정부의 경제운영에 대해 국민들은 기대수준 이하라는 평가를 하고 있어, 향후 선거에서도 여소야대 국면에서 벗어나기 힘들 것이라 예상한다. 노사관계에 관한 한 폭스 행정부가 걸어야 할 길은 아직도 어려운 것 같다.[2]

---

2) 폭스 행정부 이후 국민행동당은 정권 재창출에 성공했지만 부정선거 의혹이 강하게 일었다. 2009년의 7월에 있었던 중간선거에서 여당은 야당인 제도혁명당에 크게 밀렸다. 칼데론 행정부 아래서도 여소야대 국면이 지속되어 정치적으로 교착상태가 지속되고 있다.

5장 멕시코의 정치적 부패와 반부패 드라이브:
원인·결과·함의[3]

1. 서론

"정부 예산 밖에서 살고 있는 사람은 불행한 사람이다.""뭘 주지 않으면 진척되는 것이 없다." 멕시코에서 정치적 부패를 이야기할 때면 가끔 들먹이는 말이다. 멕시코혁명 이후 비대해진 국가부문에 어떡하든 연줄이 닿아 있어야 인생이 고달파지지 않는다는 자조적인 이야기이다. 신자유주의 개혁이 진행되어 국가부문이 대폭 축소된 오늘날에도 멕시코의 정치적 부패는 줄어들 줄 모른다. 오히려 살리나스 행정부(1988~94) 이후 마약 마피아의 정치 개입 시도마저 보여 정치적 부패의 새로운 장이 열린 느낌까지 준다. 급기야는 멕시코의 "콜롬비아화", "마약민주주의"(narcodemocracia)란 자조적인 표현도 등장했다(Morris, 2000: 230).

---

3) 2004년 4월 9일에 방영된 KBS의 특집 프로그램 「정치개혁 특별기획: 성공과 좌절의 조건」의 자문위원과 면담자로 참여한 것이 이 글을 작성하는 데 큰 도움이 되었다. 3월의 멕시코 방문 시 도움말을 준 Pablo Guerrero(CIDE, IFAI 위원), Lorenzo Meyer(El Colegio de México), Sergio Zermenño(UNAM) 교수에게 감사드린다. 당시에 필자는 40여 명의 정치인, 고위 공직자, 학자, 언론인, 일반 시민을 인터뷰할 수 있었다.

정치적 부패는 제도혁명당의 장기집권이 막을 내리고 국민행동당 정부가 들어선 이후에도 여전히 줄어들 줄 모른다. 제도혁명당 정권의 국가당 지배 시절에 제도화된 정치적 부패의 고리는 어느 정도 차단되고 있지만, 국민행동당 정부도 시장개혁을 열렬하게 바라는 기업인부문과의 후원-수혜 관계의 연결망에서 자유롭지 않기 때문이다. 더구나 2006년의 대선은 박빙의 선거전이었기 때문에, 정부여당은 중도좌파 후보의 당선을 막으려고 기업인 단체의 스팟광고를 유도하고, 나아가 연방선거위원회(IFE)의 선거 관리에까지 영향력을 행사하여, 선거 이후 후유증을 낳은 바 있었다(Giordano, 2006). 2007년 7월 현재 중국인 사업가 예 곤(Zhenli Ye Gon)은 자신에게 강제로 맡겨 둔 보관금 1억~1억 3천만 달러가 당시 노동부 장관 하비에르 로사노 알라르콘이 대선 캠페인에 쓸 목적으로 마약 딜러들에게서 받아 놓은 것이라 주장을 해서 국제적인 법정 공방으로 비화되었다(*Proceso*, julio, 15, 2007.). 2007년 선거에서도 마피아 자금이 대선전에 유입되었을 가능성이 있는 셈이다.

대선전의 후유증에서도 볼 수 있듯이 71년 만에 정권교체를 이룩한 비센테 폭스 정부의 반부패 드라이브는 요란한 선전에도 불구하고 큰 성과는 없었다. 임기 중반에 일정한 성과를 거두는 듯했지만, 임기 말에 이르러서는 다시 과거로 회귀하고 있는 것처럼 보인다.[4] 특히 그동안 공정한 선거관리로 성가를 높였던 연방선거위원회(IFE)가 이번 대선전에서 노골적으로 여당후보 편을 들어서 많은 국민들로부터 비난을 받은 바 있었다.

칠레 리서치 기관인 라티노바로메트로에 따르면 2005년 현재 멕시코인들은 공직자 100명 가운데 77명이 부패했다고 생각한다. 공직자 부패에 대한 인지도는 에콰도르에 이어 2위이다. 여당의 지지자가 특혜를 받은 사례를 개인적으로 알고 있느냐는 질문에는 38%의 응답자가 그렇다고 대답했다. 이것 역시 라틴아메리카 국가 가운데 가장 높은 수준이다. 뿌리 깊은 후원-수혜 관계의 문화는 폭스 정부에 와서도 사라지지 않았다(Latinobarómetro, 2005: 31~4). 게다가 시민사회의 영역에도 미시적인 차원에서 부패 문화가 뿌리 깊게 배어 있다. 정치적 부패의 사슬은 비단 정부, 공기업, 정당뿐 아니라 노조, 학교, 병원과 같은 사회조직에도 연결되어 있고, 길거리 가판대의 상권과 이권까지 좌지우지한다.

2002년의 한 서베이 조사(Corruptometro Surveys)에 따르면 응답자의 33%가 부패를 멕시코가 처한 가장 큰 문제로 꼽았다. 그 뒤를 따르는 것이 안전(27%), 빈곤(18%), 경제상황(13%) 순이었다(Bailey and Paras, 2006: 65에서 재인용). 부패야말로 멕시코 사회가 안고 있는 심각한 문제인 것이다. 멕시코 사회에서 부패는 구조화되어 있는 정치적·사회적 시스템이면서 동시에 시민사회에 뿌리를 내린 생활양식으로 자리를 잡고 있다. 성인들은 대부분 뇌물 수수의 경험이 있고, 또 이것을 문화라고 생각하는 경향도 있다. 나아가 엄정하게 법질서를 바로 잡고 규칙을 집행해야 할 경찰이나 검찰, 그리고 정치인과 정당에 대한 시민들의 불신도 엄청나게 높다는 점은 법과 규칙, 그리고 정치에 대한 신뢰감이 대단히 허약함을 보여 준다(〈표 6〉 참조). 법과 규칙, 그리고 정치에 대한

---

4) 세계은행의 *World Governance Indicators 1996~2006*에 따르면, 멕시코의 부패 통제 지수는 권력교체가 일어나기 직전인 2000년의 40.8에서 2003년 53.4로 개선되었다가, 다시 2006년 46.6으로 후퇴하는 모습을 보이고 있다. 임기 중반의 반부패정책의 성과가 후반에 와서 후퇴하는 모습을 보이고 있다. 이런 특징은 뒤에 살펴보겠지만 제도혁명당 정부 시절의 반부패 드라이브 사이클과 유사한 측면을 보인다. 국제투명기구(Transparency Internatioal)의 멕시코 지부인 Transparencia mexicana의 부패지수 변화도 2001년의 10.6이 2003년에는 8.5로 개선되었다가 2005년에 다시 10.1로 후퇴하고 있다.

경찰	국회의원	정당	시정부	주정부	공무원	판사	기업인	대통령	군
8.29	7.83	7.71	7.53	7.42	7.33	7.16	6.12	5.45	5.02

출처: Morris(2003: 11)

불신은 사회 전체로 보면 재앙일지도 모른다. 사람들은 모두 연줄이나 뇌물을 통해서 개인이 처한 난제를 해결하려고 하지, 정당한 적법 절차나 제도화된 통로에 기대려 하지 않는다. 어차피 법이나 정치에 의한 공정한 해결은 기대하기 힘들기 때문에, 금전이나 연줄을 통해 해결이 되지 않으면 적당한 선에서 포기하는 것이 낫다고 생각한다.

부패는 한 연구자가 지적했듯이 대단히 정치적인 특성을 지닌다. 이를 "특정 국가나 사회의 발전단계"와 연계되어 이해하지 않으면 올바른 반부패 정책이 도출되기 힘들다. 만약 반부패 정책을 비정치적인 차원에서 추진한다면 그것은 실패할 수밖에 없다. 탈사회주의 사회나 발전도상국에서 대부분의 반부패 이니셔티브가 요란하게 추진되었지만 그 효과가 미미한 까닭도 바로 부패가 갖는 정치적 특성을 제거하지 못했기 때문이다(Mungiu-Pilppida, 2006: 87). 필자는 폭스 정부의 반부패 정책에서도 이런 한계점을 읽을 수 있다고 생각한다. 일반 국민에게 정보를 접근하게 하고(정보접근법), 공직자의 전문화와 정치적 중립성을 제고하는 제도적 개혁은 있었지만, 정치적 부패가 제도화된 구조(코포라티즘, 후원-수혜 관계 등)를 손대지 않았기에 멕시코의 반부패 드라이브의 효과는 제한적일 수밖에 없었다는 게 필자의 주장이다.

이 주장을 펼치기 위해 필자는 먼저 지난 71년간 집권한 제도혁명당 시절에 제도화된 멕시코의 정치적 부패 현상을 집중적으로 분석하고, 그것의 구조화된 특성을 분석한다. 이어서 교체정부(gobierno de alternancia)의 반부패 드라이브가 요란하게 추진되었음에도 불구하고 효과 면에서는 제한적일 수밖에 없었는지 살펴보고자 한다. 글의 순서는 다음과 같다.

2절에서는 멕시코 사회에 제도화되어 있는 정치적 부패를 역사 속에서 조명하고 특히 20세기 역사에서 그 현상을 집중적으로 살펴본다. 역사적 분석을 통해서만 정치적 부패가 구조화되어 형성된 배경과 맥락을 정확히 집어낼 수 있다.

3절에서는 멕시코혁명 이후 제도화된 정치적 부패의 구조적 원인을 설명하는 두 개의 해석인 문화론적 해석과 사회학적 해석을 살펴본다. 필자는 전자보다는, 국가와 사회의 불균형(Morris, 1991, 2000)에 초점을 맞추는 사회학적 해석이 보다 설득력이 있다고 본다.

4절에서는 구조화된 정치적 부패의 정치적·사회적·경제적 결과를 차례대로 살펴보고, 이어서 5절에서는 1970년대 체제와 국가의 위기가 등장하면서 이에 대한 반작용으로 등장한 부패척결운동의 동태를 살펴보면서, 그것이 정치적 제의(political ritual)로 자리 잡는 과정을 알아본다. 6절에서는 이런 부패척결운동이 결국은 제도화된 부패를 건들지 못하고 표적수사와 권력암투로 종결되는 과정을 로페스 포르티요 정부부터 세디요 정부까지 차례대로 살펴보면서 이 운동의 한계를 음미한다.

7절에서는 제도혁명당의 장기집권이 막을 내린 2000년 이후 폭스 행정부가 개선한 몇 가지 개선조치를 살펴보고, 왜 이러한 정책들의 효과가 제한적일 수밖에 없는지 살펴본다. 8절에서는 이상의 논의를 간략히 요약하고 정리한다.

2. 역사 속에서 본 정치적 부패

1) 식민지 시대에서 혁명까지

멕시코의 정치적 부패를 식민지 역사 속에서 찾는 노력도 적지 않다. 스페인 합스부르크 왕조의 중앙집권주의 정치가 빚어낸 산물이라는 것이다. 이미 정복과 식민화가 진행되던 초기에 에르난 코르테스는 유명한 명언을 남겼다. "나는 복종하지만, 수행하지는 않는다."(Obedezco, pero no cumplo). 합스부르크 왕조는 가산제적 관료제에 기초한 왕정을 꾸렸기에 애초부터 공-사 구분이란 모호했다. 가산제의 관료들은 법과 규범에 의한 행정을 모범으로 삼았지만, 이와 더불어 지위가 보장하는 수뢰나 특권을 당연시하기도 했다. 당연히 대서양 너머에서 범선을 타고 오는 칙령은 현지 관료제나 식민지 권력층에 의해 자의적으로 해석되거나 무시되곤 했다. 칙령과 현실의 차이는 세비야와 멕시코 사이의 거리만큼 멀었다. 따라서 정치적 부패는 왕조의 공권력이 침투할 수 없는 블랙홀 가운데서 이루어진 자연스런 현상이었고, 현지 관료제와 유력자들은 이를 공공연한 권리로 인식하게 되었다. 식민지의 정치적 안정은 바로 식민지 관료제의 이러한 특권을 사실상 묵인해 주는 '식민지 협약'(colonial compact)의 결과이기도 했다(Halperín Donghi, 1993: 2).

왕조의 재정 위기를 해결하기 위해 18세기 중엽 취해진 부르봉 개혁은 이 갭을 줄이고자 했지만, 스페인의 잦은 전쟁 개입으로 큰 효과를 거둘 수 없었다. 본국에서 파견된 행정관(지사)은 세수를 조금 높이는 실적을 낳았지만, 현지인들의 정서를 무시했다. 또 현실에서 벗어난 개혁조치들은 밀수만 양산시키는 결과를 낳았다. 부르봉 개혁은 결국 현지인 세도가들의 반발을 낳았고, 이들이 결국 독립운동에 가세하게 만들었다.

독립 이후 멕시코는 정치적 불안정에 시달렸다. 이제 지방 군벌과 다양한 정치세력들이 수도권의 권력을 장악하기 위해 분파투쟁에 매달렸다. 일시적으로 권력을 장악한 세력과 군벌에 의해 국가예산은 거덜이 났고, 부족한 부분은 외국 차관으로 메워야만 했다. 멕시코 정치는 보수파와 자유주의파의 투쟁으로 지새웠고, 결국 보수파가 유럽의 합스부르크가에서 막시밀리안 황제를 모셔 오는 촌극까지 벌이게 되었다.

멕시코 정치는 이제 '신경증 증세'까지 보이게 되었다. 보수파들은 안정과 사회경제적 이권을 놓치지 않기 위해 분파의 이권투쟁에 몰입했지만, 다른 한편 자유주의자들은 이상주의적인 정치혁신을 외치며, '대개혁'(la Reforma)의 기치를 높이 세웠던 것이다. 베니토 후아레스 (Benito Juárez)는 바로 이 자유주의 개혁 그룹의 대표 주자였고, 나아가 막시밀리안 체제와 이를 뒷받침한 프랑스에 맞서 게릴라 투쟁을 벌여 결국 물리쳤다.

그러나 권력을 장악한 자유주의 세력도 1870년대에 들어가서는 어쩔 수 없이 '머신 정치'(machine politics)에 빠져든다. 지방군벌들의 소요와 대중반란에 대처하기 위해서는 공화주의나 자유주의 원칙보다는 현실정치와 타협해야 했기 때문이다(Knight, 1996: 221). 1876년 권력을 장악한 이래 1911년 멕시코혁명이 터질 때까지 권좌에 있었던 포르피리오 디아스도 원래는 자유주의 카우디요였다. 그는 당대에 유행이었던 실증주의적 슬로건 "질서와 진보"를 내걸었다. 정치적 불안정을 종식시키고 외국투자를 유치시켜 종속적 발전을 도모한 그는 요즈음 언어로 표현하면 '개발독재자'의 전형이었다. 포르피리오 디아스 체제는 소수의 과두제 엘리트와 외국자본이 결탁한 체제였다. 디아스는 외국자본들에게 이권을 나눠 주고 직접 뇌물을 받았고, 지방 이권은 주지사들과 유력자들에게 나눠 주는 시스템의 분배자 역할을 했다. 정치적 부패는 베일에 가린 채 개인적인 거래 차원에서 이뤄졌고, 아울러 이에 대해 비판을 하는 언론은 철저하게 탄압을 받거나 통제되었다(Krauze, 1997: Ch. 9).

2) 멕시코혁명과 제도혁명당 체제

1911년 혁명은 디아스의 장기집권 체제에 대한 자유주의 개혁가 세력의 비판에서 시작되었다. "재선반대, 유효투표"를 내세운 프란시스코 마데로(Franciso Madero)의 정치 슬로건은 곧 중간계급 지식인과 개혁가 집단의 열렬한 호응을 받았다. 이어 종속적 근대화로 중앙집권화로 피해를 입은 농민 세력과 북부의 민중 세력, 중농 세력도 혁명의 대열에 가세했다. 용광로 속에서 끓어 넘친 혁명은 소수의 과두제 엘리트에 기초한 디아스 체제와 이들의 정치·군사권력을 완전히 해체시켰다.

1917년 혁명헌법이 만들어졌고, 여러 차례 분파 투쟁을 겪은 이후에 혁명 체제는 공고해졌다. 혁명 이후 권력은 이제 한 사람의 독재자가 장악하는 것이 아니라, 나누어 향유하는 '공유' 개념으로 바뀌었다. 그렇다고 정치적 부패가 사라진 것은 아니었다. 여전히 혁명의 군사적 단계에서 결정적인 역할을 한 군벌들의 전횡과 부패가 만연했다. 장군들은 혁명 과정에서 몰수했던 아시엔다(hacienda: 대토지 소유자의 목장)를 하나씩 챙겼다. 혁명이 낳은 가장 뛰어난 군사전략가인 알바로 오브레곤 대통령도 이렇게 자랑하곤 했다. "5만 페소 대포알(뇌물)에 날아가지 않는 멕시코 장군은 없어"(Riding, 1989: 115). 1915년 레온 전투에서 팔 하나를 잃은 그에게 외국 방문객이 왜 그렇게 인기가 좋은지 물었던 적이 있었다. 그는 이렇게 응수했다. 팔이 하나뿐이어서 동료 장군들이 훔치는 것 반밖에 훔칠 수 없기 때문이라고(Knight, 1997: 222).

하지만 혁명의 결과 정치적 부패의 틀도 바뀌었다. 포르피리오 디아스 체제의 정치적 부패가 소수의 가문에 집중된 것이었다면, 혁명 이후 탄생한 새로운 지배계급은 여러 가지 측면에서 부패의 성격을 변화시켰다. 이제 부패는 중간계급과 군인의 참여로 "민주화"되었고 나아가 제도혁명당을 통해 "제도화"되었다(Katz, 2000).

첫째, 혁명 이후 국가는 비대해졌다. 자연스레 군부 예산이 증가했고, 또 국유부문도 팽창했다. 디아스 시대에는 통제 밖에 있던 외국자본에 대한 감시와 징세가 강화되었고, 나아가 석유 국유화 조치 같은 극적인 사건까지 있었다. 혁명 이후 권좌에 앉은 실력자들은 지방 군벌들에 대한 유화조치로 금전이나 고급 자동차를 뇌물로 주었고, 또 정치적 자리를 나눠 주기도 했다. 중앙은행(Banco de México)이 창설되어 제일 먼저 한 일도 군벌들에게 무차별로 융자해 준 것이었다. 이제 비대화된 국가부문은 향후 제도화될 정치적 부패의 저수지 역할을 할 예정이었다.

둘째, 혁명은 소수 과두제 지배에 대한 반발에서 출발했다. 따라서 농민, 노동자, 중간계급 모두가 궐기했고, 성공한 혁명에서 자신의 지분을 원했다. 혁명 이후 체제는 어느 한 세력이 독식할 수 있는 틀이 아니었다. 정치 엘리트 내부에서도 "단임 원칙"이 확립되었고, 안정적인 정치적 지지 기반을 확충하기 위해 대중조직들을 여당 내부로 끌어들였다. 집권여당인 제도혁명당의 전신은 바로 이러한 사회부문들을 결합한 "부문들의 정당"이었다. 노조를 대표한 멕시코노총(CTM), 농민조직을 대표한 멕시코농민연맹(CNC), 기타 민중소식을 포괄한 민중조직전국연합(CNOP)가 바로 집권여당의 부문으로 편입되었다.[5]

사회부문의 정당 참여는 결국 사회부문의 지도 세력에게 떡고물을 나눠 주는 후원-수혜 관계의 확장을 의미했다. 이제 노조관료제, 농민조합 간부들, 각종 사회단체들도 파이를 나누는 축제에 참여할 티켓을 얻었다. 이제 정치적 부패는 "자원배분"의 특성까지 띠게 되었다. 정치적 부패의 민주화와 대중적 기반 확충은 바로 멕시코 정치가 목말라 하던 정치적 안정을 가져다주었고, 또 어떤 점에서 체제의 정당성을 높이는 데 기여하기도 했다.

셋째, 그러나 제도혁명당과 같은 국가당(state-party)의 탄생은 정치적 부패가 제도화되고 구조화되는 결과를 낳기도 했다. 이 국가당은 시스템을 제어하고 통괄하는 제왕적 대통령이 장악했다. 제왕적 대통령은 6년 만에 태어나고 죽곤 했지만, 집권 기간 동안 그 누구도 그를 비판하거나 제어할 수 없었다. 의회와 사법부는 모두 대통령이 통괄하는 부서에 불과했다. 비판적인 여론은 1960년대 말엽에 가서야 움이 겨우 돋아났을 뿐이었다. 정치적 부패의 제도화는 비록 정치적 안정과 정당성을 제고하는 효과를 가져왔지만, 결국 예산의 낭비, 경제적 비효율에 뒤이어 정치적 실패의 제도화를 낳기도 했다. 정치적 부패는 상습화되었고, 교묘한 의례가 되었으며, 종국에는 멕시코 사회의 발전을 가로막는 암적인 존재가 되었던 것이다.

3. 정치적 부패의 원인

멕시코에서 사람들에게 정치에 대해 어떻게 생각하느냐고 물으면 대뜸 "정치는 부패"라고 대답한다. 한 학생에게 왜 사람들이 정치를 하느냐고 물으면 당연히 "돈벌이"라고 대답한다. 권력은 민중을 위해 행사되는 것

---

5) 이하 제도혁명당 체제와 대통령제의 특징에 대해서는 이성형(1998: 141~150)을 참조하였다. 대표적인 설명으로는 Camp(2003)도 참조하시오.

이 아니라 돈벌이를 하기 위한 것이라고 한다.[6] 누군가 거창한 공화주의적 덕성이나 공동체적 선의 추구와 같은 고상한 답변을 한다면, 아마도 일반 사람들로부터 정신병자로 몰릴지도 모른다. 정치는 은연중에 부패와 동일어가 되어 있다.

부패를 문화적으로 이해하는 입장에서는 "사회의 도덕적 허약성에서 기인하는 윤리적 쟁점"이나 "전통적 가치의 지속"으로 본다. 이미 오래 전에 클라우디오 벨리스는 '중앙집권주의'가 라틴아메리카 정치를 이해하는 키워드이며, 이것은 이베리아 전통으로 근대에도 꾸준히 계승되어 왔다고 주장한 바 있다(Veliz, 1980). 이런 논지를 이은 호르헤 네프(Jorge Nef)에 따르면 라틴아메리카의 부패는 문화적 산물로 "이너 서클 내의 특수관계(particularism), 형식주의(이중적 기준), 혜택을 주고받는 역할 기대, 코포라티즘, 권위주의, 중앙집권주의" 등의 산물이다(Morris 2003b: 4~5에서 재인용). 하지만 이런 문화론적 설명은 동일한 과거사와 이베리아적 유산을 지닌 칠레에서는 정치적 부패가 덜한 반면, 멕시코에서는 매우 심한 까닭을 설명하지 못한다. 멕시코는 부패에 관한 한 라틴아메리카 국가 가운데서도 랭킹이 높은 편이다.

도대체 멕시코의 정치적 부패는 어디서 기인하는 것일까? 대부분의 논자(Morris, 1991; Knight, 1996; Valdés, 2000)들은 한 목소리로 "국가와 사회의 구조적 불균형"에 기인한다고 주장한다. 국가는 모든 자원을 장악하고 있고 사회나 시장이 허약할 경우 모두들 국가로 달려갈 수밖에

---

6) 2004년 3월 멕시코 시티에서의 필자의 인터뷰, 마르코스 가르시아(대학생), 엘리어트 볼라뇨(회사원), 가브리엘라 디아스(대학원생). 「정치개혁 특별기획: 성공과 좌절의 조건」 가운데 멕시코 편. 정치가(el político)에 대한 정형화된 이미지의 변화에 대해서는 Monsiváis(1995)를 참조하시오.

없을 것이다. 2절에서 보았듯이 멕시코혁명 이후 국가는 일괴암의 구조로 비대해졌고 팽창했다.

첫째, 사람들은 일괴암적인 국가와 국가부문에서 사회적 신분상승의 기회를 엿볼 수 있었다. 민간부문에는 사회적 이동의 기회가 좀처럼 주어지지 않았기에 국가는 모든 사람들이 팔자를 고칠 수 있는 특권적 공간이었다. 핸슨(Hansen)에 따르면 1980년대 말엽 정권교체기에 18,000개의 선거직과 25,000개의 임명직이 교체된다고 한다. 스미스(Smith)에 의하면 정권교체가 있으면 모든 공직자의 3분의 1이 바뀐다고 한다(Morris, 1991: 43~4에서 재인용).

멕시코에는 전문화된 지식을 바탕으로 충원된 공무원 제도가 허약했다. 권력의 교체와 더불어 공직을 장악한 새로운 집권자들은 공직을 개인적 소유물로 인식했다. 이들에게 행정에 대한 전문성이나 실적은 부차적인 것이었고, 자신을 끌어준 상관에 대한 충성심이 우선이었다. 이들은 임기 6년마다 바뀌는 자리에 대한 보장이 없었기 때문에 당연히 그 자리에 있을 동안 무언가 챙겨야만 했다.

공직이 사적 소유물로 인식되었기에 어느 정도까지 부정과 부패를 자행해도 용인되었다. 부패에 관한 법제도도 허술했다. 만약 제3자에 의해 부정부패 의혹이 제기되는 경우, 제3자는 엄청난 증거서류를 제시해야 했기에 포기할 수밖에 없었다. 아니면 무고혐의로 오히려 죄를 덮어써야 할 판이었다. 설사 부패혐의로 공직자가 기소되더라도 회계감사 규정이나 관련 법적 근거가 모호한 경우가 많아서 가벼운 처벌을 받기가 일쑤였다. 일반적으로 관료 행정의 법규는 미비했기에 관료 행정의 자의성은 대단히 높은 편이었다. 예컨대 재무부(SHCP)가 모든 징세업무를 관장하지만, 실제로 항만이나 도로에서 세금이나 서비스 요금을 부과하는 부처는 체신교통부(SCT)이다. 당연히 체신교통부 공무원들은 관련 행정을 수행하는 가운데 자의적으로 세원을 잘라먹을 수 있었다.

둘째, 이 거대한 국가조직은 사회세력들까지 포섭을 하고 있기에 난 공불락의 요새를 구축한 것이나 다름없다. 혁명 이후 탄생한 제도혁명당 체제는 무엇보다 노동, 농민, 시민사회 조직들을 정당 조직 내부로 끌어 들였다. 자연스레 국가–당–사회의 전도 벨트가 만들어졌다. 기업 조직이 여기에서 빠져 있었지만, 그것은 전혀 문제가 되지 않았다. 기업인들은 오히려 정당정치의 매개 없이 대통령과 고위 공직자에게 직접 협상을 하고 뇌물을 주었기에, 소문도 나지 않고 큰 돈벌이가 가능했다. 벤 로스 슈나이더의 표현에 따르면 멕시코 자본주의는 "경영기술보다 튼튼한 정치적 연줄망이 더욱 중요한" "정치적 자본주의"(political capitalism)라 부를 수 있다(Morris, 1991: 52). 정치적 자본주의에 맛을 들인 멕시코 기업인들에게 위험부담이나 이노베이션 같은 말은 정신 나간 사람들의 기행이었다. 비공식적으로 만나는 저녁 자리는 의례 거액의 돈과 정부 프로젝트를 교환하는 장이었다.

노조관료제는 기층 노동자들에게 고용안정과 제한적인 복지를 제공하면서, 대신 기업이나 정부로부터 이권을 받아 챙겼다.[7] 이들은 "애인계약"(sweetheart contract)이란 이름으로 기업이 주는 떡고물을 챙길 수 있었고, 정치권으로부터 다양한 임명직이나 선거직을 보장받았다. 언론이라고 부패의 네트워크에서 자유롭지 않았다. 멕시코에서 언론에 건네지는 "돈봉투(embute)는 국가제도"라는 우스갯소리까지 나돌 정도였다.[8] 신문은 봉투의 두께에 따라 자기검열에 충실했고, 방송사는 정부나 공기업의 거액 광고비를 직절하게 챙기면 되었다.

당연히 국가를 감시할 시민사회는 허약했다. 시민사회에 사회적 이

동의 기회가 존재하지 않았기에 사람들은 애써 발길을 돌렸다. 멕시코
에서는 지식인도, 예술인도 국가로부터 자유롭지 못했다. 모두 교육부
나 문화예술진흥원의 기금에 직·간접적으로 영향을 받고 있었기 때문이
다.[9] 벽화예술이나 민족음악 진흥도 모두 국가 예산의 지원이 없었더라
면 힘들었기에, 국가를 노골적으로 비판하거나 정치인들을 비난할 수 없
었다. 이런 와중에 1968년 올림픽 개최를 반대하는 멕시코시티 대학생
들의 시위는 시민사회에서 최초로 터져 나온 아우성이었다.

4. 정치적 부패의 결과

앞에서 보았듯이 혁명 이후 탄생한 제도혁명당 장기집권이 낳은 정치적
'부패가 가져다 준 이점'도 있었다. 첫째, 멕시코 체제는 다른 중남미 국
가들에서 볼 수 없는 정치적 안정과 정당성을 제고시켰다. 이 체제는 이
런 정치적 안정성을 바탕으로 1940년부터 1980년까지 매년 6%의 고도
성장을 했고, 소위 '멕시코의 기적' 시대를 만들기도 했다. 엘리트들은 6

---

7) 멕시코에서 가장 강하고 라틴아메리카에서 가장 부유한 석유노조(STPRM)의 예를 들어보
자. 1970년대까지 국영기업 석유공사 페멕스의 계약 가운데 85%가 수의계약으로 이뤄졌
다(Morris, 1991: 48). 당연히 페멕스는 정치적 부패와 수뢰 스캔들로 악명을 떨쳤다. 앨런 라
이딩에 따르면 "1946년에 이미 페멕스는 민간기업과의 계약고 가운데 2%를 노조에게 주었
다." 석유노조는 클로즈드 숍(채용시 노동조합원임을 고용조건으로 내거는 것)이었기에 노조비
로 임금의 2.5%를 챙겼고 고위직을 제외한 모든 인력을 선별적으로 공급했다. 1980년대 초
반에는 시추 계약의 40%, 여타 계약의 50%를 할당받았다. "멕시코 석유의 진정한 주인은 페
멕스 노조 지도자들이었다"고 라이딩은 비꼰다(Riding, 1989: 171).
8) 언론과 정부의 유착에 대해서는 Riding(1989: 124~6)을 참조하시오.
9) 멕시코의 문화적 민족주의를 대표하는 벽화예술이나 국민음악도 모두 교육부의 지원에 따
른 것인데, 여기서 문화(인)의 국가에 대한 종속을 잘 보여 준다(이성형, 2006).

년 단임 원칙을 바탕으로 정치적 자원을 나누었고, '부패를 민주화'함으로써 체제에 대한 정당성을 제고시켰다. 둘째, 정치적 부패나 향응 제공이 필요한 경우에 개인이나 집단에 선택적으로 행해졌기에, 체제를 위협하는 계급이나 집단의 수평적 동원이 저지되었다. 이런 특징들 때문에 멕시코의 제도혁명당 체제(1929~2000)는 볼세비키당의 집권 역사에 버금가는 장기적 집권과 정치적 안정을 누렸던 것이다.

그러나 부정적인 효과도 컸다. 정치적 부패는 40년간 6% 성장률이 이어지면서 제도화되었고, 시스템 전체에 관료적 비효율성을 내장시켰다. 귀중한 재원은 낭비되었다. 관리들이 "10페소 훔치기 위해서 100페소가 불필요한 곳에 낭비되었다"(Morris, 1991: 70). 정부재정으로 유지되는 사회 프로그램은 확충되었지만, 방만하게 운용되었다. 곳곳에서 혈세가 새나갔고, 새는 곳에는 그곳에 기생한 관료들과 기업인들이 몰려있었다. 1970년대에는 그동안 이렇게 유지되어 온 수입대체산업화의 한계가 뚜렷이 보였다. 이 시점 멕시코 사회는 새로운 변화를 모색해야 했지만, 1982년 외채위기가 도래할 때까지 엘리트들은 불감증에 빠져 있었다. 정치적 부패의 사슬은 너무 강했고, 그 유혹은 뿌리치기 힘들었기 때문이었다.

제도화된 정치적 부패의 사슬은 비단 국가부문에 국한되지 않았다. 시민사회 전역에 부패가 확산되었다. 기업인들은 의당 세금을 포탈하는 것을 당연시했고, 많이 떼먹을수록 그 사회에서 영웅내섭을 받았다. 기업인들도 로빈 후드 흉내를 내었던 것이다. 젊은 나이에 출세한 관료도 저녁 식사 시간에는 "자신이 어떤 보직에 있을 때 힘이 막강했다느니, 그 시절에 받은 커미션으로 어디에 투자했다느니" 하는 영웅담에 열중했다. 멕시코는 정치적 부패에 관한 한 소영웅의 세계였다.[10] 기회만 주어진다면 누구라도 영웅이 되고 싶어 했다.

중간계급의 도덕성도 마찬가지로 왜곡되었다. 사회를 떠받쳐야 할 이들의 개인적 도덕심과 책임감은 상실되었고, "부패는 어쩔 수 없는 현상"이라는 패배주의와 타성에 침몰했다. 하급 경찰은 상사에게 뇌물을 바쳐야 했기에 기회가 되면 돈을 요구했다. 또 낮은 임금에 일도 고되었기에 하급 경찰직은 범죄자가 도피하는 피난처가 되기도 했다. 경찰과 공무원, 나아가 정부에 대한 불신은 멕시코 사회를 점차 좀먹어 갔다. 혁명 이후 만들어진 사회는 적어도 1970년대에 들어와서 그 활력을 상실해 가고 있었던 것이다. 사회는 부패와 환멸로 찌들어 갔고, 급기야 급진적인 학생운동 세력 가운데 일부가 게릴라 운동에 투신하는 경우까지 생겼다. 학생운동과 노동자들의 동원과 시위도 있었고, 양심적인 기자들의 고발도 있었지만 멕시코 사회는 국가의 압도적인 힘에서 여전히 벗어날 줄 몰랐다.

5. 국가당 체제 하의 반부패 운동의 패턴

멕시코의 정치적 부패는 체제적인 특성을 지닌다. 막강한 제왕적 대통령이 통제하는 시스템이 작동한 결과이기 때문이다. 대통령의 권한은 우

---

10) 최근 『포춘』(*Fortune*)에 의해 세계 최고의 부자로 등극한 카를로스 슬림(Carlos Slim)은 살리나스와의 거래로 자신의 카르소 그룹보다 몇 배나 큰 텔멕스를 인수할 수 있었고 또 통신 분야에서 거의 독점적인 시장 지배력을 유지할 수 있었다. 1982년의 외채위기 시나 2005년의 금융위기에서 구제금융(Fobaproa)의 혜택을 받은 기업(인)들의 명단이 유사한 것도, 2005년의 수혜자 명단이 공개되지 않은 것도 기업과 정부의 석연치 않은 거래관계를 반영한다. 구제금융의 의혹에 대해서는 Farber(coord.)(1998)를 참조하시오.

선 초헌법적이다. 그는 상원과 하원에서 압도적인 다수를 장악하고 있는 제도혁명당의 수장으로 모든 선거직의 후보를 임면할 권한을 갖고 있다. 심지어 선거직인 주지사를 해임시킬 수도 있는 '초헌법적' 권한을 지니고 있다. 어떤 주지사도 그에게 저항을 할 수가 없다. 정치적 장래가 끝나기 때문이다. 게다가 대통령은 후임 대통령 후보를 당대회에서 지명(dedazo)할 권한을 가지고 있다. 따라서 자신의 임기 동안 저지른 모든 행위를 완벽하게 방어할 수 있다. 심지어 헌법 제108조에도 "공화국의 대통령은 매국적 행위나 공공질서에 반하는 심각한 범죄 이외에는 임기 중 직무수행으로 기소되지 않는다"는 면책특권 조항이 있다. 따라서 멕시코에서 제도혁명당 집권 시절 정치적 부패의 정점은 언제든지 완벽하게 보호를 받았다(이성형, 1998).

그렇지만 1970년대 들어와서 시스템의 효율성이 떨어지며 사회적 위기가 빈발하게 되자, 점차 정치적 부패가 쟁점화되었다. 이 시점에서 등장한 것이 부패퇴치운동 캠페인이었다. 그렇지만 시스템 자체의 개혁이 아닌 다음에 정치적 부패가 척결될 리가 만무했다. 부패퇴치운동 캠페인은 주기적인 사이클에 따른 행사가 되었고, 부패 관행은 계속 유지되었다. 직업공무원 제도가 안착되어 있지 않은 데다, 대통령이 바뀔 때마다 대거 공무원을 물갈이하는 전통으로는 관료제의 무책임, 자의성, 부패를 척결하기 힘들기 때문이다. 그렇지만 부패퇴치운동이 주기화되면서 1970년대 이래 6년 단임제 임기는 아래와 같이 독특한 패턴을 지닌 모습을 띠게 되었다(Morris, 1991: 83~91).

대통령이 취임한 첫해는 공직자들을 임명하고, 업무를 파악하며 장악하는 한 해로 보낸다. 둘째 해에 들어서면 새 정부의 개혁 정책과 프로그램들이 본격적으로 입안되고 집행에 옮겨진다. 이 시기는 넷째 해까지 이어진다. 다섯째 해에 들어서면 새로운 개혁 정책이나 프로그램은 더이상 도입되지 않고, 기존 프로그램에 대한 예산 지출이 대폭 증가된다. 해당 부처의 장은 자신의 족적을 남기고 생색내기에 안간 힘을 다한다. 임기 마지막 해는 특별히 "이달고(신부 출신으로 멕시코의 독립을 외친 최초의 독립영웅)의 해"라 불린다. 공직 퇴출 직전이므로 챙길 것은 모두 챙겨서 떠날 준비를 한다. 이 시점에는 공무원들은 이렇게 말한다. "이달고의 해다. 뭘 남기고 가는 놈은 바보야."(Este es el año de Hidalgo, chin-chin el que deje algo.)

이런 사이클 가운데 부패퇴치 캠페인은 집권 초기에 행해진다. 이 정치적 의례는 1977년 로페스 포르티요 정부, 1983년 델 라 마드리드 정부, 1989년 살리나스 정부, 1995년 세디요 정부에서 어김없이 진행되었다. 이 캠페인이 시작된 까닭은 앞에서도 지적했듯이 1970년대에 보인 경제 성장률의 둔화였다. 경제가 침체되자, 자연히 중간계급과 학생들이 정부의 부패에 대해 강도 높게 비판을 하고 나왔기에, 정치권에서도 이를 무마해야만 했던 것이다.

그렇지만 부패퇴치 캠페인은 독특한 메커니즘으로 변질되었다. 첫째, 이 시점부터 캠페인은 전임 정부와 결별하면서 정적을 숙청하는 장치가 되었다. 물론 전임 대통령의 부패와 수뢰를 둘러싸고 고심하는 경우는 있었지만, 전임은 끝까지 보호되었다. 온갖 수사(레토릭)가 난무하고 표적 수사망에 걸린 공직자나 노조간부를 처벌했지만 그것은 주로 정적에 해당하는 경우가 많았다. 때때로 구조적이고 제도적인 개혁조치가 도입되기도 했지만, 이런 의례적 조치로 제도화된 정치적 부패를 제어하긴 힘들었다. 둘째, 신정부는 반부패운동을 통해 전임 정부에게 모든 실패의 책임을 지우고 새로운 개혁 프로그램을 홍보하며 정당성을 제고시키는 캠페인을 벌였다. 이와 더불어 신임 대통령의 통제력이 곳곳에 침투할 수 있도록 '정치적 길들이기'로도 활용했다.

이제 6년간 임기는 독특한 주기를 갖게 되었다. 집권 초기 2년 정도는 강도 높은 부패퇴치운동이 진행된다. 이 시점 정치적 부패 현상은 다소 줄어든다. 그렇지만 임기 말기에 들어서면 다시 정치적 부패 현상은 급등하면서 권력 교체가 이루어진다. 다음 정권에서도 이런 사이클은 또 다시 반복된다.

부패퇴치운동이 아무런 효과가 없었던 것은 결코 아니다. 아무래도 새로운 제도가 도입되면서 불분명한 규정들이 명료화되고 그만큼 관료 행정이 투명해지는 것은 사실이다. 그러나 멕시코의 정치적 부패는 관료 행정만의 문제가 아니라 시스템 전체에 걸린 문제이기 때문에 국가당 제도와 제왕적 대통령제에 변형이 가해지지 않는다면 결코 척결할 수 없다. 왜 그동안의 수많은 노력이 큰 효과가 없었는지 자세히 알아보자.

6. 부패퇴치운동의 한계

1976년에 집권한 호세 로페스 포르티요(Jose Lopez Portillo) 대통령은 반부패운동을 강도 높게 추진하고 나왔다. 우선 의회에서 제도혁명당을 견제할 야당을 끌어들이기 위해 '정치적 개방'을 단행했다. 이에 따라 공산당까지 제도권에 들어올 수 있도록 선거 및 정당법을 바꾸었다. 아울러 공직자 의무에 관한 법률을 제정하여 법무부에 고위 공직자들이 정기적으로 재산을 등록하도록 했다. 또 재정을 효율화하기 위해 '기획예산부'를 창설하고 이 부처에 정부기능을 재조직하게끔 하는 권한을 주었다. 이러한 수많은 조치에도 불구하고, 그는 석유자원 개발을 이유로 들어온 수많은 차관기금을 잘라 썼고, 또 대규모 부동산 투기혐의의 의혹을 받았다.

1982년에 집권한 델 라 마드리드(Del la Madrid) 대통령은 비교적 부패 혐의가 적은 예외에 속한다. 그는 정치적 부패를 척결하기 위해 '도덕적 혁신' 운동을 제창했고, 정부의 모든 행정과 프로젝트를 감시하고 조사할 감사원(SGCF)을 창설했다. 그렇지만 창설할 당시의 의지와는 관계없이 감사원장은 행정부 산하의 한 기관장에 불과했다. 결코 멕시코 정부의 '반부패 차르'로서 독립성을 지닐 수 없었던 것이다. 게다가 그도 로페스 포르티요 전임 대통령의 수뢰, 부패 스캔들은 끝까지 보호해 주어서, '도덕적 혁신' 운동은 요란한 선전문구에 불과함을 증명했다(Morris, 1991: 98).

1988년 선거에서 제도혁명당의 인기는 땅에 떨어졌다. 1982년 외채위기 이후 경제적 침체가 지속되고, 정권의 부패와 무능이 점차 대중들에게 각인되자, 그동안 체제 내에서 수동적 지지를 일관하던 일반 국민들조차 변화를 열망하게 되었다. 델 라 마드리드에 이어 또 기술관료 출신인 살리나스가 대통령 후보에 나서자, 제도혁명당 내 정치관료 세력 일부는 노골적으로 불편한 심기를 표현했고, 페멕스 노조위원장 '라 키나', 즉 로드리게스 데샹(Rodríguez Deschamps)은 대선에서 지지를 하지 않겠다고 선언했다. 제도혁명당 내에서도 '민주적 경향'을 대변하던 쿠아우테목 카르데나스(Cuauhtémoc Cardenas)가 당을 뛰쳐나갔고, 이어 민족민주전선(FDN)의 후보로 선거에 나섰다.

선거는 수도권과 도시에서 높은 지지도를 보였던 카르데나스 후보와 살리나스 사이의 접전으로 전개되었다. 박빙의 선거전이 끝나고, 개표가 시작되자, 제도혁명당 정부는 당황했다. 수도권 전역에서 야당 후보의 지지표가 예상과 달리 강세를 보이자, 선관위는 컴퓨터 시스템을 꺼 버렸다. 이로써 그동안 멕시코 정치를 좌지우지한 시스템도 깨졌던 것이다. 며칠 뒤 선관위는 살리나스 후보의 승리를 일방적으로 선언했다. 수작업의 결과라고 그들이 주장했지만, 국민들은 냉담했다. 살리나스 후보는 멕시코 선거 역사상 처음으로 정당성 위기에 노출된 대통령이 된 것이다.

살리나스 대통령은 당선이 되자 전광석화처럼 정적 제거에 나섰다. 당장 페멕스 위원장과 주변세력들을 부패혐의와 불법 총기 소지 혐의로 감옥에 집어 넣었다. 이어서 노조관료제 가운데 비협조적인 세력을 모두 제거했다. 그 역시 정치권력을 공고화하는 한 메커니즘으로 부정부패 척결 구호를 내걸었던 것이다.

신임 대통령은 전임자가 완만하게 추진하던 신자유주의 개혁을 빠른 속도로 밀어부쳤다. 일방적인 대외무역 개방, 민영화와 규제완화, 농지개혁(에히도 제도의 민영화, ejido: 멕시코 고유의 토지 공동경작 제도)을 실행하여 내외 자본의 요구에 부응한 다음, 북미자유무역협정 협상에 나섰다. 미국의 부시-클린턴 행정부도 멕시코 경제의 변화를 열렬히 환영했고, 이에 따라 북미경제통합은 급물결을 타게 되었다.

문제는 국가와 국가부문의 조직적인 퇴각이 진행된 이 시점에, 즉 정치적 부패의 제도적 기반을 해체하고자 하는 개혁 운동의 와중에서 멕시코 역사상 가장 친문학적 부패가 자행되었다는 아이러니에 있다. 살리나스 행정부는 재임기간(1988~94) 동안에 공기업을 대규모로 매각했다. 총 매각 대금은 753억 누에보 페소(약 220억 달러)에 달했다. 로페스 포르티요 임기 말에 국유화한 은행 18개, 멕시코 전화국(텔멕스), 제당공장, 제철소 등이 주요한 매각 기업들이었다.

민영화 방식이 문제였다. 한 논자의 표현대로 민영화는 "고난도의 정치적 거래"였다. 살리나스는 재무부 장관과 협의 아래 대부분의 알짜 기업들을 제도혁명당의 재정위원으로 있는 기업인들에게 넘겨주었다. 카르소 그룹의 카를로스 슬림은 대통령과의 친분을 이용하여 자신의 기업보다 몇 배나 덩치가 큰 텔멕스를 손에 넣었다. 이 가운데 거금의 돈과 지분이 살리나스에게 흘러 들어갔다는 이야기가 비판적 언론에서 흘러 나왔고, 대중들 사이에 회자되었다.[11] 민영화 과정은 하원의 감시와 감독을 피해서 대통령-재무장관-해당 기업 사이의 거래로 진행되었다. 민영화에 관련된 서류들조차도 대통령의 임기가 종결된 이후 의회에 형식적으로 보고되었으며, 그것도 대부분 주요 서류들은 누락된 채 전달되었다. '천문학적인 부패'가 신자유주의 개혁의 전도사에 의해 자행된 것이다. 대통령의 권력은 여전히 신성불가침의 영역에 존재했던 것이다(이성형, 1998).

카를로스 살리나스 대통령의 급진적 개혁은 후유증이 컸다. 임기 말기에 그의 에히도 개혁에 반발을 느낀 치아파스 주 마야 원주민들이 반란을 일으켰다. 후계자로 지명한 콜로시오 후보는 대통령 선거 유세 가운데 의문의 죽음을 당했다. 제도혁명당의 사무총장인 호세 프란시스코 마시에우도 정치적 암살로 비명횡사했다. 그동안 유지되어 온 멕시코 정치 엘리트 내부의 동맹마저 금이 갔던 것이다. 더욱 심각한 것은 마약 카르텔의 돈이 정치권으로 스며들었고, 정치적으로 영향력을 행사하기 시

---

11) 실제로 미국 로펌의 변호사로 텔멕스 민영화 과정에 참여했던 에이미 추아(Amy Chua) 예일대 교수는 기업과 정부의 추악한 거래를 그녀의 저서 『불타는 세계』(*World on Fire*)에서 고백하고 있다.

작했다는 점이다. 비판자들은 드디어 멕시코 정치마저 '콜롬비아화'되고 있다고 주장했다.

뒤이어 출범한 세디요 행정부(1994~2000)는 임기 초기에 페소위기까지 맞이했다. 경제적 파산은 결국 미국 정부와 IMF가 제공한 긴급융자로 막을 수밖에 없었다. 후유증은 너무 심했다. 기술관료 출신으로 콜로시오의 선거대책 본부장을 역임했던 세디요는 살리나스와 결별의 수순을 밟았다. 그러나 그 역시 살리나스의 부정과 부패를 직접 거론할 수 없었다. 멕시코 정치에서는 건드릴 수 없는 성역이었기에, 그도 어쩔 수 없었다. 세디요는 법무장관에 야당인 국민행동당 인사를 임명했다. 수사에 대한 국민들의 불신을 어느 정도 해소할 수 있으리라 기대했던 것이다. 그렇지만 콜로시오의 암살 사건은 영원한 미제 사건으로 덮어 두었다.

그는 대신에 손쉽게 해결하면서 자신의 권력을 공고화할 사건을 찾았다. 그 결과 마시에우의 암살 배후로 지목되고 있던 살리나스의 형 라울을 희생양으로 삼았다. 라울 살리나스는 동생이 대통령으로 재임하던 시절 온갖 이권에 개입하여 국민들 사이에 평판이 좋지 않았기 때문에 쉽게 넘어뜨릴 수 있었던 것이다. 게다가 전임 대통령에 대한 강력한 경고의 메시지도 담을 수 있었다. 세디요 행정부 검찰은 라울 살리나스가 전국생필품공급회사인 코나수포(CONASUPO)의 이권에 개입한 증거를 쉽게 찾아냈다. 그를 조사하는 과정에서 멕시코시티 도처에 가지고 있던 부동산 80여 곳이 드러났고, 스위스를 위시한 외국 은행들에 은닉해 놓은 의문스런 구좌들도 다수 확보되었다. 1996년 초 그의 비밀구좌에는 1억 3,500만 달러가 있었고, 4억 달러가 넘을 것이란 추정도 있었다(Morris, 2000: 230~231). 살리나스 대통령은 퇴임 이후 자신과 가족의 무죄를 주장하며 단식 농성까지 벌였지만, 라울 살리나스는 결국 감옥으로 들어갔다. 살리나스 역시 쓸쓸하게 아일랜드의 더블린으로 자의 반 타의 반으로 망명길에 올랐다.[12] 그렇지만 그 자신의 은닉 재산과 부정 축재에 대해서는 철저하게 덮어졌다.

7. 폭스 정부의 반부패 드라이브: 성과와 한계

1) 단절과 지속

2000년 7월 2일의 선거에서 결국 71년간 유지되어 온 제도혁명당 정권 의 장기집권이 끝났다. 우익야당인 국민행동당의 후보 비센테 폭스가 '변화'를 내걸며 당선된 것이다. 비센테 폭스는 이제 더 이상 부패정권이 지속되어서는 아니 된다고 국민들에게 호소했고, 제도혁명당 정권의 정 치적 무능과 부패에 염증을 느낀 국민들은 조용히 선거혁명으로 권력을 교체했다.

　　야당으로 정권이 이동한 것은 멕시코 정치에서 신기원이었다. 그동 안 유지되어 온 국가당 체제는 이제 어떤 형태로든 변형될 수밖에 없었 다. 국가와 사회의 연계 시스템도 이제는 변할 수밖에 없었다. 멕시코 의 회 정치는 1997년부터 여소야대의 국면에 들어갔고, 하원에서는 3당이 치열하게 경합을 했다. 막강한 대통령의 권력은 이제 조금씩 약화되기 시작했던 것이다. 폭스 정부도 의회에서 과반 의석에서 크게 미치지 못 했기에 의회는 3당 체제로 '분점정부'가 계속될 수밖에 없었다. 제왕적

---

12) 살리나스는 세디요 정부 내내 자신의 정치자금으로 국내정치(제도혁명당 내 지지자들)에 영 향력을 행사하려고 노력했고, 실제로 더블린에서 송금과 팩스 보내기에 열중한 것으로 알 려져 있다.

대통령제는 교체정부(gobierno de alternancia)와 더불어 허약한 대통령제로 바뀌었다.

2000년에 집권한 폭스 행정부는 아무래도 과거의 국가당 체제와는 다를 수밖에 없었다. 무엇보다 1990년대 신자유주의 정책의 지속과 국가의 위축으로 국가-사회의 위상이 변화되었다. 이제 국가가 돈을 흥청망청 쓰던 시대는 지났다. 긴축예산의 10년을 지나면서 국가가 동원할 수 있는 재원은 위축되었고, 민간기업 부문의 역량이 매우 커졌다(Morris, 2000: 232~233).

둘째, 폭스 행정부는 분점정부로 의회와 정당에 대한 장악능력이 약하기 때문에, 헌법에 보장한 자신의 권한 이외 초헌법적 권능을 행사할 수 없다. 게다가 국민행동당은 하원과 상원 모두에서 과반수 의석을 장악할 수 없었고, 어떤 법률이라도 통과시키려면 제도혁명당의 협조가 필수적이다. 따라서 제왕적 대통령제에서 자행되는 정치적 부패의 영역은 이제 축소되었다고 말할 수 있다. 그러나 제도혁명당의 협조 없이는 무엇도 할 수 없기에 과거 제도혁명당 체제가 자행한 정치적 부패 구조를 과감히 도려낼 수도 없는 반쪽 대통령이 되어 버린 것이다. 그래서 정권교체는 이뤄졌지만 여소야대의 갈등구조 속에서 제도는 허약하게 되었고, 이에 따라 명쾌한 정책을 추진하기가 어렵게 되었다(Acosta, 2004: 21). 국민들은 국민행동당의 실용주의를 연속성으로 바라보지 단절이라고 생각하지 않는다.

사실 폭스 정부가 중반기에 들어선 2004년만 해도 부패 스캔들은 그칠 줄 몰랐다. 연초에 원래 정부의 연립여당이었던 녹색당(PVEM) 총재가 칸쿤의 개발업자에게 이권을 주고 2백만 달러를 챙기려던 대화가 녹취되어 공개되자 스캔들이 터졌다. 뒤이어 중도좌파인 민주혁명당이 장악하고 있는 시 정부에서도 건설업자가 재무담당에게 정기적으로 현금 가방을 제공하는 비디오가 공개되어 논란이 불거졌다. 두 사건 모두 정부와 여당의 음해라고 야당은 공박했지만, 부패의 관행에서 여야는 정도의 차이에 불과했다. 대통령 주변도 별다를 것이 없었다. 부인 마르타 사아군이 운영하는 재단 〈바모스 메히코〉는 재벌들로부터 후원금을 받아서 자선행사를 한다고 했지만, 이는 대권에 욕심이 있는 부인의 사전선거행위라고 비난받았다. 더구나 재단은 한 번도 충실하게 자금내역을 공개한 적이 없었다. 국민들은 변화에 대한 열망을 접어야만 했다.

폭스 정부의 반부패 척결의지와 그 한계를 잘 보여 준 대표적인 것이 페멕스게이트(Pemexgate)와 '아미고스 데 폭스' 사례이다.[13] 정치적 부패의 척결에 관한 한 멕시코가 걸어야 할 길은 멀고 험난하다는 교훈을 이 두 사건이 잘 보여 준다. 페멕스게이트의 내용은 아래와 같다. 대형 국영회사 멕시코석유공사(Pemex)는 2000년 선거 직전에 노조 지도부에게 공사의 공금 1억 1천만 페소를 대출해 주고, 노조 지도부는 이 가운데 5천만 페소를 제도혁명당 지도부에 넘겨주었다. 이는 정당 지지자가 법적으로 가능한 기여금의 한도를 초과하는 금액이었기에, 연방선거위원회(IFE)에 제출하는 재정보고서에는 누락시켰다. 이는 과거와 같은 제도혁명당 시절에는 의례 있었던 코포라티즘적 관행에서 다반사 볼 수 있었던 일이었다. 이런 문제점이 민주혁명당에 의해 제기되어 언론에 보도되자, 폭스 행정부는 정치적 부패를 척결할 호재를 만났다. 이 사건은 코포라티즘 노조와 제도혁명당이 연계된 정치적 거래가 적나라하게 드러

---

13) 이에 대한 연방선거위원회의 대응에 대해서는 Peschard(2006: 97~100)을 참조하시오. 두 사건에 대한 가장 포괄적인 연구서로는 Córdoba y Murayama(2006)이 있다.

냈고, 여소야대에서 계속 밀리던 정부 여당은 이 건을 계기로 제도혁명당에 공세를 펴부을 수 있었다.

페멕스 노조의 '마피아' 세력들은 '라 키나'(살리나스 행정부 초기 시절에 노조위원장을 했다. 공금유용과 부패로 악명이 높았고, 결국 살리나스에 의해 감옥에 들어갔다) 시절 이래 정치적 부패와 반민주적 행태로 악명이 높았다. 이 사건은 노조기금과 공금을 마음대로 유용한 위원장 로드리게스 대샹의 사법적 처리에 국한된 사건만은 아니었다. 대샹은 제도혁명당 소속의 하원의원이기도 했고, 이와 더불어 당내에 큰 세력을 형성하고 있던 2000년 대선후보 라바스티다 파와 연계되어 있었기에 제도혁명당을 길들일 수 있는 대형사건이었다.

폭스 정부는 이 사건 처리를 둘러싸고 혼란에 빠졌다. 사건을 엄정하게 수사하여 그동안 부패와 권위주의로 얼룩진 제도혁명당 부패 고리를 일거에 혁신하고, 코포라티즘 노조관료제에도 손을 대느냐, 아니면 수사를 적절한 선에서 마무리 짓고 제도혁명당 지도부와 협상하느냐 하는 고민에 빠진 것이다. 만약 제도혁명당 지도부가 협조해 준다면, 그동안 부결된 각종 개혁법안(재정개혁안이나 향후 처리할 전력산업과 에너지산업의 민간부문 개방안, 그리고 노동법 개혁안)이 의회에서 순조롭게 처리될 가능성이 높았기 때문이었다(Romero y Gutiérrez, 2002: 71~4). 연방선거위원회는 1억 페소의 벌금(할부 분납 조치)을 부과하는 조치를 취했다. 과거에 비하년 상도 높은 처리였으나, 코포라티즘적 관행을 뿌리 뽑는 정치적 조치로 나아가지 못하는 안타까움을 남겼다.

여소야대에서 각종 개혁입법을 하나도 처리하지 못한 씁쓸한 경험이 있는 폭스 정부는 반부패 담론의 기치를 높이 들었음에도 불구하고, 향후 제도혁명당의 협조를 사기 위해 적당한 수준에서 봉합한 것이다.

부패한 노조이지만 엄정한 수사를 강행했다가는, 페멕스 노조의 파업이 일어날지도 모르고(파업이 일어났더라면, 가뜩이나 어려운 경기에 심각한 후유증을 남겼을 것이다), 또 제도혁명당과의 정치적 관계도 금이 가서 임기 말까지 여소야대 정국에서 고전을 면치 못하기 때문이었다. 따라서 모처럼 정치적 부패에 대한 고리를 끊어 내고 국민적 여론을 동원할 수 있는 좋은 기회인데도 불구하고, 부패한 국가 코포라티즘 체제를 혁신할 기회를 놓쳤던 것이다. 로렌소 메이예르 교수의 표현대로 "과거와 단절하기에는 변화에 대한 의지가 부족했던" 것이다.[14] '변혁의 정부'는 변화보다는 연속성을 택했다.

　다른 한편 폭스 정부 자체도 선거과정에 각종 부정을 저질러 야당의 공세를 받았다. 그것이 3년간 조사가 진행된 '아미고스 데 폭스'(Amigos de Fox) 사건이다. 아미고스 데 폭스는 1998년에 결성된 폭스 후보 추대 그룹으로 291명의 개인과 54개 기업이 개입되어 있었다. 이들이 모금한 기금으로 폭스 후보는 공식적인 선거전이 시작되기도 전에 유수 방송사의 스팟광고를 방영했고, 이것이 나중에 문제시된 것이다. 연방선거위원회의 미심쩍은 조사에 불만을 품은 제도혁명당은 곧 연방법원 선거재판소에 수사를 의뢰했다. 재판소는 연방선거위원회가 관련 은행계좌를 추적할 수 있다고 판결을 내렸고, 이에 따라 선거위의 조사가 다시 재개되었다. 하지만 다시 피의자들은 구속적부심을 청구하여 집요하게 조사를 방해했다. 연방선거위원회는 결국 금융계좌를 확보하여 재정보고서에 누락된 910만 페소의 돈이 국민행동당과 녹색당으로 흘러 들어갔음을

---

14) 2004년 3월에 가진 필자와의 인터뷰.

<표 7> 상하원의 3당 체제: 여소야대의 분점정부

연도	상원(128석)		하원(500석)		
	2000	2006	2000	2003	2006
국민행동당(PAN)	47	52	207	148	206
제도혁명당(PRI)	59	33	208	201	106
민주혁명당(PRD)	16	29	53	97	127
기타	6	14	32	54	61

출처: www.senado.gob.mx; www.diputados.gob.mx

밝혀내었다. 아미고스 데 폭스 사건은 불법적인 소스의 자금 모집(기업체와 외국인), 캠페인 비용의 법정 상한선 초과, 정당 이외에 금지된 사적 조직을 통한 모금 등을 자행한 사건으로 국민행동당 역시 선거법을 잘 지키지 않았음을 보여 준 사건이었다. 하지만 정부여당이란 프리미엄으로 솜방망이 조사에 5,450만 페소의 벌금으로 막을 내렸다.

정치자금에 관한 두 스캔들을 조사하는 와중에 열린 선거에서 국민행동당은 반부패 드라이브에도 불구하고 하원에서 의석을 59석이나 잃었다(<표 7> 참조). 반면에 제도혁명당은 부패 스캔들에도 불구하고 비교적 선방을 하여 의회에서 제1당의 지위를 고수했다. 이는 멕시코인들이 "한편으로는 공적 부패를 거부하지만, 다른 한편으로는 부패가 효율성을 높인다면 이를 수용할 수도 있다"는 이중적 태도를 지니고 있음을 반영한다(Latinobarómetro, 2002; Peschard, 2006: 102에서 재인용). 하지만 국민들의 정치에 대한 불신은 극에 달했다. 2003년의 선거 불참률은 2000년의 36%를 크게 넘어서 거의 60% 수준으로 상승했던 것이다(Anuario La Jornada, 2003: 114).

이제 이를 요약해 보자. 정권 교체와 더불어 제도혁명당의 국가당 체제가 지니고 있는 구조적 부패 가운데 대통령을 정점으로 하는 부패 요인은 크게 줄었다. 하지만 코포라티즘 조직과 정당 사이에 내재한 부패 요소는 여소야대 상황으로 인해 거의 손을 댈 수 없었다. 게다가 폭스 대통령은 임기 내내 부인 사아군 여사가 운영하는 자선기금 〈바모스 메히코〉를 둘러싼 스캔들에 시달려야 했고 심지어 여당 내부에서도 비판을 받았다. 사아군 여사도 대권에 욕심이 있었기에, 대통령의 영향력을 이용하여 수많은 기업에서 기금을 모금하였고, 이를 장학, 빈민 구휼, 의료 사업 등에 활용하였다.

또 국민행동당도 제도혁명당과 마찬가지로 기업인들과의 관계에서 후원-수혜 전통을 지니고 있다. 특히 당의 강력한 지지부문 가운데 한 축이 북부의 기업인들이다. 따라서 이들의 조직 문화도 역시 후원-수혜의 문법 속에서 형성된 것이다. 논란이 많았던 1995년의 구제금융, 소위 포바프로아(FOBAPROA) 프로그램의 수혜자 명단 공개는 민주혁명당의 끈질긴 요구에도 불구하고, 폭스 행정부 의회에서도 이뤄지지 않았다. 국민행동당과 제도혁명당 모두 기업인과의 밀월 관계를 해치고 싶지 않았기 때문이었다(Farber, 1998).

또 멕시코 최대 시중은행인 바나멕스(Banamex)의 매각과정에서도 정치권과 기업인들의 거래를 둘러싼 의혹이 난무했다. 바나멕스의 주주들은 이 은행을 미국의 씨티은행에 120억 달러에 매각하였지만, 거래를 보호하는 '특별조항'(régimen especial)을 정부로부터 얻어 내어 세금은 한 푼도 내지 않았다(Boyer, 2007: 11). 멕시코의 경우 여러 국제기구의 부패지수나 투명성 지수가 정권 교체에도 불구하고 크게 개선되지 않고 있는 것은 여전히 각종 구조적·제도적 부패가 온존하고 있기 때문일 것이다.

2) 가시적인 개혁: 고위 공직자의 전문화와 정치적 중립화

71년간의 권위주의 통치를 끝낸 폭스 행정부는 반부패를 정권의 핵심적 목표로 내걸었고, 코포라티즘에 연결된 정치적 부패를 척결하고자 노력하였다. 하지만 여소야대의 의회에서 야심찬 노동개혁법안은 표류했고, 제도혁명당에 불리한 여러 조치들은 결국 유야무야로 돌아갔다. 확신에 찬 대통령의 담론은 용두사미로 끝났고, 몇 가지 미미한 조치만 의회를 통과시킬 수 있었다. 그 가운데 가장 의미 있는 개혁조치는 직업공무원의 정치적 중립성과 전문직화를 목표로 한 「직업공무원 서비스와 행정부에 관한 법령」(이하 「직업공무원법령」)이었다. 이 법령은 2003년 4월에 상원을 통과함으로써 발효되었다.[15]

과거 제도혁명당 체제에서 효율적인 행정부에 대한 갈망은 항상 국가당의 정치적 통제에 밀려 빛을 볼 수가 없었다. 어차피 제도혁명당이 국가와 사회 전반을 장악하고 있었기에 대통령을 정점으로 한 정치적 엘리트는 고위 공직을 독점했고, 양자는 혼동되었다. 정치와 행정은 내각에서 융합되어 있었던 것이다. 내각은 곧 엘리트 충원지였고, 나아가 정치적 투쟁의 장이기도 했다. 임기 말의 대통령은 끊임없이 각료들을 테스트하며 차기 대권후보를 고른다. 대통령이 후보를 지명하는 자체가 대통령 당선을 보증하고 있었기에 각료들은 대통령에 대해 아낌없는 충성심을 보여야만 했다. 야당이 허약한 상황에서 의회는 거수기 역할에 머물렀기에, 대통령의 정치력은 내각에 대한 통제력을 의미했다. 아울러 각 부처(Secretaria)는 경제적·사회적 자원이 배분되는 게임의 장이기

---

15) 이 부분은 Ponce Morales(2003)을 주로 참조하였다.

도 했다. 멕시코에서 행정은 사회부문과 영향력 있는 개인, 그리고 관료들 사이를 상호 조정하는 기제에 머물렀다. 자연히 공직사회를 둘러싼 후원-수혜 관계와 부패문화가 제도화되었다. 정부예산 밖에서 사는 사람은 진정 불행한 사람이었다. 데이비드 아레야노는 이러한 멕시코의 행정체계의 특징을 "엽관제도 '플러스'"(spoils system 'plus')라고 불렀다(Ponce Morales, 2003: 2에서 재인용). 다만 정치 엘리트들은 6년마다 주기적으로 순환하는 대통령과 운명을 같이했다. 행정의 전문성이나 정치적 중립성은 거의 보장되지 않았다.

제도혁명당 시절에도 행정의 전문직화를 모색하는 노력이 있었다. 세디요 정부가 추진했던 '연방행정 프로그램 1994~2000'은 오랫동안 제도혁명당 정부 아래 예산을 약탈하고 낭비하는 시스템을 정정하려는 진지한 노력이었다. 프로그램의 목표로 양보다는 질에 기초한 행정, 고객에 대한 효율적인 서비스, 반부패 투쟁이 설정되었다. 신행정관리기법에 기초한 이 프로그램은 결과를 중시하는 관리, 시민 고객에 대한 서비스, 그리고 전략기획을 강조하였다. 야심찬 이 계획을 담은 법안은 1998년 상원에 회부되었으나, 의원들은 탁상공론만 하다가 결국 통과되지 못했다. 국가당의 통제력 상실을 두려워한 제도혁명당 내 반대의견을 잠재울 수가 없었던 것이다.

2000년 12월에 권력을 승계한 폭스 정부는 바로 '좋은 정부'(buen gobierno)를 모토로 제도혁명당의 유산을 척결하고자 했다. 우선 효율적이고 전문적인 정부, 성실하고 투명한 정부를 만들겠다고 국민들에게 다짐했다. 그는 이를 위해 몇 가지 가시적인 조치를 취했다. 「정보접근법」(Ley Federal para el Acceso a la Información Pública Gubernamental)을 통과시켜 정보공개청을 신설하였다.[16] 또 'E-México'를 구호로 전자

정부 시대를 열겠다고 했다. 이런 노력 자체가 과거 제도혁명당 정부 시절의 폐쇄적 관료체제가 개방적이고 투명한 관료체제로 이행하는 문화혁명으로 이해되기도 했다. 하지만 이런 노력은 비정치적인 조처로 멕시코적 부패를 획기적으로 통제하는 데에는 어려움이 있었다. 이보다는 좀 더 효과적인 조치가 바로 위에서 언급한 「직업공무원법령」이었다.

폭스 정부의 새로운 「직업공무원법령」은 "전문적 공무원 서비스 시스템의 조직·기능화·개발"을 목표로 삼았다. 이는 "능력·업적의 지속적인 평가"를 통해 고위 공직자를 선발하고, 이들이 정치적으로 휘둘리지 않도록 직업의 안정성과 정치적 중립성을 보장하고자 했다. 인사제도를 효율적으로 관리하기 위해 자료를 중앙에 집중하도록 했고, 과거 '감사 및 행정발전부'(Secodam)를 개편하여 '공직부'(Secretaría de Función Pública)를 설치하였다. 공직부는 각료협의회와 부처별로 있는 전문화 및 인사 위원회와 협조하여 부처 간 이해갈등을 조정하도록 했다. 이 제도로 인해 생긴 변화는 다음과 같다(Ponce Morales, 2003: 3~4).

첫째, 6년마다 있는 정치권의 변화로 인해 잘려 나갈 수밖에 없었던 고위직 공직자들이 이 법과 더불어 정치적 바람에 밀리지 않고 신분의 안정성을 얻게 되었다. 여당과 고위 공직자 사회의 정치적 연계가 이제 약화된 것이다.

둘째, 여당에 대한 충성도가 아니라 경력과 업적이 평가의 기초가 됨으로 인해 직업적 능력주의가 정착하게 되었다.

셋째, 연령, 성, 상이한 능력, 건강, 종교, 종족 그리고 사회적인 조건

---

16) 이에 대한 분석으로는 Arzt y Mena(2004)를 참조하시오.

에 따른 차별을 배제하여 누구라도 능력이 있으면 공직사회에 진출할 수 있게 되었다.

넷째, 공무원 직업훈련개발 시스템을 만들어 효율적인 관료제를 육성해 나갈 수 있었다.

이 법령의 의의는 대단히 컸다. 과거와 달리 이제 공공정책이 선거와 정권 변동으로 영향을 받지 않게 되었다. 신임 대통령의 의지에 예산투입의 우선순위가 맘대로 조정되던 관행과는 달리, 불문율에 따른 정치논리가 행정을 압도하던 과거와 달리 실적과 전문화에 기초한, 정치적으로 중립적인 관료제가 육성될 초석이 놓인 것이다. 공직자에 대한 국민의 신뢰도가 특히 낮은 멕시코에서 이만한 제도개선의 효과는 명백할 것이다. 하지만 그 효과는 얼마나 될 것인지 두고 시간을 두고 좀더 면밀히 평가해야 할 것이다.

이 법령의 한계도 명확하다. 첫째, 법령의 해당 범위가 고위 공직자(empleados de confianza)에게만 제한되었다는 점이다. 이미 중하위직 공무원의 경우는 연방노동법에 따른 규제를 받고 있었다. 특히 국가서비스 노조는 제도혁명당과의 거래를 통해 자신들이 지위와 근무조건을 보장받고 있다. 둘째, 이 법령이 연방공무원에게만 제한되어 있어 지방행정은 여전히 과거의 관행에서 벗어날 수 없었다. 그런 점에서 정치적으로 중립적이고 전문화된 직업공무원제의 전일화는 좀더 시간을 기다려야 할 것이다.

멕시코에서 공직 사회의 부패는 좀더 정교한 정치를 통해서 해체될 수 있을 것이다. 그것은 후원-수혜 관계의 고착화에 기여한 제도혁명당의 유산을 과감하게 척결하는 작업이 선행되어야 한다. 무엇보다 사회부문들을 코포라티즘 제도를 통해 정치화시킨 각종 관행을 해체해야만 할 것이고, 중앙에서 지방에 이르기까지 정치적 고객주의(political clientelism)에서 벗어나야 할 것이다. 더욱이 후원-수혜 관계에서 자유롭지 않은 국민행동당의 자기혁신도 뒤따라야 한다. 의회에서 3당체제는 좀더 활성화되어 행정부를 적극적으로 견제하는 게임을 벌여야 할 것이고, 나아가 사법부도 부패한 관행에서 벗어나 뼈를 깎는 자기혁신이 뒤따라야 할 것이다. 정치적 부패는 무엇보다 정치를 통해 해체할 수밖에 없는 것이다. 그래야만 직업공무원 법령의 효과도 배가가 될 것이다.

8. 결론

제도혁명당 체제가 종언을 고했지만 멕시코 정치와 경제에서 제도화된 정치적 부패의 고리는 쉽게 단절이 되지 않고 있다. 이 글에서 우리는 정치적 부패의 제도화가 멕시코혁명 이후 탄생한 제도혁명당 체제와 제왕적 대통령제의 결과임을 역사적 과정에서 살펴보았고, 또 그것의 원인과 정치적 결과를 천착해 보았다. 적어도 1970년대가 도래하기 전에는 멕시코의 정치적 부패는 이전 포르피리오 디아스 체제가 기대고 있던 과두제의 협애한 기반에서 벗어나 "민주화된 부패"로 순기능도 없지 않았다. 즉 정치적 안정과 정당성을 나름대로 제고시키는 기능이 있었던 것이다.

그렇지만 장기화되고 제도화된 정치적 부패는 후유증이 컸다. 시스템 전체는 비효율, 무능, 방만함, 통제 불능에 빠졌고, 급기야 외채위기, 페소위기와 같은 파국적 경제위기를 주기적으로 경험해야 했다. 시민사회나 경제계에도 부패 문화가 판을 쳤고, 도덕 불감증이 사회 전역을 뒤덮었다. 멕시코의 정치적 부패는 20세기 말에 와서 더 이상 공화주의적 덕목이 아니라 체제의 암적 세포로 바뀌었던 것이다.

2000년 7월 제도혁명당의 대선 패배로 말미암아, 제도화된 정치적 부패가 조금씩 약화될 가능성이 열렸다. 이제 무소불위의 제왕적 대통령도, 일사불란한 국가-사회의 전도 벨트도 대단히 허약해졌다. 또 국가의 자원동원력도 오랜 신자유주의 정책의 결과 허약해졌고, 사회에 대한 힘의 우위도 바뀌어 가고 있는 중이다. 의회에는 점차 세 당의 경쟁체제가 자리를 잡아 가고 있고, 또 시민사회의 목소리도 높아지고 있다. 언론도 과거의 자기검열에서 벗어나 좀더 객관적인 시각에서 보도를 하려고 노력하고 있다. 한결 제도화된 정치적 부패의 장이 좁아지고 있는 것은 틀림없다. 그렇지만 폭스 행정부 시절 제도혁명당은 제1야당의 지위를 이용하여 국민혁명당의 개혁 드라이브에 반대했고, 자신들이 누려 왔던 특권적 지위를 계속 활용하고자 했다. 코포라티즘의 해체에 저항하며, 여당과의 암묵적인 거래를 통해 제도혁명당-노조관료제의 연계를 여전히 유지하고 있다. 비록 '페멕스케이트'와 '아미고 데 폭스' 사건을 통해 약간 마찰은 있었지만, 두 사건 모두 봉합 수준에서 처리하며 과거 자신들이 누렸던 특권을 어느 정도 방어하는 데 성공했다.

국민행동당 정부도 반부패 개혁을 요란하게 떠들었지만, 이 당 역시 후원-수혜 관계에서 자유롭지 않고, 그동안 제도혁명당 정권과 비슷한 행태를 보이는 부분도 적지 않다. 국민행동당은 정보접근법을 통해 국민에게 공직 기관의 투명성을 제고하는 노력을 보였고, 나아가 직업공무원 법령에서 보듯이 고위 공직자에 대한 정치적 중립성과 직업 안정성의 보장을 제공하고자 노력하였다. 이 후자의 법령은 정치계와 관료제의 유착을 어느 정도 제거하여 향후 효율적이고 중립적인 관료제를 안착시킬 가능성은 어느 정도 보였지만, 과연 여소야대의 대결적 정치국면과 허약한 대통령제 아래에서 얼마나 실효성을 지니게 될 것인지는 좀더 두고 보아야 할 것이다. 더욱이 심각한 문제점은 마약 카르텔의 정치권에 대한 영향력이 여전히 줄어들지 않고 있는 것 같고, 사법제도의 투명한 법 집행도 아직 먼 미래의 일인 것 같다는 데 있다. 멕시코에서 정치적 부패의 척결을 향한 대장정은 큰 길을 하나 내었지만, 아직도 갈 길은 먼 것처럼 보인다.

6장 칠레 전력산업 민영화의 성과와 문제점

1. 서론

칠레는 다른 중남미 국가들과는 달리 1980년대 중반 이후부터 안정적인 기조 아래 고도성장을 구현해 왔다. 신속한 민영화와 규제 철폐, 그리고 대외개방과 수출산업의 육성으로 칠레는 다른 나라들보다 훨씬 빨리 구조개혁을 마무리 지었고, 또 그에 따른 과실을 추수할 수 있었다. 대체로 중남미 타국들이 1982년 외채위기를 계기로 본격적인 구조조정에 들어갔던 데 반해 칠레는 1973년 10월에 아옌데 인민연합 정부를 무너뜨린 피노체트의 군부 쿠데타로 경제개혁의 기반을 마련했기 때문이다. 칠레 경제 기적의 원인에 대해서는 왈가왈부하지만,[17] 거시경제적 지표는 중남미 여타 국가들에 비해 좋은 편이다. 1980년대 중반 이후 1990년대 하반기까지 거의 6~7% 수준의 성장률을 이룩했고, 이에 힘입어 빈곤층의 숫자도 줄었다. 1982년의 외채위기 이후에 가시화되는 '워싱턴 컨센

---

17) 논쟁의 개관과 대표적인 저술로는 다음을 참조하시오. 이성형(2002: 210~5) ; Joseph Collins and John Lear(1995) ; Javier Martinez and Alvaro Diaz(1996) ; Raul Bernal-Meza(1997) ; Paul Drake y Ivan Jaksic(1999).

서스'(Washington Consensus)의 개혁지침에 잘 부응했던 칠레의 경제 개혁에 대한 내외의 예찬에도 불구하고, 이 모델에도 문제점이 산재해 있다.[18] 그 중의 대표적인 사례 하나가 바로 졸속의 민영화 조치로 인해 겪게 되는 주기적인 전력부족 사례이다. 흔히 칠레의 민영화 개혁은 "보다 효율적인 경제를 만드는 데 기여했고, 보다 많은 고용을 창출했으며, 주식소유의 지반을 넓혔기 때문에" 성공적이었다고 평가한다(Lüders, 2000 : 13). 성공의 모델 케이스로 이야기되는 이 나라의 민영화 사례에도 지난 10년간 잘못된 민영화 방식으로 최근에 이르기까지 골치를 앓는 것이 있으니, 그 대표적인 사례가 바로 전력산업이다.

1999년 4월에도 칠레의 중부에 전력을 공급하는 중부통합시스템 (SIC)이 발전량의 감소로 3시간씩 단전 조치를 취했다. 인구의 70%가 집 중해 있는 수도권과 주변 지역의 사람들은 서둘러 철시했고, 가로등도 모두 꺼졌다. 정부의 단전조치는 1991년, 그리고 1997년, 1998년에 이어 벌써 네번째이다. 전력 수요는 높은 경제 성장율에 힘입어 폭발적으로 늘고 있건만 공급자들은 발전비용이 저렴한 수력발전에만 목을 매달고 있고, 늘어나는 수요에 따르지 못하는 공급량 부족으로 인해 가격상 승에 따른 초과이윤마저 누리고 있는 실정이다.

비효율적으로 운영되던 과거 시절보다 전력이 예고 없이 나가는 일은 줄었다고 하지만, 전력 가격의 상승으로 인한 서민 가구의 부담도 크게 늘어났다. 심지어 칠레 국내의 전력 도매가격은 칠레 전력회사가 운

---

18) 예컨대 산업기반의 축소를 가져온 탈산업화(deindustrialization), 1차 산품 수출의 강화에 따른 생태환경의 위기(수자원과 임산자원 고갈, 토양의 오염과 유실 등), 이로 인한 '지속 가능성의 위기', 소득분배 격차의 심화 등이 주로 논란거리로 등장한다. 상세한 논의는 다음을 참조하시오. Paul Drake y Ivan Jaksic(1999)

영하는 아르헨티나의 자회사에서 생산하는 가격에 비해서도 1.5배 정도나 비싸다. 가구용 전력이나 산업용 전력 모두 이웃 아르헨티나와 비교해서 상대적으로 비싸다. 칠레 전력회사들은 칠레의 고가격이 자국 전력회사들의 해외진출을 도울 수 있기에 필요한 조치라고 강변해 왔다. 그렇지만 이 주장도 최근에 들어와서 명분을 잃게 되었다. 스페인계 자본이 가장 큰 발전회사 그룹인 엔데사(Endesa)의 지분을 사들여 전력산업의 핵심부을 아예 통제하게 되었기 때문이다. 고수익을 내는 전력산업의 탈국적화가 순식간에 진행되어 버린 것이다.

민영화로 경쟁과 전력 공급량 증대가 이루어져 가격이 하락한다는 것이 민영화론자들의 가장 대표적인 주장임에도 불구하고 칠레의 사례는 전혀 그렇지 않다는 사실을 잘 보여 준다. 과연 무엇이 문제였을까? 칠레의 전력산업 민영화 사례는 민영화론자들이 그리는 낙관적인 시나리오에도 불구하고 세심한 규제의 규칙을 만들어 놓지 않으면, 효율성의 증대로 발생한 소비자 잉여가 결국 내외 독과점업체의 손으로 넘어간다는 점을 잘 보여 준다. 본고에서는 칠레 전력산업 민영화 과정을 개괄해서 살펴보고, 그것이 지닌 문제점과 함의를 간략하게 논의하기로 한다.

2. 칠레 전력산업의 역사

칠레는 길이가 4,300킬로미터가 되는 길쭉한 나라이다. 따라서 전국적인 차원에서 통합적인 전력공급 시스템을 마련하는 것이 쉽지 않은 일이다. 1940년대 초엽에도 도시인구의 약 40%만이 전력의 혜택을 입을 정도로, 전력 서비스의 적용 범위가 제한되었다. 전력수요는 고립된 도시에 산재해 있었고, 집중도도 상대적으로 낮았다.

지리적 조건으로 인하여 전력 서비스를 확충하려면 엄청난 기초투자가 필수적이었다. 자본시장을 통한 자본조달도 여의치 않았기에, 민간 자본의 투자는 가장 이윤이 높은 수도권 부문에만 이루어졌고, 나머지는 국가가 그 부담을 떠맡을 수밖에 없었다. 1947년에 전력 서비스를 도시와 농촌 전역으로 확충하기 위해 정부는 산업개발공사(Corfo: 수입대체산업화 시절에 정부의 개발은행 역할을 담당하면서 주로 산업 인프라 개발에 힘을 썼다) 산하에 전력공사(Endesa)를 설립하였다. 당연히 전력사업은 발전 사업에서 송전과 배전을 통합적으로 관할하는 국가의 독점적 사업으로 굳어지게 되었다. 다만 수도권의 발전과 배전 일부를 전담하는 독립기업인 칠렉트라(Chilectra)만이 전력 서비스업에 참여하게 되었고, 이것조차도 민영화 레짐이 굳어지는 1987년까지 민간/국영/민간 기업으로의 변전을 거듭하게 된다.

　　칠레 정부는 세수에서, 그리고 다자적 금융재원을 이용하여 전력산업에 투자를 한 결과 1960년에 65%에 머물던 전력 보급률을 1980년에 85%로 올릴 수 있었다. 이와 더불어 전력산업에 대한 국가의 기업가적 역할에 힘입어 1980년에 이르면 발전, 송전, 배전 서비스 등, 거의 모든 것이 국영기업의 수중에 장악되게 되었다(Blanlots, 1992: 290).

　　전력 서비스를 구획하는 지리적 배분 시스템은 4개로 분할되어 있다. 중부통합시스템, 북부통합시스템(SING), 아이센 전력시스템, 마가야네스 전력시스템이 바로 그것이다(242쪽의 〈그림 1〉 참조). 중부통합시스템에는 엔데사가 발전량의 70%를, 칠렉트라가 30%를 공급했다. 송전과 배전 서비스도 칠렉트라가 참여하는 수도권을 제외하고는 대부분 엔데사가 관리했다. 북부시스템에서도 국영구리회사인 코델코(Codelco)가 가지고 있는 발전설비를 제외한 나머지는 모두 엔데사가 관리했다. 나머지 지역도 이와 비슷했다.

전력부문의 규제도 1978년까지는 엔데사가 주도했다. 전력부문의 가장 큰 국영기업체로서 엔데사는 경영규범이나, 서비스의 질과 표준화, 요금체계 모두 주도할 수밖에 없었다. 정부의 전력국은 전력 서비스에 대한 감시보다는 전력설비의 확충과 유지에 힘을 썼고, 경제부는 전력요금을 승인하는 규제기구에 머물렀던 것이다. 피노체트의 쿠데타로 헌정질서가 중단이 되고 정치세력에 대한 대규모의 숙정 사업이 마무리 단계에 들어가는 1978년에 이르러서야 정부는 공기업의 재편과 민영화 프로젝트에 눈을 돌리게 된다.

대체로 이 시점까지 칠레 전력부문의 문제점으로는 가격통제에 따른 적자 누적, 서비스의 할당, 과다한 고용자 수 등이 거론되었다. 쿠데타 정부는 전력 가격의 통제를 철폐하여 재정수입을 극대화하고, 가능한 한 자기금융으로 전력부문이 원활히 돌아갈 수 있도록 한다는 원칙을 세웠다. 향후 민영화를 위한 첫번째 조치였던 것이다.

3. 민영화 과정

대규모의 캠페인을 통해 칠레 자본주의의 초석을 새롭게 세우려 했던 군정의 '자본주의 혁명'은 바로 개방과 민영화로 시작되었다. 1974년부터 시작된 칠레의 민영화 사업은 군정이 정초하려고 했던 '자본주의 혁명'의 핵심을 이루는 부분이었다. 군정의 경제정책을 장악했던 시카고 보이스(Chicago Boys)들은 시장주도형 수출경제를 만들기 위해 대외개방과 더불어 국유기업의 민영화를 대대적으로 추진하였다. 민영화 과정은 대체로 3단계로 나누어진다(Lüders, 2000: 24~32).

- 1단계 제1기(1974): 아옌데 시절에 수용한 기업들을 부분적으로 반환하기에 그친다.

- 1단계 제2기(1975~78): 흔히 '채무부담 민영화'(indebted privatization) 시기라 불린다. 207개의 금융기관, 제조업체, 도매유통 회사 등의 민영화로 정부는 24억 5천만 달러의 재정수입을 올린다. 청산, 경매, 또는 직접 매각으로 이루어진 이 시기의 민영화 조치는 결국 이를 구입한 민간업자들에게 과도한 채무를 지게 만든다. 1982년 외채위기가 발발하면서 이들 기업의 할부금 납부도 어려워지고 이들이 은행들로부터 빌린 대출금도 갚지 못하게 되어 정부는 다시 부실채권을 인수하거나, 부실기업을 재인수하게 된다.

- 2단계 제1기(1984~85): 소위 '제2차 중추기업 민영화' 시기로 핵심 국유기업을 제외한 30대 기업의 민영화 사업이 진행되어 정부는 7억 8,500만 달러의 재정수입을 올린다. 1단계와 달리 정부의 신용공여도 없었고, 매수업자는 지불 가능성을 증명해야 공매에 참가할 수 있었다. 외국인 투자자들을 끌어들이기 위해 '외채-주식 스왑'도 허용하였다.

- 2단계 제2기(1985~89): 전력·전화와 같은 거대 공공 서비스 기업들을 매각하여 정부는 14억 5천만 달러의 재정수입을 얻었다. 전력산업의 거대기업 엔데사의 분할과 매각이 이루어진다.

- 3단계(1990년대): 1995년까지 겨우 4개의 기업만 매각되었다. 자산가치가 180억 달러로 평가되는 국영구리회사 코델코를 비롯하여 상태가 양호한 국영기업들이 다수 있지만 민선 정부들 아래서 민영화에 반대하는 세력들의 목소리가 커지면서 거의 진전이 없는 실정이다.

〈표 8〉 엔데사와 콜분의 분리 및 엔데사의 부채-자본 전환(1984~86)

단위: 백만 달러

	엔데사(1984)	엔데사(1985)	콜분(1986)	엔데사(1986/ 분리 이후)	엔데사(1986/ 전환 이후)
유동자산	157	230	28	202	202
고정자산	2,302	2,113	649	1,464	1,464
기타자산	496	174	1	173	173
총자산	2,955	2,517	678	1,839	1,839
유동부채	201	125	12	113	110
장기부채	1,393	1,639	391	1,248	754
자본금	1,361	753	275	478	975
총부채와 자본금	2,955	2,517	678	1,839	1,839

출처: Endesa; Hachette, Lüders and Tagle(1993: 84)

이 가운데 전력산업의 민영화는 주로 2단계의 제2기에 본격화되었지만 정부는 민영화 이전부터 사전작업을 차근차근 추진한 바 있었다. 1단계에서 정부는 주로 요금체계의 조정으로 수지의 호전을 꾀하고, 이를 바탕으로 민간부문의 참여를 끌어들일 기반을 조성하고자 했다. 이러한 정지작업이 끝난 2단계에서는 본격적인 재구조화와 민영화를 추진하였다. 이 시점에서 발전 및 송전 사업은 원칙적으로 배전 사업과 분리시킨다는 방침 아래 대규모의 국영기업을 쪼개고, 지역적으로도 분할하는 작업을 진행하였다.

이에 따라 거대 국영기업이던 엔데사는 14개의 독립기업으로 바뀌었다. 우선 발전설비는 6개의 회사로 쪼개졌다. 에델노르(240MW), 엔데사(1,832MW), 콜분(490MW), 페우엔체(585MW), 필마이켄(35MW), 푸이케(49MW)가 바로 그것이다. 배전 설비도 에멜라리, 엘릭사, 엘렉다(이상 3사가 18,000명의 고객을 지닌 북부를 맡음), 에스멜라트(5,000명), 에멕

(143,000명), 에멜(122,000명) 등의 6개사로 분리되었다. 다만 에델아이센(15,000명)과 에델막(35,000명)은 발전과 배전 설비를 통합하는 시스템을 그대로 유지했다. 또 다른 거대 기업 칠렉트리는 3개로 쪼개졌나. 756MW 용량의 발전사 칠헤네르와 두 개의 배전사 칠렉트라(1,064,000명), 칠킨타(322,000명)가 바로 그것이다(Bitran etc., 1999 : 342).

1982년에 규제의 틀을 정한 뒤 속도가 붙은 민영화 작업은 결국 1986년에 본격화되었다. 1986년 산업개발공사는 엔데사로부터 콜분-마치아쿠라를 분리해 내고, 과도한 채무에 시달리던 엔데사의 채무 5억 달러를 주식으로 전환시키는 조치를 취했다. 이 스왑 거래는 시장가치보다 높은 액면가로 이루어졌기에 산업개발공사에 상당한 자본잠식을 가져다 주었지만, 이후 엔데사의 민영화 과정에 긍정적인 기여를 하였다. 구매자들은 장기 채무가 12억 4,800만 달러에서 7억 5,400만 달러로 준 엔데사의 주식을 후일 기꺼이 구입하고자 했던 것이다.

민영화의 방식은 대체로 다음 세 가지로 진행되었다.[19]

첫째, 소규모 기업군은 최고 가격에 낙찰하는 경매를 통해 매각되었다. 둘째, 대규모 기업 중 일부는 주식시장에서 정부 보유지분을 매각하였다. 소액 투자가들과 민간 연기금 회사들이 참여를 하여(institutional captialism), 당시 진행된 연기금의 민영화와 보조를 맞추어 자본시장의 활성화에 큰 기여를 하였다.[20] 그러나 아직 1982년 외채위기의 후

---

19) 민영화 방식에 대해서는 다음을 참조하였다. Lüders(2000) ; Hachette, Lüders and Tagle(1983) ; Eduardo Bitran etc.(1999).
20) 민영화 기업의 25% 지분을 산티아고 주식거래소에 내놓으면 민간 연기금 회사 등의 제도적 투자자들이 이를 구입하는 제도이다. 정부는 연기금 회사의 경우 구입 가능액을 총투자 금융자산의 5%를 넘지 못하게 규제하였다.

유증이 완전히 가시지 않은지라 외국인들의 시선을 끌지는 못했다. 셋째, 이들 주식 중 일부를 종업원에게 매각하는 소위 노동 자본주의(labor capitalism)와[21] 국민 다수에게 지분을 매각하는 민중 자본주의(popular capitalism)[22] 방식을 원용하기도 하였다.

1989년에 이르면 산업개발공사는 엔데사의 자회사의 창출과 공사 소유 주식의 매각으로 사실상 전력산업에 대한 통제권을 사실상 상실하게 된다. 1990년 말경 전력산업의 민영화가 거의 마무리된 단계에 엔데사의 소유권은 51,833명의 지분 소유자에게 귀속되었다. 지분 소유자의 분포를 보면 민간인이 38.75%(다시 나누면 공무원 13.8%, 군인 13.0%, 일반시민 12.0%로 쪼개진다), 연기금이 26.34%, 그리고 기타의 법인단위가 20.27%를 소유한 것으로 나타났고, 아울러 외국인 펀드는 7.32%, 엔데사 종업원들은 3.31%, 주식 브로커들은 3.05%, 보험회사는 0.96%를 지닌 것으로 보고되었다(Hachette, Luders, and Tagle, 1983 : 85).

이런 주식 매각 과정에서 국영기업 시절의 경영진들은 민간기업의 경영진으로 변신을 하고, 이들 스스로가 연기금 회사를 끌어들여 지주회사 에네르시스(Enersis)와 칠헤네르를 설립하여 민영화 기업들의 지분 다수를 통제하여 사실상 경영을 통제하게 된다. 특히 거대 국영기업 엔

---

21) 매각되는 기업의 종업원들에게 총지분의 5~10% 범위 내에서 주식을 매각한 제도로, 전력회사 엔데사의 경우 그 범위를 공무원 일반으로 확장하여 시행하였다. 노동자들은 퇴직급여를 선급으로 받아서 시세보다 낮은 가격으로 주식을 구입할 수 있었고, 나중에 퇴직 시점에 주식가격이 퇴직급여보다 낮을 경우 이를 퇴직급여가액으로 기업에 되팔 수 있도록 보장을 해주었다. 이 조치로 정부는 민영화에 대한 노동자들의 지지를 이끌어 내었다.
22) 일부의 은행, 연기금, 그리고 전력회사를 민영화할 당시 주식의 일부를 국민주로 공매하였는데, 원하는 경우 개발은행인 코르포가 무이자 내지 저금리로 개인들에게 장기 자동 대출을 허용하였다. 개인의 구입 한도는 대체로 5천 달러를 넘지 못하였다.

데사의 분할이 제대로 잘 이루어지지 않았고, 발전과 송전 설비를 패키지로 매각하는 바람에 상당한 수준의 수직적 통합구조로 귀결되어, 에네르시스와 같은 지주회사는 지배주주로 사실상 엔데사의 경영권을 통제하게 되었다.

이러한 과점적 시장구조와 소유구조의 정착은 신규로 발전 사업에 참여하려는 투자자들의 발목을 잡게 되어 후일 졸속 민영화라는 비판을 면치 못하게 된다. 특히 전력 소비가 밀집해 있는 중부통합시스템의 경우 1개의 지배적인 기업과 두 개의 중간규모의 발전사가 발전과 송전 시스템을 통제하고 있기에 경쟁 시스템이 사실상 안착될 수 없었고, 이에 따라 이들의 투자수익률도 대단히 높은 것으로 드러나고 있다.

대체로 민영화가 종결된 시점에 경영권을 통제하는 지배주주들이 등장하자, 우선 경상비용의 감소와 인력의 재구조화를 촉진하는 정책이 가동되고, 이윤도 1988년을 기점으로 급상승한다(물론 이 시점의 이윤 상승 주요 원인 중의 하나가 부채의 자본 전환 조치였다는 점도 부인할 수 없다). 1991년 1월에 이르면 187명의 종업원이 해고되고 업적에 따른 새로운 인사고과 방침이 제도화된다. 그러나 종업원 1인당 생산 발전량은 큰 변화가 없었다. 3년 연속 가뭄으로 수력발전량이 크게 줄었고, 이에 따라 화력발전량의 증대에 따른 발전 비용이 증가하였기 때문이다. 다만 송전 시 누수량은 다소 줄은 것으로 보고되었다.

1990년대에 들어와 엔데사를 비롯한 칠레의 민간 전력회사들은 남미에서 맹활약을 보인다. 이들은 자국기업의 높은 수익에 힘입어 자회사를 설립하여 아르헨티나, 볼리비아, 페루 등지의 전력 산업에 진출하였고, 다국적 기업으로 변신하였던 것이다. 진출분야도 전력 산업에 머물지 않고, 부동산, 수자원, 텔레컴, 케이블 TV 등으로 다양해졌다. 아울러

<표 9> 엔데사의 기업활동, 1979~89(*: 1985년과 1986년치의 평균, **: 순손실이 없었지만, 소득세는 지불됨)

	1979	1980	1981	1982	1983	1984	1985*	1986**	1987	1988	1989
투자/자본(%)	8.9	13.3	13.2	16.5	16.3	22.3	18.7	–	15.8	4.6	15.6
채무/투자	0.3	0.6	0.4	0.9	0.5	0.9	0.9	–	0.3	2.1	1.6
총채무/자본	0.3	0.4	0.5	0.9	0.9	1.2	2.5	–	0.7	0.6	0.7
장기채무/자본	0.3	0.3	0.3	0.8	0.8	1.0	2.3	–	0.6	0.5	0.6
유동채무/유동자산	0.9	1.3	1.9	1.1	1.0	1.2	0.5	–	0.4	0.4	0.4
이윤/자산(%)	2.4	4.5	3.0	-10.4	6.4	2.4	-19.4	–	4.9	12.3	7.3
경상이윤/자본(%)	1.8	3.3	3.9	6.7	7.7	8.5	14.6	–	8.7	10.7	7.9
지불세액/총이윤(%)	19.8	44.2	46.3	(··)	5.0	41.2	(··)	–	0.0	0.1	0.2
배당/이윤(%)	n.a.	78.5	72.4	0.0	0.0	9.0	-13.5	–	92.5	18.0	25.2
고용인 수	4,270	4,018	2,828	2,728	2,705	2,813	2,950	2,905	2,928	2,925	2,980
연간증가율	14.6	4.3	-2.8	19.2	n.a.	n.a.	-2.8	-7.7	11.7	19.1	11.7

출처: Endesa Annual Report; Hachette, Lüders and Tagle(1983: 89)에서 재인용

전력생산량도 대규모화되었다. 엔데사와 헤네르의 경우 칠레 모기업의 생산량보다 자회사 생산량이 훨씬 많다. 엔데사의 예를 들면, 자국의 생산량이 3,001MW에 머물지만, 콜롬비아에서 2,998MW, 아르헨티나에서 1,320MW, 페루에서 809MW, 브라질에서 658MW를 생산하고 있다고 한다(Bitran etc., 1999: 343).

4. 전력부문의 기업구조

칠레의 전력시스템은 앞에서도 언급했듯이 4개의 시스템으로 구성되어 있다. 가장 중요한 중부통합시스템은 북부의 탈탈에서 남부의 칠로에 섬

에 이르기까지 넓은 지역을 커버한다. 발전용량은 4,000MW로 이 중에서 수력발전으로 3,200MW, 기타 800MW를 생산한다. 중부시스템 발전량의 86%는 민간기업이 담당하고, 14%가 국가의 손에 있는 콜분이 생산한다. 대부분의 발전소는 엔데사가 소유하고 있다. 엔데사와 자회사인 페우엔체의 몫을 더하면 발전량의 65%에 육박한다. 또다른 민간기업 칠헤네르가 14%를 생산하고, 나머지 소기업과 자가 발전자들이 나머지 7%를 생산한다. 중부시스템에서 송전망은 엔데사가 통제하고 있다.

북부통합시스템은 제1·2지구를 커버하며 약 900MW의 생산능력을 보유하고 있다. 이 지역 발전용량의 89%는 주로 국영광업소인 코델코의 자가발전기를 통해 조달되고, 나머지 11%가 국영기업인 에델노르에 속한다. 에델노르는 이 지역의 송전망을 소유하고 있기도 하다. 제11지역, 제12지역과 같은 인구과소 지구에는 국영 에델아이센과 민간기업 에델막이 수직적인 통합을 유지한 시스템으로 전력을 공급한다.

최종 사용자에 공급하는 배전시스템은 아이센 지역을 제외하고는 민간기업이 담당하고 있다. 중부시스템에서 주된 배전사는 칠렉트라 메트로폴리타나(엔데사를 통제하는 지주회사 에네르시스의 자회사)와 칠킨타이다. 칠렉트라는 중부시스템의 수요량 40%를 커버하는 시장인 수도권 지역에 전기를 배전하는 서비스를 맡고 있고, 칠킨타는 중부시스템의 20% 수요를 커버하는 제5지역의 시장을 맡고 있다.

5. 엉성한 규제시스템

1982년의 입법과정을 거쳐 정부는 민영화 이후의 전력산업 발전을 촉진하기 위해 다양한 규제 기구와 규칙을 정해 놓았다. 그렇지만 충분한 준

SING(북부통합시스템)

SIC(중부통합시스템)

아이센

마가야네스

비를 거치면서 후유증을 최소화하기보다는 예정된 시간표에 맞춰 서둘러 진행하였기에, 그 결과는 다른 나라의 민영화 케이스와 비교해 보더라도 열악한 결과를 가져왔다. 첫째, 민영화가 이루어진 지 10년이 지났음에도 만성적인 전력 공급의 부족사태가 빈발하고 있다. 둘째, 효율성의 제고에도 불구하고, 전력 공급 가격이 남미 국가에서도 비싼 축에 속한다. 셋째, 고가의 전력가격은 바로 소수 기업이 전력시장을 과점 체제로 장악하고 있기에 가능한데, 최근에는 스페인계 자본의 대량유입으로 전력산업의 탈국적화마저 완결되었다. 따라서 이러한 결과를 가져온 이

유를 살펴보되, 우선 전력산업에 대한 규제시스템을 먼저 일별해 보기로 하자.[23]

1) 규제기관

전국에너지위원회(CNE: Comision Nacional de Energia)는 7개 부처의 장관으로 이뤄진 위원회로 주로 전력산업의 중장기 가이드 라인을 제시하고, 가격 산정 등에 개입한다. 여기에 집행사무처와 기술 스탭진, 그리고 특별 보좌역들이 가세하여 행정과 자문을 담당한다. 위원회는 2005년 현재까지 농촌 지역에도 100% 전력 보급을 목표로 관련 정책을 수행 중이다. 1997년 기준 농가의 전력 보급률은 67%로, 아직도 17만 가구 이상이 혜택을 받지 못하고 있다.

경제적 부하관리센터(CDEC: Centro de Despacho Economico de Cargas)는 일종의 발전소의 풀(pool)로, 관련된 의사결정을 만장일치로 정하되, 불일치의 경우에는 경제부 장관이 조정 역활을 한다. 이 기구의 목적은 발전사가 최소의 비용으로 전력을 생산하도록 하여, 어느 시점에서도 발전회사들이 전력을 팔 권리를 보장하며, 아울러 서비스의 안정성을 도모하는 것이다.

전력 및 연료감독청(SEC: Superintendencia de Electricidad y Combustibles)은 경제부의 지청으로 법률의 준수여부, 서비스의 질에 대한 모니터링, 사용자 및 공급자의 불만 청취, NEC의 가격산정에 필요한 정보의 공급 등을 담당한다.

---

23) 규제시스템에 대해서는 다음을 참조하시오. Gener Group(1999, http://www.gener.com/english/sech.html, 검색일: 2002년 3월 15일); Bitran etc.(1999); Blanlots(1992).

칠레 규제기구의 특징은 복수의 행위자가 층위를 달리하며 존재하나, 독립성이 보장되어 있지 않아 별로 효율적인 규제를 수행하지 못하고 있다는 데 있다. 이 점은 하나의 독립적인 규제기구로 일사불란하게 움직이는 아르헨티나의 규제시스템과는 대조적이다. 이러한 약점 때문에 칠레에서는 발전과 송전부문에 대한 과점적 통제에 대해 손을 대지 못하고 있으며, 아울러 만성적인 전력 공급부족 사태에 대해서도 효과적인 교정 수단을 지니지 못하고 있다. 기껏해야 화력발전에 민간기업의 투자를 촉구하는 가이드 라인 제시에 그치고 만다.

칠레 정부는 이러한 문제점들을 인식하여 좀더 규제를 강화하는 방향으로 정책을 조정하고 있으며, 1999년 5월 20일에 의회는 기존의 전력법을 보완하는 몇 가지 조치를 취했고, 전력 및 연료 감독청을 법으로 보장하는 기구로 격상시켰다.

2) 가격 규제

칠레의 전력가격 책정은 2MW 이상을 사용하는 대량 사용자에 적용되는 자유협상가격, 그리고 소량 사용자에게 적용되는 규제가격, 두 가지가 있다. 규제가격은 자유협상가격의 평균가 10% 내에서 결정된다. 전력 총소비량의 40%가 바로 이 규제가격으로 판매된다.

규제가격은 배전사가 발전사로부터 전력을 사는 가격인 노드 가격에다 배전사의 서비스 요금인 부가요금이 더한 것이다. 노드 가격은 에너지의 한계비용에다 피크 전력의 한계비용 그리고 송전의 한계비용을 합친 것이다. 경제부는 전국에너지위원회의 기술적 지원을 받아서 장기적인 한계비용을 추산하는 것으로 되어 있지만, 실제로는 송전망(grid)의 소유주와 발전사들 간의 협상으로 결정된다. 문제는 송전망의 소유주

〈그림 2〉 전력통합시스템의 가격 규제

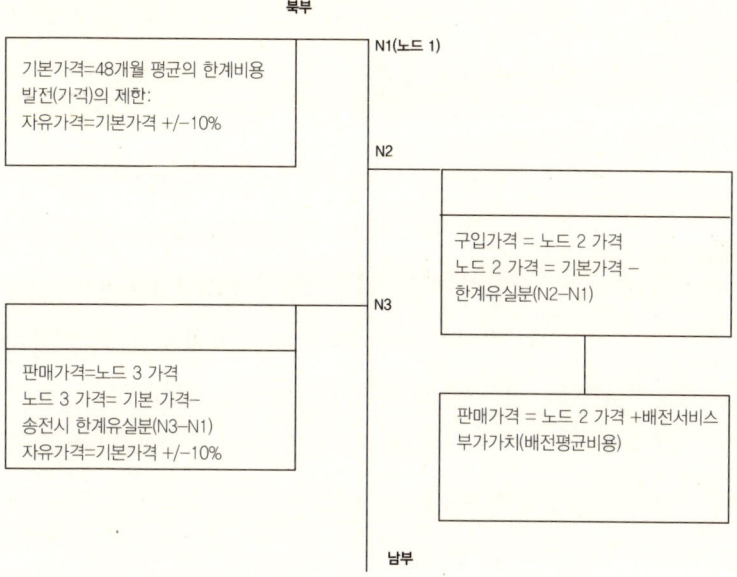

북부

N1(노드 1)

기본가격=48개월 평균의 한계비용
발전(기격)의 제한:
자유가격=기본가격 +/−10%

N2

구입가격 = 노드 2 가격
노드 2 가격 = 기본가격 −
한계유실분(N2−N1)

N3

판매가격=노드 3 가격
노드 3 가격 = 기본 가격−
송전시 한계유실분(N3−N1)
자유가격=기본가격 +/−10%

판매가격 = 노드 2 가격 +배전서비스
부가가치(배전평균비용)

남부

가 발전사의 소유주인 경우 불공정 거래 시비가 붙을 수 있다.

전력 에너지 가격은 정부가 향후 48개월(중부통합시스템) 또는 24개월(북부통합시스템)의 기대 한계비용의 평균을 산정하여 연 2회 고시한다. 평균화는 규제가격으로 전력을 사는 소비자들에게 가격의 급속한 변화로 인한 충격을 막기 위해 도입된 조치로 일종의 지시적 계획의 일환이다. 그렇지만 실제로는 에너지 가격의 하락에 따라 일어나는 전력가격의 하락을 제어하는 장치로 기능하여 기업측의 수익 제고에 일익을 담당하기도 한다.

통상적으로 수자원이 풍부한 시절에는 발전비용이 줄어들기 때문에 발전회사들이 이득을 누리지만, 1989년, 1990년, 1993년의 상반기, 1996년, 1997년 1/4분기, 1998년도 3/4분기, 1999년 상반기와 같이 수자원 사정이 좋지 않은 경우 화력발전 비용의 상승으로 시스템 한계비용은 노드 가격을 상회한다. 또 수자원이 거의 없는 북부의 경우 화력발전의 고비용으로 인해 중부에 비해 노드 가격이 비싼 편이다(Gener Group, 1999 : 5).

규제가격이 자유협상가격 +/-10% 밴드에서 움직이도록 한 가격결정 메카니즘은 칠레의 전력시장에서는 거꾸로 작동한다. 오히려 자유협상가격이 규제가격의 부근에서 결정되는 것이 현실이다(Bitran etc., 1999: 343). 전형적인 '시장 실패'의 사례인 셈이다. 결국 대량 소비자들의 전력 시장에서도 시장 메카니즘은 작동하지 않고 결국은 송전사와 발전사 간의 협상에서 결정되는 규제가격이 결정적으로 중요한 의미를 띠게 된다. 송전과 발전 설비의 분리를 명시하지 않은 칠레의 경우 전력가격이 중남미의 다른 나라에 비해 비싼 이유를 바로 여기서 찾을 수 있다.

3) 경쟁과 접근 규칙

칠레의 전력산업은 크게 두 부문으로 나뉜다. 첫째, 발전/송전부문은 수력 및 화력 생산자원으로 발전을 하는 회사가 고압으로 전력을 배전사나 여타 발전회사 내지 대규모 구매자들에게 보낸다. 둘째, 배전부문은 전력을 발전회사로부터 구매하여 낮은 전압으로 고객들에게 판매하는 배전회사들로 구성되어 있다. 칠레는 전력산업의 민영화 당시에 발전-송전을 통합적으로 유지하고, 이와 더불어 전력산업의 수직적, 수평적 통합에 대한 한계를 정하지 않았다. 당국자들은 통합에 기인하는 위험을 회피하기 위해 대량 사용자에 대한 공급에는 경쟁 시스템을 도입하였지만, 실제로는 위에서 보다시피 전력가격의 설정에는 자유계약 가격보다 규제가격이 중요한 역할을 하는 것으로 드러났다. 특히 발전과 송전 설비의 미분리는 자유로운 진입 경쟁에 일종의 장애물로 작용하여 이후 칠레 규제정책의 대표적인 실패 사례로 향후 정책 당국자들을 곤혹스럽게 만든다.

발전 사업을 하려면 정부의 특허를 얻는 것이 필요하다. 화력발전은 진입이 자유롭지만, 수력과 지열발전의 경우는 라이선스를 얻어야만 한다. 이 경우 라이선스는 허가권을 넘어서 일종의 독점적 권리를 의미하기도 한다. 칠레의 경우 기존의 시장참여자들의 과점적 지배로 인해 신규 참가자의 투자와 진입에 위험부담이 크다고 알려져 있다.

6. 민영화 20년의 결과들

1) 집중도의 문제점

탈집중화 측면에서 보면 칠레의 전력 민영화 사업은 어느 정도 성과를 이룩했다고 볼 수 있다. 1999년 현재 18개의 발전사, 15개의 배전사로 쪼개졌기 때문이다. 그렇지만 송전은 여전히 지역 독점 체제를 유지하고 있고 발전 사업도 거대 기업 2~3개가 수요량의 대부분을 공급한다. 전력산업 민영화 당시 수직적, 수평적 통합에 대한 제한을 두지 않았기에, 정부의 의도와는 달리 결국 1990년대를 지나면서 소수의 기업이 시장을 과점적으로 운영하는 시스템으로 변형되었기 때문이다.

이 중 엔데사의 지배는 압도적이다. 에네르시스란 지수회사가 통제하는 이 회사는 지사를 포함하여 총발전량의 60%를 점유하고 있다. 이어 헤네르가 발전량의 22%를, 콜분이 11%를 장악하고 있다. 3대 발전사의 허핀달 계수(Herfindahl Index: 산업에서 집중도를 알아보는 지표)는 0.43으로 매우 높은 편이다(Bitran etc., 1999: 349).

엔데사의 지배력은 여기에 끝나지 않는다. 엔데사가 민영화 이전에 할당받은 비사용 수자원도 전체의 60%나 되지만, 이를 개발하여 사용하고 있는 것은 겨우 13%에 머문다. 엔데사는 수자원에 대한 배타적 지배와 과소 개발을 이용하여 높은 지대를 수취하고 있기도 하다. 즉 프로젝트의 개발을 지체시킴으로써 기존의 설비투자에 대한 단위 수익을 최대화하여 지대를 갈취하는 것이다. 또 배전부문의 40%를 장악하고 있는 관련기업 칠렉트라도 엔데사의 지주회사인 에네르시스가 통제하고 있다. 아울러 에네르시스는 송전회사 트란셀렉의 대지주이기도 하다.

시장에서의 이러한 독과점적인 지위로 인해 발전 사업에 신규로 참여하려는 기업의 위험부담은 대단히 큰 편이다. 시장의 과점적 구조 이외에도, 송전망 개발 비용을 신규 회사에 분배하는 방식에 대해서도 명확한 해석이 없기 때문에 이 부분은 협상으로 해결해야 하는데, 이 경우 기존의 발전사가 통제하는 송전망의 경우 협상을 지체시키거나 터무니없는 비용을 부담시키면서 신규참여를 비토할 수도 있다.

2) 만성적인 공급부족

공급자들이 과점적 구조로 짜여져 있기에 전력에 대한 수요가 급증하는 경우에도 신규투자가 원활히 이루어지지 않아서 만성적인 전력부족 사태가 일어나는 것도 큰 문제로 지적되고 있다. 특히 발전과 송전이 미분리되어 신규 진입의 경우 송전가격 협상에 어려움을 겪는 경우가 많다. 기존의 시장을 과점적으로 운영하고 있는 발전회사들은 발전비용이 적게 드는 수력자원에 과도하게 의존하고 있으므로 가뭄이 지속될 경우 번번히 전력할당제를 실시할 수밖에 없다(Aldana, 1998). 그래서 칠레에는 단전 조치가 잦은 편이다. 1991, 1997, 1998년, 그리고 1999년 모두 갈

<표 10> 1999년 전력의 불균형 추산: 중부통합시스템

발전용량	총 용 량		정상적 조건의 가용용량		위기시 비상 작동용량	
	%	GW	%	GW	%	GW
화력	100	2.9	85	2.5		0.5
수력	100	3.9	60	2.3	50	1.2
합계		6.8		4.8		1.7
1999년 가용량	4.8 - 1.7 = 3.1					
1999년 최대 수요량	3.3					
부족분	0.2					
예비율	0					

출처: Aldana(1999:174)

수기에 전력 할당제를 실시하여 경제활동에 큰 타격을 주었다.

1999년 4월에는 경제활동인구가 집중되어 있는 중부지역의 수도권에 장장 3시간씩 단전조치가 이루어져 큰 혼란을 가져왔다. 이 해 중부통합시스템의 경우 예비전력 보유 30%는 고사하고, 총수요에 0.2GW나 부족하여 가뜩이나 어려운 경제활동을 더욱 위축시켰다(<표 10> 참조).

애초에 전국에너지 위원회도 늘어나는 전력수요에 대비하여 수력발전만으로도 대응하기 힘드니 1996년에 시급히 복합 사이클 발전소를 건설할 것을 콜분과 엔데사 두 회사에게 할당을 한 바 있었다. 콜분에게는 370MW 규모를 네우엔코에 증설할 것을, 엔데사에게는 379MW 규모를 산 이시도로에 증설할 것을 지시했던 것이다. 엔데사는 1998년 6월에 이 신설 발전소를 작동시킬 것을 동 위원회에 약속했지만, 결국 그 약속은 지켜지지 않았다. 여기서 규제당국과 민간 발전사 사이의 이해관계가 엇갈렸던 것이다.

전국에너지위원회는 수급불균형이 깨어지는 것을 막기 위해서 수자원의 예비량을 보존하고 가능한 화력발전의 비중을 증가시키길 원한다. 그러나 이것은 민간 발전사들에게 발전비용을 증가시키는 결과를 가져오므로 이들의 자발적인 협조를 얻어내기가 쉽지 않다. 발전사들은 단기적으로 비용이 적게 드는 수력발전의 비중을 최대한 높이고 화력발전의 비중은 최대한 줄이고자 한다. 또 수자원의 예비량이 줄어들면 전력가격도 올라가니 이윤 극대화에도 큰 도움이 된다. 특히 정전의 경우 물어야 되는 벌금이 크지 않고 그 규정조차 애매하다면 이윤극대화에 드는 리스크와 비용도 크지 않을 것이다. 1997년부터 1999년까지 3년간 계속 정전 사태가 빈발했다는 것은 결국 규제당국이 수급을 조절할 능력을 상실했다는 점을 잘 보여 준다.

1999년 초에 유일한 복합 사이클 발전소도 가동 중지에 들어갔다. 설상가상으로 1998년의 엘니뇨 현상으로 수자원의 예비량도 크게 줄었다. 1999년 4월의 전력난 위기는 심각하게 진행되었다. 하는 수 없이 프레이 정부는 3시간 단전조치로 대응했고, 산티아고 수도권 지대는 일찌감치 철시와 암흑의 도시로 변하게 되었다. 이즈음의 단전조치는 가뜩이나 경기하강으로 힘든 국면에 더 큰 시련을 안겨 주었다.

이 심각한 위기의 원인은 첫째, 가뭄으로 인한 수자원의 부족, 둘째, 화력발전소의 지속적인 가동 정지 사태, 셋째, 1990년대 중반의 고도성장(연평균 6% 수준)에 따른 전력 수요의 급상승에 기인한다. 전력수요는 연 8% 수준으로 증가하는데, 수력발전량은 줄어들고, 화력발전량은 크게 증가하지 않는다면 단전 사태는 불을 보듯 뻔하다. 결국은 수자원에 대한 효율적인 활용과 통제, 화력발전 능력을 급히 증가시키는 방법밖에는 도리가 없는 셈이다. 그렇지만 수자원에 대한 배타적인 통제권은 엔

<표 11> 엔데사의 평균 전력(발전) 가격과 이윤(1984~1990)

단위: 미국 달러/100kWh

연도	주거용 요금	소기업용 요금	대기업용 요금	이윤 (백만 달러)
1984	6.18	5.31	3.84	33
1985	6.40	5.56	3.78	-65
1986	6.48	5.62	3.81	50
1987	7.06	6.19	4.29	62
1988	8.23	7.60	4.78	179
1989	9.24	8.62	5.45	106
1990	8.77	8.18	5.17	104

출처: Spiller and Martorell(1994); Manzetti(2000: 89)에서 재인용

데사가 장악하고 있다. 엔데사가 수자원을 이용하는 방식은 개별기업의 이윤 규범에 따르는 것이다. 이들은 개발 가능한 수자원을 이용한 발전 능력을 확대하기보다는 기존의 자원을 최대한 효율적으로 이용하는 데 그치려 한다. 이용 가능한 수자원에 대한 배타적인 독점 사태는 공익보다는 사익에 봉사하게 만들어 이러한 단전 사태를 가져오는 데 일조를 하는 것이다.

둘째, 정전 사태를 근본적으로 치유하기 위해서는 수자원이 부족한 건기에 주로 활용하는 화력발전소의 가동 능력을 높여야 한다. 전국에너지위원회도 천연가스를 이용한 복합 사이클 발전소를 증설할 것을 민간 기업에 요청했지만, 이 요청을 기업들이 별 구속력을 느끼지 못했고 따르지 않았다. 결국 지체된 상태에서 부분적으로 증설된 발전설비가 가동되었지만 단전 사태를 근본적으로 막아내기에는 부족했다. 만약 단전으로 인한 벌금이 과다하지 않는 한 위원회의 권고는 별 효력이 없기에 규제당국도 점차 벌금을 높이는 방향(25만 달러에서 6백만 달러로)으로 나

〈표 12〉 중남미 국가별 전력 가격(센트/kWh)

주거용 전력 평균가격					2MW 이상 사용자 전력 평균가격				
연도	아르헨	칠레	브라질	멕시코	연도	아르헨	칠레	브라질	멕시코
1990	10.2	14.1	8.1	9.2	1990	6.4	6.8	4.4	4.5
1992	9.9	16.0	7.9	13.3	1992	6.0	11.4	4.2	5.6
1994	10.2	15.6	10.5	13.8	1994	7.1	7.8	4.9	5.1
1996	11.2	16.2	11.3	10.0	1996	7.5	8.1	5.4	3.7
1998	9.2	14.1	11.6	11.3	1998	5.9	7.9	5.8	5.0

출처: Aldana(1999 : 183~4)

아가고 있다. 1999년 5월 의회를 통과한 전력법 개정에 따르면 전력 할
당제를 실시할 경우 발전사와 배전사는 소비자들에게 입힌 손해를 보상
해야 한다는 규정을 강화하여, 가뭄을 핑계로 전력회사들이 면책사유를
찾으려는 논리에 쐐기를 박은 바 있다.

3) 전력가격의 상승

엔데사나 칠헤네르가 차지하는 독점적인 지위로 인해 전력가격도 가파
르게 상승하였다. 전력산업이 국가의 손에 있었던 마지막 해인 1984년
부터 1990년까지 주거용, 중소기업용, 그리고 대기업용 요금이 모두 크
게 올랐던 것이다. 이에 따라 민영화 기업들의 수익도 크게 상승하였다.
(〈표 9〉와 〈표 11〉 참조) 엔데사의 경우 주식배당률을 보더라도 수익성
이 얼마나 높은지 알 수 있다. 배당수익률은 1987년에 5.2%에 머물렀으
나 1990년대에 들어와서 10%를 훨씬 상회하는 경향을 보이고 있다. 다
만 아르헨티나와 국경을 거쳐서 넘어오는 천연가스관이 설치되면서 복
합 싸이클 발전소의 참여가 늘어났고, 이에 따라 1997년부터 수익률이
9.9%로 조금 하락하고 있지만 고수익 경향에는 큰 변화가 없다.

〈표 13〉 실질평균 발전가격 비교(US$/MWh)

연도	엔데사	칠헤네르	센트럴 코스타네라	센트럴 푸에르토
1993	54.9	47.9	37.40	37.48
1994	57.0	52.0	37.40	36.73
1995	54.4	50.8	36.41	35.83

출처: Aldana(1999 : 185)

최근까지의 전력가격을 중남미 여타 나라들과 비교해 보아도 가장 높은 축에 속한다. 〈표 12〉에 따르면 칠레의 경우 kWh(시간당 킬로와트) 당 거주용 전력 가격(1994~98년)의 평균은 아르헨티나, 브라질, 멕시코에 비해 높다. 이는 사용자들이 발전설비의 증가, 유류 수입 비용, 그리고 자본 도입의 비용을 모두 부담하기 때문일 것이다. 그나마 주거용 가격이 조금 떨어진 것은 그동안 화력 발전 능력에 투자가 증대하여 공급가격이 다소 하락한 데 연유할 것이다.

반면 2MW 이상을 공급받는 고객들은 자유가격 시장에서 발전자/배전자와 직접 자유계약을 하므로, 일반 고객보다는 싼 가격으로 공급을 받는다. 이 가격은 최근에 들어서 브라질이나 멕시코의 가격 수준에 근접하고 있다. 이 양자를 합친 실질평균 가격도 1994~98년 사이에 조금 하락하고 있는 추세를 보이지만, 이 하락추세는 결코 경쟁이나, 효율성의 증대에 기인하는 것이 아니라, 연료 가격의 하락과 규제당국의 규제에 따른 것이다. 이 시기에 천연가스관이 아르헨티나로부터 연결되고, 규제당국의 벌과금 규정이나 감시가 강화되었기에 이런 결과가 나온 것일 것이다.

라틴아메리카에서 가장 높은 전력요금을 자랑하는 칠레의 경우 소비자가 부담하는 고비용은 곧 기업의 초과이윤으로 바뀌어 칠레 전력

〈표 14〉 발전사의 순전력가격(1993~98)

단위: 달러/MWh

연도	칠레	아르헨티나	브라질	멕시코
1990	10.9	7.3	5.8	4.0
1992	11.0	8.4	7.0	6.2
1994	12.3	9.9	8.0	6.2
1996	13.3	11.1	13.1	4.2
1998	10.4	13.9	13.3	4.7

출처: Securities(1997): Flemmings Research; Manzetti(2000: 97)에서 재인용

회사들이 1990년대 중반에 이웃나라들로 진출하는 데 큰 견인차 역할을 하기도 한다. 특히 수력의 비중이 높기에 발전 비용은 상대적으로 적게 들어 이윤이 그만큼 큰 것이다. 간단한 비교의 예를 들면 엔데사의 아르헨티나 자회사인 센트럴 코스타네라나, 칠헤네르의 자회사인 센트럴 푸에르토가 생산하는 발전의 순가격이 훨씬 싸다는 점이다(〈표 13〉, 〈표 14〉 참조). 상대적으로 경쟁이 치열하고 비교적 규제시스템도 잘 짜여 있는 아르헨티나에서는 칠레의 자회사들도 칠레에서만큼 발전 영역에서의 독과점적인 이윤을 거둘 수 없는 것이다.

4) 독과점화와 외국자본의 지배

칠레 전력 산업의 민영화는 벌써 20년이 넘는 역사를 지니면서 소유와 지배 구조가 구조화되어 있으며 역시 규제의 부실로 인해 많은 문제점을 안고 있다. 최근에 들어와서는 스페인계의 에너지 그룹인 엔데사 에스파냐가 전력산업의 지주회사인 에네르시스를 통제하게 되어 사실상 전력산업에 대한 외국인 지배가 가시화되었다. 민영화는 결국 시장의 독과점화와 더불어 탈국적화를 초래하여 소비자 잉여의 상당 부분은 사실

〈표 15〉 중부통합시스템의 발전능력(1999년)

발전사	%	통제하는 그룹
엔데사	55.7	엔데사 에스파냐(스페인)
헤네르	21.8	앙헬리니 그룹(칠레), 연기금회사
콜분	15.5	트락트벨(벨기에), 이베르드롤라(스페인), 마테 그룹(칠레)
아라우코 발전	1.8	앙헬리니 그룹
3대 회사 합계	93.0	

출처: CNE, 기업의 발전능력, 참여율 대비

상 재벌과 외국 기업의 손에 들어가게 되었다. 칠레에서 전력 시장의 독과점화는 결국 전력 산업의 수직적·수평적 결합을 금지하지 않았던 엉성한 규제의 결과이다. 반면 탈국적화는 '민중적 자본주의'(capitalismo popular), '노동 자본주의'(capitalismo laboral)라 요란하게 선전하면서 국민일반이나 노동자들에게 나눠진 지분 그리고 노동자들의 연기금을 관리하는 투자회사들의 지분이 결국 외국인들의 집요한 매수 공세에 힘없이 무릎을 꿇고 경영통제권을 외국인 지주회사에 넘기게 된 결과라 할 수 있다.

우선 발전 설비 부분을 보면 1999년 현재 중부통합시스템의 93%의 설비능력을 엔데사, 헤네르, 콜분 3개사가 장악할 정도로 과점화되어 있다(〈표 15〉 참조). 이 중에서 (스페인계 자본이 통제하는) 지주회사 에네르시스가 통제하는 엔데시 칠레의 시장 시배력은 가히 타의 추종을 불허한다. 엔데사는 총발전량의 55%를 장악하고 있고, 엔데사의 자회사인 트란셀렉은 총송전망의 50% 이상을 갖고 있다. 엔데사가 통제하는 송전망은 66kWh 이상의 전압선 10,802km 중에서 5,629km나 되기에 어느 발전회사든지 트란셀렉의 협조와 동의가 없다면 사업 수행(특히 신규 사업)

에 애로를 느낄 것이다. 엔데사는 또 발전사인 칠렉트라와 리오 마이포를 통해서 수도권의 배전망도 거의 독점하고 있다. 이 외에도 경제성이 높은 수자원에 대한 개발권도 약 60%를 장악하고 있다.

칠레의 발전과 배전 산업은 한마디로 다국적 기업의 이해와 국내 독점재벌의 이익에 포위되어 있다. 제1위 기업인 엔데사는 엔데사 에스파냐가 통제하는 지주회사 에네르시스가 지배하고 있다. 제2위인 혜네르 역시 20%의 지분을 지닌 앙헬리니 그룹에 뒤이어 미국의 프랭클린 리소시즈(프랭클린-템플턴의 자회사)가 10.7%를(2000년 2월 기준) 가지고 있고, 투자회사 베어 스턴즈도 5%를 지니고 있다. 제3위인 콜분 역시 벨기에의 트락트벨, 스페인의 이베르드롤라, 그리고 칠레의 야코니-산타 크루스 3자의 콘소시엄인 엘렉트로파시피코와 부분적으로 마테 그룹이 참여하고 있다(Fazio, 2000: 115~118).

배전 산업도 대체로 5개 그룹이 통제하고 있는데, 이 중 3개 그룹은 외국인이 지배한다. 위에서도 언급한 칠렉트라와 리오 마이포는 수도권 전역에서 약 5백만 명의 인구에게 배전 서비스를 하고 있는데, 이 두 회사는 에네르시스가 통제하고 있다. 둘째로 큰 배전회사 그룹인 CGE는 코나테, 에델막, 에멕을 지니고 있는데, 이 그룹은 4개 가문의 컨소시엄으로 구성되어 있다. 북부의 배전망을 지니고 있는 에델은 미국계인 PP&L Global이 통제하고 있고, 에네르킨타는 역시 미국계인 셈프라 에너지가 지배하고 있다. 앙헬리니 그룹 역시 사에사, 프론탈, 에델아이센과 같은 배전사를 통해 배전 서비스에도 관여한다.

이 중에서도 스페인계 지주회사인 에네르시스는 라틴아메리카 전역에 발전, 배전 사업에 열성적이다. 1999년 말 현재, 이 지주회사가 통제하는 배전회사들은 950만 명의 고객(5인 가족을 염두에 두면 거의 5천만 명이 영향을 받는다)에게 47,128GWh를 흘러 보낸다. 1998년의 발전 생산량은 브라질, 아르헨티나, 콜롬비아, 칠레, 페루 5국 합쳐서 연 73,097GWh였다.

7. 결론

칠레의 전력 민영화 사업은 다른 나라보다 훨씬 빨리 시행되었고, 또 전격적으로 실행에 옮겨졌지만, 민영화가 끝난 지 10년이 훨씬 지난 오늘 시점에서 회고해 볼 때 결코 성공작이라 할 수 없을 정도의 시행착오를 겪고 있다. 독과점화에 따른 고가격, 공급부족으로 인한 잦은 단전, 탈국적화에 따른 국부 누출 등이 가장 눈에 띄는 문제점이다. 칠레의 사례는 2000년 캘리포니아의 전력 위기가 현실화되기 전에 이미 비슷한 징후군을 지니고 있었던 셈이다. 과연 칠레의 사례는 무엇을 말해 주는 것일까? 이를 간단히 요약하면서 이 글을 맺기로 하자.

첫째, 자연독점에 가까운 전력산업의 경우 아무리 기술적 조건이 변화했다고 하지만 이를 효율적으로 규제하는 것이 결코 쉽지 않다는 점을 잘 보여 준다. 특히 수력 이외의 에너지 자원을 별로 보유하고 있지 않는 소국 칠레의 경우 발전 사업의 경쟁 유도가 대단히 어렵다는 점을 이해해야만 한다.

둘째, 규제의 실패를 가져온 결정적인 요인은 정부가 민영화를 할 당시에 발전, 송전, 배전 사업 가운데 발전/송전을 통합적으로 유지하게 한 조치였다. 이러한 수직적 통합 조치는 발전 사업에 대한 신규참여를 어렵게 만들어 사실상 전력 시장의 독과점화를 부추긴 요소가 되었다.

셋째, 발전사업체들의 수평적 결합으로 인해 탄생한 거대기업들은 국가의 경제 및 사회 발전이란 지표에 맞추기보다는 개별기업의 수익 극대화 규범에 맞추어 최적 발전량과 수력/화력 배분비를 결정함으로써 만성적인 전력할당제라든가, 전력비용 상승과 같은 문제점을 유발하였다. 특히 수자원에 대한 과도한 의존으로 기업은 고수익을 누릴 수 있었지만, 엘니뇨 현상에 따른 가뭄 현상에 대처를 하지 못해 국가경제가 마비되는 어려움을 겪기도 했던 것이다.

넷째, 1990년대에 들어와서 중남미 전력시장에 공세적으로 투자를 하고 있는 스페인계 자본 엔데사가 수익성이 높은 칠레의 엔데사를 통제하게 됨에 따라 국부의 외국유출도 뒤따르게 되었다. 그동안 칠레의 엔데사는 상대적으로 높은 칠레 전력가격이 이웃 나라로의 진출을 뒷받침하는 전략적인 토대라고 정당화했다. 그러나 이제 스페인계 자본이 지배주주로 등장하여 통제권을 장악한 마당에 이러한 정당화 논리는 거꾸로 대규모 국부유출로 귀결되었으니 참으로 아이러니라 아니할 수 없다.

7장 남미 천연가스 산업의 재구조화:
현황과 전망

1. 서론

오늘날 남미 국가들에도 천연가스의 중요성은 날로 증가하고 있다. 1990년대에 들어와서 성장세가 어느 정도 회복되고, 이에 따라 에너지 수요가 증가하면서 천연가스에 대한 수요 역시 빠른 속도로 늘어나고 있기 때문이다. 무엇보다 천연가스에 대한 수요 증가는 경제성장에 따른 전력 수요 증가에 기인한다. 남미 국가들은 풍요로운 수력자원을 지니고 있다. 하지만 최근의 기상급변이나 엘니뇨 현상 때문에 수자원의 양은 들쑥날쑥하다. 이런 연고로 전력발전 에너지의 다변화가 대단히 중요한 쟁점으로 등장했고, 이에 따라 가스 연소 발전소의 증설이 뒤따랐다.

이와 더불어 1997년의 교토 의정서 등에서 보듯이 탄소 배출량을 규제하는 국제조약에 남미 국기들도 참여하면서 환경과 관련된 규제도 점차 강해지고 있다. 이에 따라 천연가스의 사용은 비단 발전용뿐만 아니라 산업용이나 수송용 등에도 점차 그 비중을 늘여 가고 있다. 아직은 산업용에 광범하게 활용될 정도로 가격이 떨어진 것은 아니지만, 점차 사용량이 늘어나면서 유류가격과의 격차도 빠른 속도로 줄어들고 있다.

이런 맥락에서 남미 전체의 가스에 대한 수요와 생산량도 늘어나고 있고, 생산지와 소비지를 연결하는 초국적 에너지 연계망도 1990년대 중반부터 가시화되고 있다. 이미 가스 산업의 구조는 1990년대에 들어와서 다수의 국가에서 수직적 통합에서 수평적 경쟁으로 바뀌었고, 그것의 소유권과 통제권도 국영기업에서 민간기업으로 거의 넘어간 바 있다. 비록 외국 자본과 기술의 도입으로 가스 산업은 탈국적화되었지만, 다른 한편으로 탐사와 시추 활동의 증가로 매장량의 증가라는 긍정적인 결과를 얻기도 했다.

이 글은 남미 천연가스 산업의 전반적인 특징을 일별하고, 몇몇 국가의 사례를 통해서 현 단계의 성과와 문제점을 살펴보고자 하는 목적으로 작성된 것이다.[24] 2절에서는 천연가스 산업의 수요와 공급 구조를 살펴본다. 특히 가스의 수요가 빠르게 증가하는 구조 변화에 초점을 맞춘다. 3절에서는 천연가스 시장이 성숙한 단계에 돌입한 아르헨티나의 사례, 대표적인 수출국인 볼리비아, 그리고 에너지 종속국인 칠레의 사례를 살펴본다. 덧붙여 가스 산업 재구조화의 성과와 한계를 동시에 드러낸 최근의 칠레-아르헨티나 가스전쟁 사례를 통해 문제의 징후군을 포착한다. 특히 탈국적화된 시장과 공익을 중시하는 국가의 갈등이 국제적 외교전으로 비화하는 과정을 상세히 묘사할 것이다. 4절에서는 천연가스 사업을 둘러싼 각국의 규제기구 유형, 다양한 규제 원칙, 그리고 방향 등을 살펴본다. 5절에서는 남미 각국을 잇는 초국적 가스 연계망의 특징을 살펴보고, 향후 국제적 거래의 발전 전망을 논한다.

---

24) 참고할 수 있는 자료의 제한으로 인해 가장 최근에 발행된 IEA(2003)와 Kozulj(2004)의 연구성과에 크게 의존하였다. 그 이후의 연구성과에 대해서는 8장을 참고하시오.

2. 남미 천연가스 부문의 수급구조

오늘날 남미의 가스 산업은 빠르게 성장하고 있다. 1990년대 초부터 가속화된 에너지 산업의 재편과 민영화에 따른 민간투자의 활발한 유입에 힘입어, 가스 산업의 경우 지속적인 탐사 작업에 따라 보유량이 늘어나고 있고, 아울러 생산량이 증가하고 있다. 이에 따라 가스 프로세싱 공장과 파이프라인 그리고 LNG 설비도 증설되고 있으며, 종래 미미했던 가스 연소 발전량도 몇몇 나라에서 빠른 속도로 증가하고 있다.

공급부문의 변화와 맞물려 이 지역의 에너지 수요도 빠르게 증가하고 있다. 이는 1990년대 구조개혁과 거시경제의 안정화로 인한 성장세를 반영한다. 에너지 수요의 증가 속도는 GDP 성장률보다 앞서 있는데, 특히 가스 수요는 1990~2000년 사이에 연간 5.1%의 증가율을 보였다. 이는 총에너지 수요 연간 증가율인 3.2%를 훨씬 상회하는 수치이다. 특히 이 기간 브라질과 칠레의 가스 수요 연간 증가율은 각각 12%, 14%라는 경이적인 수치를 보인 바 있다. 이에 따라 남미 전체의 1차 에너지 총공급(TPES) 가운데 가스가 차지하는 비중이 1990년의 18%에서 2000년의 20%로 증가했다. 262쪽의 〈그림 3〉에서 보듯이 지난 20년간 1차 에너지 총공급이나 최종연료소비(TFC)에서 천연가스의 비중이 점차 증가하고 있는 것으로 나타난다. 하지만 석유 중심적 에너지 패턴 구조에는 그다지 큰 변화는 없다.

2002년 현재 남미에서 확인된 가스 매장량은 7.1tcm이고, 향후 탐사를 통해 추가될 가능성이 있는 5tcm를 더하면 약 12tcm 정도이다. 적지 않은 물량이긴 하지만 이 가운데 70%가 베네수엘라, 트리니다드토바고에 묻혀 있는데, 안타깝게도 이 지역의 가스가 인구 밀집지인 남부 해안가로 연결시키기는 참으로 어렵다. 거리도 엄청나거니와 아마존 우림

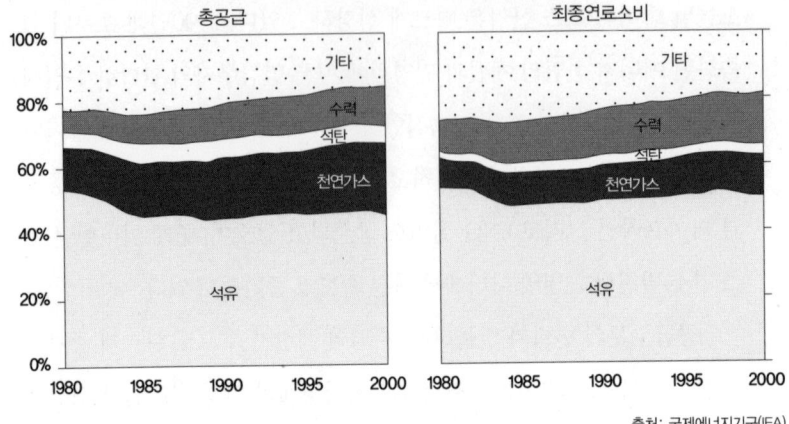

〈그림 3〉 남미의 1차 에너지 총공급(TPES)과 최종 연료소비(TFC) 가운데 연료별 비중 추이

출처: 국제에너지기구(IEA)

지대와 안데스 산맥이 가로막고 있기 때문이다. 이에 따라 이 두 나라는 장기적으로 LNG 사업을 강화하여 북미 시장이나 카리브 국가들 그리고 대서양 연안의 유럽 국가로 수출하고자 한다. 또 아르헨티나 남단, 페루의 정글지대, 브라질의 아마존 지역에도 상당량이 묻혀 있지만 이 지역 역시 인구 밀집지대와 격리되어 있기는 마찬가지이다.

하지만 많은 매장량에도 불구하고 가스를 소비할 시장의 성숙도는 다소 뒤진다. 무엇보다 대부분의 국가들이 풍부한 수자원을 바탕으로 한 수력발전으로 전력을 다량 공급하고 있고, 또 에너지원으로 석유의 비중이 압도적으로 높기 때문이다. 또 기후의 조건상 공간난방의 필요성이 별로 없는 지역인지라, 가스의 사용처는 자연스레 산업용이나 발전용에 집중된다. 따라서 남미 가스 산업을 활성화시키기 위해서는 탐사와 생산도 중요하겠으나 무엇보다 인구 밀집지대에 소비할 시장을 만들고, 가스에 접근할 인프라를 증설하는 것이 더욱 시급한 과제라 하겠다.

시장의 성숙도로 보자면 아르헨티나와 트리니다드토바고가 '성숙

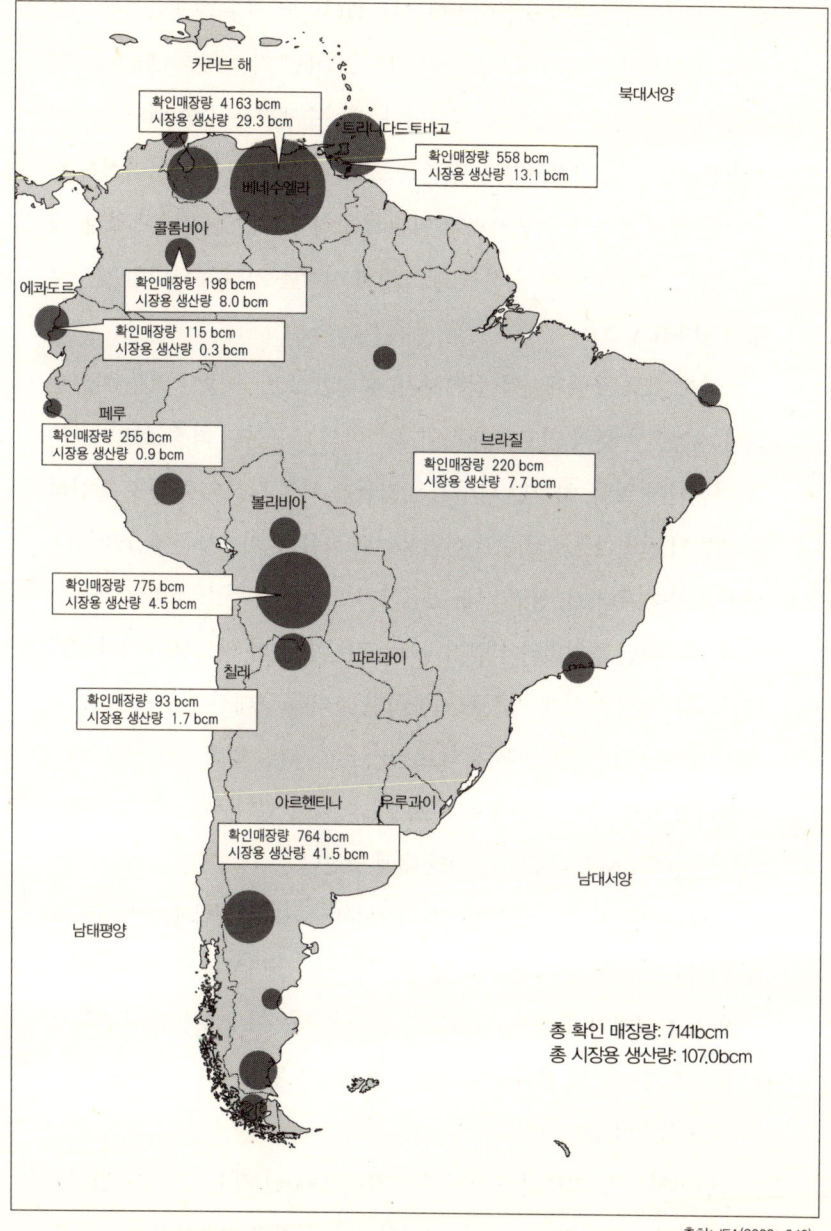

〈그림 4〉 남미의 천연가스 매장 분포(2002년 1월의 매장량, bcm은 10억 입방미터)

카리브 해

북대서양

확인매장량 4163 bcm
시장용 생산량 29.3 bcm

트리니다드토바고

확인매장량 558 bcm
시장용 생산량 13.1 bcm

베네수엘라

콜롬비아

에콰도르

확인매장량 198 bcm
시장용 생산량 8.0 bcm

확인매장량 115 bcm
시장용 생산량 0.3 bcm

페루

확인매장량 255 bcm
시장용 생산량 0.9 bcm

볼리비아

브라질

확인매장량 220 bcm
시장용 생산량 7.7 bcm

확인매장량 775 bcm
시장용 생산량 4.5 bcm

파라과이

칠레

확인매장량 93 bcm
시장용 생산량 1.7 bcm

아르헨티나

우루과이

확인매장량 764 bcm
시장용 생산량 41.5 bcm

남대서양

남태평양

총 확인 매장량: 7141bcm
총 시장용 생산량: 107.0bcm

출처: IEA(2003: 242)

한'(mature) 시장 반열에 들어간다. 아르헨티나의 경우 대체로 가스수송관이 전역에 잘 깔려 있고, 시장생산량도 2001년 기준으로 42bcm에 달한다. 하지만 볼리비아, 칠레, 콜롬비아, 베네수엘라는 수송 배관 설비의 저발전으로 가스 시장의 발전 수준은 '초보적'(young)이다. 브라질은 전국적 차원의 가스 수송 인프라가 이제 초보적인 국면을 지나고 있다. 페루, 에콰도르, 파라과이의 경우 가스 소비 시장은 거의 무의미할 정도로 형편없다(IEA, 2003: 43).

이제 가스 소비패턴을 살펴보자. 성숙한 소비 시장이 있는 아르헨티나는 높은 수준의 인프라가 갖춰져 있어서 대부분의 최종 소비자부문과 연결되어 있다. 하지만 나머지 국가들은 석유 탐사의 결과로 발견되고 개발된 천연가스로서 주로 산업용이나 석유 및 가스부문에 소비된다. 이와 더불어 주거지, 상업지대, 공공서비스 부문의 가스 소비는 제한적이다. 왜냐하면 주거지와 상업지대에 공간난방을 할 필요성이 거의 없기 때문이다. 냉방 시설에 가스를 이용하면 소비를 증대시킬 수 있지만, 아직 그러한 노력은 별로 가시화되고 있지 않다. 다만 압축천연가스(CNG) 차량의 연료로 이용되는 경우는 크게 늘어나고 있다. 예로 들면 아르헨티나의 경우 CNG 차량은 약 70만 대에 달한다.

2000년을 기준으로 천연가스의 부문별 수요(라틴아메리카 전체)를 보면 석유-가스부문이 29%, 산업부문이 31%, 전력부문이 26%, 그리고 주거지-상업지역이 12%, 그리고 도로수송 부문이 2%이다. 이 가운데 가장 수요가 늘어날 잠재력이 있는 부분이 발전부문이다. 여기에는 약간의 부연 설명이 필요하다.

남미의 경우 거대한 수자원이 있기에 2000년 기준으로 수력발전량이 전력 공급량의 70% 가량을 차지한다. 브라질의 경우처럼 80%를 상

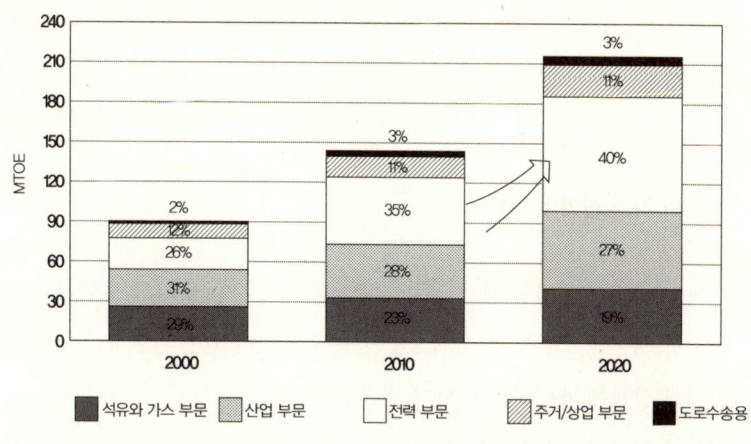

1MTOE는 석유 100만 톤의 에너지량에 해당
출처: World Energy Outlook(2002)

회하는 경우도 있다. 게다가 아직도 수력발전의 잠재력이 남아 있는 나라가 다수이다. 하지만 대부분 공공예산의 부족으로 인해 거대한 수력발전소를 지을 재원이 없는 데다, 민간 투자자들도 이를 회피한다. 민간 투자자들은 기초 투자비(up-front cost)가 상대적으로 적고, 건설공기도 단축시킬 수 있는 복합 사이클 가스터빈(CCGT) 발전소를 지어 안정적인 수익을 올리고자 한다. 따라서 이 부문의 가스 소비량이 크게 증가할 가능성이 높다(IEA, 2003: 46~8).

특히 아르헨티나, 브라질, 칠레, 베네수엘라의 경우 엘니뇨 현상으로 인한 잦은 가뭄으로 수력발전량이 널뛰기를 하자, 발전 에너지의 다양화를 추구하게 되었다. 이에 따라 가스 연소 발전소가 빠른 속도로 증가하고 있다. 1995~2000년 사이에 가스 발전의 양도 연간 8.4%로 증가하여 총발전량 증가율 4.5%를 크게 능가하였다. 국제에너지기구(IEA)는 라틴아메리카 전력부문에서의 가스 수요는 2000년의 26%에서 2010년

35%, 2020년에는 40%로 크게 증가하리라 본다(〈그림 5〉). 반면 석유-가스 부문의 가스 수요는 점차 줄어들고, 산업용의 비중도 다소 줄어들어 일정한 수준에서 안정화되리라 전망한다.

3. 남미 가스 산업의 재편

1980년대까지 남미의 가스 산업은 대체로 국영기업이 탐사와 생산에서 수송과 배송을 도맡는, 수직적으로 통합된 모델이었다. 국영기업은 가스 산업의 상류에 해당하는 탐사와 생산부문에서 자원을 국익 차원에서 관리하고 획득한 소득을 재배분하는 효율적인 장치였다. 아울러 하류부문의 수송과 배관망을 통해 최종 소비자에게 일종의 공적 서비스를 제공하기도 했다. 엄청난 재원이 투자될 뿐만 아니라, 수익을 창출하기에는 시한도 상당히 소요되었기에 가스 산업의 초기 단계는 항상 국영기업의 형식을 띨 수밖에 없었다. 특히 파이프라인과 배관망을 설치하는 비용은 과다한 데 비해 수익률은 낮았기 때문에 민간기업이 뛰어들기 힘들었다.

하지만 1980년대에 들어오면서 이 모델은 곧 위기에 빠졌다. 무엇보다 에너지 수요는 점차 증가하고 있었기에, 이 부문에 대한 대규모 투자가 요청되었다. 탐사와 생산, 그리고 수송망 확충에 많은 투자가 필요했지만, 설상가상으로 1982년 외채위기까지 겹쳐 에너지 부문은 심각한 위기 국면에 빠지게 되었다. 게다가 오랫동안 낮은 요금 책정, 교차 보조금의 지급으로 국영기업의 경영실적도 좋지 않았고, 따라서 신규 재원을 내부적으로 동원할 가능성도 희박했다. 특히 상류부문에 대한 탐사 활동이 거의 중단되어 매장량이 점차 줄어들고 있었다.

국가의 재정위기와 국영기업의 경영위기에 대한 대안으로 제시된 것이 바로 경쟁모델의 도입과 민영화 정책이었다. 즉 가스 산업의 수직적 통합 모델을 쪼개어 분산적 경쟁 모델로 만들고, 여기에 민간투자를 유치하는 민영화 방안이 유일한 대안으로 등장했다. 1990년대 초 아르헨티나가 국영석유회사 YPF와 국영가스회사 GdE를 여러 개의 회사로 쪼개고, 이들을 국내외 민간기업들에게 팔았다. 많은 외국인 투자자들이 대거 민영화 사업에 참여했고, 정부는 민영화 수익으로 재정위기를 일시적으로 해소할 수 있었다. 오늘날 아르헨티나의 가스 시장은 가장 자유화된 케이스로 거의 모든 부문을 민간기업들이 관리를 한다. 물론 소유와 통제의 핵심은 다국적 에너지 기업들이다.

1990년대 중반에 페루와 볼리비아가 아르헨티나의 뒤를 따랐다. 볼리비아는 외국투자자들에게 탐사와 생산을 맡기자, 보유량이 엄청나게 증가하는 성과를 누리기도 했다. 베네수엘라, 콜롬비아, 브라질, 칠레, 에콰도르, 트리니다드토바고 등도 공적 통제와 민간 참여를 적절히 혼용하여 석유, 가스 부문의 재정비에 나섰다. 베네수엘라만이 국영기업 PDVSA가 대부분의 활동을 100% 통제하고 있다. 하지만 이 나라도 민간기업에 주배관망과 판매망의 건설과 관리를 맡기고자 하는 계획을 가지고 있다.

1) 시추와 탐사 분야의 자유화

시장개혁의 첫걸음으로 대부분의 국가들은 석유와 천연가스의 탐사와 생산에 관련된 국영기업 독점 원칙을 개정하였다. 이리하여 민간부문이 자유롭게 탐사와 생산 활동에 관여하고, 생산된 원유와 천연가스도 자유롭게 거래를 할 수 있도록 하였다. 아르헨티나, 볼리비아, 칠레, 콜롬비아, 페루에서는 외국인 투자에 대한 제한을 풀어, 외국인 투자자를 대거 유치하고자 했다. 특히 상류부문의 자유화로 인해 남미 전체의 매장량과 생산량도 크게 증대하였고, 국내 가스 개발비와 생산비도 상대적으로 하락하는 추세를 보였다. 특히 볼리비아는 4년간 탐사와 생산 분야에서 외국인 투자가 크게 활성화되어 매장량이 약 7배가량 증대하기도 했다. 민간부문의 투자를 유치하고자 각국이 제공한 인센티브는 대체로 다음과 같다(Campódonico, 1999: 141).

ⅰ) 계약의 기술적 측면에 대한 보다 유연한 조건을 제공: 탐사 기간의 연장, 테스트 가스전의 굴착 의무 면제, 탐사 지역에 대한 점유 기간의 장기화.

ⅱ) 석유 및 천연가스 생산량의 지분 확대, 또는 소유권의 민간 이전.

ⅲ) 자유로운 수출입 보장. 몇몇 경우는 국내 시장의 공급의무 면제.

ⅳ) 소득과 이윤 송금에 대한 조세부담 삭감으로 수익률 제고. 기계류의 일시적 면세 수입 허용, 가속적 감가상각, 기타 면세 조치.

ⅴ) 이중과세 방지를 통한 외국인 투자에 대한 보장조치, 외환 사용 보장, 갈등이 발생했을 경우 국제 중재재판의 도입.

가스 산업의 내외 자본의 제휴 방식을 카르도주의 이론을 빌어 '연합-종속적 모델'(associate-dependent model)이라 부를 수 있다. 대체로 다국적 에너지 기업들이 기술과 자본을 대고, 현지 민간기업들은 노하우와 경험을 제공한다. 다국적 기업들은 상류부문의 이익을 통제하는 석유-가스 회사로 파이프라인, 배관망 자산을 보유하거나 일정한 지분을 가지고 있다. 이들은 또 가스 발전설비도 소유하는 전력회사를 통제하기도 한다. 이 경우 가스는 거대한 에너지 체인의 한 중요한 계기

<표 16> 소유구조와 민간참여에 대한 개방성

	국영 주도 시스템		혼합 시스템	민간 주도 시스템
	제한된 개방성	완전한 개방성		
탐사와 생산	베네수엘라	브라질, 칠레, 콜롬비아	볼리비아	아르헨티나, 페루, 트리니다드토바고
공급	베네수엘라	브라질	볼리비아, 콜롬비아	아르헨티나, 칠레, 페루, 우루과이
판매	베네수엘라		브라질	아르헨티나, 볼리비아, 콜롬비아, 칠레, 페루, 우루과이

출처: IEA(2003: 68)

로 포섭되어 있는 것이다. 남미에 투자한 대표적 다국적 기업들은 렙솔(Repsol-YPF, 스페인계), 비피 아모코(BP Amoco, 영국계), 토탈피나엘프(TotalFinaElf, 프랑스계), 쉘(Shell, 영국-네덜란드계), BG그룹(BG Group, 호주계), 엑슨모빌(Exxon Mobil, 미국계) 등이 있다. 드물게 국영기업이 다국적 투자에 참여한 경우도 있는데, 브라질의 페트로브라스(Petrobras)나 베네수엘라의 PDVSA 등이 그 예에 해당한다.

2) 수송과 판매 분야의 개혁

이와 더불어 하류부문의 개혁도 함께 진행되었다. 특히 수송, 배분, 마케팅 관련 영역도 자유화되어 민간부문의 투자에 대한 각종 장애물을 제거했다. 국내 시장의 경우 보조금 지급과 가격 통제가 철폐되었고, 이와 더불어 내외 시장 모두 자유롭게 가스를 거래하도록 규정을 개정하였다.

　　이리하여 국내시장용 천연가스의 생산지 가격도 점차 국제가격과 보조를 맞추게 되었다. 하지만 석유와 달리 천연가스의 경우 평준화된 국제 벤치마크 가격이 존재하지 않으므로 때때로는 규제기구가 생산지 가스의 도매판매를 위한 기초 가격이나 최초 가격을 정해 주는 경우도 있다.

〈표 16〉에서 보듯이 국영기업이나 민간기업 모두에게 파이프라인의 건설과 관리가 허용된다. 아르헨티나, 볼리비아, 칠레, 콜롬비아, 페루의 경우 이미 이 분야의 민간 참여에 어떤 제한도 없고, 이미 1990년대 법률 개정을 통해 제도화되었다.

4. 각국의 상황

1) 아르헨티나: 가스-집약적 경제와 성숙한 시장

아르헨티나는 중남미에서 가장 가스-집약적인 경제일 뿐 아니라 가장 성숙한 시장구조를 가진 나라이다. 2000년 현재 천연가스는 1차 에너지 총공급(TPES)의 절반을 차지하고, 최종 소비량의 3분의 1을 상회한다. 반면 석유는 TPES의 38%에 불과하다. 이와 더불어 5만 킬로미터나 되는 거대한 수송 및 배관망이 존재한다. 천연가스의 총공급량은 2000년의 경우 36.5bcm에 달했다. 가장 큰 수요처는 발전 분야이다. 수력발전의 사정에 따라 사정이 달라지지만, 이미 가스 연소 발전소가 전력 생산 총량의 56%를 담당한다. 2000년의 경우 11bcm으로 33%나 달했다. 이를 뒤이어 산업용으로 21%, 주거용 및 상업용으로 19%를 소비했다. 이와 더불어 아르헨티나는 수송연료로 CNG를 이용하는 차량이 가장 많은 나라이기도 하다. 차량 대수는 70만 대가 넘고, 가스충전소도 900개 정도가 있다. 부에노스아이레스의 경우 약 5만 대의 택시가 CNG 차량이다. CNG는 가솔린이나 디젤유보다 싸므로 이를 이용하는 차량은 더욱 늘 것이다.

민영화 이전 가스 산업의 탐사, 생산, 수송, 판매는 모두 국영기업인 YPF와 가스공사(GdE)에 의해 이뤄졌다. YPF는 상류에 해당하는 탐사 작업과 생산을 담당했고, 가스공사는 중류(수송)와 하류(판매)를 담당했다. 에너지부가 산업의 전반을 통제하고 감독했다. 민영화와 탈규제를 구조개혁의 일환으로 생각했던 메넴 행정부는 1992~93년에 전격적으로 석유가스공사(YPF)와 가스공사(GdE)를 민영화하였다. YPF의 민영화를 통해 천연가스의 생산 전부가 민간의 손에 넘어갔다. YPF는 스페인계 렙솔이 사들였고, 이후 렙솔-YPF로 개칭되었다. 2001년 현재 가스생산의 59%가 렙솔-YPF(스페인계 29%), 토탈아우스트랄(Total Austral, 18%), 플루스페트롤(Pluspetrol, 12%), 3개사에 의해 이뤄지고 있다. 생산 부분은 경쟁보다 과점적 통제로 귀결되었다.

1992년 가스공사가 민영화되면서 수송과 판매도 분리되었다. 두 개의 중요한 가스 파이프라인은 TGN(북부가스수송사)와 TGS(남부가스수송사)에 팔렸다. TGN은 주로 북부와 중부를 커버하는 5,400킬로미터의 파이프라인을 갖고 있었다. 이 회사는 가스인베스트 S.A.(Gasinvest S.A.: 프랑스 에너지 회사인 토탈피나엘프가 주도하는 컨소시엄)가 70%의 지분을 갖고 있고, 미국계 CMS Energy가 30%를 장악하고 있다. 반면 TGS는 7,400킬로미터의 파이프라인을 갖고 있는데 주로 남부와 중부를 커버했다. 이 회사의 지분은 시에사(CIESA)가 70%를 갖고 있는데, 시에사는 아르헨티나 그룹인 페레스 콤팡 S.A.(Perez Companc S.A.)와 미국계 엔론(Enron Corp.)이 각각 50%씩 지분을 가지고 있었다.

가스공사의 판매망도 9개의 판매사로 쪼개져 민영화되었는데, 대부분 외국계 에너지 회사들이 구입하였다. 메트로가스(Metrogas: BG International), 가스 나투랄(Gas Natural BAN: Gas Natural, 스페인), 카무시 가스 팜페아나(Camuzzi Gas Pampeana: Camuzzi, 이탈리아), 리토랄 가스 S.A.(Litoral Gas S.A.: Tractebel, 벨기에), 카무시 수르(Camuzzi

Sur, 이탈리아), 가스 델 센트로(Gas del Centro S.A., 이탈리아), 쿠이아나 가스(Cuyana Gas, 이탈리아), 가스노르(Gasnor, 미국), 가스네아(Gasnea, 프랑스)가 바로 그것인데, 이 판매사들은 각각 자신의 지역에서 판매에 관한 배타적 권리를 가지고 있다. 앞의 세 회사는 주로 부에노스아이레스를 담당하는 판매사들로 360만 명에 해당하는 많은 고객층을 확보하고 있다. 판매사들의 오퍼레이터(생산, 수송, 판매 담당)는 모두 외국계 에너지 회사이다. 따라서 생산·수송·판매에 이르기까지 외국계 에너지 회사의 지배력은 상당히 크다고 말할 수 있다.

아르헨티나 가스 시장 민영화가 초래한 가장 큰 문제점은 "과두제적이고 집중화된 시장구조"이다(Kozulj, 2004: 17). 2001년 현재 렙솔-YPF사는 천연가스 생산의 29%를 담당하고 있다. 하지만 합작회사나 타 생산자로부터의 구매계약을 통해 사실상 도매시장에서 51%의 물량을 공급하고 있다. 제2위 생산자인 토탈피나엘프는 미국 기업 팬아메리카(Pan America), 윈터쉘(Wintershall)과 연합하여 겨우 9%를 공급할 뿐이다. 그러니 렙솔-YPF는 사실상 가격결정자의 역할을 할 수 있고, 각종 계약조건을 구매자에게 강제할 수 있는 시장지배력을 지니고 있다. 하지만 아르헨티나 경쟁법은 지배적 지위의 남용에 대한 증거책임을 제3자에게 지우고 있기 때문에, 렙솔-YPF가 불공정 거래를 하더라도 제3자가 제소하지 않으면 어쩔 도리가 없다.

2001년 말에 들이닥친 페소화의 위기 사태는 민간 가스회사들에게 큰 시련을 안겨 주었다. 원래 페소화를 달러화와 1:1로 묶어 둔 태환법 체제에 따라 가스 판매사와 배전회사들은 별 어려움 없이 수익을 올릴 수 있었다. 하지만 경제긴급조치법이 발동하여 태환법 체제가 붕괴하자, 국제시장에서 달러화 채무를 갖고 있던 이들 회사들은 페소화의 평가절하로 큰 피해를 입게 되었다. 경기침체에 따른 사용량의 하락, 고객들의 체납 등으로 어려운 지경에 빠진 판매사들은 설상가상으로 정부의 인플레이션 억제 방침에 따른 가격 동결로 빚더미에 오르게 되었다. 이에 따라 가장 큰 판매사인 메트로가스가 채무지불 정지를 선언하였다.

생산자도 어렵기는 마찬가지였다. 부에노스아이레스의 현물시장가에 따라 결정되는 생산지 가격도 페소화의 평가절하 여파로 크게 하락하였다. 경우에 따라서는 생산비용 이하로 떨어지기도 했다. 하지만 계약조건의 준수를 강제하는 규제당국의 채근에 공급을 중단할 수도 없었다 (Rabinovich, 2006: 24~8).

칠레로 향한 외국 수출물량의 경우 사정은 좀 나았지만, 이 가격 역시 부에노스아이레스의 현물시장가에 연동되기 때문에 큰 도움은 되지 않았다. 게다가 정부는 긴급재정 확충의 일환으로 수출세를 20% 부과했기 때문에 생산자에게 수출의 인센티브도 크지 않았던 것이다(IEA, 2003: 123). 당연히 렙솔-YPF를 위시한 생산자들은 이 핑계 저 핑계를 대면서 생산량 감축에 나섰고, 이에 따라 정부도 수출물량을 강제로 감축하지 않을 수 없게 되었다. 이 결과 아르헨티나와 칠레 사이에는 가스 공급을 둘러싼 외교전이 벌어지게 되었다(3절의 '4) 칠레의 천연가스 대란' 참조).

한편으로 페소화 위기의 여파로 새로 출범한 네스토르 키르치네르(Nestor Kirchner) 정부는 가스부문의 민간기업들이 공공의 이익보다는 시장지배력을 이용하여 폭리를 취한다고 공박하고, 가격 재조정에 단호한 태도를 보였다. 규제기구인 에나르가스(ENARGAS)도 기업들의 가격 자유화를 반대하고 나섰다. 이에 따라 가스업계와 정부/규제기구 사이에 냉기류가 형성되었고, 가스업계는 생산량 감축과 가격 자유화 요구로

맞섰다. 하지만 정부도 가스업계의 민영화가 가지고 온 폐해가 많다고 비판하며, 새로운 재원을 염출하여 국영기업을 새로 만들겠다는 계획을 발표하여 해외 투자가들을 놀라게 한 바 있다.

2) 볼리비아: 수출입국의 꿈

볼리비아는 베네수엘라 다음으로 남미 최고의 매장량을 지닌 가스 부국이다. 하지만 인구가 8백만 명에 불과하고, 소득수준도 낮아서 천연가스는 내수보다는 주로 수출용으로 개발되고 있다. 남미의 중심부에 있어 지리적으로 가스 허브가 될 수 있는 입지에 있고, 실지로 이웃한 브라질, 아르헨티나에 상당한 양을 수출하고 있기도 하다. 특히 남미의 대국인 브라질에서의 잠재적인 가스 수요의 급증을 대비한 다국적 에너지 업체들의 투자와 탐사가 많이 이루어져 가스 매장량이 짧은 시간 내에 크게 증가한 바 있다(Kozulj, 2004: 22~3). 1999년 150bcm에 불과했던 가스 확정 매장량이 2002년에는 775bcm으로 증가했다. 개발 가능량 706bcm을 합치면 매장량은 1,481bcm에 이른다.

　　에너지 부문의 자유화는 곤잘로 산체스 데 로사다 대통령(Gonzalo Sanchez de Lozada, 1993~97) 시절에 진행되었다. 정부는 1996~97년에 국영회사인 YPFB를 "자본화"(Capitalisation) 프로그램으로 재편하였다. 즉 지분의 50%를 외국투자자들에게 팔고, 명시적으로 일정한 금액을 투자하겠다고 보장하면 경영권까지 넘겨주었다. 나머지 50%의 지분은 연금기금으로 이전시켰다. 이와 더불어 「코라손법」(Ley Corazón)을 통과시켜 국경 50킬로미터 이내에 외국인 소유에 대한 제한을 모두 없애고, 이와 더불어 에너지 수출 프로젝트에 대한 면세지대를 만들었다. 볼리비아에는 에보 모랄레스 정부가 들어서기 전까지 외환통제도 없고, 자본과 이득, 이자의 유출, 그리고 과실 송금에 대한 어떠한 제한도 없었다(IEA, 2003: 127).

1996년에 통과된 「탄화수소법」(No. 1689)은 천연가스 산업의 개발, 규제기구의 특징, 시장 규제의 메커니즘과 형태에 대해 규정을 하고 있다. 이와 더불어 수출과 국내 소비에 대해서도 규정을 두고 있지만, 사실상 수출을 우대하는 경향을 보이고 있다. 생산자는 볼리비아의 수출 의무에 따른 수요량을 충족해야만 한다고 법은 규정하고 있기 때문이다.

에너지 부문의 자유화와 외국인 투자 유치의 결과로 볼리비아의 천연가스 생산은 모두 외국인 회사들의 수중에서 이뤄지고 있다. YPFB의 상류부문의 자산을 구입한 제1위 업체 안디나(Andina)는 스페인계 렙솔-YPF, 아르헨티나의 페레스 콤팡, 플루스페트롤이 합작한 회사로 볼리비아 가스 매장량의 25%를 통제하고 있고, 2001년 현재 연간 시장 생산량의 27%를 담당하고 있다. 제2위 업체인 차코(Chaco)는 영국의 BP, 아르헨티나의 브리다스(Bridas Corp.)가 지분의 50%를 지니고 있고, 전체 시장 생산량의 23%를 차지하고 있다. 영국의 BG와 프랑스의 토탈피나엘프도 각각 매장량의 약 15%를 장악하고 있다. 브라질의 국영석유회사인 페트로브라스도 네 개의 블록을 관리하고 있으며 2001년 시장생산량의 20%를 생산한 바 있다. 외국계 단일기업으로 가장 많은 지분을 가지고 있는 회사는 스페인계의 렙솔-YPF로 석유와 가스 매장량, 생산과 판매 등 모든 분야에서 타의 추종을 불허한다. 이 회사의 매장량 통제는 325bcm에 달한다.

볼리비아의 가스 대부분은 수출용이거나, 아니면 국경 부근에 세운 수출용 가스 연소 발전소의 에너지로 이용된다. 남미를 향한 수출은 파이프라인을 통해 이뤄지지만, 현재 북태평양을 향한 LNG 수출도 추진되고 있다. 볼리비아는 1972년부터 1992년까지 아르헨티나로 가스를 수출한 바 있었고, 1980년대 중반의 경우 연간 3억 8천만 달러의 소득을 올렸다. 하지만 1999년 이후 대규모 수출은 브라질로 바뀌었다. 2001년 에 볼리비아는 브라질에 3,679mcm을, 아르헨티나에 43mcm을 수출했다. 볼리비아에서 브라질의 상파울루, 포르투알레그리를 잇는 '가스볼' 파이프라인은 총연장이 3,150킬로미터로 총건설 비용이 25억 달러를 호가하는 라틴아메리카 최고의 기록을 가지고 있다.

볼리비아는 2001년 이래 Pacific LNG 컨소시엄이 주도하는 북미 시장을 향한 LNG 프로젝트도 추진해 왔다. 이 경우 천연가스를 안데스를 넘어 칠레의 파티요 항으로 빼고, 여기서 액화 과정을 거쳐 멕시코, 그리고 미국으로 LNG 형태로 수출하는 방안이다. 이 프로젝트는 영국의 BP, 스페인의 렙솔– YPF가 적극적으로 추진하고 있지만, 원주민들의 반대로 지난 몇 년 동안 상당한 정치적 논란을 거듭해 왔다. 하지만 2004년에 들어와 정부에 의해 가까스로 타협안이 만들어졌고, 국민투표에 부쳐져 겨우 통과되어 부분적으로 LNG 프로젝트는 실행될 전망이다(IEA, 2003: 130~7).[25]

3) 칠레: 에너지 종속국

칠레의 가스 매장량은 1999년 기준으로 겨우 48bcm에 불과하다. 하지만 천연가스는 현재 1차 에너지 생산에서 24%를 차지한다. 목재가 38%, 수력이 20%, 그리고 석탄이 11%, 석유가 7%이다. 지속적인 경제성장에 따라 에너지 수요가 계속 증가하기 때문에 칠레는 매일 18만 배럴의 석유를 수입한다. 석유는 1차 에너지 총공급의 46%를 차지하고, 뒤이어 목재(19%), 석탄(15%), 천연가스(10%), 수력(10%)이 뒤따른다. 1995년 7

월 칠레는 에너지 결핍을 보완하기 위해 아르헨티나로부터 천연가스를 수입하기로 하고 의정서를 체결했다. 이 의정서에서 양국은 천연가스의 자유거래를 도모하기 위해 생산자와 소비자가 완전히 자유롭게 양, 수송, 가격, 원산지, 계약조건 등을 협상할 수 있도록 합의했다.

---

25) 2005년 11월 볼리비아 국민들은 원주민 지도자 에보 모랄레스를 대통령으로 뽑았다. 오랫동안 '가스 전쟁'을 치루면서 2003년에는 곤살로 산체스 데 로사다 대통령이, 2005년에는 카를로스 메사 대통령이 임기를 채우지 못하고 밀려났다. 이 두 사람은 가스전의 개발과 수출을 둘러싼 이해 갈등의 희생물이기도 했다. 외국계 기업과 국민(특히 원주민)의 이해는 2000년대에 계속 충돌하였다. 결국 개발의 수혜자가 누구인가에 대한 질문에서 갈등의 성격을 이해할 수 있다.

볼리비아의 노조와 원주민 단체는 오래 전부터 1996년의 탄화수소법에 따른 개발과 수출에 대한 반대의사를 표시했다. 외국계 기업들만 살찌우고, 국민들은 전혀 혜택을 받지 못한다는 주장이었다. 그래서 이들은 민영화와 자유화를 원점으로 돌리고 재국유화할 것을 강력히 요청하였다. 하지만 국유화를 하려면 외국계 기업들에게 30~50억 달러 가량의 배상금을 물어 주어야 하는데, 이는 볼리비아 GDP의 60%나 되는 거액으로 거의 불가능하다.

그래서 대안으로 나온 것이 2005년 5년에 통과된 탄화수소법이다. 이 법에 따르면 탄화수소 생산량에 대해 50%의 세금과 로얄티를 부과한다. 이 법안에 대한 외국계 기업들의 반발은 대단히 컸다. 하지만 이 해 11월 에보 모랄레스는 볼리비아 국민들의 에너지 민족주의 정서를 발판으로 삼아 대통령에 당선되었다. 그는 2006년 1월에 페트로브라스가 관리하던 정유사 두 곳과 24개의 서비스 스테이션을 국유화하면서 2005년의 탄화수소법을 밀어부쳤다. 그는 "외국계 기업의 재산을 몰수하지는 않겠지만, 지하와 지표면의 재산권은 행사하겠다"고 천명하면서 에너지 자원에 대한 주권을 재천명하였다.

에보의 등장 이후 외국계 기업(여기에는 스페인의 렙솔-YPF, 브라질의 페트로브라스, 영미계 에너지 기업 등이 포함된다)의 이익은 크게 위축되었다. 이들은 투자 기피, 생산량 감축, 사보타지 등으로 압박을 하기도 한다. 태평양으로 액화가스를 수출하려던 프로젝트도 거의 중단되었다. 하지만 볼리비아 내부의 정쟁도 심화되고 있다. '가스 전쟁'은 계속되고 있는 것이다. 특히 가스전이 있는 동부 저지대와 원주민 밀집지역인 서부 안데스 사이의 지역 갈등이 더욱 심해지고 있고, 여기에 외국 이해도 개입하고 있다. 특히 동부 저지대 지역은 노골적으로 자치권을 요구하며 때때로 폭력적 시위도 일삼는다. 개발수익을 서부와 나누기 싫다는 논리이다. 다국적기업들은 이 지역이 기업친화적이므로 은근히 여기에 동조한다. 하지만 선거정치는 원주민 인구가 많으므로 자원민족주의자 에보 모랄레스에게 유리한 편이다. 볼리비아는 현재 베네수엘라와 더불어 자원에 대한 주권적 요구를 강화하고, 전반적으로 재국유화 방향으로 선회하고 있는 대표적인 나라가 되었다. 그 결과 끊임없는 외교전쟁과 국내갈등이 이어지고 있다.

칠레에서도 천연가스의 개발은 전적으로 민간기업의 손에 달려 있었으므로, 양국의 가스공급 통합은 민간 중심으로 이뤄졌다. 최초의 파이프라인은 YPF와 브리다스(Bridas, 아르헨티나), 그리고 Chauvco(캐나다)로 구성된 컨소시엄에 의해 칠레 남단인 티에라델푸에고에 건설되었다. 1997년 8월에는 가스안데스(GasAndes)에 속하는 파이프라인의 건설이 시작되었다. 가스안데스는 테친트(Techint, 아르헨티나), CGC, Novcoorp(캐나다), 가스코(Gasco, 칠레), 칠헤네르(Chilgener, 칠레)가 합작한 컨소시엄이다. 이 라인은 소비자들이 밀집한 산티아고와 주변의 중앙계곡 지대를 겨냥하는데, 특히 가스를 연소하는 화력발전소에 이용되고 있다. 가스발전의 증가는 수력에 과도하게 의존하던 기존 관행을 깨고, 발전 에너지 구성비를 다양하게 하는 긍정적인 효과를 지니고 있다(Kozalj, 2003: 29). 1990년대 말 엘니뇨 현상에 의한 가뭄으로 수력발전량이 감소함에 따라 칠레는 전력수급난을 여러 차례 겪은 바 있었다.

또 1997년 2월에는 칠레 전력회사인 엔데사와 미국계 컨소시엄 CMS Energy가 아르헨티나의 살타 주와 북부 칠레의 아타카마 지역을 연결하는 파이프라인을 건설하기로 합의했다. 이 라인은 칠레 북부의 화력발전소와 동광회사들에 가스를 공급하기 위한 것이었다. 이와 더불어 '태평양 가스관'(Gasoducto del Pacífico) 프로젝트도 발주되었는데, 이는 아르헨티나 네우켄 지방의 가스전과 남부 칠레의 비오-비오 지역을 연결하는 총연장 530킬로미터의 가스관 공사였다. 4억 달러가 투입된 이 프로젝트를 맡은 컨소시엄은 캐나다의 노바 인터네셔널(Nova Internatioanl), 그리고 가스코(Gasco), YPF, 엘 파소 에너지(El Paso Energy)가 참여했다. 이와 더불어 이들은 수송과 마케팅을 맡은 서비스 회사와, 판매 및 주거용 배전 시스템을 담당한 가스수르(GasSur)에 추가로 4,400만 달러를 투입하였다. 안데스를 관통하는 이러한 파이프라인을 통해 칠레의 대아르헨티나 가스 의존도는 크게 높아졌고, 종국에는 아르헨티나의 가스대란에 큰 영향을 받게 되었다.

4) 칠레의 천연가스 대란[26]

2000년대 이후 정체된 칠레 경제는 2004년 5% 성장대로 진입했다. 2004년 4분의 1분기에는 동아시아 원자재 파동에 힘입어 구리가격이 크게 올랐고, 수출물량도 급증했다. 게다가 미국의 자동차와 가전제품 구매량이 증가한 덕도 보았다. 어분이나 펄프와 같은 원자재 가격도 계속 상승세에 있으니 칠레 경제당국은 즐거운 비명을 지를 법도 하다. 하지만 호사다마이던가? 생각하지도 않는 천연가스 대란이 4월에 발생했다. 안데스 산맥을 관통하는 가스관을 통해 가스를 공급하던 아르헨티나가 자국의 가스 공급난을 핑계로 수출물량을 일방적으로 줄인 것이다.

　칠레로선 전혀 예상치도 않던 에너지 대란이 눈앞에 다가왔다. 사람들은 엘니뇨 현상으로 수력발전량이 급감했던 1998년과 1999년의 악몽을 떠올렸다. 전력할당제에 따라 상가가 조기에 철시하고, 산티아고 시의 가로등이 꺼졌던 그 시절을 말이다. 안데스를 넘어 들어오던 천연가스가 줄어들면, 당장 전력공급량이 줄어들 수 있다. 칠레 정부는 전전긍긍이었다. 일단 천연가스보다 비싼 디젤유나 여타 연료로 발전을 해서 전력량을 유지해야만 하고, 장기저으로는 지구 반 바퀴 넘어 있는 인도네시아나 알제리에서 가스를 사와야 할지도 모른다. 가스 공급난 이전까

---

26) 이 부분은 Goodman(2004), Inostroza(2004)를 주로 참조하였다.

지 화기애애하던 칠레-아르헨티나의 관계는 급속도로 냉각되었다.

사실 양국은 1995년 가스통합의정서를 교환했을 때만 해도 사이가 좋았다. 칠레인들은 아르헨티나의 전력산업과, 유통업에 투자를 하기도 했다. 가스전 프로젝트는 양국의 경제통합에 큰 도움이 되었다. 칠레 국내에는 가스전이 없었고, 아르헨티나의 칠레 접경지대에는 가스전이 늘어서 있었다. 그러니 이를 개발하여 유일하게 팔 수 있는 칠레로 가스관을 연결했고, 그 덕분에 칠레는 만성적인 전력공급난을 해소할 수 있었다. 쌍방 모두 이긴 게임이었다. 의정서 교환 당시 양국은 다음의 두 조항에 합의했다.

첫째, 칠레와 아르헨티나의 소비자들은 똑같이 가스를 공급받을 권한이 있다. 둘째, 공급이 어려움에 빠질 경우 양국에 동일비율로 감축한다. 칠레는 아르헨티나 국내가격의 3배로 가스를 공급받았지만, 도입물량이 일방적으로 감축될지 꿈에도 생각하지 않았다. 대체 어떤 일이 일어났던 것일까?

사건의 발단은 안데스 산맥 너머에 있는 아르헨티나에서 발생했다. 2001년 연말 아르헨티나 정부는 태환법 체제(1페소를 1달러로 묶고 페소의 태환을 법률로 보장한 제도)를 포기했고 외채상환 동결령을 내렸다. 금융위기가 도래한 것이다. 메넴 정부 아래 의욕적으로 추진했던 개방과 민영화, 그리고 태환법 체제는 결국 국가파산과 사회적 위기로 귀결되었다. 태환법의 포기는 페소화의 평가절하로 연결되었고, 나아가 모든 가격체제에 혼란을 가져왔다.

가스공급난은 2003년 5월 네스토르 키르치네르 정부가 등장하면서 터져 나왔다. 정부는 전력회사나 가스회사가 과거 계약을 잘 이행하였는지 여부를 판단하여 가격조정을 허용하겠다는 방침을 밝혔다. 에너지 산업에 대한 국민들의 불신도 정부의 이런 방침을 지지했다. 만약 정부가 일방적으로 기업의 편을 들어 가격을 올린다면, 키르치네르 정부의 인기도는 떨어질 것은 뻔한 일이었다. 이런 와중에 정부와 민간 에너지 공급업자들 사이에 힘겨운 가격조정 게임이 시작되었다.

정부는 2002년 이후 동결되었던 가스요금의 조정을 산업용의 경우 2005년에, 가정용의 경우 2006년에 실행할 것을 제시했다. 하지만 가스업체들은 정부의 조정안이 불공평하다면서 이를 거부했다. 몇몇 가스전은 유지보수를 핑계로 일시적으로 생산을 멈추었다. 가스 생산의 85%가 렙솔-YPF, 토탈피나엘프, 페트로브라스, 팬아메리카와 같은 초국적기업들이 장악하고 있는 것이 아르헨티나의 현실이었다. 정부는 민간 가스업체들의 행동을 요금을 강제로 올리기 위해 행사하는 부당한 압력이라고 보았다. 업체와 정부 간의 힘겨루기 싸움은 장기화되기 시작했다.

먼저 스페인-아르헨티나 합작 정유가스업체인 렙솔-YPF는 신규투자를 전면적으로 중단하고, 가스 공급량을 줄였다. 일시적으로 낮은 가격에 묶여 있으니 국내소비량은 계속 늘어났다. 하지만 전체 공급량이 줄어드니, 정부로서는 국내수급의 균형을 맞추기 위해 대칠레 수출물량의 허용치를 줄이는 수밖에 도리가 없었다. 매일 보내던 2.3mcm을 며칠 만에 1mcm으로 줄어들었다.

아르헨티나의 가스업체들과 정부 사이의 갈등 때문에 한 방 먹은 것은 정작 칠레였다. 칠레로서는 급한 불을 끄기 위해 중부시스템의 가스발전소에 비싼 디젤유를 공급해야 했고, 가정용 가스대용으로 석탄의 이용을 독려하기도 했다. 에너지 당국조차 이런 상황이 지속된다면 조만간 가스와 전기를 할당하는 수밖에 도리가 없다고 말했다. 리카르도 라고스 정부가 그리던 장밋빛 경제 시나리오는 여기서 암초에 부딪혔다.

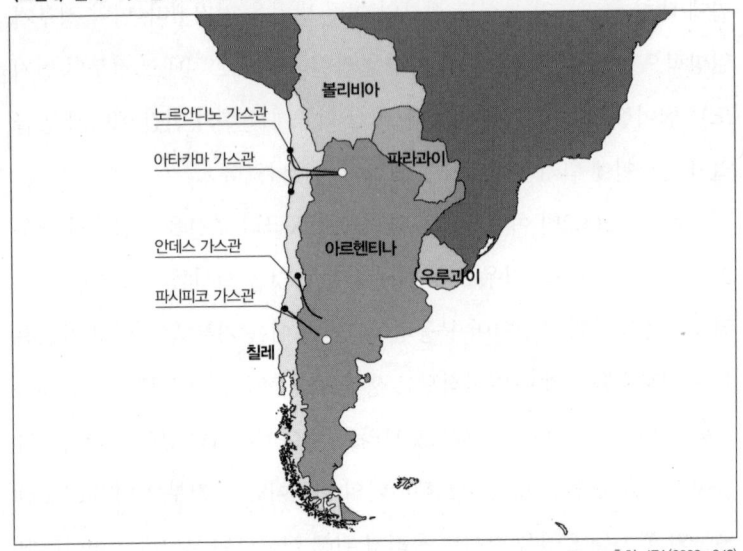

〈그림 6〉 칠레-아르헨티나의 초국적 가스관

볼리비아

노르안디노 가스관

아타카마 가스관

파라과이

안데스 가스관

아르헨티나

파시피코 가스관

우루과이

칠레

출처: IEA(2003: 248)

칠레 정부와 언론은 아르헨티나의 가스통합의정서의 위반을 격렬히 비난하지만, 아르헨티나 당국은 자신들의 책임이 아니라고 손을 내젓는다. 칠레 당국이 공급량을 일방적으로 줄인 렙솔-YPF과 직접 협상해야 할 것이라고 공을 넘긴다. 당시 칠레의 라고스 정부는 지방선거를 앞두고 심각한 정치적 위기에 직면해 있었다. 만약 에너지 대란이 발생한다면 야당은 정부의 에너지 무대책을 성토할 것이고, 향후 여당연합은 2005년의 대선정국에 불리한 위치에 놓일 터였다.

주변의 에너지 대국들과 소원한 관계에 놓여 있는 칠레로서는 에너지 안보문제를 시급히 해결해야만 한다. 이런 와중에 낭보가 하나 날아들었다. 발파라이소 가톨릭 대학과 칠레 가톨릭 대학의 연구진이 육군대양수자원정보국의 도움을 받아 발파라이소와 콘셉시온 사이의 해역에서 있는 거대한 해저 가스전을 찾아낸 것이다. 매장량의 규모는 깊이

500미터, 해수면적은 700×1,500미터라고 했다. 더구나 이 가스는 압축된 겔 상태로 심해에 매장되어 있기 때문에 공기 중으로 끌어올리면 146배로 팽창할 수 있다고 한다. 칠레로서는 가슴이 뛰는 낭보가 아닐 수 없었다. 심해가스는 바로 전력생산의 에너지로 이용될 수 있을 것이고, 그렇다면 당분간 에너지 위기는 잊을 수 있을 것이다.

연구진에 따르면 2004년 9월 중에 조사연구가 끝나고, 정부 측에 보고서가 전달될 것이라고 한다. 정부는 이를 바탕으로 가스전 개발의 타당성 검토에 들어갈 것이고, 유망한 시추업체들에게 개발 프로젝트를 맡길 것이다. 의회의 보고에 따르면 일본과 크로아티아 같은 나라들이 이런 심해가스 개발 기술을 보유하고 있다고 한다. 이처럼 남미의 재규어라 불리는 칠레에게도 고민이 없지 않다. 정부 당국의 가장 큰 과제는 장기적으로 성장을 이어 나가는 데 가장 큰 장애물인 에너지 자원을 다변화하고, 합리화하는 것일 것이다.

5. 천연가스 산업의 규제[27]

1) 규제의 원칙과 목표

천연가스 산업의 수송과 판매 시장을 민간에게 넘겨준 나라의 경우 규제는 일단 최종 소비자를 적절히 보호할 것을 기본으로 삼는다. 가스 산업의 경우 여타 망 산업과 마찬가지로 수송망과 판매망 모두가 자연독점의 성격을 띠고 있기 때문이다. 이 경우 국가는 자유경쟁을 촉진시켜야 하

---

27) 이 부분은 Campodónico(1999)를 주로 참조하였다.

고, 지배적·시장적 지위를 누리는 행위자의 가능한 권한 남용을 막아야 하며, 서비스의 질과 연속성을 보장해야만 한다. 만약 이러한 것들이 경쟁 상황에서 이루어지지 않을 경우 국가는 가격 대비 질을 적정화하는, 민간기업의 효율적 경영을 강제해야만 한다.

이를 위해 규제기구들이 강조하는 원칙은 다음과 같다. 즉 적정한 이윤, 경쟁, 효율성과 합리성, 질의 최적화, 신뢰성과 안전성, 제공된 서비스의 연속성, 차별 없는 접근, 그리고 최대한의 포괄성(coverage) 등이 바로 그것이다. 규제기구들은 이러한 원칙을 바탕으로 다음과 같은 목표를 설정한다.

- 공공서비스의 질을 개선하여 이용자의 이익과 권리를 도모한다. 서비스의 최종 목적은 보다 나은 삶의 질을 이용자에게 제공하는 것이다.
- 천연가스의 수급 시장에 지배적·시장적 지위의 남용을 막기 위해 경쟁을 촉진한다.
- 보다 나은 관리, 신뢰성, 평등성, 자유로운 접근, 비차별, 수송 및 판매 서비스와 설비의 보편적 이용을 도모한다.
- 천연가스의 수송과 판매를 규제하고, 책정된 가격이 적절하고 납득 가능해야 한다.
- 불가항력이나 지속적 공급을 불가능하게 하는 기술적이거나 경제적인 이유가 있는 경우를 제외하고는 지속적으로, 단절 없이 서비스가 제공되어야 한다.
- 서비스 제공과 관련된 안전의 수준을 높이고, 사고 횟수를 줄여야 한다.
- 환경 보호를 촉진함과 동시에 천연가스의 이용을 합리화해야 한다.
- 장기적 공급을 보장하기 위해 투자를 장려한다.

대부분 국가의 관련입법은 사회적 평등과 사용자 참여에 대해 명시적으로 규정을 두지 않고 있지만, 예외적으로 콜롬비아는 망의 지속적 확대, 빈곤 가정에 대한 보조금, 관리와 통제에 대한 사용자들의 참여와 서비스에 대한 적절한 접근을 명시적으로 규정하고 있다.

2) 공적 서비스로서 천연가스 공급

대부분의 나라들은 생산, 수송, 배분 단계를 명시적으로 구분하고, 가능한 한 수직적 분할을 도모한다. 천연가스의 생산은 국민 전체 이익의 문제이고, 시장과 경쟁이란 기준 아래 이뤄져야 하므로 규제의 대상은 아니라고 본다. 구체적으로 말하자면 천연가스의 생산지 가격(wellhead price; first-hand price)은 무엇보다 수요와 공급의 법칙에 따라 결정되어야 한다는 것이다. 하지만 수송과 배분은 공적 서비스 활동이므로 당연히 국가의 규제대상에 속한다.

3) 규제기구

대체로 규제기구들은 행정적으로 자율적인 기구로 조직되어 있다. 하지만 그것의 구체적인 형태는 아르헨티나와 콜롬비아처럼 부처 아래 들어가 있는 경우, 볼리비아처럼 전국규제기구의 일부로 구성된 경우, 칠레처럼 부처 간 위원회가 규제 정책을 담당하는 경우 등 다양하다.

아르헨티나의 경우 에나르가스라 불리는 전국가스규제청이 경제부 산하에 설립되어 있다. 볼리비아에는 부문규제시스템(SIRESE)이라 불리는 조직 아래 석유가스감시청(Superintendency of Hydrocarbons)이 있고, 아울러 재정경제발전부의 감독을 받는다. 칠레의 경우 독자적이고 전문화된 천연가스 규제기구가 없다. 전국에너지위원회(CNE)가 장관급

위원장의 지도 아래 일상적인 감독기능을 수행한다. 규제기구의 기능은 대부분 대동소이하다.

- 천연가스를 수송하고 배분하는 기업들에게 컨세션과 라이선스를 제공하고, 필요한 경우 이를 취소하거나 번복한다.
- 해당 기업의 의무와 권리의 이행을 감독한다.
- 소비자, 컨세션을 받은 기업, 생산자의 권리를 보호한다.
- 독점을 방지하고 경쟁을 촉진하는 입법에 부응하는지 감독한다.
- 파이프라인에 대한 자유롭고 비차별적 접근을 보장한다.
- 요금체계를 규제하고 정하며, 수송과 배분 서비스의 효율성과 연속성을 촉진한다.
- 기존 법규와 부합하는 제 기능을 이행하는 것에 필요한 모든 조처를 취한다.

4) 수직적 통합의 금지와 허용

전력이나 가스 산업의 경우 수직적 통합은 규제 당국에게 주된 관심거리이다. 아르헨티나와 콜롬비아와 같이 천연가스 산업의 생산, 수송, 배분을 분할하고, 통합을 명시적으로 금지하는 경우도 있지만, 볼리비아와 같이 부분적으로 제한하는 경우도 있다. 이는 시장의 사이즈나 활동의 유형에 따라 사정이 다르기 때문이다. 볼리비아의 경우 투자 유인이 약하고 금융 조달의 가능성이 별로 없는 인구 과소지역에 망을 깔고자 할 때, 인센티브를 주기 위해 수직적 통합을 허용한다. 또 새로운 내수용 배분망을 건설하는 프로젝트의 경우 효율성이 증대될 때 수직적 통합을 허용하기도 한다.

5) 수송망과 배분망에의 자유로운 접속

아르헨티나, 볼리비아, 칠레 등의 규제 입법에는 컨세션 업자가 제공하는 서비스는 사용자에게 어떤 종류의 차별도 없이 자유롭게 접근할 수 있도록 해야 한다고 명시하고 있다. 그러나 실제로는 자유로운 접근에 제한 조항을 두는 경우도 있다. 만약 사전에 계약된 물량이 아니거나, 계약된 물량일지라도 효율적인 사용을 위해 제한을 가하는 경우가 여기에 해당한다. 이 경우 잠재적 사용자는 문제의 서비스를 제공받는 데 상응하는 계약서에 사인을 해야만 한다.

6) 생산지 가격의 설정

대부분의 경우 천연가스의 생산지 가격은 일반적 이익의 문제이므로 규제의 대상이 되지 않는다. 하지만 석유와 달리 천연가스에는 국제적 표준가가 없기 때문에 가격결정에 다소 문제가 있다. 이런 경우 천연가스를 석유로 대체할 수 있으므로 국제유가를 벤치마크로 이용하기도 한다. 만약 천연가스 매장량이 증가하고 천연가스로 여타 연료를 대체할 가능성이 늘어나면, 석유의 기회비용은 천연가스를 생산, 수송, 판매하는 평균비용에 더욱 가깝게 접근할 것이다.

아르헨티나의 경우 생산지 가격은 바로 수요와 공급의 자유로운 작동에 의해 결정된다. 반면 대부분의 가스를 수출하는 볼리비아의 경우 가격은 수입국인 브라질이니 아르헨티나와의 협상에서 결정된다. 칠레의 경우 천연가스의 가격은 아르헨티나와 함께 맺은 1995년 경제보완협정의 조건에 의거하여 수출업자와 수입업자의 자유로운 협상으로 결정된다.

7) 수송과 배분 비용의 규제

아르헨티나와 볼리비아의 경우 규제당국이 천연가스의 수송과 배분 비용을 정하지만, 칠레의 경우 100기가줄(gigajoules) 이하의 사용자들이 내는 비용만 규제할 뿐이다. 이 비용을 규제하는 나라에서 최종 소비자가 지불하는 가격은 도매시장에서 협상한 가격에다 수송과 배분에 드는 비용을 더한 것이 된다. 하지만 수송과 배분 비용을 책정하는 방식은 다양하다.

아르헨티나의 경우 규제기구인 에나르가스는 업자가 제시한 비용을 승인하며, 이와 더불어 비용의 상한선을 정하되 가격지수와 생산성 요소에 따라 조정할 수 있도록 한다. 서비스 제공자는 상업적 이득을 극대화하기 위해(시장을 유지하거나 확장하기 위해) 에나르가스의 승인 없이 상한선 아래로 비용을 낮출 수 있다. 에나르가스는 수송업자나 배분업자가 책정하는 비용이 서비스를 제공하는 데 드는 적절한 관리경비, 조세, 감가상각비, 적정이윤을 포괄할 수 있도록 보장해야 한다. 이 경우 적정이윤의 개념은 비슷한 위험도를 지닌 유사 활동에다, 적절한 효율성과 만족스런 서비스의 질이 유지되는 경우와 비교한다.

8) 교차보조금과 재정보조금

보조금에 대해서는 크게 두 가지 조류가 있다. 아르헨티나, 볼리비아, 칠레 등의 경우 교차보조금은 금지되지만, 재정보조금은 허용된다. 아르헨티나의 경우 교차보조금은 금하지만, 국가예산으로 명시적으로 보조할 경우 재정보조금은 허용된다. 특히 남부 아르헨티나와 다양한 유형의 연금 생활자에 대한 보조가 이에 해당한다.

하지만 콜롬비아에서는 저소득층을 보호하기 위해 교차보조금도 허용한다. 천연가스를 파는 공적 서비스 회사는 소비자에게 가스공급 실비(city-gate cost)에 20%를 더하여 요금을 받고, 이 20%를 '국가연대 및 소득재배분기금'에 넘겨준다. 이 기금은 법률이 정하는 바에 따라 저소득층에게 보조금으로 지급된다.

6. 초국적 가스 거래망

1990년대 중반까지 남미의 국제적 가스 거래는 볼리비아와 아르헨티나에 제한되어 있었다. 가장 큰 이유는 대부분 국가들이 적절한 수준에서 가용한 에너지 자원을 통제하고 있었기에, 천연가스의 국가 간 거래나 협력의 필요성을 별로 느끼지 못했던 것이다. 많은 나라들은 풍부한 수력자원과 화석연료를 이용할 수 있었고, 바이오매스(biomass) 역시 풍부했다. 수자원을 공동으로 이용하는 수력발전소 건설이 아르헨티나-우루과이(살토 그란데, 1979), 브라질-파라과이(이타이푸, 1983), 아르헨티나-파라과이(야시레타, 1994) 사이에 있었지만, 가스 산업에 관한 협력은 좀더 시간을 기다려야 했다.

천연가스는 석유에 비해 수송비도 많이 들고, 망이나 설비를 깔아야 하는 복잡성이 존재한다. 게다가 남미의 경우 가스의 생산지와 시장 사이의 거래는 엄청나게 떨어져 있다. 대체로 인구가 밀집한 브라질 남부, 아르헨티나, 칠레, 파라과이, 우루과이가 가스 수요가 많은 곳이지만, 아르헨티나와 볼리비아만이 비연계 가스 매장량이 풍부할 뿐이다. 매장량이 풍부한 베네수엘라와 트리니다드토바고 등의 가스전은 엄청난 거리와 아마존 열대우림이란 거대한 암초가 존재한다.

하지만 1990년대 중반에 이르러 상황이 바뀌기 시작했다. 우선

<표 17> 천연가스 보유량과 국내 시장의 잠재력

		국내 가스 시장의 잠재력	
		높다	낮다
국내가스 보유 수준	높다	아르헨티나, 베네수엘라, 콜롬비아	볼리비아, 페루, 에콰도르,트리니다드토바고
	낮다	브라질, 칠레	파라과이, 우루과이

출처: IEA(2003: 56)

1990년대 들어오면서 남미 국가들은 1980년대의 경제적 부진에서 벗어나 안정적인 성장세를 보이기 시작했다. 이에 따라 중장기적으로 전력을 포함한 에너지 수요가 점차 증가하고 있었다.[28] 또 외채위기 이래 더욱 심각해진 정부의 재정위기를 타개하기 위해 국영기업을 민영화하고 각 분야에 경쟁을 도입하기 시작한 것도 분위기를 바꾸는 데 일조했다.

새로운 발전 기술의 등장도 국제거래를 늘이는 데 일조했다. 복합 사이클 가스터빈 발전기술의 등장으로 투자자는 상대적으로 적은 기초투자비로 빠른 시간 내에 발전설비를 세울 수 있게 되었다. 이에 따라 세계은행과 미주개발은행은 수력발전 플랜트에 대한 금융지원을 거의 중단시켰고, 그 결과 건설에 엄청난 비용이 들게 되자, 장기간을 필요로 하는 수력발전 프로젝트가 거의 사라지게 되었다.

남미의 경우 <표 17>에서 보듯이 가스전이 풍부하되 시장이 협소한 국가군(볼리비아, 트리니다드토바고, 페루, 에콰도르)이 있는가 하면 반대로 가스전은 별로 없지만 잠재적 시장이 큰 국가들(브라질, 칠레)도 있다.

---

28) D. Kurtz에 따르면 1995~2005년 사이에 추가로 필요한 발전량은 90GW, 2005~10년에 추가로 필요한 발전량은 24GW 정도라고 추산된다. 이 양이 바로 천연가스를 이용한 화력발전으로 생산되어야 할 양이다(Campodónico, 1999: 146에서 재인용).

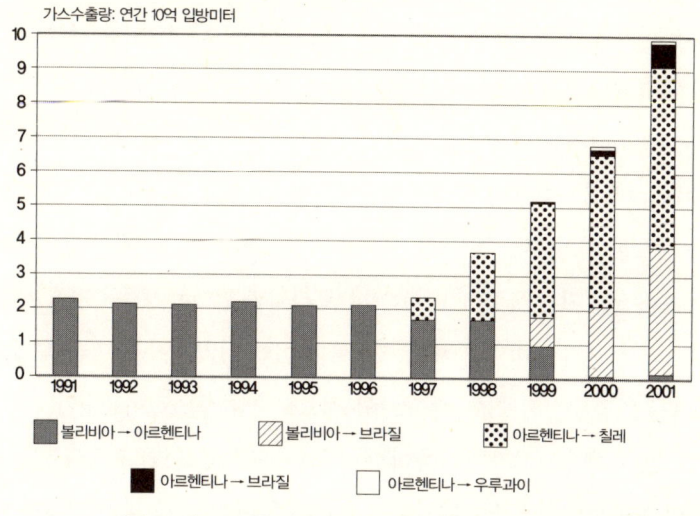

〈그림 7〉 남미의 초국적 가스 거래 추이(1991~2001)

가스수출량: 연간 10억 입방미터

▨ 볼리비아 → 아르헨티나	▨ 볼리비아 → 브라질	⬚ 아르헨티나 → 칠레
■ 아르헨티나 → 브라질	□ 아르헨티나 → 우루과이	

출처: YPFB(for Bolivia), Secretaría de Energía y Minas(for Argentina), IEA(2003: 56)에서 재인용

또 가스전도 풍부하고, 국내 시장도 큰 국가군(아르헨티나, 베네수엘라, 콜롬비아)도 존재한다. 가스의 국제거래는 대체로 천연가스의 생산이 많은 볼리비아와 아르헨티나의 천연가스가 수요국인 브라질과 칠레로 이동하는 것이다.

이리하여 1996년부터 남미 대륙에도 국경을 넘어 가스 생산지와 수요지를 잇는 대규모 파이프라인 건설 공사가 본격화되었다. 먼저 가스 수요가 빠르게 증가한 칠레와 아르헨티나의 가스전을 연결하는 7개의 파이프라인 프로젝트가 양국 사이에 시작되어 2001년에 완결되었다. 이와 더불어 3,150킬로미터에 달하는 볼리비아-브라질 파이프라인도 이 시점에 완결되었다. 그리고 아르헨티나와 브라질을 잇는 파이프라인 건설의 1단계가 작동 중에 있고, 또 아르헨티나에서 우루과이를 거쳐 브라질로 연결하는 프로젝트도 현재 계획 입안 단계에 있다. 이외에도 남부 볼리비아에서 아르헨티나와 파라과이를 거쳐 브라질을 연결하는 라인도 타당성을 검토하고 있는 중이다. 이런 대규모 프로젝트가 가시화되면서 남미에서 천연가스의 국제거래도 크게 늘어나게 되었다.

1996년의 국제거래량은 볼리비아에서 아르헨티나로 가는 물량 2.1bcm에 불과했으나 불과 5년 만에 9.9bcm으로 급증하였다. 이 물량의 대부분은 아르헨티나에서 칠레로 가는 물량(5.3bcm)과 볼리비아에서 브라질로 가는 물량(3.7bcm)이다. 브라질과 칠레는 모두 1990년대에 들어와서 전력 소비량이 빠른 속도로 늘어난 나라들이다. 이들 수입량 대부분은 전력발전에 소요되고, 부분적으로 산업용으로 이용된다.

한편 안데스 국가들 가운데 국경을 넘는 파이프라인 프로젝트는 콜롬비아와 베네수엘라를 제외하고는 거의 없다. 시장의 발전 단계가 낮고, 또 지형의 특성상 라인을 까는 데 엄청난 비용이 소요되기 때문이다. 베네수엘라는 가스전이 풍부한 나라이지만 OPEC 국가이므로 석유생산 할당량에 연계가스 생산량이 정해져 있다. 따라서 늘어나는 가스 수요를 채우기 위해 콜롬비아에서 수입할 수밖에 없다. 2005년부터 약 200킬로미터에 달하는 파이프라인의 건설이 시작되어 콜롬비아의 과히라 지역에서 베네수엘라의 마라카이보 호수의 유전지대로 연결될 예정이다. 하지만 장기적으로는 천연가스 보유량이 풍부한 베네수엘라가 수요량이 빠르게 증가하는 콜롬비아로 수출할 가능성이 높다.

한편 남미 북부에 있는 가스전들은 주로 LNG 수출로 활용될 가능성이 높다. 이미 트리니다드토바고는 2000년 제1호 LNG 트레인을, 2002년에 제2호를 건설하였고, 이어 2005년에 제3, 4, 5호를 건설한다고 한다. 2001년 현재 3.8bcm을 대서양 연변, 즉 미국 동부와 스페인으로 수출하였다. 베네수엘라 역시 대량의 LNG 수출국으로 발전할 가능성이 높다. 하지만 LNG 액화공장 건설 프로젝트가 지연되면서 다소 시간이 걸릴 것 같다. 석유 문제를 둘러싼 베네수엘라의 지루한 정쟁으로 인해 이 프로젝트에 대한 정치적 지지가 약하기 때문에 그런데, 치베스 정부는 이 프로젝트를 서둘러 추진하고자 여러 가지 인센티브를 부여한 바 있다.

가스전의 보유량이 크게 늘어난 볼리비아 역시 칠레나 페루의 항구를 통해 파이프라인을 건설하고, LNG를 멕시코 서부해안과 미국 서부로 수출하고자 한다. 하지만 이 프로젝트는 안데스 원주민들이 끈질기게 반대하여, 오랫동안 정치적 논란에 휩싸였다. 하지만 2004년에 들어와서 정부는 LNG 개발업자들과 원주민들의 요구가 어느 정도 절충된 안을 만들었고, 이를 국민투표로 회부하여 일단 승인을 얻었다. 이로써 볼리비아도 조만간 LNG 수출국 대열에 낄 전망이다(이에 대해서는 277쪽의 주 25를 참고하라). 브라질 역시 트리니다드토바고, 나이제리아, 베네수엘라 등에서 들어올 LNG를 수입하여 저장할 터미널을 동부 해안에 건설할 것을 다각적으로 검토하고 있다.

7. 결론

남미의 경우 천연가스 시장의 성숙도는 상대적으로 낮지만, 매장량은 대단히 풍부하다. 경제성장과 더불이 진력수요가 늘어나고 있고, 발전용 가스 수요는 더욱 빠르게 늘어나므로, 향후 천연가스 시장의 전망은 비교적 좋은 편이다. 이미 아르헨티나, 브라질, 칠레 등에서는 에너지 구성비에 가능한 한 가스의 비중을 높이려는 시도를 한 바 있다. 그렇다고 하더라도 여타 지역에서는 탐사와 생산보다는 국내 시장을 확대하기 위한 인프라 건설이 더욱 시급한 과제라고 할 수 있다.

아르헨티나를 위시하여 많은 국가들이 외국자본과 기술을 유치하여 가스 산업을 경쟁 체제로 만든 것은 1990년대가 낳은 성과이기도 하다. 가스 시장의 자유화와 민간 통제로 인해 국영체제가 안고 있던 저투자, 저생산성, 재정 압박에서 벗어나게 되었다. 내외 민간자본의 참여로 인해 탐사와 시추 활동도 증가되었고, 이로 인해 매장량과 시장 생산량도 크게 늘었다. 생산지와 시장을 연결하려는 파이프라인들이 국경을 가로 지르며 건설되었고, 이로 인해 국제 거래량도 큰 폭으로 증가하였다. 이 모든 것이 경쟁체제와 민영화로 생긴 이점이라고 말할 수 있다.

하지만 폐해도 없지 않다. 대규모 가스전을 다량으로 보유하게 된 다국적 에너지 기업들은 아르헨티나에서 보듯이, 시장력을 행사하여 가스 가격을 통제하고자 한다. 특히 페소위기를 매개로 태환법 체제가 붕괴하자, 수익성이 떨어진 가스 업체들은 가능한 한 생산량을 줄이면서, 가격을 통제하려는 규제기구와 정부당국에 저항한다. 에너지 기업들은 가격의 자유화를 요구하고, 규제기구는 서비스 질의 개선과 안정적 공급의 보장을 내세우면서 팽팽하게 대결을 하고 있는 형국이다. 아무래도 망 산업의 특성상 가스-전력 기업들의 자유경쟁을 제도화하기란 교과서의 서술처럼 그렇게 쉽지 않다.

외국자본의 참여 또한 장단점이 교차한다. 국영기업 체제의 경영 압박과 정부의 재정위기를 해소하는 데 민영화 프로젝트가 도움이 되었겠지만, 아무래도 가스나 전기와 같은 전략산업의 탈국적화는 장기적으로 국부의 유출을 가져오기 마련이다. 특히 스페인, 미국, 프랑스 계통의 에너지 기업들은 남미의 주요한 가스전을 상당량 통제하고 있고, 여기서 엄청난 수익을 올리고 있다. 하지만 아르헨티나에서 보듯이 내외 사정으로 수익성이 떨어지면 공급량을 일방적으로 줄이는 등 안정적 공급의 원칙에서 멀어지는 행태를 보이기도 한다. 렙솔-YPF사의 예 등에서 보듯이 천연가스의 공급량을 감축한 다음 이들은 정부와 소비자를 압박하여 가격을 자유화하려고 시도하는 것이다. 그런 점에서 겉으로 민영화와 경쟁 시스템을 부르짖지만, 여전히 과점화된 상태로 시장과 생산을 통제하는 다국적 에너지 기업들은 시장력을 이용하여 횡포를 부리고 있는 셈이다. 향후 규제기구들의 과제는 무엇일까? 그것은 다국적 에너지기업들의 전략적 행동을 효율적으로 제어하여, 시장에서의 경쟁과 효율성을 제고하고 소비자들에게 값싼 가격으로 공급의 안정성을 보장하는 것일 것이다.

8장 남미 천연가스 산업 민영화 18년의 경험:
아르헨티나와 브라질

1. 서론

오늘날 전 세계적으로 천연가스에 대한 관심이 크게 늘어나고 있다. 무엇보다 '값싼 유가 시대'가 종언을 고한 뒤 상대적으로 풍부하고 가격도 싼 천연가스에 대한 소비가 늘어났다. 게다가 천연가스는 상대적으로 이산화탄소 배출량이 극히 적은 '청정 에너지'이므로 환경기준이 엄격해지고 있는 현 시대에 안성맞춤이다. 또 효율성이 높고, 간단하게 건설할 수 있는 복합 사이클 발전기술의 등장으로 전력 생산에 천연가스가 많이 소비되기도 한다.

　전통적으로 가스의 생산과 소비가 일천했던 라틴아메리카에서도 이런 맥락에서 천연가스에 대한 관심이 크게 증가하고 있다. 베네수엘라에서 아르헨티나까지 가스관을 연결시키겠다는 '남미 대가스관'(Gran Ducto del Sur) 프로젝트는 이미 경제통합 프로젝트의 상징적 구심이 되어 버렸다. 칠레와 브라질에서는 LNG 터미널 건설 프로젝트를 통해 에너지 공급 다변화를 도모하고 있고, 인접국 간의 에너지망 통합 문제도 활발히 논의되고 있다.

전반적으로 1990년대 이래 가스부문을 비롯한 에너지 부문이 자유화의 흐름을 타면서 많은 나라에서 민영화와 규제 완화의 대상이 되었다(이성형, 2004 참조). 베네수엘라를 제외한 대부분의 나라들이 자유화와 민영화의 흐름을 탔다. 탐사에서 소매부문까지 전력산업의 모든 것을 민간 기업에게 넘겨준 아르헨티나, 페루, 볼리비아, 부분적으로 자유화의 흐름을 탄 브라질, 콜롬비아가 바로 그 예이다. 베네수엘라는 상류에서 하류에 이르기까지 모두 국영기업이 도맡아 하고 부분적으로 민간기업에게 탐사와 생산을 허용한다. 최근 들어 에너지 민족주의가 다시 부활하면서 볼리비아에서도 탄화수소 국유화가 이루어져 1990년대의 흐름에서 이탈하기도 했다.

자유화와 민영화를 겪은 라틴아메리카의 천연가스 산업에 지난 15년 동안의 경험은 어떻게 각인이 되어 있을까? 대체로 민영화에 호의적인 워싱턴 컨센서스의 주창자들은 민영화와 자유화가 대중들에게 많은 이점을 주었다고 평가한다. 이들의 주장에 따르면 에너지 공급량이 늘었고, 서비스의 질이 개선되었다고 한다. 하지만 비판자들은 에너지 산업을 자유화하고 민영화한 아르헨티나와 브라질에서 왜 전력난이 잦으며, 소비자들은 고가의 요금을 물어야 하느냐고 하소연한다. 실제로 에너지 부문을 포함한 공공서비스 민영화에 대한 대중들의 여론은 대단히 나쁘다. 민영화 이후에 서비스 질의 하락, 요금 상승, 잦은 사고에 지친 대중들은 더 이상 민영화를 지지하지 않는다. 이에 대한 후유증으로 최근 아르헨티나 정부는 부분적으로 재국유화와 규제 강화라는 처방을 내놓기도 한다.

이렇듯 대립된 견해의 시시비비를 가리기 위해서 우리는 남미 천연가스 산업의 사례연구를 살펴보고자 한다. 천연가스 산업이야말로 인프라 산업이자 공공서비스 산업의 대표이므로 민영화의 효과를 다각적으로 평가할 수 있을 것이다. 분석대상으로 삼은 나라는 아르헨티나와 브라질 두 나라이다. 왜 이 두 나라인가? 첫째, 두 나라 모두 남미에서 가장 인구가 많고 지리적 규모가 큰 나라이고 상대적으로 에너지원이 풍부한 나라이다. 아르헨티나는 이미 에너지 소비에서 가스가 차지하는 비중이 40%에 육박하는 성숙한 시장을 지닌 나라이고, 브릭스 국가의 일원으로 최근 안정적 경제성장을 하고 있는 브라질에서도 성장을 뒷받침할 에너지원으로 가스의 비중이 빠른 속도로 늘어가고 있다.

둘째, 두 국가의 사례는 소유구조와 민간참여에 대한 개방성에서 대조적이다. 아르헨티나는 상류와 하류를 분할하고 이를 내외 민간 대기업에게 넘긴 민간주도 시스템이 1990년대 안착한 반면, 브라질에는 공기업이 지배적인 통합시스템이 작동하고, 탐사와 공급, 판매부문이 부분적으로 개방되어 있다. 국가 챔피언인 페트로브라스는 상하류부문을 거의 지배하고 있고 해외 사업에도 활동적이다. 대조적인 두 개의 민영화 경험을 비교하면 흥미로운 관찰이 가능할 것이다.

셋째, 두 나라 모두 2000년대에 들어와서 전력 할당제 등의 에너지 대란을 겪은 경험이 있고 이를 극복하려는 여러 가지 노력을 펼치고 있다. 두 나라 모두 민영화의 한계를 잘 알고 있고, 이를 다양한 제도적 디자인으로 극복하려고 한다. 특히 양국은 에너지 통합망 산업에 큰 관심을 가지고 추진하고 있으며 이를 통해 자국의 한계를 돌파하려 한다는 점에서도 동일하다.

이 글의 순서는 다음과 같다. 2절에서는 인프라 및 공공서비스 산업의 민영화와 규제 완화 조치를 실행했던 지난 15년간의 경험을 둘러싼 두 개의 의견을 대비하며, 논란의 핵심이 무엇인지 밝히려 한다. 여기서 제기된 쟁점들은 3절과 4절의 사례연구를 통해 구체적으로 분석될 것이다. 3절과 4절에서는 연구대상국으로 잡은 아르헨티나와 브라질의 가스 산업이 민영화 이후 어떻게 바뀌었는지 살펴본다. 민영화와 규제완화는 어떻게 이뤄졌고, 상류와 하류부문은 어떻게 변했으며, 또 현 단계에 직면한 문제점들을 정정하기 위해 어떤 개선책들을 내고 있는지 살펴볼 것이다.

5절에서는 에너지 통합망 사업을 다룬다. 통합망 사업은 이미 남미 경제통합의 화두로 자리를 잡을 만큼 큰 관심을 불러일으키고 있다. 가스관 통합망 사업은 경제적 프로젝트이기 이전에 정치적·외교적 프로젝트가 되었고, 각국은 모두 복잡한 실리 계산과 이합집산을 거듭하고 있다. 한편으로는 베네수엘라에서 아르헨티나 남단까지 가스관을 연결시키는 종단 프로젝트가 추진되고 있고, 다른 한편에서는 페루의 카미세아 가스전을 동부 브라질로 잇겠다는 횡단 프로젝트가 추진되고 있다. 하지만 에너지 통합망 사업의 진척에는 민영화 이후의 복잡한 환경이 걸림돌이 되고 있다. 6절에서는 민영화 이후의 행위자들, 규제환경, 에너지 가격 차이 등이 통합망 사업에 미치는 영향을 검토하면서 글을 끝맺고자 한다.

2. 민영화 18년, 무엇이 문제인가?

워싱턴 컨센서스의 바람에 따라 라틴아메리카 대륙에 민영화와 탈규제의 열풍이 분 것도 이제 18년이 넘었다. 인프라와 공공서비스 부문의 국영기업이 대거 시장의 영역으로 넘어간 조치들이 대개 1990년을 기점으로 나온 것을 감안한다면 적어도 18년 이상의 역사를 가졌다고 말할 수

〈그림 8〉 민영화 이후 수익성 변화

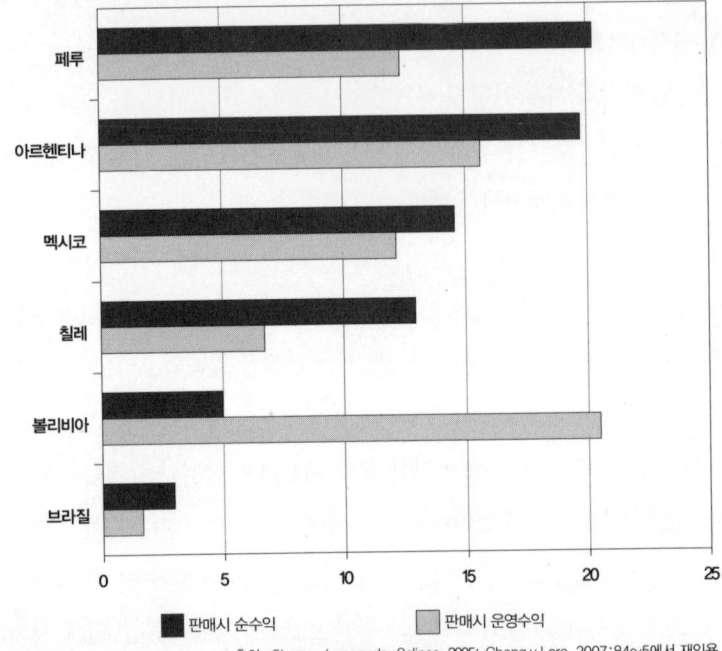

단위: %

■ 판매시 순수익   ▨ 판매시 운영수익

출처: Chong y Lopez-de-Salinas, 2005; Chong y Lora, 2007:84~5에서 재인용

있다. 이에 따라 민영화의 효과에 대한 연구들이 세계은행, 미주개발은행 등에서 나오고 있고, 또 민영화에 저항하는 사회운동의 흐름도 가시화되어 있다. 민영화의 효과를 둘러싸고 나온 견해는 분분하다.[29]

경제학자들의 연구는 대체로 인프라 부문의 민영화가 긍정적인 기여를 했다고 평가하고 있다(Chong y Lora, 2007; Andrés, Diop y

---

29) 칠레 경제학자 프렌치-다비스(Ffrench-Davis, 2007)는 거시경제적인 문제점으로 다음을 지적한다. 첫째, 금융과 거시경제가 불안해졌다. 둘째, 저부가 가치재의 수출산업 체질로 바뀌었다. 셋째, 생산적·사회적 근대화를 이루지 못하는 재정수지 균형에 머물렀다. 넷째, 기회의 불평등이 더 심해졌다. 다섯째, 금융위기로 인해 성장과 투자가 허약해졌다. 여섯째, 경제력과 소유의 집중이 심해졌다.

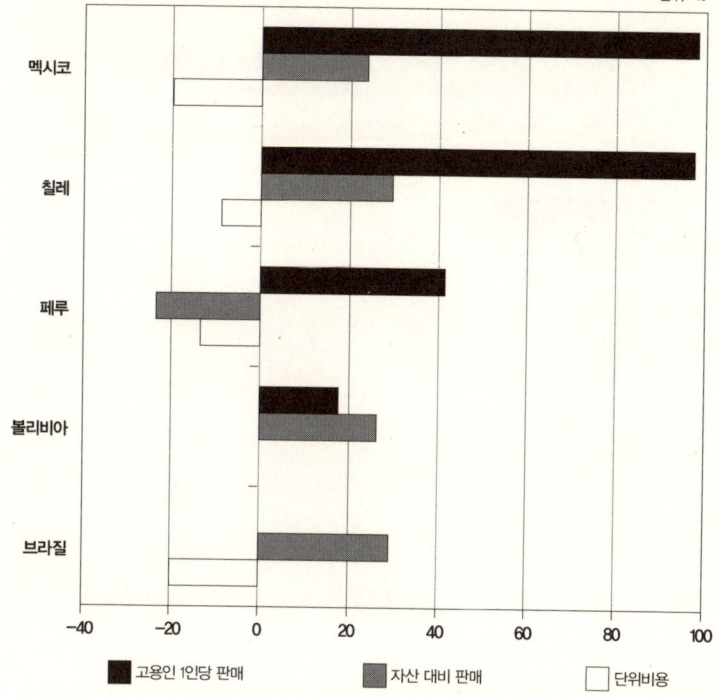

〈그림 9〉 민영화 이후 작업 효율성

단위: %

■ 고용인 1인당 판매   ▬ 자산 대비 판매   □ 단위비용

출처: Chong y Lopez-de-Salinas, 2005; Chong y Lora, 2007:84~5에서 재인용

Guasch, 2007). 총과 로라는 민영화가 기업의 효율성과 수익성에 크게 기여했다고 본다(〈그림 8〉, 〈그림 9〉 참조). 총 등의 선행연구에 따르면 1990~2005년 사이의 민영화 기업의 매출 대비 순수입은 민영화 이전 시기보다 14% 증대했다고 한다. 안드레스 등의 연구는 배전, 유선전화, 상수도 부문을 대상으로 생산성, 서비스의 질, 커버리지, 가격 등을 평가했다. 이들도 총의 연구와 마찬가지로 생산성과 서비스의 질의 개선을 강조하고 있다. 하지만 커버리지는 크게 개선되지 않았고, 가격이 오른 점을 지적한다. 대체로 세계은행과 미주개발은행의 연구들은 민영화의 긍정적 기여를 강조하고, 후유증을 어떻게 보완할 것인지 지적한다.

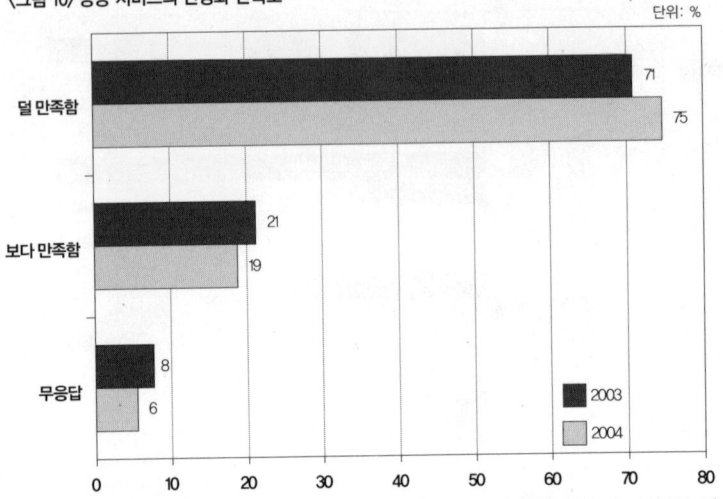

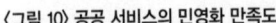

〈그림 10〉 공공 서비스의 민영화 만족도

단위: %

덜 만족함 71 / 75

보다 만족함 21 / 19

무응답 8 / 6

0 10 20 30 40 50 60 70 80

■ 2003
□ 2004

출처: Latinobarómetro(2004: 41)

하지만 대중들의 평가는 크게 다르다. 민영화의 효과에 대한 여론 조사를 매년 실시하고 있는 라티노바로메트로의 자료들을 한번 살펴보자(〈그림 10〉~〈그림 13〉 참조). 공공서비스 부문을 민영화한 지 10여 년이 지난 2004년의 서베이 조사를 보면 부정적인 평가가 압도적이다. "국가가 관장하던 공공서비스, 예컨대 수도·전력 등이 민영화되었습니다. 가격과 질을 고려한다면 당신은 어떻습니까?"란 항목에 '덜 만족한다'와 '매우 불만족한다'에 응답한 경우가 75%가 되었고, '아주 만족한다'와 '비교적 만족한다'에 응답한 경우는 19%에 머물렀다. 나라별로 보면 아르헨티나 75%, 브라질 65% 등으로 나타난다(Latinobarometro, 2004: 41~2). 이와 더불어 불만족층의 비중은 90년대를 지나 최근에 오면서 계속 증가하는 추세이다. 많은 나라에서 전력위기, 물위기를 겪은 바 있고, 가격 상승 등으로 서민 경제를 힘들게 하고 있기 때문이다.

2007년의 보고서에 따르면 "민영화가 나라에 도움이 되었느냐"

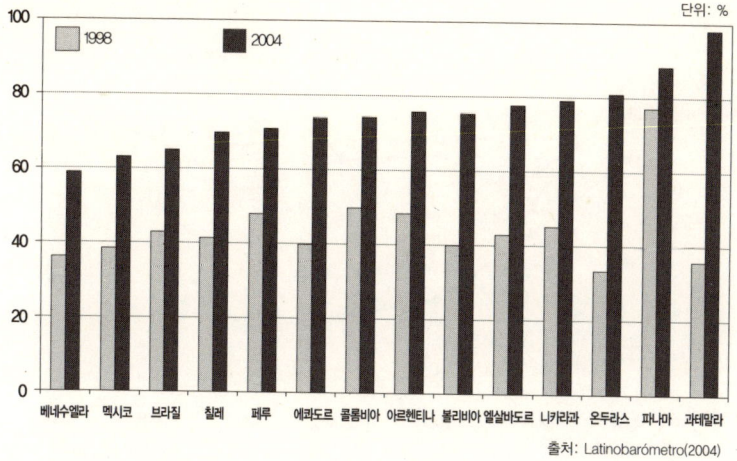

〈그림 11〉민영화에 대한 불만족 층의 증가

단위: %

출처: Latinobarómetro(2004)

에 대한 긍정적인 응답은 35%에 머물고 있다. 이 수치는 최저치인 21%(2003년)를 기록한 이래 상당히 회복한 수준이기는 하지만 그렇게 높은 수치는 아니다. 외환위기를 2001년에 치른 바 있는 아르헨티나의 경우는 19% 수준에 머물러 있다. 그만큼 민영화에 대한 부정적인 여론이 확산되어 있다. 이와 더불어 공적 서비스를 민간부문에서 국영부문으로 이전하자는 여론도 계속 증가해 왔다. 석유·연료의 경우 77%, 전력의 경우 76%, 전화의 경우 69%가 국영부문이 다시 맡기를 희망한다 (Latinobarometro, 2007: 33). 이 수치는 1995년과 대비하여 각 부문마다 15% 가량 증가한 것이다. 이것도 공적 서비스에 대한 민영화 결과에 대한 불만이 증가한 결과로 이해할 수 있다.

대중들이 민영화에 대해 비판적인 시선을 던지는 것은 대개 다음과 같은 이유이다. "거래과정에 투명성이 부족했다." "초국적기업은 과도한 수익을 누렸다." "요금이 크게 올랐다." "민영화 대금이 어디로 증발했는

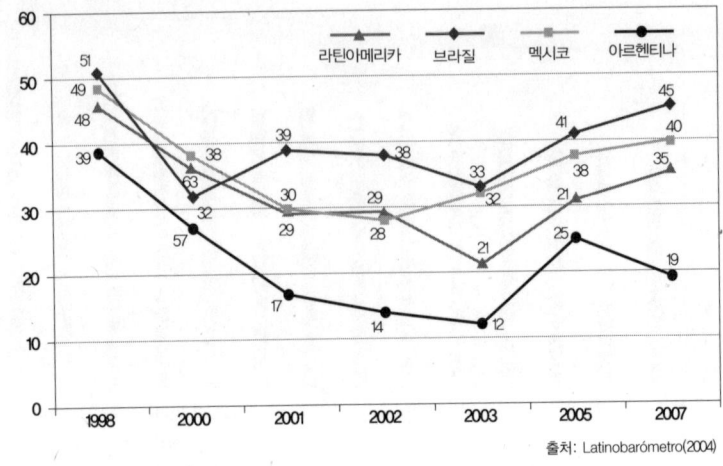

〈그림 12〉 민영화가 나라에 도움이 되었나요?

출처: Latinobarómetro(2004)

지 모르겠다." "근로조건은 악화되었다." "빈곤층을 무시했다." "운영회 사는 맘대로 하지만, 규제와 통제는 없다." 이런 언술들은 세계은행과 미 주개발은행의 연구들도 지적하고 있지만, 이들은 대중들의 평면적 이해 와 착시라고 지적한다(Andrés, Diop y Guasch, 2007: 124).

하지만 대중들의 발언은 그들이 겪어 온 생활세계의 고뇌가 반영된 것이다. 때때로 과장이 있을 수 있지만 전체적으로는 민영화에 대한 올 바른 평가일 수 있다. 이들의 진술은 그동안 공공서비스 산업의 민영화 가 지녔던 여러 폐해들을 잘 보여 준다. 첫째, 정부와 기업 사이의 매각과 계약 과정에 빈번하게 있었던 검은 거래나 유착 관계에 대한 불신을 표 현한다. 멕시코에서 아르헨티나에 이르기까지 민영화를 둘러싼 스캔들 은 오랫동안 언론의 단골 메뉴였다.

둘째, 초국적 기업들이 높은 수익성을 올린 것은 노동력의 축소와 합리화에도 기인하지만, 또 독과점적 공급자로서 경쟁보다는 담합에 의

〈그림 13〉 국가의 손에 다음 서비스(석유/연료, 전력, 전화)를 이관하기를 원하십니까?

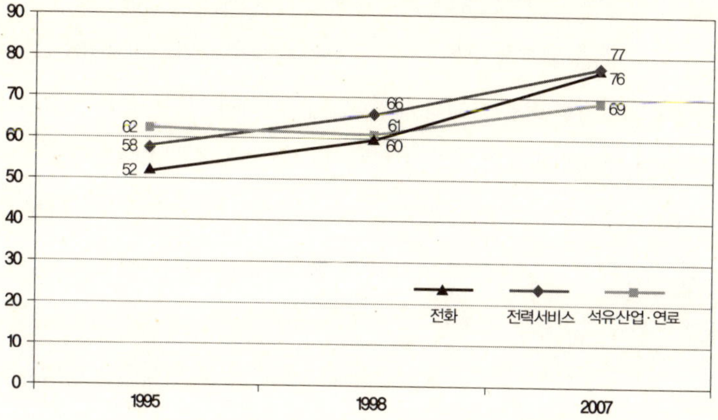

출처: Latinobarómetro(2004)

해 높은 요금을 설정하였기에 가능했다. 셋째, 서비스 공급이 불안정해도, 국가나 규제기관이 민간기업을 솜방망이로 규제했기에 소비자들이 불편을 겪을 수밖에 없었던 현실을 잘 반영한다. 이 논문은 이러한 쟁점들을 가스 산업의 사례연구를 통해 상세히 살펴볼 예정이다.

이제까지의 논란을 요약해 보자. 경제학자들이나 국제기구들은 민영화의 순기능을 강조한다. 하지만 대중들은 역기능이나 불편한 점을 먼저 기억해 낸다. 대중들조차도 민영화가 제대로 되었다면, 만약 정부와 기업이 투명한 방식으로 행동을 했고, 규제된 요금체계를 잘 관리했다면, 나아가 서비스의 안정적 공급과 확대가 보장되었다면 민영화가 나쁘지 않았으리라 생각했을 수도 있다. 현 단계의 시점에서 보면 전혀 그렇지 못했기에 민간부문에서 공급하는 인프라 서비스에 대한 만족도는 크게 떨어져 있고, 많은 국민들은 국가가 다시 개입하길 원하는 정서로 돌아가고 있는 것이다.

민영화의 공과를 선악으로 재단하는 것은 흑백논리에 가깝다. 1990

년대 라틴아메리카의 민영화 붐은 외채위기와 워싱턴 컨센서스가 강요한 국제정치 및 경제적 조건 속에서 배태된 것이다. 따라서 우리는 민영화 현상을 일정한 조건 속에서 게임을 하는 다양한 사회세력의 시각에서 조명하여 살펴볼 필요가 있다. 사회세력 내지 조직의 입장에서 살펴보면 민영화 결과가 바로 게임의 결과물임을 잘 알 수 있기 때문이다. 이제 민영화 게임을 둘러싼 주요 행위자인 정부, 기업, 소비자 입장을 중심으로 이해관계를 살펴보기로 하자.

라틴아메리카의 각국 정부 입장에서 보면 인프라 부문의 민영화는 알토란 사업이었다. 무엇보다 외채위기 이래 국가는 심각한 재정위기에 빠져 있었고, 이로 인해 공기업은 투자재원을 염출할 수가 없었다. 노후화된 설비를 안고 있는 공기업은 국민들의 증가하는 수요를 충족시켜 줄 설비 증설과 개선은 꿈꿀 수도 없었다. 여기다 낮은 요금 체계와 교차보조금 제도 등으로 공기업은 만성적인 적자에 허덕였기에, 신규투자를 위해서는 민간자본의 유입이 긴급한 실정이었다. 따라서 민영화는 정부의 재정위기를 일거에 해소하는 순기능 역할을 했다. 정치인들도 정부의 빈 금고를 채우는 데 관심이 많았다. 1990년대 10년간 라틴아메리카에서는 인프라 부문에 2,900억 달러의 민간투자가 이뤄졌는데, 이 가운데 1,740억 달러가 매각과 컨세션을 통해 국가의 재정수입으로 흘러 들어갔다. 이 금액은 1990년 당시 공공부문이 지고 있는 채무 스톡의 40%에 해당하는 규모였다(Andrés, Diop y Guasch, 2007: 118).

민영화를 하는 과정에서 공기업을 인수하는 내외 민간기업들은 대체로 이득을 얻은 그룹에 속했다. 독점적 서비스 산업을 인수한 기업들은 고용인구를 줄이고, 합리화를 추진하여 수익을 가급적 빠른 시간 내에 회수하는 전략에 관심을 보였다. 대체로 전력, 가스, 상하수도, 전화 등

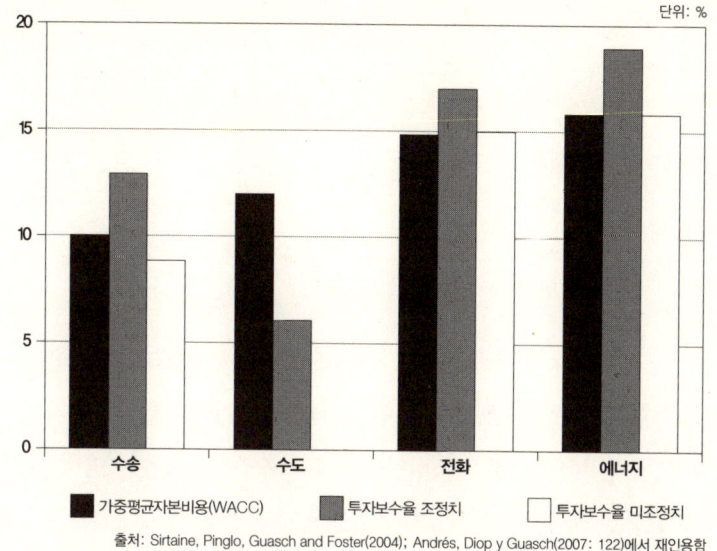

〈그림 14〉 부문별 투자보수율 대비 자본비용: 수송, 수도, 전화, 에너지

단위: %

■ 가중평균자본비용(WACC)   ■ 투자보수율 조정치   □ 투자보수율 미조정치

출처: Sirtaine, Pinglo, Guasch and Foster(2004); Andrés, Diop y Guasch(2007: 122)에서 재인용함

의 서비스 요금은 민영화 이후에 많이 올랐다. 망 산업의 경우 망의 확대 보다는 기존의 망을 합리화하고, 교차보조금을 주던 부분을 제거하면서 수익률을 제고하는 데 관심을 보였다. 이에 따라 저소득층의 피해가 커 졌다. 특히 다국적기업들은 신규투자를 증대하여 공급을 확대하기보다 는 기존의 물량을 시장 상황에 맞춰 높은 가격을 유지하는 전략적 행동 에 익숙하여 국내 소비자들의 반발을 사기도 했다.

1990년대 중반 이후 인프라 투자기업들의 투자보수율은 가중평균 자본비용(WACC)보다 낮았다고 주장하는 연구들도 있지만, 안드레스 등은 2004년 연구에서 기업들이 과도하게 높게 책정한 영업비용과 이 전가격을 고려한다면 충분히 높다고 평가한다(Andrés, Diop y Guasch, 2007: 121, 〈그림 14〉 참조). 특히 전화, 에너지 부문의 경우 민영화 이후 투자보수율(조정치)은 15~20% 사이를 넘나들었다. 하지만 상수도의 경

〈표 18〉 라틴아메리카 인프라 부문의 재협상 비율과 평균연한(1988~2001)

	재협상한 계약의 비율	재협상 평균 연한
인프라 부문 전체	51%	2.1년
전력	22%	2.3년
교통	65%	3.1년
상하수도	81%	1.7년

출처: Guasch, 2004; Andres, Diop y Guasch(2007: 127)에서 재인용함

우는 평균 수익률 이하를 기록한 부문도 있다. 특히 인구가 과소하고 지리적으로 떨어진 안데스 산악 지방 도시의 경우 기업의 설비투자비용이 많이 들었던 반면, 지불할 소비자들의 소득 수준을 감안한다면 높은 상수도 요금을 감내하기 힘들었기에 갈등이 자주 발생했다고 생각된다. 정치적·사회적 격변으로 번졌던 볼리비아의 '코차밤바의 물 전쟁'은 그런 맥락에서 이해할 수 있다.

반면 소비자들은 대체로 인프라 민영화 이후의 요금 상승을 감내해야만 했다. 전화, 전력, 가스 요금은 대폭 올랐다. 이에 대한 반응은 소득층에 따라 다르다. 중상계층은 서비스의 질이 개선되는 혜택을 보았기에 민영화를 지지하거나, 적어도 중립적인 태도를 취할 수 있었다. 요금 상승의 부담을 많이 느끼는 중하층이나 빈곤층의 경우는 민영화에 대한 입장이 부정적일 수밖에 없었다. 특히 에너지 부문과 같이 잦은 전력난이나 가스 대란을 겪은 경우, 사회 전반에 민영화와 탈규제에 대한 부정적인 입장이 확산되었다. 에너지 대란과 외환위기를 겪은 바 있는 아르헨티나 국민들이 오늘날 민영화에 대해 대단히 부정적인 입장을 가지게 된 것(303쪽, 〈그림 11〉)도 이런 맥락에서 이해할 수 있을 것이다.

만약 소비자와 민간기업이 요금이나 공급의 불안정성을 가지고 다

튼다면, 정부나 규제당국이 개입하여 해결해야만 한다. 규제의 제도적 환경을 잘 구비하는 것이 기업과 소비자의 만족도를 높이는 지름길이기 때문이다. 요금이나 커버리지에 대한 규제, 신규투자에 대한 약속 이행 여부의 확인, 그리고 하층민에 대한 보완책은 규제당국이나 정부 해당부처의 몫이다. 하지만 인프라 민영화 사업의 경우 대부분의 국가에서 규제의 틀을 마련하기도 전에 매각을 완결하였고, 이후 많은 문제점들이 노출되었다. 세계은행의 분석가인 알베르토 총도 규제 실패를 이렇게 회고한다.

> 규제 부문에 응당한 관심을 기울이지 않았다. (민영화에 대한) 과도한 낙관주의와 개념적 단순화로 인해 엄청나게 많은 비효율적 논란을 만들어 내었고, 컨세션 계약들의 불이행이 일어났다. 허약한 법률, 감사, 제도의 환경 속에서 갈등 해결 메커니즘의 디자인도 기술적 경험의 부재로 엉망이어서 상황이 악화되었다(Chong y Lora, 2007: 81).

무엇보다 해당 서비스 부문은 독과점적으로 분할 매각되었기에 기업들의 지대추구적 행위가 조장되었다. 정부는 매각 시 가격을 높이기 위해 기업에게 불리한 규제조치를 요구하지 않았고, 규제기구 디자인에도 무능했다. 정부의 기회주의적 태도로 인해 민영화 이후에 정부와 기업은 끊임없는 시빗거리와 소송, 재협상 그리고 이에 희생되는 소비자들의 비난을 불러 일으켰다. 〈표 18〉에서 보듯이 인프라 부문의 경우 계약의 절반 이상이 평균 2.1년 단위로 재협상을 했다고 하니, 얼마나 디자인이 엉성했었는지 잘 알 수 있다.

규제기구들은 일찌감치 민간기업들에 의해 포획되었고, 사실상 규제 업무를 거의 포기하다시피 했다. 잦은 정전에도 전력회사들은 소비자들에게 배상금을 지불하지 않았고, 높은 가격을 매긴 청구서를 내밀었다. 라틴아메리카의 인프라 서비스 부문에는 규제의 실패에 관한 한 흥미로운 보고서가 무척 많다(이성형, 2004). 튼튼한 규제기구의 자율성, 전문성, 독립성이 담보되지 않는다면 민영화로 인한 독과점 기업들의 전략적 행위, 투자 기피, 계약 위반 등을 제재할 수 없다. 또 이는 서비스 공급의 불안정성, 불합리한 요금 체계로 이어질 것이다.

3. 아르헨티나: 전면적 자유화와 에너지 공급 위기

1) 민영화 개혁

아르헨티나는 남미 국가 중에서 가스 산업이 가장 성숙한 국가에 속한다. '가스적 국가'(Estado gasifero)란 말이 있을 정도로 일찍부터 가스가 발전과 산업생산, 그리고 가정용으로 공급되었다. 1946년에 가스공사(Gas del Estado)가 창설되었고 국가가 독점적으로 이 부문을 운용하였다. 국가 독점 체제는 1992년 메넴 대통령 시절 전면적인 자유화와 민영화로 인해 변화될 때까지 46년간 유지된 바 있었다. 가스전을 탐사하고 생산하는 상류부문은 국영석유공사(YPF)가 담당하였고, 가스공사는 주로 중류와 하류를 담당하는 분업구조를 이루고 있었다.

1989년 권력을 잡은 페론당의 메넴 대통령은 신자유주의 조치를 과감히 받아 들였다. 그는 만성적인 인플레이션을 잡기 위해 페소와 달러를 1:1로 묶는 태환법을 선포하고, 나아가 공공서비스 부문과 에너지 부문 등 대부분의 국영 산업을 민영화하는 프로젝트를 신속하게 추진하였고, 그 결과 1990년대 초반 가스 산업은 민간 기업의 손으로 넘어가게 되

었다. 민영화 사업은 규제의 틀이 만들어지기 전에 진행이 되어 나중에 숱한 혼란의 원인이 된다.[30]

메넴 정부가 내세운 민영화의 목표는 대체로 다음과 같았다. 첫째, 국영기업의 비효율성을 제거하고, 공적 서비스의 공급의 질을 개선한다. 둘째, 국가의 재정 부담을 줄이고, 민간 투자를 통해 설비 근대화와 확장을 꾀한다. 셋째, 민영화를 통해 외자 유치와 선진 기술을 도입한다. 넷째, 민영화 매각 대금을 국가 재정개혁에 활용한다. 다섯째, 외채-주식 스왑을 통해 외화 채무액을 줄인다. 여섯째, 저소득층 등에 서비스의 커버리지를 확충한다(Rabinovich, 2006: 7).

정부는 민영화를 전격적으로 추진하기 위해 국영기업을 비효율성, 통화증발, 적자, 특권층, 부패의 원흉으로 몰아부쳤고, 민영화만이 '아르헨티나병'(anomalia argentina)를 치유할 수 있는 유일한 길로 선전하였다. 민영화의 범위도 그동안 정부가 관장해 오던 공공서비스 분야 전체로 확대되었다. 전력, 가스와 석유, 상하수도, 전화, 철도, 제철, 지하철, 항만, 도로, 항공 등 팔 수 있는 것은 모두 민영화의 대상이 되었다.

에너지 부문의 개혁 작업은 그간 국가가 관리해 오던 석유, 가스, 전력 산업 등을 총괄하는 광범한 작업이었고, 민간에게 소유와 관리를 넘기는 민영화 프로젝트이기도 했다. 이 민영화와 규제완화의 흐름은 당시 1980년대의 외채위기 이후 전면화되던 워싱턴 컨센서스가 아르헨티나에 남긴 족적이기도 했다. 에너지 산업의 민영화는 곧 탈국적화로 연결

---

30) 아르헨티나의 민영화에 관한 포괄적인 선행연구로는 Azpiazu y Basualdo(2004), Mueller(2006) 등을 들 수 있고, 가스 산업의 민영화에 대해서는 Kozulj(2004, 2005), Rabinovich(2006)이 대표적이다.

〈표 19〉 민영화된 공적 서비스 기업들의 연평균 수익률(1994~99)

단위: %

부문	순자산 대비 수익률	매출액 대비 수익률
천연가스	11.1	15.9
전력에너지	5.6	7.0
텔레커뮤니케이션	13.0	14.8
상하수도	23.3	13.7

출처: FLACSO; Azpiazu y Basualdo(2004: 23)에서 재인용함

되었는데, 국가의 손에서 외국 에너지기업, 그리고 이들과 연대한 국내 재벌, 그리고 씨티은행과 같은 채권자 은행의 전략적 제휴를 통해 진행되었기 때문이다.[31]

먼저 상류부문에서 국영 석유공사와 가스공사는 각종 계약을 컨세션이나 제휴(asociacion)로 변경하고 아울러 기업구조를 재편성하였다. 이와 더불어 유전과 가스전도 매각하기 시작하였다. 그 결과 재구조화된 상태의 YPF가 1999년에 스페인의 다국적기업인 렙솔에게 매각되어 거대공룡 렙솔-YPF가 탄생하였다. 기타 유전과 분할된 기업들도 외국 에너지 기업인 토탈, 플루스페트롤 등의 내외 컨소시엄에 매각되었다. 그 결과 상류부문에서는 극소수의 민간 대기업이 과점적으로 시장을 분할하게 되었다. 코술리는 이를 '집중적 과점적 시장'(Kozulj, 2004:

---

31) 외국계 에너지 기업으로 참여한 회사는 EdF, GdF, 엔데사(스페인), 브리티시 가스, 내셔널 그리드, 카무시, AES, CMS 등이고, 국내 재벌은 페레스 콤팡, 브리다스, 아시다르, 테신트테신트, 아스트라(Astra), 베니토 코기오(Benito Roggio), 가로바글리오 소라진(Garovaglio y Zorraquin), 솔다티(Soldati) 등이다. 그리고 채권자 은행으로는 씨티은행이 대표적이다 (Rabinovich, 2006: 15). 세 세력은 컨소시엄을 구성하여 에너지 산업을 과점적으로 분할하였다.

11)의 등장으로 평가했다. 경제위기가 터지기 직전인 2001년 당시 렙솔-YPF(29%), 토탈아우스트랄(18%), 플루스페트롤(12%) 3개사가 가스 생산의 59%를 차지할 정도로 생산부문에는 과점적 통제가 확고하게 뿌리를 내렸다.

상류부문의 규제는 1967년의 제정된 법률 17319호가 계속 이용되었다. 에너지 부문을 과점적으로 점유한 내외 기업들은 엄청난 이득을 누렸다. 당시 아르헨티나 경제는 페소화를 달러에 1:1로 연동을 시킨 태환법 체제 아래 있었기에 페소화의 고평가에 힘입어 기업들은 고수익을 실현할 수 있었다. 이들의 고수익 구조는 일반 제조업과 비교하면 잘 드러난다. 일반 제조업의 1993~99년의 연평균 수익률이 1.6% 수준이었다. 하지만 가스 산업의 경우 순자산 대비 수익률은 11.1%(1994~99), 매출액 대비 수익률은 15.9%나 된다(Rabinovich, 2006: 4~5).

하지만 2002년에 달러와 페소를 1:1로 묶어 두었던 태환법이 폐지되고, 경제긴급법에 의해 가스 가격 등의 요금이 페소화(pesificacion)로 고정되자, 기업들은 투자를 기피하고, 생산량도 급속도로 줄이면서 교묘히 사보타주를 감행하기 시작했다. 더구나 이 시기는 경제회복과 낮은 요금 체제로 가스 수요가 크게 늘어난 시점이었다. 2004년의 에너지 대란은 바로 수요급등과 공급 축소의 결과로 발생하였다. 정부는 전력과 가스를 할당제로 공급할 수밖에 없었다.

다음 중류와 하류부문의 변화상을 실펴보자. 민영화 이전에 가스의 수송과 판매는 가스공사의 소관사업이었다. 민영화는 우선 상류, 중류, 하류를 엄격하게 분리하는 데서 시작되었다. 1992년에 가스공사는 10개 사업단위로 분할하여 민영화되었다. 두 개의 수송회사와 8개의 판매사는 이제 민간기업의 손에 넘어갔다. 정부는 이 부문을 규제하기 위해

<表 20> 에너지 부문 민영화 기업의 수직적 통합

서비스 부문	Perez Companc	Techint	Repsol	CEI Citicorp Holdings	Soldati
배전	o		o	o	
발전	o	o		o	o
송전	o				o
가스판매	o		o	o	o
가스수송	o	o		o	o
석유, 가스탐사 및 생산	o	o	o		o

출처: FLACSO; Azpiazu y Basualdo(2004: 26)에서 재인용함

가스규제청(ENRE: Ente Reguladora de Gas)을 설치하였다. 규제청은 산업의 기능을 정기적으로 점검하고, 기술적 규범과 안정적 공급을 감시하며, 5년 단위로 요금체계를 정비하는 규제 업무를 맡고 있다. 아울러 신규 판매지역을 확정하고, 판매사와 수송사가 갈등을 일으킬 경우 조정하는 역할도 담당한다.

하지만 규제청의 업무실적은 기대에 미치지 못하는 것으로 드러났다. 큰 틀의 규제제도 디자인이 부실했고, 예산이나 전문인력도 민간기업들의 그것에 비해 크게 뒤졌기에, 현재까지도 "대단히 허약한 제도"로 존립하고 있다. 아르헨티나의 에너지 전문가 라비노비치는 "가스규제청이 민간기업들에게 완전히 포획되어 있다"고 평할 정도로 독립성이 미약하다(2007년 2월 1일 부에노스아이레스에서 진행한 필자와의 인터뷰).

가스 산업의 민영화 당시 그린 큰 그림은 상류, 중류, 하류 사이의 수직적 통합을 막고 경쟁을 촉진한다는 것이었다. 그래서 특히 도매사(comercilizador)와 소매사(almacenador)를 엄격히 구분하였다. 하지만 <표 20>에서 보듯이 생산부문의 에너지 대기업들은 수송과 판매 부문에

자회사나 지분 매입을 통해 교묘히 통제를 하고 있어서 실제로 수직적 통합이 해체되었다고 말하기 힘들다. 보이지 않는 방식으로 수직적 통합을 달성하여 기업들은 안정적인 수익구조를 창출하고 있다고 한다. 이에 따라 경쟁의 촉진을 통한 가격 하락보다는 담합에 의한 고가격 유지와 같은 전략적 행동이 일상화되었다고 말할 수 있다. 규제기구가 있지만 그 규제의 질과 강도는 허약했다고 말할 수 있다.

2) 민영화 이후의 가스 체인

1992년 당시 메넴 정부는 에너지 산업을 탐사와 생산, 수송, 분배, 상업화 부문별로 쪼개어 분할 민영화를 실행하고자 했다. 하지만 짧은 시간에 정교한 민영화 플랜은 물론 민영화 이후의 규제 시스템도 사전에 마련하지 못했다. 그 결과 상류부문의 기업들이 다양한 편법을 동원하여 수송과 판매 부문도 통제하게 되어 사실상 수직적 통합 체제가 완전히 해체되지 못한 것이다. 이 가운데 상류와 중하류부문에 독특한 두 가지 특징이 나타나게 되었다. 첫째, 상류부문에서 가스전의 채굴권 구조, 생산, 상업화는 소수의 다국적 기업과 국내재벌 기업의 집중형 과두제적 지배구조가 안착하게 되었다. 가스전 5대 광구인 아우스트랄, 산 호르헤, 네우키나, 노로에스테 광구는 6개 기업이 총가스 생산의 90%를 장악하고 있을 정도로 집중도가 높았다. 이들은 기존의 가스전을 집약적으로 생산하는 데 관심을 두며, 새로운 탐사 비용을 시출하지 않았다. 이에 따라 아르헨티나의 확인 매장량은 계속 줄어들어만 가고 있다. 둘째, 수송망은 2개사의 관리로, 판매망은 8개사의 지역독점 체제로 굳어졌다.

아르헨티나에서 가장 큰 에너지 기업인 렙솔-YPF의 경우를 보자. 이 기업은 2004년 6월 현재 석유 총생산량의 48.5%, 가스 생산량의 34%

<표 21> 가스 매장량과 생산량

	2001	2002	2003	2004	2005	2006	2007
매장량(Tcf)	-	26.9	27.0	27.0	23.4	18.9	16.1
생산량(Bcf)	1,311.6	1,275.2	1,449.3	1,498.6	1,488.9	1,465.0	1,473.0
매장/생산	-	21	19	18	16	13	11
소비량(Bcf)	1,102.5	1,069.0	1,221.2	1,337.0	1,417.2	1,460.0	1,485.0

출처: US Energy Information Administration, Global Insight Estimates, 2007년치는 추정치; GIR: Argentina(2007: 4)에서 자료를 편집함

나 점유하는 최대 기업이다(GIR: Argentina, 2007: 9). 렙솔-YPF는 석유 생산, 정유, 소매 판매까지 일관된 체인을 유지하고 있고, 천연가스의 생산과 판매는 물론 LPG 생산과 판매도 포괄한다. 렙솔은 다국적기업이기 때문에 아르헨티나에서 새로운 가스전을 개발하기보다는 지질학적으로 가능성이 높고, 초국적 가스관을 통해 브라질과 아르헨티나에 팔 수 있는 볼리비아에서 주로 탐사 작업을 한다(Kozulj, 2005: 8). 볼리비아의 가스를 높은 가격으로 아르헨티나로 수출하는 것이 회사의 수익에 훨씬 도움이 되기 때문이다. 아르헨티나 정부는 그동안의 렙솔-YPF의 탐사 거부에 분통을 터뜨리고, 반-트러스트법을 근거로 들어서 렙솔-YPF의 하류부문의 지배를 줄이려고 지속적으로 개입하였지만 그 결과는 신통치 않았다. 정부는 2003년 렙솔의 상류부문 비중을 줄이기 위해 브라질 기업 페트로브라스가 아르헨티나 에너지 기업 페레스 콤팡을 매수하는 것을 허용하기도 하였다(GIR: Argentina 2007: 6).

팬아메리카 에너지는 BP(60%)와 아르헨티나 기업 브리다스(40%)의 합작기업이다. 이 기업 역시 석유와 가스의 상류부문에서 수송망에서 발전사까지 통제하고 있다. 브라질 기업 페트로브라스 에네지아(과거

Pecom) 역시 페레스 콤팡을 인수하면서 가스 산업의 상류, 중류, 하류를 모두 포괄하고, 아울러 전력과 석유 산업을 일관적으로 통제하면서 시너지 효과의 확대에 총력을 기울이고 있다. 〈표 20〉에서 보듯이 에너지 산업의 수직적 분할(vertical unbundling)과 자유경쟁 체제란 허망한 구호에 불과했다.

3) 상류부문의 변화

아르헨티나의 가스 생산량은 민영화 당시인 1992년도에 68bcm에 불과했지만 10년 뒤 2002년에는 126bcm으로 두 배 가량 증가했다. 그 이후로도 꾸준히 증가하여 2007년의 경우 1,473bcf 수준에서 생산이 안정화되고 있다. 대체로 용도는 발전용 39%, 산업용 24%, 수출용 18%, 주거-상업-서비스 용도 11.7%, CNG 7.3%로 분할된다. 발전용과 수출용을 합치면 57%로 압도적으로 비중이 높다(Kozulj, 2004: 18).

아르헨티나 가스 산업의 문제점은 1990년대 말에 이미 드러나기 시작했다. 〈표 21〉에서 보듯이 확인 매장량은 줄어들어 가는 반면, 생산량만 계속 늘어나는 기형적인 모습이 보인다. 2000년대에 들어서자, 가스의 수급 불안정은 바로 코앞에 다가온 구조적 위기의 표출로 다가왔다. 확인 매장량을 연간 생산량으로 나누면 향후 몇 년간 가스를 사용할 수 있는지 알 수 있다. 2002년에 21년치 분량이 남았는데, 2007년에는 불과 11년치밖에 남지 않았다. 가스전이 빠르게 고갈되어 가고 있는 것이다. 왜 이런 일이 생겼을까?

아르헨티나 가스전을 구입한 다국적 에너지 회사들은 위험도가 높고 수익성에 나쁜 영향을 줄 수 있는 탐사 작업에 거의 투자를 하지 않았다. 이는 민영화 이전에 연간 탐사 시추구가 100개가량 되었던 데 반해,

민영화 이후에는 20~30개 수준에 머문 것을 보면 잘 알 수 있다(Kozulj, 2006: 112). 렙솔-YPF 등 초국적기업들은 중단기 수익을 극대화하는 전략에 올인하여 기존의 확인 매장지만 효율적으로 채굴하기 바빴던 것이다. 이들은 칠레와 우루과이 등에 수출하는 물량도 빠른 속도로 늘렸다. 네우켄 분지의 로마 델 라 라타 가스전은 급속히 노령화되어 갔고, 아울러 확인 매장량도 줄어만 갔다. 물론 이들은 이 시기 동안 고수익을 누렸고, 2001년 페소 위기 이후부터 지금까지도 고수익을 누리고 있는 것으로 알려져 있다. 2004년의 에너지 위기는 바로 이런 에너지 공급의 위기에서 출발했다. 또 오래 전에 '예고된 위기'이기도 했다.

4) 에너지 대란

2001년 페소 위기가 터지자, 아르헨티나 정부는 태환법을 포기하고, 페소화의 평가절하를 단행할 수밖에 없었다. 1:1로 묶어 두었던 환율 레짐이 풀리자 페소화는 3분의 1 수준으로 폭락했다. 가스 가격은 경제긴급법 조치 이후 규제당국에서 페소화로 묶어 두었기 때문에 생산자나 판매자는 모두 큰 피해를 볼 수밖에 없었다. 이들은 생산과 공급의 안정화를 도모할 의무가 있었기에 공급물량을 임의로 줄일 수가 없었다. 게다가 가스의 상대가격이 다른 에너지원에 비해 더욱 저렴해지자 소비자들의 소비량도 증가했다.

특히 2003년부터 본격화된 경제회복에 맞물려 가스 수요는 급등했다. 발전 수요와 산업용 수요가 증가하자, 상대적으로 싼 가격에 가스를 공급하던 생산자들도 딜레마에 빠졌다. 이들은 공급 물량을 감축하여 에너지난을 유도하고, 이를 통해 가스 요금의 인상을 관철시키려 했다. 하지만 인플레이션을 우려하는 정부로서는 경제적 위기에 빠져 있는 소비자들에게 2~3배나 되는 인상안을 강제할 수도 없었다.

정부는 그동안 외국계 기업들이 투자액에 상응하는 과실을 충분히 회수했기에, 경제적 회복기 동안 요금을 일정한 수준에서 동결하고자 노력했다. 하지만 공급의 제약 속에서 정부는 결국 칠레로 수출하기로 한 계약 물량을 일방적으로 줄일 수밖에 없었고, 장기적 안정공급 약속은 깨어지고 말았다. '가스 전쟁'은 결국 외교전으로 비화되었고, 양국관계는 냉각되었다(이성형, 2004). 그럼에도 불구하고 정부는 2004년 여름과 가을 피크 시즌의 급등하는 수요에 공급의 정체가 맞물려 전력할당제를 실시할 수밖에 없었다. 또 산업시설에 가스 공급을 줄이는 등의 긴급조치도 취했다. 수송망의 설비도 한계 상황에 부닥쳤다. 발전사들은 전력난을 막기 위해 가스 대신 유류를 땔 수밖에 없었고, 정부는 국고를 털어 볼리비아로부터 가스를, 브라질로부터 전력을 닥치는 대로 구매할 수밖에 없었다.

아르헨티나 사회를 뒤흔든 에너지난의 심각성은 수요와 공급의 괴리를 메울 조치가 내부적으로 나올 수 없는 구조라는 점에 있다. 정부는 에너지 대기업들의 전략적 행동을 제어할 수 없고, 에너지 대기업들은 상류부문의 탐사 투자를 거의 하지 않았고, 앞으로도 하지 않을 것이다. 하지만 지난 5년간 7~8% 대의 높은 경제성장률에 전력을 포함한 에너지 소비량은 특히 급증하였다.

가스전은 2012년이면 동이 날 것이지만 〈그림 15〉에서 보듯이 전력 수요는 계속 증가한다. 전력난 역시 예고되어 있다.[32] 화력발전의 비중이 거의 80%에 이르고 이는 대개 가스를 이용한다. 향후 지속적으로 증가할 부족분은 수입물량으로 해결할 수밖에 없다. 이에 당황한 키르치네르 정부는 2004년에 공기업 에나르사(Enarsa: Energia Argentina

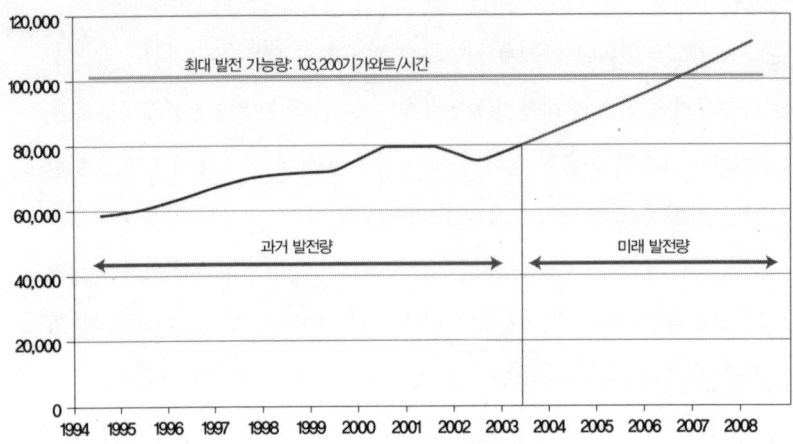

〈그림 15〉 아르헨티나 전력공급 위기

최대 발전 가능량: 103,200기가와트/시간

과거 발전량

미래 발전량

* 공급부족 최대발전량: 103,200G조(화력 77,600, 수력 25,600)

출처: Olmedo(2004: 11)

Socieadad Anonima)를 설립하여 탐사와 생산에 참여하겠다고 했지만,
정부 역시 재원 부족으로 이 부문에 큰 투자를 하기 힘든 실정이다.

5) 수송, 판매, 수요 구조

앞서 수송부문은 TGS(남부가스수송사)와 TGN(북부가스수송사)으로
양분화되어 민영화되었다. 전자는 7,406킬로미터를 포괄하고, 후자는
5,406킬로미터를 포괄한다. 수송부문은 생산과 판매부문보다 높은 수익
성을 올리고 있는 것으로 판명되었다. TGS, TGN 양사 모두 자기 자본에

---

32) 에너지 대란은 전력부문의 위기와 결합되어 증폭되었다. 1998년 이래 발전사들도 발전설
비를 확충하지 않았다. 아울러 송전사는 고압 송전선을 추가로 건설하지 않아서, 몇몇 중계
지에서는 과부하가 걸렸다. 아울러 전력요금 재협상이 지지부진해지면서 전력사들의 사보
타주도 늘어났다. 2004년 이후에도 가뭄으로 수력발전량이 줄어들면 다시 전력을 할당제
로 운용할 수밖에 없을 정도로 위기는 구조적이다(Olmedo, 2004: 10).

버금가는 투자금융을 도입하여 부채를 지고 있음에도 고율의 배당금을 지급하는 것으로 유명하다.

판매망 역시 9개사가 담당하고 있으나 지역독점의 형태를 띠고 있다. 망의 증가율도 민영화 이전과 유사하며, 망의 연결도 수요자 부담 원칙을 적용하여 자신들의 투자를 극도로 꺼린다. 코술리는 가스 생산이 66%나 증가했지만 분배 시스템의 증가율은 30%에 머물고 있다고 지적한다. 30%의 증가분도 주로 수출 가스망, 강압기, 중계 루프 투자에 집중하고 있고, 그것도 제3자의 투자를 흡수한 것이라고 한다(Kozulj, 2004: 20). 그럼에도 불구하고 흥미로운 점은 수송 및 판매 회사 모두 태환법이 폐지되기 3년 전에 이미 많은 부채를 떠안고 있는 것으로 나타났다. 별다른 설비투자를 하지 않았는데도 부채가 늘어난 까닭은 무엇일까? 코술리는 이를 다음과 같이 설명한다.

(이는) 명백히 요금의 달러화를 압박하는 경향의 전략적·투기적 행위로서, 국가로부터 평가절하가 발생할 경우 보상을 얻거나, 국가로부터 공적 서비스를 재매입할 경우 좋은 조건의 가격으로 구입하려는 의도를 담고 있다. 즉 어떤 정치적 사태가 돌발하든지 지대추구적 유형의 이득을 얻고자 함이다(Kozulj, 2004: 20).

태환법 폐지 이후 아르헨티나에서 가스요금은 아직도 기업들이 정부와 갈등을 빚고 있는 쟁점이다. 원래 가스요금은 생산지 가격(wellhead price)에다 수송비와 분배망 비용이 포함된 것이다. 수송비와 분배망 비용은 규제기관인 가스규제청(Enargas)이 가격상한제(price cap) 방식으로 관리한다. 하지만 규제청의 솜방망이 같은 규제로 가스가

<표 22> 1991년 대비 2001년 천연가스 요금의 추이(1991=100)

천연가스(평균)	가정용	중소기업용	산업용 대형소비(연속형)	산업용 대형소비(고정용량)
149.0	227.0	123.8	106.3	113.3

출처: FLACSO; Azpiazu y Basualdo(2004: 13)

격은 1991~2001년, 10년 사이에 49%나 뛰었다(<표 22> 참조). 특히 주
거용의 경우는 2배 이상 올라 서민들의 부담이 컸다. 더구나 태환법 시절
(1991~2001)에는 가스 가격이 페소화로 지정되어 있었지만 달러 태환
이 보장되었기에 투자기업들은 큰 재미를 보았다. 이에 따라 생산, 수송,
판매 모든 부문에서 업자들은 10~16% 수준의 고수익률을 올렸고, 또 고
평가된 페소화의 이득도 아울러 누렸다. 하지만 고평가된 페소 체제가
결국은 거시경제의 왜곡을 불러 일으켰다. 수출은 정체되었고, 값비싼
물류, 서비스 비용은 아르헨티나의 경제를 병들게 했다.

2002년에 태환법이 폐지되자 상황은 돌변했다. 페소 가치는 달러의
3분의 1로 하락했다. 투자기업들은 달러 채무에 기업 경영이 어렵다고
불평했다. 하지만 국민들이나 정부의 입장은 냉랭했다. 그동안 10~20%
이상의 고율의 수익률을 10년 이상 누린 데다가, 약속한 투자가 충분히
실행되지 않아서 현 단계의 에너지 위기를 가져왔기에 기업들은 이를 감
내해야 한다는 것이다. 정부와 시민단체는 가스 가격의 동결 내지 점진
적 인상을 주장했다. 특히 이들은 태환법 이후에도 생산지 가격이 여전
히 MBTU(The British thermal unit)당 0.5~0.6 달러로 국제적 수준에
수렴했다고 보고, 이 가격수준에도 기업이 충분히 활동할 수 있다고 주
장했다. 하지만 정부는 기업들의 압력에 순응하여 2005년과 2006년에
가스가격을 재조정하고 태환법 시절과 비슷한 수준인 1.20달러로 올리
는 것을 허용하였다. 결국은 기업 측의 의도가 관철된 것이다.

6) 소결

아르헨티나의 가스 산업 민영화가 남긴 교훈은 여러 가지이다. 에너지 산업의 민영화는 결국 에너지 대란으로 이어졌고, 가까운 미래에 에너지 장기 수급이 불안정할 것이라는 '예고된 위기'를 구조화시켰다. 에너지 섹터는 완전히 탈국적화되었고, 향후 이를 돌이킬 수 없을 정도로 불가역적 변화가 생겼다.

첫째, 가스부문을 장악한 외국계 기업들은 글로벌 전략 속에서 수익 극대화를 추구하기 때문에 안정적인 수급계획에는 큰 관심이 없다. 특히 단기 전략에 움직이는 금융투자회사의 지분이 많이 포함되어 있는데, 이들은 장기적인 투자계획 같은 것을 좋아하지 않는다. 이런 점에서 라비노비치의 지적은 한 번 되새겨 볼 가치가 있다.

제도적 질을 살펴보자. 외국계 운용사들은 자신의 지분을 팔았다. 장기적 목표를 지닌 기업의 지분이 단기적 수익성을 추구하는 투자기금으로 흘러갔다. 투자기금의 선호도는 공적 서비스의 일반적 원칙과는 정면으로 배치된다. 새로운 투자자들은 장기적 관점을 의문시하고, 기업의 미래를 아랑곳하지 않는다. 이래서 불안정한 균형상태가 배태된다 (Rabinovich, 2006: 30).

둘째, 규제의 틀 역시 제대로 갖춰시지 않았고 허약한 규제기구는 강력한 기업 측에 포획되었다. 이에 따라 민영화와 합리화 이후 생긴 이득이 소비자의 이득으로 환원되지 않았으며 기업의 독과점적인 렌트로 둔갑했다. 모호한 규제의 틀로 인해 정부와 기업은 계약 조건의 이행과 요금 조정 문제로 자주 충돌했고, 재협상을 벌였다. 하지만 결국은 기업의 전략적 행동이 먹혀들었고, 기업의 고수익 전략은 크게 손상되지 않았다.

셋째, 상류에서 하류까지의 수직적 분할과 경쟁 구도의 성립은 말의 성찬에 끝났다. 초국적기업들과 국내 재벌들(grupos economicos)은 다양한 방식을 통해서 보이지 않게 수직적 통합을 이뤄냈고, 이를 통해 이득을 극대화하는 전략을 취했다. 아르헨티나의 가스 산업은 결코 자유경쟁 체제를 만들지 못했다. 오히려 민간기업의 고수익 추구를 국가가 사실상 보호하고, 용인한 꼴이 되었던 것이다.

넷째, 에너지 가격을 포함한 공적 서비스 비용의 상승은 사회적 하층의 부담을 가중시켜, 사회적 불평등을 가속화시켰다. 이런 고수익률에도 설비투자는 거의 하지 않는데, 결국은 화전경작민처럼 기존의 가스전과 설비를 최대한 이용하고 고갈시키고 다른 곳으로 이동하려고 한다. 이런 경향을 되돌리기 위해 2004년 키르치네르 정부는 에너지 공기업 에나르사를 창설하였다. 에나르사는 석유와 부산물, 가스, 전력 등의 에너지를 생산, 상품화, 수송, 판매를 담당하는 에너지 통합기업의 포부를 안고 출발했다. 주식의 비중은 연방정부가 53%, 주 정부가 12%, 그리고 증권시장에 상장되는 비의결권주가 35%를 차지한다(Chavez, 2007: 73~4). 베네수엘라의 PDVSA가 협력 기업으로 도와준다고 하지만 현재로서는 투자재원, 인력 등의 부족으로 아직 가야할 길이 많다.

결론적으로 말하면 아르헨티나의 경험은 에너지 기업과 같이 전략적인 부문을 민간의 손에 넘기는 것이 얼마나 위험한지 보여 준다. 초국적기업들은 기본적으로 글로벌 전략 아래 수익 극대화를 추구한다. 이들은 에너지 장기 수급 계획 같은 것에 거의 관심이 없다. 설비 투자나 탐사 활동에도 크게 관심을 갖지 않는다. 바로 여기에 국가가 공공성을 담보하기 위해 개입해야만 하는 부분이다. 만약 국가의 투자능력이 부족하여 민간기업의 투자를 받아들여야 하는 경우라도 반드시 규제제도를 잘 디자인하고 경쟁구도를 확립시켜야 할 것이다.

키르치네르 정부에 들어와서 벌써 국가가 다시 인수한 민영화 기업이 네 개나 된다. 핵발전소인 탈레스 스펙트룸(Thales Spectrum, 프랑스), 우체국, 수도국, 공항 2000 등이 바로 그것이다. 잦은 사고와 지연 등의 관리 부실은 물론이고, 수돗물의 경우처럼 질소 함량이 과도하게 높은 저질의 서비스 공급에 대한 대중들의 불만이 재국유화의 배경이다. 하지만 민간 우위가 너무 확고하게 자리를 잡았기에 재국유화가 전반적인 흐름이 되기에는 어려울 것으로 보인다.

4. 브라질: 제한된 자유화와 에너지 공급 안정화

1) 민영화 개혁

"석유는 우리 것이다!"(Petroleo e Nosso!) 이 말은 오랫동안 브라질의 경제적 민족주의를 대변하는 거리의 언어였다. 그것은 곧 수입대체 산업화 시대에 만들어진 국가 대표기업인 페트로브라스의 역사와도 일맥상통한다(Kingstone, 2004). 자원 민족주의 기조는 민영화의 열풍을 겪은 브라질 에너지 산업의 밑바닥에 아직도 흐르고 있는 면면한 전통이기도 하다.

1953년 브라질 정부는 석유의 탐사, 생산, 정유, 수송을 연방국가의 독점적 권한으로 공표하고, 이를 담당할 기업으로 페트로브라스를 설립했다. 5억 달러의 자본금을 투자하여 설립한 페트로브라스는 곧 10개의 광구, 1개의 천연가스전, 그리고 마타리피와 쿠바탕의 정유설비를 넘겨

받았다. 1962년에 페트로브라스는 석유와 관련 제품의 수입 독점권도 확보하였다. 이미 1973년에 페트로브라스는 전 세계의 석유 가스 기업 가운데 15번째로 성장하였다. 이 기업은 석유에 더하여 가스, 전력으로 업종을 다각화했고, 또 꾸준히 국제화도 추진하여 기술력을 보강하였다 (Paillard, 2007: 40). 군정 시절에 군부세력은 석유의 대외의존도를 줄이기 위해 꾸준히 노력했고, 브라질 발전의 시대를 이끌어 갈 에너지 안보 차원에서 꾸준히 투자를 계속했다. 오늘날 페트로브라스는 심해저 탐사 기술을 보유하고 있고, 남미와 아프리카 곳곳에서도 탐사와 개발 작업을 수행하고 있다. 게다가 바이오 디젤 생산에도 박차를 가하면서 국제적 에너지 통합기업으로 성장했다.

브라질에서도 신자유주의 바람이 불기 시작한 것은 콜로르 대통령(1990~92) 때부터였다. 당시 대부분의 중남미 국가가 그랬듯이 브라질도 재정위기에 허덕였다. 콜로르는 인프라와 공공서비스 부문에 대한 자유화와 민영화를 자신의 정책기조로 삼았다. 하지만 그는 부패 혐의에 몰려 사임을 당했고, 민영화 작업은 카르도주 정부(1995~2003)로 넘어갔다. 카르도주 정부는 에너지 부문 등 인프라와 공공서비스 업종에 투자를 활성화하고, 수급 균형을 맞추기 위해서 자유화와 민영화 조치를 강력히 추진하고자 했다. 광업기업, 철도, 항만, 도로, 텔레커뮤니케이션, 은행, 상하수도가 민영화의 대상이 되었고, 공공서비스 부문에서는 전력, 전화가 포함되었는데, 1996년에 전력사 라이트(Light)가, 1998년에 전화국 텔레브라스가 각각 민영화되었다. 카르도주 정부는 공기업 115개를 민영화하였고, 이를 통해 690억 달러의 정부 수입을 올렸다 (Chavez, 2006: 66).

에너지 부문의 민영화를 위해서 카르도주 정부는 무엇보다 페트로

브라스의 독점권을 해체해야 했고, 이를 보장한 헌법 조항을 수정해야만 했다. 정부는 국내의 정치적 환경을 면밀히 고려하여 자유화를 밀어붙이는 조건 아래 민영화는 제한적으로 추진하는 전략을 구사했다. 왜냐하면 헌법 개정 과정은 까다로웠고, 자유화와 민영화에 반대하는 경제적 민족주의자들의 반발도 컸기 때문이었다. 에너지 공룡기업 '페트로사우루스 렉스'(Petrosaurus Rex)를 민간에 넘겨주는 프로젝트는 군부, 발전주의자, 노조와 노동자당 등의 반발을 불러 일으켰다. 그 결과 나온 타협책으로 석유와 가스부문은 부분적으로 개방이 이뤄졌고, 페트로브라스는 여전히 통합적 에너지 국영기업으로 상장법인화하는 데 머물게 되었다 (Kingstone, 2004: 25).

1995년 카르도주 정부는 탄화수소의 탐사, 채굴에 민간부문의 참여를 금지한 헌법 제177조를 개정하는 데 성공했고, 상류부문에 민간투자의 길을 열어 주었다. 이어서 1997년에 석유투자법을 통과시켜 페트로브라스와 민간기업의 제휴도 허용하였고, 민간기업 스스로 책임을 지고 광구 탐사를 할 수 있는 권리를 인정하였다. 이와 더불어 전력산업에 대한 투자도 유인하는 조치를 취했다. 브라질의 에너지 수요는 경제성장률을 상회하고 있었고, 특히 충분한 전력의 공급에 대한 시장의 불안감도 적지 않았기 때문이었다. 석유투자법의 핵심 내용은 아래와 같았다.

첫째, 국가에너지정책위원회(CNPE)를 설립하여 에너지 산업정책을 수립한다. 둘째, 국가석유기구(ANP)를 실립하여 탄화수소의 탐사와 생산을 감독하고, 요금체계도 관리한다. 이와 더불어 전체적으로 관련 정책의 규제와 집행을 모니터링한다. 셋째, 천연가스의 사용을 독려한다. 넷째, 에너지 산업 내 자유경쟁을 촉진한다. 다섯째, 전력산업에 내외 투자를 촉진한다(Ellsworth and Gibbs, 2004: 28).

브라질 정부는 에너지 시장에 경쟁을 도입하고자 했지만, 여전히 페트로브라스의 독점적 지위는 보존해 주었다. '페트로사우루스 렉스'는 해체되지 않았던 것이다. 무엇보다 유전과 가스전의 소유권, 탐사 및 개발권, 그리고 가스와 석유의 수송부문에서 페트로브라스는 여전히 특권적인 지위를 누릴 수 있었다.

카르도주 정부는 변동의 폭이 큰 수력발전에 의존적인 브라질 전력 공급의 안정성을 높이고자 가스 및 발전 산업의 발전을 촉진하고, 이에 대한 인프라 투자를 활성화하고자 자유화 조치를 취했다. 아울러 가스 도매시장의 규제도 완화했다. 정부는 '긴급화력발전계획'을 세워 2005년까지 15,500MW의 가스발전 능력을 확충하고자 했다. 여기에는 매일 2.2Bcf의 가스가 소비될 예정이었다. 경제활동에 가스의 비중을 높이고, 특히 가스터빈 발전소의 건설을 독려했던 것이다. 하지만 정부는 가스발전량의 판매를 보장하는 장기계약을 보장하지 않았기에 내외 자본의 반응은 의외로 시큰둥했다.[33]

가스부문에 대한 페트로브라스의 압도적 우위도 큰 손상이 없이 유지되었다. 가스부문의 경우 하류부문은 개방되었지만, 상류에는 반드시 페트로브라스와 합작투자를 통해서만 진입할 수 있었다. 중류에 해당하는 수송망도 페트로브라스가 자회사인 가스페트로(Gaspetro)를 통해 가스수송사인 TBG를 통제했으므로, 이에 대한 배타적인 영향력을 행사할 수 있었다. '자유로운 접근'은 문서상의 언어일 뿐이었다. 오직 가스 판매 부문만 대대적으로 개방이 이뤄져 민간자본의 진출이 활성화되었다. 특

---

33) 이에 대한 상세한 분석은 Sharon Beder의 저서 『파워 플레이』(2003; 최기련 옮김, 교보문고, 2004), 「제19장 브라질」편을 참조하시오.

히 가스 소비가 많은 리우데자네이루와 상파울루의 가스판매망은 거의 민간소유로 넘어갔다. 하지만 여기서도 페트로브라스는 판매사의 지분을 40% 이상이나 획득하여 여전히 수직적 통합력을 유지했다.

브라질 정부는 가스관을 통합하고, 가스관에 대한 자유로운 접근을 보장하여 생산지가 다른 가스가 다른 곳 가스(gas to gas)와 경쟁할 수 있도록 정책을 디자인했지만, 실제로 자유경쟁은 거의 이뤄지지 않았다. 그 이유는 페트로브라스가 국내 생산, 수입물량 도입, 수송부문에 거의 독점적 통제권을 행사하고 있기 때문이다. 해당 기업은 적정한 가스가격과 수송비를 책정하기 위해서 먼저 페트로브라스와 협상을 벌여야 했고, 타협은 더디게 성사되었던 것이다.

오늘날 페트로브라스는 세계 굴지의 에너지 메이저로 자리 잡는데 성공했다. 기업의 국제적 성공은 이탈리아의 에니(Eni), 프랑스의 토탈, 그리고 스페인의 렙솔과 비견될 정도이다. 페트로브라스는 오늘날 비판자의 평을 빌리면 '브라질판 아(亞)제국주의'(subimperialism,br)의 상징이다(Zibechi, 2006). 1997년 이래 볼리비아에 15억 달러를 투자하였고, 볼리비아 GDP의 20%를 통제한다. 이곳에 나는 석유 100%를 정유하고, 가스 생산량 57%를 통제한다. 여기서 생산된 가스는 회사가 소유하는 가스관을 통해 멀리 상파울루 공단지대까지 수송한다. 또 아르헨티나, 에콰도르는 물론 멀리 아프리카 곳곳에서 탐사와 생산 활동에 참여하고 있다.

2006년 6월 현재 정부의 지분은 37%에 불과하고, 외국 투자자가 49%, 국내 투자자가 11% 지니고 있다. 그렇기 때문에 경제학자 카를로스 레사는 페트로브라스가 "브라질 국가기관으로 행동하기보다는 뉴욕 증시의 투기꾼들에게 정성을 더욱 쏟고 있는 실정"이라는 비판을 하고

〈표 23〉 천연가스 산업의 모델

가스체인 단계	활동	관할권	집행기관	규제기관
상류	탐사, 생산	국가독점	ANP	ANP
중류	수입과 수출 프로세싱과 수송			
하류	배송	주 독점	허가기업(공, 사)	주별 규제기관

출처: Losada(2003: 201)

있다(Zibechi, 2006: 1). 하지만 페트로브라스의 성장은 눈부시다. 한 외신기사는 PFC Energy의 평가를 빌어서, 전해 11위 기업이 2007년 말 기준으로 6위로 등극했다고 평가했다. "브라질 기업인 페트로브라스는 몇 개월 전에 주요한 두 유전을 발견하면서 제11위에서 제6위로 등극했고 주가는 93%나 올랐다. 주가를 4%밖에 올리지 못한 (프랑스 기업) 토탈은 8위로 추락했다"(*Financial Times*, January 23. 2008.). 내셔널 챔피언이 글로벌 리더로 부상하고 있는 것이다.

2) 개혁 이후 가스 체인

브라질의 에너지 구성에서 가스가 차지하는 비중은 2003년의 경우 6.5~7% 수준에 머물고 있다. 성숙한 시장 모델을 지닌 아르헨티나의 소비 패턴과 달리 가스 산업의 미성숙 상태를 보여 주고 있는 셈이다. 물론 발전량의 주종이 수력이 담당하고 있으니, 그만큼 가스 소비량이 절감될 것이다. 게다가 최근 들어서 석유를 자급자족하고 수출까지 하고 있으니, 가스에 대한 의존도가 그렇게 높지 않았다. 하지만 정부는 경제활동에 가스 사용을 획기적으로 높이고자 한다. 2010년까지 천연가스의 비중을 12%로 높이고자 목표를 정하고, 이를 위해 다각적인 노력을 경주하고 있다.

〈표 24〉 페트로브라스의 가치 및 현황

시장가치	4,300억 헤알
서비스 스테이션	8,000개 이상
고용인 수	68,931명
생산 플랫폼	109개
화력발전소	10개
정유설비	15개
석유와 가스 일일 생산량	2,351,883배럴(2008년 2월)
바이오연료 투자(2008~12)	15억 달러

출처: Reputation Institute(2007)

브라질의 가스 생산은 크게 세 곳에서 이뤄진다. 캄푸스, 바이아, 그리고 근년에 발견된 대규모 매장지인 상투스이다. 확인 매장량의 88%가 해저에 있다. 캄푸스와 상투스는 인구 밀집지대인 리우데자네이루와 상파울루에 가까이 있는 해저 유전이고 바이아는 동북부의 여러 주에 가스를 공급한다. 브라질은 천연가스에 관한 한 중남미 제7위의 부존국가로, 미개발 천연가스전이 풍부한 것으로 알려져 있는데 상투스가 바로 이를 증명한 것이다. 2001년부터 2007년까지 생산량이 거의 두 배로 증가한 것을 보면 경제성이 있는 가스전이 계속 추가로 늘어나고 있다는 점을 알 수 있다(〈표 24〉). 현재 생산량 대비 매장량은 큰 변화가 없이 24~26년치를 기록하고 있지만 상투스 분이 추가된다면 크게 높아질 것이다.

한편 국내 소비에서 부족한 물량은 주로 볼리비아의 산타크루스에서 대거 수입한다. 최대의 수입 수송망인 가스볼은 볼리비아 국경 내 557킬로미터, 그리고 브라질 국경 내 2,593킬로미터를 잇는 가스관으로 2005년의 경우 일일 2,370만 입방미터를 수송했다. 이는 총수입물량의

	2001	2002	2003	2004	2005	2006	2007
매장량(Bcf)	-	8.1	8.1	8.1	8.5	11.5	10.8
생산량(Bcf)	233.8	287.1	311.5	390.0	420.0	440.0	455.0
매장/생산	-	28	26	21	20	26	24
소비량(Bcf)	396.2	472.9	499.4	548.9	602.0	627.9	650.0

출처: US Energy Information Administration; Glob al Insight Estimates

96.2%에 해당하는 양이다. 아르헨티나의 파라나에서 우루가이아나로 연결된 가스관을 통해서는 일일 94만 입방미터가 수입되지만, 그것도 아르헨티나 사정에 따라 수급이 불안정한 실정이다.

페트로브라스의 자료에 의하면 브라질은 2012년경에는 현재 소비량의 3배가 되는 1억 3,400만 입방미터가 필요할 것으로 추산한다. 이는 전력공급용으로 사용될 가스발전 소비량이 일일 4,800만 입방미터, 산업용 4,210만 입방미터, 그리고 기타 4,390만 입방미터 등으로 나뉜다. 이때는 국내 생산량이 54%를 차지하고, 23%가 볼리비아에서, 나머지 23%가 LNG로 수입될 예정이다. 이에 따라 에너지 수입의 다각화를 위해 LNG 터미널 공사도 현재 진행하고 있다.

3) 상류부문의 변화

앞에서 보았듯이 페트로브라스는 1953년에 설립된 국영기업으로 출발하여, 오늘날 굴지의 에너지 통합기업 세계 6위로 성장했다. 1997년 탄화수소 부문의 개방이 있기 전까지 탐사·생산·수송 등의 분야에서 배타적인 독점권을 행사했고, 브라질의 에너지 자립을 위한 정부의 대대적인

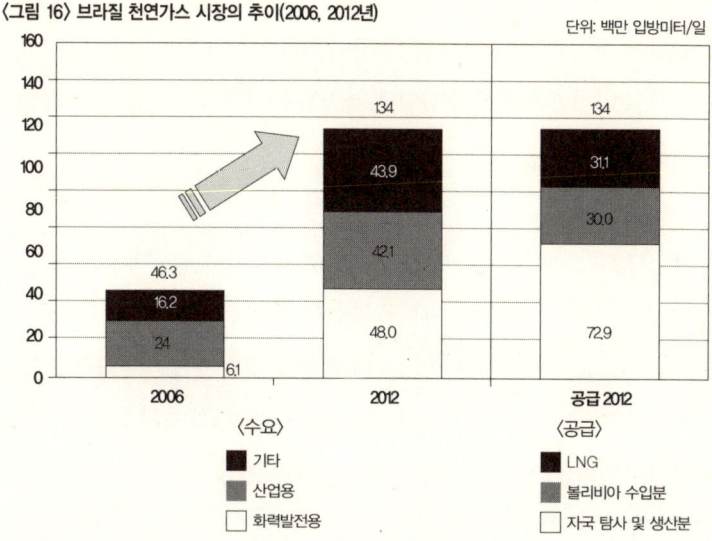

〈그림 16〉 브라질 천연가스 시장의 추이(2006, 2012년)

단위: 백만 입방미터/일

〈수요〉   〈공급〉

- ■ 기타
- ■ 산업용
- □ 화력발전용

- ■ LNG
- ■ 볼리비아 수입분
- □ 자국 탐사 및 생산분

지원을 받았다. 1997년 석유투자법이 발효된 이후에도 페트로브라스의 영향력은 여전히 압도적이다. 페트로브라스는 현재 뉴욕 증시에 상장된 기업이지만 정부는 여전히 의결권 주의 55.7%를 통제하고 있는 국영기업이다. 페트로브라스는 순수한 민간기업이 아니라 여전히 국가의 발전주의 전통을 머금고 있는 국제 메이저 기업이다.

가스부문의 개방이 이뤄지자, 외국인 민간자본의 참여가 잇달았다. 브리티시 가스, 쉘, 토탈피나엘프, 엘파소, 아깁(Agip), 렙솔-YPF가 대표적인 기업들이다. 이들은 남미 전역을 대상으로 투자한 기업들이 글로벌 전략에 따라 영업을 수행한다. 몇몇 기업들은 상류부문에서 하류부문에 이르기까지 다각적으로 투자하여 지역별로 상당한 수준에서 통합을 유지하고 있기도 하다. 탐사와 생산에는 약 45개의 기업이 참여했거나 하고 있다. 대표적으로 에소(Esso), 텍사코(Texaco), 모빌, 쉐브론(Shevron), 아모라다(Amorada), 쿠르 마기(Kurr Maggi), 필립스

(Phillips), 페레스 콤팡, 텍페트롤(Tecpetrol), 시페트롤(Sipetrol) 등이 참여하고 있지만 경제성이 뛰어난 가스전을 발견한 실적은 아직 없었다(Kozulj, 2004: 25).

반면에 페트로브라스의 지배력은 압도적이다. 이들은 지질학적 지식, 시스템적 노하우, 비즈니스 전문성뿐만 아니라 심해저 기술개발 등을 확보하여 홈그라운드의 이점을 충분히 살리고 있기 때문이다(Fiorotti Campos et al., 2006: 420). 이미 114개 광구의 탐사권을 확보하고 있는 페트로브라스는 69개 광구를 단독으로, 나머지 45개 광구를 합작투자로 탐사한다. 가능성이 높은 광구들을 독차지하고 있기에 민간기업들이 상업적으로 성공하기가 쉽지 않다. 몇몇 실망한 기업들은 ANP에 광구를 반납하기도 한다. 2003년 8월에 경제성이 있는 가스전으로 판명난 10개의 광구는 모두 페트로브라스의 통제 아래 있는 것으로 판명났다.

가장 최근에 눈길을 끈 광구는 상파울루 근교 해저에 있는 상투스 유전이다. 이 유전의 가스 잠재보유량은 엄청나서 현재 가스 사용연수 24년이 71년으로 늘어날 가능성이 있다고 한다(Kozulj, 2004: 26). 페트로브라스사는 2007년의 대형유전 개발로 석유 메이저 제6위로 올라섰다. 이미 2006년에 석유 자급국이 된 브라질이 가스전 설비투자와 생산마저도 본격적으로 추진한다면 가스의 자급도도 한층 높아질 것으로 예상된다.

4) 수송, 판매, 수요 구조

브라질의 천연가스 수송망은 크게 두 개로 나뉜다. 첫째는 볼리비아의 산타크루스에서 마투그로수-상파울루-파라나-산타카타리나-리우그란데두술로 연결되는 3,150킬로미터의 가스관이다. 이 가스관에는 보통

하루에 3천만 입방미터가 수송된다. 둘째는 캉푸스에서 리우데자네이루로 연결되는 가스관, 그리고 바이아에서 동북부 주들로 연결되는 망으로 이를 모두 합치면 2,307킬로미터가 된다. 여기에는 매일 80~420만 입방미터가 수송된다. 도시 인구 1인당 연간 소비량은 99.1입방미터(2000년)으로 아직 일천한 수준이다.

이 거대한 수송망은 다음과 같은 체제로 관리된다. 첫째, 1998년 6월에 설립된 페트로브라스의 자회사인 트란스페트로(Transpetro)는 주로 해상수송, 육로수송, 석유 및 부산물 터미널 관리 등을 담당한다. 가스관 2,762킬로미터, 송유관 1,726킬로미터, 부산물 수송관 4,800킬로미터, 총 9,289킬로미터를 소유하고 있다.

둘째, TSB(Transportadora Sulbresileira de Gas)로 1999년 3월에 설립되었다. 이 수송사는 우루과이아나-포르투알레그리 가스관의 건설과 관리를 책임지는 컨소시엄이다. 주로 리우그란데두술 주에 가스를 공급하고, 아르헨티나, 볼리비아, 브라질 가스망 시스템을 연결하는 데 주력한다. 가스페트로가 25%의 지분을 가지고 있고, 이피랑가(브라질), 렙솔-YPF(스페인), 토탈피나(프랑스), 페크가스 NV(아르헨티나), 노바 가스 인터내셔널(캐나다)가 각각 15%를 가지고 있다.

셋째, TBG(Transportadora Brasileira Gasduto Bolivia-Brasil)는 1997년 4월에 설립되었다. 브라질 내 2,593킬로미터와 볼리비아 내 557킬로미터를 소유하여, 볼리비아 생산물량을 마투그루수로, 나아가 리우그란데두술로 수송한다. 가스페트로가 51%를 통제하고, BBPP 홀딩스가 29%, 트란스레데스(Transredes)가 12%, 프리즈마 에너지(Prisma Energy, 구 엔론)가 4%, 쉘이 4%을 가지고 있다. 페트로브라스는 자회사 트란스페트로를 통해 수송망에 대한 통제권도 확보하고 있는 것이다.

여기에 더해서 2002년 4월에 볼리비아의 산 알베르토 가스전을 브라질로 잇는 431킬로미터의 새로운 가스망 공사가 시작되었다. 볼리비아의 리오그란데와 야쿠이바를 잇는 GASYRG는 국제 컨소시엄 트란시에라(Transierra)가 주도했다. 컨소시엄에는 페트로브라스, 토탈, 안디나가 참여했다. 가스볼이 3천만 입방미터가 최대용량인 반면 GASYRG는 5천만 입방미터를 수송할 수 있어서 앞으로 한층 더 중요한 역할을 수행할 것이다(Paillard, 2007: 12).

가스 배송부문에 민간투자가 허용되어 많은 도시가스 회사들이 생겼다. 특히 상파울루와 리우데자네이루와 같은 인구 밀집지대에 있는 배송사들은 민간기업의 소유가 되었다. 하지만 여기에도 페트로브라스는 지분 참여를 통해 영향력을 행사하고 있다. 페트로브라스의 지분 참여 회사들은 여타 가스배송사보다 수송망 이용 시에도 당연히 특별한 대우를 받고, 추가 물량을 수송할 혜택을 입는다고 한다. 페트로브라스의 배송사에 대한 지분참여 비율은 평균 44.6%나 된다.

가스의 수요구조도 산업용이 53%를 차지하고, 발전용은 16%에 그쳤다. 가뭄으로 인해 수력발전량이 줄어 전력대란을 겪었던 2000~01년 이후 가스 발전을 크게 독려하였지만, 내외 투자자들은 정부의 투자유인책이 신통치 않다고 판단하여 많은 프로젝트를 중단시킨 바 있었다. 이후에 수력발전량이 원활히 공급되고 있기에 카르도주 정부가 열을 올렸던 가스 발전소 프로젝트도 현재는 답보 상태에 놓여 있다. 특히 1998년 이후 헤알화가 평가절하되면서 가스 가격은 상대적으로 상승하였다. 이에 따라 가스발전의 단가도 상승했으므로 투자자 측으로서는 인센티브가 줄어든 셈이다.

가스배송사	주	페트로브라스 지분(%)
CEGAS	세아라	41.5
POTIGAS	히우그란지두노르치	41.5
PBGAS	파라이바	41.5
COPERGAS	페르남부쿠	41.5
ALGAS	알라고아스	41.5
EMSERGAS	마투그로수두술	41.5
BAHIAGAS	바이아	41.5
BR	에스피리투산투	100.0
RIOGAS	리우데자네이루	25.0
SCGAS	산타카타리나	49.0
COMPAGAS	파라나	24.5
MSGAS	마투그로수두술	49.0
RONGAS	혼도니아	41.5
평균		44.6

출처: Petrobras; Ellsworths and Gibbs(2004: 31)에서 재인용함

5) 가격구조와 전력대란

브라질의 가스 가격은 생산지 가격 내지 수입 가격에다 수송비와 배송망 이용료를 합치면 된다. 수송망과 배송망은 거리병산제를 적용한다. 규제 기구인 ANP가 요금체계를 관할하는데, 이때 교차보조는 엄격하게 피한 다. 아마도 방대한 지리적 규모를 생각하면 그럴 수밖에 없을 것이다.

국내에서 생산되는 가스 가격은 가스관 진입 시 가격에 수송요금을 더하면 되지만, 수입 가스의 경우는 개별 계약에 따라서 다르므로 전자

와 가격 차이가 생길 수 있다. 발전용 가스가격은 대체로 수입 가스 80%, 국내 생산 가스 20% 가격을 묶어서 수송비를 더한 가격으로 규제한다. 하지만 앞에서 지적했듯이 수입과 수송을 독점적으로 지배하는 페트로브라스의 지배력으로 인해 생산과 수송의 엄격한 구분이 용이하지 않다.

정부는 천연가스의 사용도를 높이고자 백방으로 노력하지만, 산업계를 제외하면 실제로 사용량이 그렇게 빠르게 늘어나지 않고 있다. 무엇보다 더운 나라의 특성 때문에 난방용 소비가 거의 없어서 가정용 수요가 별로 증가하지 않고 있다. 가정용의 경우 유류가격과의 차별도 크지 않고, 칼로리 소모량도 낮아 시장의 확장에 크게 기여하기 힘들다. 산업용 가스의 가격도 유류가격과 편차가 크지 않다. 발전부문에 다소 틈새시장이 있다. 가스발전은 전력시스템 최적화에 큰 도움을 준다. 하지만 수력발전의 중심성이 견고하게 유지되고 있기에 가스발전에 대한 투자자들의 관심도 낮은 편이다. 특히 전력가격은 물가상승을 억제하기 위해 규제하고 있는 반면, 가스 가격은 유류가격에 연동되어 있기 때문에 가스 발전소에 투자를 하여 이익을 회수하는 데는 리스크가 크고 정부의 규제정책이 걸림돌로 작용한다.

2001년 전력대란은 어떤 맥락에서 일어났을까? 브라질의 전력 에너지 77%는 수력발전으로 공급된다. 심각한 가뭄이 들어 발전수량이 줄어들면, 대도시에 전력대란이 발생한다. 1999년 말 이미 전력 예비율이 지난 70년 이래 최저로 떨어졌다. 2000년에는 충분히 비가 내려 위기를 면했지만 이듬해는 예견된 대로 전력대란이 발생했다. 2001년 중반에 전력할당제가 도입되어 국민의 4분의 3이 전력소비의 20%를 삭감하거나 최대 6일간 단전을 감수해야만 했다(Beder, 2004: 365). 당시 카르도주 정부는 시스템 리스크를 줄이기 위해 2010년까지 가스발전의 비중을

4%에서 12%로 높인다는 계획을 세웠지만, 나중에 흐지부지되었다.

브라질 발전 산업에서 수력발전과 가스발전은 경쟁상대가 아니다. 룰라 정부에서도 '수력발전 우선' '가스발전 보조' 형의 정책방향은 변함이 없다. 이에 외국인 투자자들은 아직까지 가스발전에 큰 관심을 두지 않는다. 그 이유는 다음과 같다. 첫째, 브라질과 아르헨티나 등 중남미 국가들의 경우 잦은 경제적 불안정은 환율 불안으로 연결된다. 환율변동 폭이 크기 때문에 생긴 '통화 리스크'가 문제인 것이다. 천연가스를 수입하여 발전을 하는 브라질의 경우 달러로 사서 발전을 하고, 나중에 배전사에서 헤알화로 전력대금을 회수할 때에 생기는 환차손의 문제가 발생할 수 있다. 둘째, 발전사가 계획수요를 초과할 경우에만 현물시장에 전기를 팔 수 있게 하는 규제도 투자자들의 발목을 잡는다. 셋째, 가스 가격은 오르는데, 발전가격은 가격 캡으로 묶여 있다면, 투자자들은 투자를 하지 않을 것이다(Ellsworth an Gibbs, 2004: 33; Beder, 2004: 362~4).

시스템 리스크로 인한 전력난 위기에 대한 기억이 아직도 선명한 브라질에서는 2001년 이래 지금까지 가스 화력 발전소 논쟁이 한참이다 (Siciliano Esposito, 2001; Pinheiro and Sauer, 2006). 대체로 수력발전과 화력발전의 비중을 75~85%와 15~25%로 혼합해야 가뭄 시에도 안정적인 전력이 공급된다고 하지만 현재로는 가스 가격이 높아 발전사의 부담이 크므로 전력가격의 조정이 없는 한 가스발전의 비중을 높이기 어려울 것이다. 심지어 페트로브라스의 화력발전소들조차 의무 공급량을 줄이겠다고 엄포를 놓는 실정이다. 아마 발전가격의 상승을 유도하는 압력성 시위일 것이다. 브라질 정부는 전력 공급의 다변화를 위해 현재 3%를 차지하고 있는 원자력 발전소의 비중도 더 높이고자 과거 중단한 바 있는 발전소 건설도 재추진하려고 하고 있다(Paillard, 2006: 154).

6) 소결

브라질 에너지 부문의 민영화와 자유화 경험은 아르헨티나와 전혀 다른 방식으로 비교적 소극적인 형태로 이뤄졌다. 발전주의와 에너지 민족주의 전통이 강한 정치권과 관료층들의 입김이 많이 반영된 까닭이다. 이들은 페트로브라스를 국가 챔피언으로 키워 통합 에너지 메이저로 세계 메이저와 겨룰 수 있는 수준이 될 수 있도록 특혜적으로 육성하고 있다는 느낌마저 준다. 석유투자법은 탄화수소에 관한 한 상하류 개방을 기조로 하고 경쟁을 육성하겠다고 하지만, 실제로는 페트로브라스의 특권은 여전히 잘 보존되고 있다고 하겠다. 영미권의 투자자들과 연구들이 브라질 에너지 부문의 민영화와 규제 시스템을 혹독하게 비판하는 것도 충분히 이해가 된다.[34]

중도좌파 정당인 노동자당은 원래 카르도주 정부 시절에 공공서비스와 인프라 사업의 민영화에 반대했다. 여기에 지난 10여 년간의 민영화에 대한 대중들의 반감도 증대되었다. 주로 공공서비스 부문의 가격 인상, 커버리지의 미비, 빈곤층에 대한 배제 등이 주된 이유였다. 2006년 대선에서는 공기업의 추가 민영화에 대해서는 좌우를 막론하고 70% 이상이 반대하였다. 심지어 우파 후보 아우크민의 지지자들조차 70%나 반대한 것이다(IPESPE, 2006).

하지만 룰라 정부는 민영화와 자유화의 흐름을 번복할 의사도 행동도 보이지 않았다. 룰라 정부가 인프라에 민간투자를 유치하기 위해 내건 프로젝트는 소위 '공-사 파트너십'(Public-Private Partnership) 법안

---

34) 대표적인 연구로 The James A. Baker III Institute for Public Policy of Rice University 가 펴낸 *Critical Issues in Brazil's Energy Sector*(Rice University, 2004)를 참조하시오.

이다. 이에 대한 비판자의 평은 아래와 같다. "이미 알짜배기는 팔렸다. 연방정부는 민간자본에 인센티브를 주는 방식으로 공-사 제휴 방안을 내세웠는데, 이는 민간부문의 수익성 제고를 위해 국가투자를 이용하게 하는 방식이다"(Chavez, 2007: 72에서 재인용). 중도좌파 정부 아래서도 민간 주도성은 거의 손상을 입지 않고 있는 것이다. 이제 가스부문에 남긴 교훈을 음미해 보자.

첫째, 탄화수소 수출입의 자유화, 유류가격 자유화에도 불구하고, 연방정부는 여전히 에너지 가격을 거시경제 정책의 도구로 이용하는 경향이 강하다. 국내 경제의 안정적 성장을 우선시하는 발전주의 경향의 반영이기도 하다.

둘째, ANP와 같은 독립적인 규제기구도 있지만, 페트로브라스를 중심으로 한 에너지 산업의 통합망이 견고하기 때문에, 외국기업들은 전략적 제휴가 아니라면 진입이 어려울 수밖에 없다. 상류부문의 정보에서 수송망에의 접근까지 협상력에서 밀리기 때문이다. 이는 아르헨티나 재벌들이 외국 에너지 메이저와 결합할 때 종속적인 파트너로 참여하는 것과 정반대이다. 브라질에서는 외국기업들이 종속적 파트너가 되는 것이다(dependency reversal).

셋째, 제한적 개방을 한 브라질이나, 무제한적 개방을 한 아르헨티나를 비교해 보면, 모두 결국 가스부문의 상하류가 점진적으로 통합되는 것을 관찰할 수 있다. 아르헨티나의 렙솔-YPF나 브라질의 페트로브라스 두 기업 모두 압도적인 시장력과 상하류 통합 능력을 보이고 있다. 상황이 이렇다면 에너지 산업에서 사실상 수직적 분할(vertical unbundling)과 자유경쟁이란 허구에 가까운 논리가 아닌가 한다.

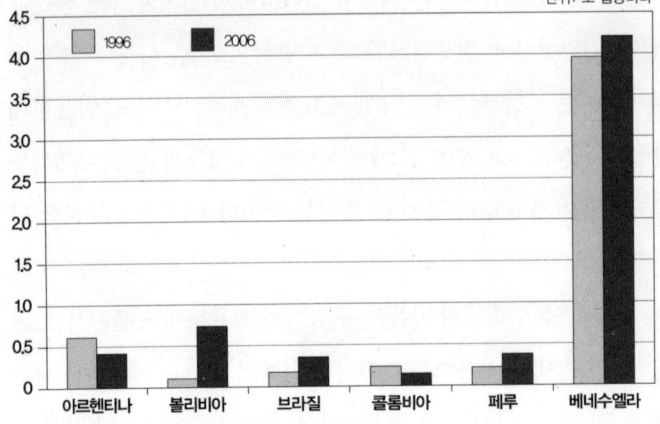

〈그림 17〉 남미 국가들의 가스 매장량의 변화(1996, 2006)

단위: 조 입방미터

출처: British Statistical Review of World Energy(2006)

5. 남미 가스관 통합과 문제점

라틴아메리카에서 천연가스 산업은 아직 일천한 수준이다. 매장량은 비교적 풍부한 편이나, 소비 시장의 성숙도가 낮은 편이고, 또 생산지와 소비지의 거리가 매우 크게 떨어져 있다.[35] 베네수엘라, 트리니다드토바고, 볼리비아, 페루 등이 확인 매장량이 많은 주요 생산국으로 주로 북부와 북서부에 위치해 있어서, 인구 밀집지인 남미의 남동부와는 엄청나게 떨어져 있다. 성숙한 가스 시장이 이미 확립된 아르헨티나의 경우 국내 수급이 어느 정도 완결적이어서 예외로 볼 수 있지만, 최근 들어 공급물량이 늘어나는 수요에 크게 못 미쳐 앞으로 수입물량에 의존해야만 하는 사정은 마찬가지이다. 특히 2003년을 기점으로 '값싼 석유의 시대'가 끝

---

35) 전반적인 특질에 대해서는 이성형(2004)를 참조하시오.

나자, 천연가스를 집중적으로, 통합적으로 이용하고자 하는 계획이 전반적으로 무르익고 있다.

아르헨티나의 경우 〈그림 17〉에서 보듯이 확인 매장량은 줄어 가는데 반해 생산량의 증가 속도는 대단히 빨라, 벌써부터 에너지난을 걱정해야 할 정도이다. 브라질 역시 최근에 천연가스의 소비량이 빠르게 늘어가고 있다. 특히 가뭄이 들어 수력발전량이 떨어질 경우를 대비하여 천연가스로 공급하는 화력발전량을 늘이고, 산업계에도 가스공급을 늘이고자 한다. 양국 모두 향후 가스 수요가 크게 늘어날 국가이다. 칠레는 소비량의 대부분을 수입에 의존해야만 한다. 아르헨티나로부터 도입되는 물량은 그곳 사정으로 들쑥날쑥이라 가스 공급 안정화가 대단히 중요한 문제가 되었다. 반면 볼리비아는 라틴아메리카의 확인 매장량 가운데 13%를 차지하고 있는 데 비해 국내 소비량이 대단히 적기 때문에 생산량의 거의 대부분을 수출용으로 활용할 수 있다. 볼리비아는 인접 소비대국인 브라질, 아르헨티나, 칠레에 둘러싸여 있고, 페루를 통해 북미로 LNG 수출도 가능하다. 확인 매장량의 66%가량을 점유하고 있는 베네수엘라의 경우는 현재 대부분 생산량이 연계 가스로 유전에 재투입되거나 주변에서 이용된다. 하지만 최근 들어서 비연계 가스전도 발견되고 있고, 또 잠재적으로 경제성이 있는 가스전이 널려 있기 때문에 차베스 정부는 천연가스 산업을 육성하고자 한다.

가스망 통합의 역사는 1970년대 볼리비아와 아르헨티나를 연결하려는 노력에서 출발한다. 당시는 가스 산업이 국영기업의 소관이었고, 지정학적 이해관계가 맞아 떨어진 양국은 서로 협력할 수 있었다. 통합망 사업은 석유 및 가스 산업이 자유화의 물결을 탄 1990년대에 들어와서 활발해졌다. 아르헨티나와 볼리비아가 관련 산업을 전면적으로 자유화하여 민영화를 시작하였다. 이에 볼리비아 가스를 브라질의 산업중심지로 연결시키려는 노력이 페트로브라스의 투자로 이뤄졌다. 이와 더불어 아르헨티나의 가스전을 칠레, 브라질 남부, 우루과이로 공급하는 가스망 연결 사업도 실행되었다.

하지만 문제점도 생겼다. 아르헨티나의 경우 민영화한 이후 상류부문에 진출한 기업들이 탐사부문에 투자가 제대로 하지 않아서, 확인 매장량은 늘어나지 않고 생산량만 증가하여, 주변 국가들에 계약한 물량도 공급하기 힘든 지경에 빠졌다. 2004년 에너지 대란을 겪은 아르헨티나는 국내 소비를 위해서, 수출은 줄이고 점차 많은 물량을 수입해야만 할 정도가 되었다.

2003년을 기점으로 "값싼 유가 시대"가 종언하면서 남미의 에너지망 통합 사업은 급물살을 타게 되었다. 먼저 고도성장을 이어가던 중국이 탄화수소의 주요 수입국으로 등장하면서 국제 에너지 시장의 판도가 바뀌었다. 게다가 지난 10여 년간 탐사부문의 성과도 좋지 않았다. 당장 에너지의 국제수급에 불균형이 가시화되었다. 미국의 이라크 침공은 기름에 불을 붙인 격이 되었다.

남미의 상황도 역내 에너지 문제의 심각성을 가속화시켰다. 먼저 2001년에 아르헨티나가 '페소위기'를 당하면서 그동안 유지되어 오던 태환법 체제가 붕괴했다. 태환법 체제의 붕괴로 가스 요금은 페소로 묶였고, 값싼 에너지 가격에 소비량이 급증하기 시작했다. 이 와중에 다국적 에너지 대기업들과 정부, 그리고 소비자는 공급 위기 문제를 에워싸고 갈등을 빚었다. 아르헨티나의 경제위기는 그동안 에너지 부문의 민영화가 준 폐해를 돌이켜 보는 기회가 되기도 했다. 2002년의 베네수엘라의 PDVSA 사태, 2005~06년에 있었던 볼리비아의 탄화수소 국유화 선

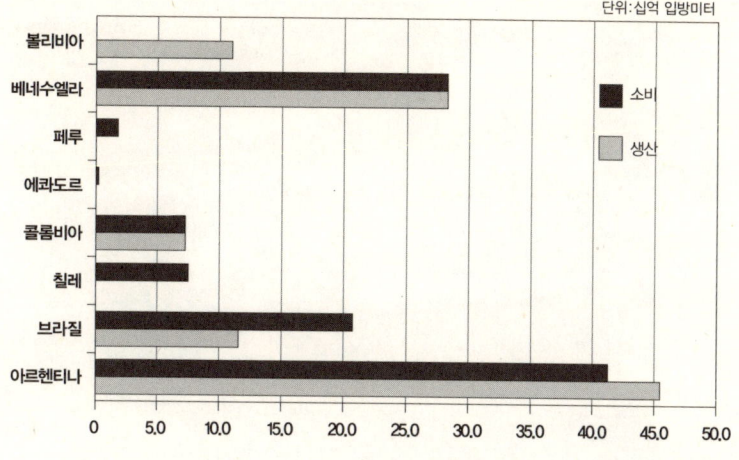

〈그림 18〉 남미 국가들의 가스 밸런스(소비와 생산)

단위:십억 입방미터

소비
생산

출처: British Statistical Review of World Energy(2006)

언, 그리고 2006~07년의 에콰도르의 자원 민족주의 바람은 자유화와 시장의 시대가 약화되고 민족주의와 국가의 재등장을 예고했다.

이 와중에 2003년에 아르헨티나는 칠레와 계약한 가스 인도물량을 일방적으로 끊는 소위 '가스전쟁'이란 외교전쟁을 치렀다. 볼리비아는 탄화수소의 국유화를 선언하면서 외국기업이 지불해야 할 로열티를 생산물 가치 기준으로 33.33%로 인상했다. 이에 가스를 개발하여 수입하던 브라질을 위시하여 여타 다국적 에너지 기업들도 난처한 입장에 빠졌다. 볼리비아의 국유화 선언을 지지한 차베스 대통령과 이를 못마땅하게 생각하는 룰라는 미묘한 관계에 빠졌고, 양국은 외교선쟁까지 겪게 되었다. 모든 나라들이 에너지 수급을 둘러싸고 자국의 이익을 극대화하는 전략을 추진하면서 갈등에 빠졌던 것이다.

에너지 수급의 어려움과 이를 둘러싼 오래된 갈등을 해소하고 가스망 통합을 통해 남미의 경제통합을 앞당기자는 취지에서 2005년에 남미

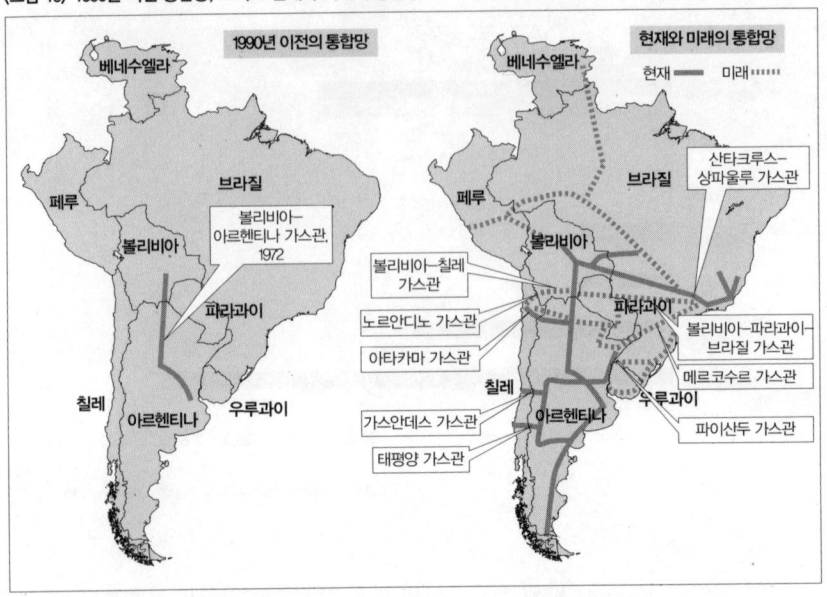

〈그림 19〉 1990년 이전 통합망, 그리고 현재와 미래의 통합망

정상들은 '남미 대가스망'(Gran Gasducto del Sur) 건설안을 들고 나왔다. 이 안은 기존의 가스관 통합을 좀더 확충하여 페루와 파라과이를 포괄하여 횡적 축을 강화하는 방안이었다. 이 안에 따르면 25억 달러의 가스관 사업을 통해 페루의 피스코에서 칠레의 토코피아까지의 1,200킬로미터를 연결하고, 이를 기존망을 통해 아르헨티나로 나아가 파라과이까지 연결하는 작업을 하겠다는 아이디어였다. 이 안은 페루의 카미세야 가스전을 남미 통합망으로 끌어들이는 효과가 있다. 하지만 비판자들은 카미세아 가스전 연결 물량이 국내 소비용 400만 입방피트, 멕시코 수출 물량 500만 입방피트를 빼고 나면 200만 입방피트에 불과한 소량이라고 말한다. 추가로 확인 매장량이 늘어나면 모르되, 현재로서는 추가물량이 부족하다는 지적이다.

뒤이어 12월에 베네수엘라가 가세하면서 남미 대륙의 북단에서 아르헨티나까지 종단하는 '에너지환'(anillo energetico)을 만들자는 제안이 브라질, 아르헨티나, 베네수엘라의 정상 회합에서 논의되었다. 이 안은 남미공동시장 내 에너지 통합을 앞당길 뿐 아니라, 치베스의 볼리바리안 혁명 이념과도 맞아 떨어져 세간의 큰 관심을 끌었다. 아울러 베네수엘라 가스를 이용하고 싶은 아르헨티나, 브라질의 이익과도 부합했다.

정치적 프로젝트이기도 한 이 안은 2006년 1월에 곧바로 제1회 다자실무회의가 열렸고 총 여섯 개의 분과 모임으로 나뉘어 본격적으로 토론되기 시작했다.[36] 총연장이 9천 킬로미터에서 1만 킬로미터에 이르는 에너지환은 남미 중요 국가 정상들이 관심을 갖고 있는 데다, 아르헨티나 국영기업 에나르사, 브라질의 페트로브라스, 그리고 베네수엘라의 PDVSA가 참여하여 프로젝트의 타당성 평가에 들어가면서 국제여론의 관심도 뜨거웠다. 베네수엘라의 푸에르토 오르다스에서 시작하는 이 가스망은 아마존의 마나우스로 연결되고, 다시 두 개의 지선으로 나뉘는데, 하나는 브라질 동북부의 포르탈레자로, 다른 하나는 브라질리아로 이어서 브라질 남부, 나아가 아르헨티나 남부의 파타고니아까지 연결된다(〈그림 20〉). 나아가 가스망의 남단부는 주요 소비지인 상파울루, 리우데자네이루, 몬테비데오, 부에노스아이레스가 운집해 있다. 프로젝트의 총공사비만 해도 200~250억 달러가 소요되며, 2012년쯤 착공이 시작되어 완성이 되면 총연장 1만 킬로미터에 일일 1억 5천만 입방미터가 수송되리라 한다.

---

36) 여섯 개의 분과 모임은 다음과 같다. 제1분과: 시장, 자원과 상업화, 제2분과: 요금산정, 제3분과: 엔지니어링 기획, 기술, 연구 및 개발, 제4분과: 금융과 협상모델, 제5분: 정부 관할권, 환경, 사회적 문제, 제6분과: 규제, 법률, 감사, 제도.

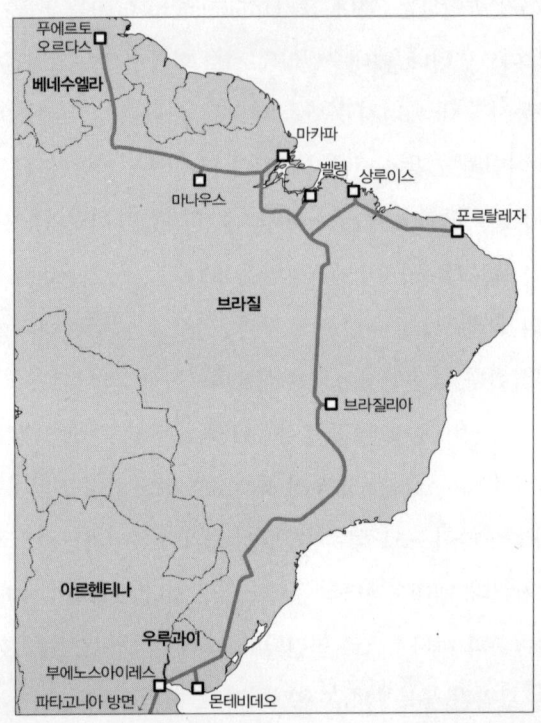

하지만 검토 초반부터 비판도 만만치 않다. 먼저 에너지망을 통합하는 사고방식도 명확하지 않다. 토론 속에는 1990년대의 자유화 기조를 이어가는 '자유무역'(free trade) 패러다임과 안정적인 에너지 공급을 중시하는 '에너지 독립'(energy independence) 패러다임이 혼재해 있다. 양자는 통합에는 찬성하지만, 소유와 통제, 규제의 범위, 시장과 국가의 위상을 둘러싸고 크게 다툰다(Fiorotti Campos et al., 2006: 428).

　베네수엘라의 PDVSA는 차베스 대통령의 '볼리바리안 혁명'의 열정 속에서 '에너지환'을 사고한다. 차베스 대통령은 카리브 소국들에게 싼 가격으로 에너지를 공급하는 페트로-카리브(Petro-Caribe), 아르헨

티나에게 합작을 제의한 준국영기업 페트로수르(Petosur), 나아가 각
국의 국영 에너지 기업을 연합하고, 각국의 주권적 결정과 법적 틀을 준
수하여 에너지 산업 전체를 생산 체인으로 묶어 내는 페트로아메리카
(Petroamerica)를 제시한다. 그는 미국과 다국적 메이저의 입김에서 벗
어난 남미의 통합 에너지망을 생각하는 남미 통합주의자이다.[37] 에너지
기업의 민영화와 탈국적화로 호된 홍역을 치른 아르헨티나는 뒤늦게 국
영기업 에나르사를 창설하여 다시금 에너지 자립의 꿈을 키워 가고자 한
다. 2005년 탄화수소 국유화를 선언한 볼리비아의 에보 모랄레스 대통
령도 베네수엘라의 길을 따르고자 한다. 이들은 자원민족주의 기조를 바
탕으로 국가의 힘을 좀더 많이 투사하고자 한다.

　브라질의 룰라 대통령의 꿈은 다르다. 그는 페트로브라스를 통해 자
국의 에너지 자립과 미래 에너지 대국을 꿈꾸며, 브라질 중심의 환을 그
리고자 한다. 페트로브라스는 이미 아르헨티나, 볼리비아, 콜롬비아, 페
루 등에 진출하여 탐사와 생산에 참여하고 있는 세계 6위의 에너지 기업
이다. 바이오 연료를 포함하여 에너지 산업에 관한 한 남미의 명실상부
한 맹주가 된 것이다. 룰라나 페트로브라스의 관심은 국제시장의 규범
을 잘 따르면서 자국의 이익을 관철하는 것이다. 또 이들 국가들에 못지
않게 영향력이 큰 다국적 에너지 기업들은 정부의 입김을 배제한 시장의
질서 속에서 자유경쟁의 에너지망을 짜고자 한다. 이렇듯 에너지 통합망

---

37) 하지만 PDVSA의 투자재원의 부족, 생산량의 장기적 감소 경향, 비연계가스전의 부족,
　　기술 인력의 부족을 들어서 차베스의 꿈이 현실성이 없다고 하는 비판도 다수 나와 있다
　　(Arriagada, 2006; Espinosa, 2006). 하지만 2008년도 2월에 필자가 카라카스의 PDVSA 본
　　사를 방문한 결과 확인한 것은 "석유 대신 가스" 개발에 큰 역점을 두고 있는 정책 드라이브
　　를 확인할 수 있었고, 향후 가스 및 LNG 수출 비중을 크게 늘릴 것이라는 인상을 받았다.

의 디자인에서부터 동상이몽이 속출하고 있다.

이념적인 측면을 넘어서 경제적 타당성을 의문시하는 전문가들의 의견도 많다. 첫째, 경제적 가치에 대해 문제를 제기하는 비판이 있다. 대체 가스 파이프라인이 3천 킬로미터를 넘어가면 가격 면에서 LNG를 도입하는 것이 유리하다고 한다(Arriagada, 2006: 19). "250억 달러의 투자를 합리화할 정도라면 MBTU당 가스 가격은 20달러가 넘어야 하는데," 이를 시장의 소비자들이 지불할 수 있느냐는 비판도 이런 맥락에서 제기된다(전 PDVSA 회장 루이스 기우스티의 의견; Monty, 2006: 6에서 재인용). 사실 파이프라인 주변에 소비할 시장이 충분히 형성되어 있지 않기에 주요 소비지인 상파울루나 부에노스아이레스까지 이동하는 수송비가 과다하다. 부에노스아이레스나 상파울루 시민들이나 망에서 멀리 떨어진 고립된 도시민들의 입장에서는 LNG 수송 설비에 투자를 하고 LNG를 이용하는 것이 훨씬 경제적일 것이다.[38]

둘째, 가스망을 통합한다고 해도 가스전에서 생산되는 가격 차이가 크고, 생산 시스템의 상대가격 차이도 큰 편이다. 예컨대 2006년 상반기 당시 볼리비아의 수출가격은 MBTU당 3~3.4 달러가 넘는 데 반해 아르헨티나의 국내 가격은 1.2~1.5달러 수준에 머물었다. 아르헨티나는 페소화 정책 덕분에 낮은 가격을 유지했기 때문이다(Kozulj, 2006: 113). 하지만 2006년 7월에 볼리비아가 아르헨티나와 볼리비아로 향하는 물량의 국경선 인도가격을 56%나 올려 5달러로 인상시켰다. 당시 칠레는 아

---

38) 1억 5천만 입방미터를 수입하는 LNG 설비 투자비는 절반에 불과하다. 액화설비에 30억 달러, LNG선 30~40척 비용이 45~60억 달러, 재가스화 설비가 10억 달러로 이를 모두 합하면 85~100달러가 소요된다.

	아르헨티나	볼리비아	브라질	칠레	우루과이	베네수엘라
허가기관	입찰 이후 컨세션, 라이선스 또는 인허가	입찰 이후 컨세션	권한이양	컨세션	컨세션 또는 인허가	인허가
요금체계	거리병산 기준의 규제요금, 지구별 적용	자유협상을 통한 지역별 요금	서비스 비용에 따른 간접규제 요금	계약에 따른 지역별 요금	계약에 따른 지역별 요금	거리병산 요금
용량재판매	규제	규제	규제	규제 없음	-	-
접근방법	규제된 개방적 접근	규제된 개방적 접근	협상을 통한 개방적 접근	협상을 통한 개방적 접근	협상을 통한 개방적 접근	협상을 통한 개방적 접근

출처: Trade and Transportation of Oil Products and National Gas Department(SCM)/National Petroleum Agency; Mendes da Fonseca and Duque Dutra(2008: 18)에서 재인용함

르헨티나로부터 인도되는 물량에 MBTU당 2.8~3.4달러를 지불하고 있었다. 수출국은 많이 받으려 하고, 수입국은 가능한 한 낮추려 하는데, 수출국이 일방적 행동을 취한다면 갈등은 증폭할 수밖에 없을 것이다. 가격책정을 둘러싼 갈등은 그만큼 심각한 것이다(Arriagada, 2006: 18). 더구나 역내 가스 거래에 통용될 지역 경화도 없는 상황인지라, 한 나라에 외환 위기가 오면 통합 거래망도 위기에 빠질 가능성이 높다.

셋째, 요금체계를 넘어서 수송, 망에 대한 접근, 규제기구의 특성, 경쟁의 정도, 정부의 영향력 정도 등 규제제도 일반의 차이도 크므로 이에 대한 통합적 기준을 마련하는 것도 역시 어려운 과제이다(〈표 27〉 참조). 아르헨티나의 망은 자유롭고 투명하고 공정하게 접근할 수 있고, 국내 수송시 요금한도가 정해져 있다. 하지만 수출의 경우 쌍방의 자유로운 협상에 따른다. 국가는 35년간 컨세션, 권한이양(authorization) 또는 허가권(permission)을 부여한다. 하지만 브라질이 통제하는 수송망은 주로 페트로브라스가 통제하므로, '개방되어 있지만 협상을 거쳐야

접근'(negotiated open access)이 가능하다. 여기에 베네수엘라, 칠레, 볼리비아까지 가세하면 너무 복잡해진다(Mendes da Fonseca and Duque Dutra, 2008: 17~8). 이 모든 것을 협상을 통해 표준화하고 평준화시켜야 한다.

넷째, 과연 필요한 가스 물량이 충분히 공급될 것인가에 대해서도 의문을 표하는 연구가 있다. 확인 매장량을 보면 66%가 베네수엘라, 13%가 볼리비아, 그리고 아르헨티나, 브라질, 칠레가 합쳐서 15%를 확보하고 있다. 베네수엘라의 가스전은 대부분 연계가스전이라서 비연계 가스전에 개발되기 전에는 생산량을 충분히 공급하기가 쉽지 않다. 게다가 아르헨티나의 가스전은 고갈되어 가고 있는 중이다. 다국적기업 렙솔-YPF는 다국화 전략을 통해 지질학적 가능성이 높고, 정치적 저항이 적은 곳으로 가스전 개발을 바꾸고 있으며, 아르헨티나의 가스전은 최대한 이용하는 데 그칠 뿐이다. 게다가 칠레는 에너지 안보 대책의 일환으로 아예 LNG 프로젝트를 확충하는 것으로 방향을 돌린 상황이다.

다섯째, 에너지환은 아마존 열대우림 지대를 관통하여 마나우스로, 나아가 브라질리아로 연결되므로 엄청난 생태환경의 파괴를 우려하는 내외 환경단체들의 반발을 살 것이 분명하다. 여섯째, 볼리비아와 같은 소국의 입장이 충분히 반영되지 않아 국가별 이해에 따른 갈등도 잠재해 있다. 가스파이프 라인 사업은 남미 대국과 다국적 에너지 기업이 주도하는 프로젝트이므로, 볼리비아의 에보 모랄레스 대통령은 볼리비아 가스의 가격협상을 유리하게 이끌려는 다국적기업들의 음모라고 주장한다. 볼리비아는 2005년에 에너지 산업을 국유화한 이래 수출가스 가격을 크게 올린 바 있어 투자국인 브라질의 페트로브라스와 갈등을 빚은 바 있었다. 다른 한편 브라질 정책 서클 내부에서도 가스망 사업에 앞장서는 페트로브라스에 대해서, 수력발전 설비를 중심으로 에너지 자립을 원하는 엘레트로브라스가 대립하고 있다. 상투스 대형 유전 및 가스전의 발견으로 석유 수출국 입국을 꿈꾸는 브라질로서는 시간을 다툴 정도로 에너지 통합망에 열을 올릴 필요는 없을 것이다.

6. 무엇을 배울 것인가?

앞에서 우리는 가스 산업의 자유화와 민영화가 아르헨티나와 브라질에 남긴 흔적을 살펴보았고, 그 위에서 현재 진행되고 있는 남미 가스망 통합 프로젝트의 현황과 문제점을 검토하였다. 비교분석을 하였던 두 사례가 남긴 교훈은 여러 가지이다. 먼저 전면적인 개방과 민영화를 경험했던 아르헨티나의 경우 국영 YPF는 스페인 에너지 기업 렙솔에 매각되었고, 대부분의 유전과 가스전도 포함한 상하류 기업들이 내외 자본으로 넘어갔다. 하지만 민영화 이후 규제의 틀도 불명확했고, 규제기구도 민간기업들에 포획되어 있어 소비자의 이익을 보호하는 데는 한계를 보였다. 상하류의 수직적 분할과 경쟁이란 원칙은 어느 사이에 허망하게 사라져 버렸다. 내외 에너지 기업들은 추가 탐사는 거의 하지 않았고, 생산량을 최대한 늘려 투자수익을 빠르게 회수하였고, 평가절하로 인해 어려움이 닥치면 공급대란을 조성하는 등의 전략적 행동도 서슴치 않았다. 이로 인해 아르헨티나 가스 산업은 완전히 탈국석화되었고, 또 에너지 대란을 맞기도 했다.

반면 브라질의 가스 산업도 개방과 민영화의 길을 걸었지만 에너지 자립에 대한 발전주의 전통이 강한지라, 그 개방의 정도는 페트로브라스의 우위가 유지되는 범위 내로 한정되었다. 규제기구가 허약하고 가격 시그널의 혼란으로 브라질에서도 전력대란의 소동이 벌어지기도 했지만, 페트로브라스는 국가 챔피언으로 세계 굴지의 에너지 통합기업으로 올라서는 데 성공했다. 페트로브라스와 외국 합작사들은 탐사와 시추 부문에 많은 투자를 실행했고, 이에 따라 경제성이 있는 대규모 유전과 가스전을 발굴하여 에너지 자립을 빠르게 달성하게 되었다. 브라질 역시 상하류 사이의 수직적 통합 전통이 페트로브라스를 중심으로 깨지지 않고 남아 있다. 대대적인 민영화를 하든 아니든 수직적 통합이 바로 에너지 기업들의 생존논리임을 간접적으로 보여 주는 사례일 것이다.

두 나라 모두 경제적으로 높은 성장을 이어가고 있고, 가스 소비량이 공급량보다 빨리 증가하고 있다. 그래서 남미 에너지 통합망 사업에도 큰 관심을 보이고 있다. 이제 가스 통합망 사업은 에너지 차원을 떠나 남미 통합의 동력과 상징으로 자리를 잡고 있다. 하지만 여기에는 차베스와 모랄레스의 경제적 민족주의 논리와, 자국의 에너지 공급을 국가이익 관점에서 지켜내려는 브라질과 아르헨티나의 무역 논리가 충돌한다. 누가 200~250억 달러의 투자 재원을 부담하고, 어떻게 이를 회수할 것인지 구체적인 플랜은 아직 나와 있지 않고, 각국의 정치적 입장만 나와 있는 상태이다. 국가별로 상이한 가스 가격의 격차를 어떻게 해소할 것인지, 가스관에 접근하는 규칙은 어떻게 통일할 것인지, 나라마다 상이한 규제기구와 규제의 틀을 조화롭게 만드는 것도 앞으로 큰 숙제일 것이다. 남미 가스관 통합 프로젝트에도 국가주의 흐름이 강화되는 한 경향과 글로벌화와 신자유주의가 낳은 자유화의 경향이 충돌하고 있다. 통합 프로젝트는 이 모순되는 두 유산을 어떻게 조화시킬 것인지에 달려있다고 해도 과언이 아닐 것이다.

3

라틴아메리카의
국제 관계

9장 카스트로 이후 쿠바, 어디로 가나?

1. 국내정치의 변화

1) 쿠바는 어디로 가나?

"누가 오고 떠나는 것도, 누가 떠나고 오는 것도 문제가 아니라네 / 어른들 흉내를 내는 아이들도 문제가 아니라네 / 누가 장부를 속이고 고치는 것도, 남은 것을 자기 호주머니에 챙기는 것도 문제가 아니라네……진짜 문제는 영혼이지 / 문제는 부활에 대한 것이라네 / 친구여, 언제나 사랑을 심는 것이 문제라네." 2004년 7월 23일 혁명광장에는 "라틴음악의 밥 딜런"이라 불리는 쿠바의 국민가수 실비오 로드리게스(Silvio Rodríguez)의 야외공연이 있었다. 60세가 가까운 나이인지라 거의 공연을 하지 않는 그이지만, 오랜만에 무대에 서서 열창을 했다. 원래 가사를 음미하면서 듣는 트로바(trova) 음악인지라 레오 브로웨르(Leo Brouwer)가 지휘하는 쿠바 국립관현악단의 무서운 반주와는 좀 어울리지 않았지만, 여전히 그의 노래는 아름다웠다. 실비오는 쿠바의 문제가 사랑을 심는 것이라고 열창한다. 부패도, 망명도, 세대 차이도 문제가 아니란다. 관람석의 앞줄에는 '유일 지도자' 카스트로도 앉아 있었다. 노혁명가는 시인가수의 메시지에서 무엇을 느꼈을까?

조지 부시 대통령이 집권한 뒤 쿠바의 정국은 경색되었다. 미국은 인권과 민주주의를 들먹이며 '서반구에서 유일한 비민주주의 국가'인 쿠바 정부를 압박하기 시작했다. 특히 이라크 전쟁 이후 마이애미의 반카스트로 단체들은 "오늘은 이라크, 내일은 쿠바!"라는 구호로 데모를 하기도 했다.

2004년 1월 부시 대통령은 "쿠바의 민주주의를 위한 시급하고도 평화적인 이행"을 촉구했다. 워싱턴의 싱크탱크들은 이라크형 과도정부안도 만들었고, 자유무역지대안을 포함한 경제복구 계획까지 제출하기도 했다. 5월에는 이민사회의 쿠바 여행을 대폭 제한했고, 쿠바의 외환 사정을 압박하기 위해 가족 송금도 일체 금지시켰다. 반대로 쿠바 내외의 반체제 세력에 대한 지원금은 3,500만 달러로 증액했다. 당연히 카스트로 정부는 경화될 수밖에 없었다. 이미 카스트로는 2002년 6월에 헌법 제3조를 수정하여, 사회주의의 불가역성을 명시적으로 선언했다. "헌법이 규정한 사회주의와 혁명적 정치사회 시스템은 바꿀 수 없다. 쿠바는 결코 자본주의로 회귀하지 않는다." 2003년부터 쿠바의 국내 정치도 경색되었다. 정치적 반대자와 인권운동가들에 대한 검거와 투옥이 뒤따랐다. 정치적 동원과 관제데모도 유난히 잦았다.

1990년대 말부터 온건한 반체제 운동을 주도한 바 있는 기독교인 오스왈도 파야(Oswaldo Paya)의 '바렐라 프로젝트'(Varela Project)도 힘을 잃은 지 오래다. 외국에 잘 알려진 이 프로젝트는 법치국가, 기업의 자유, 민간 활동과 노동시장의 합법화, 보통선거와 정치적 다원주의를 지지하는 시민운동으로 일찍이 11,000명의 서명을 받은 개헌안을 국회에다 청원한 바 있었다. 하지만 지금 이에 관여한 사람들도 모두 뿔뿔이 흩어졌다. 하지만 이런 정책과 인권 탄압의 여파로 카스트로는 전통적으로 미국의 대쿠바 압박 정책을 반대해 온 우호국인 유럽 국가들은 물론, 인근 우방인 멕시코까지도 잃게 되었다.

2) 누가 승계할 것인가

카스트로는 1959년에 혁명으로 집권한 이래 2008년까지, 49년간 권좌에 있었다. 그는 혁명을 일으켰고, 혁명적 가치를 고양했으며, 혁명의 성과물인 교육과 보건 제도를 남겼다. 그는 국가위원회의 의장으로 국가수반이자 군통수권자이다. 이와 더불어 공산당 정치국의 집행서기로 당-정은 물론 군부도 완벽하게 장악하고 있다. 누구도 그의 공간을 넘보지 않는다. 지난 20년간 '포스트-카스트로 체제'를 점쳤지만, 아직까지 건재하고 있다. 하지만 2008년 당시 나이가 82세인지라 물리적인 노화는 어쩔 수 없었다. 2000년 이후 가끔 피로한 기색을 보이는 경우가 잦아졌고, 2004년에는 한 번 쓰러지기도 했다. 하지만 특별한 지병은 없다고 알려져 있다. 아마도 '유일 지도자'의 '상징적' 공간은 물리적 죽음에 이르기까지 보전될 것이다.

　만약 현 체제 아래 '유일 지도자'의 공백이 발생한다면 누가 권력을 보존하게 될까? 부시 행정부의 희망대로 "카스트로 독재가 종언"될까? 피델 카스트로가 죽는다고 쿠바의 사회주의 체제가 붕괴될 것이라는 주장을 쿠바 연구자들은 "피델-중심주의"(Fidel-centrism)라 부른다. 하지만 혁명체제는 제도 기운데서 움직이고, 또 1959년 이후 능장한 혁명 이후 세대가 사회와 조직의 중추에 들어서고 있어서, 피델의 사망에도 불구하고 체제는 살아남으리라는 것이 많은 학자들의 견해이기도 하다(Saney, 2004). 체제를 지지하고 있는 군부가 건재한 반면, 반체제를 조직할 시민사회나 단체의 힘이 너무 미약하기 때문이다.

쿠바에서도 권력은 제도적 장치 위에 존재한다. 그 가운데 정부와 당은 허약한 시민사회 위에 군림하는 무소불위의 권력이다. 사회의 정치 엘리트는 주로 국가위원회(31명), 공산당 정치국(24명), 내각위원회(38명)에 포진해 있다. 이들은 대개 중첩된 멤버십을 가지면서 상호의존적으로 공생한다(Erikson, 2004b: 198). 609명의 단원제 국회가 존재하지만 이는 카스트로와 행정부의 결정을 추인해 주는 그야말로 "고무도장"에 불과하다. 쿠바 사회에는 견제와 균형의 원리는 작동하지 않는다.

만약 카스트로가 유고상태가 된다면, 그 자리를 누가 차지할까?[1] 당연히 절차에 따라 제1부통령인 라울 카스트로가 대통령직을 대행할 것이다. 그런 다음 국회가 소집되어 새로운 대통령을 선출한다. 라울이 현재 국가위원회 부의장, 각료위원회 부의장, 공산당 제2서기직을 지니고 있어 권력기관의 제2인자로 제도적 장치들을 장악하고 있고, 나아가 국방부장관으로 군부를 직접 통제하는 책임자이므로 그가 승계할 가능성이 높다.[2] 하지만 그도 고령인지라, 후계자를 좀더 젊은 세대에게 넘겨준다면 국회의장인 리카르도 알라르콘(Ricardo Alarcón), 경제 책임자인 카를로스 라헤(Carlos Lage), 그리고 젊은 세대의 기수로 외무부장관을 하고 있는 펠리페 페레스 로케(Felipe Pérez Roque)가 후보로 가능성이 있다고 한다.[3] 즉 카스트로의 유고가 발생하더라도 급격한 정치변동이 일어나기는 어려울 것이다. 왜냐하면 라울을 포함한 군부와 통치 엘리트들의 단합이 당분간 체제를 끌어갈 수 있을 것이기 때문이다.

---

1) 이에 대한 상세한 분석은 Erikson(2004b)을 참조하시오.
2) 실제로 2008년 2월 24일 라울은 국회에서 국가평의회 의장으로 선출되었다.
3) 카를로스 라헤와 페레스 로케 두 사람은 라울 집권 이후에 물러났다.

3) 보수파와 신세대의 공존

군부는 특수시기에 경제개혁과 개방을 통해 관리기술을 익혔고, 나아가 달러 박스인 관광산업을 관장하게 되었다. 이들은 혁명의 이념적 연속성과 그 성과를 방어하겠다는 신념이 강한 집단이기도 하다. 쿠바 사회에서 개혁은 경제개혁파의 깅화를 가져오지 못했다. 따라서 시민사회의 개방과 급진적 경제개혁을 지도할 도전적 리더십은 현재로서는 배양되어 있지 않다. 민간인 출신의 개혁파 세력이 국가장치 곳곳에 존재하고 있지만, 보수파와 대결할 정도의 힘을 비축하고 있지는 않다. 3장에서 보았듯이 경제개혁은 제1단계에서 멈췄고, 개방 범위의 확대나 소유제도의 개혁까지 나가는 대담성을 보이지 못했다. 또 나아가 리더십의 세대교체도 어려웠던 '특수시기'에 집중적으로 일어났다. 1959년 혁명 이후에 태어난 세대로 충원된 지도부 역시 사회주의와 혁명의 성과를 방어하려는 의식이 강하다. 신세대는 이미 정치구조의 상층부로 이동했고 차기 지도자 수업을 충실히 받고 있다. 사니는 세대교체를 다음과 같이 요약한다.

> 정치국의 평균연령은 50세 미만이다. 현 단계 권위와 권력의 이전 과정은 정부의 예를 들어 보면 알 수 있다. 카를로스 라헤 다빌라는 50대 초에 경제를 책임지는 부통령이 되었고, 펠리페 페레스 로케는 30대에 외무부장관이 되었다. 신세대 지도자 세대의 등장은 1998년에 구성된 국회를 보아도 알 수 있다. 의원 601명의 평균연령은 45세이다.(Saney, 2004: 67).

30~40대의 새로운 리더십이 이미 쿠바 정부의 중요 보직을 맡고 있다. 특히 경제부처에 이들이 집중적으로 진출되어 있다. 그렇기 때문에

카스트로의 유고가 쿠바 내부에 급진적인 정치변동을 일으키리라고 보는 것은 대단히 가능성이 적은 시나리오일 것이다.

이와 대비하여 대부분의 국민들은 정부와 당의 동원체제에 순응적이다. 미국에서 어떤 조치가 나올 때마다 각 지역에서는 조직된 혁명방위위원회(CDR)를 위시하여 향군협회, 여성협회가 상당수의 사람들을 정치적으로 동원한다. 관광객들도 혁명광장이나 미국이익대표부 앞에서 동원된 데모대를 쉬이 볼 수 있다. 경찰과 군부의 통제력은 여전히 견고하다. 게다가 53만 명의 젊은이들은 48,000개의 지부로 조직된 공산당 청년연합(공청) 회원으로 조직되어 있다. 하지만 시민사회 내지 반체제 세력은 허약하기 짝이 없다.

4) 정치적 반대세력

미국이나 마이애미의 쿠바 교민들은 물론 쿠바 내부에서도 포스트-카스트로 체제를 꿈꾸는 세력들이 있다. 비록 소수이지만 새로운 세대는 카스트로 없는 쿠바를 꿈꾸고 기획한다. 젊은 세대의 감각은 확실히 다르다. 신예작가인 아빌리오 에스테베스는 이렇게 말한다. 혁명은 "하늘나라와 천국의 이름으로 현재를 희생하는" 가톨릭교와 비슷하다고 본다. "혁명은 내가 관심이 없는 미래의 이름으로 현재를 희생한다. 내 관심은 오늘을 어떻게 사는가 하는 것이다."(Habel, 2004에서 재인용). 젊은이들이 처한 아노미는 "나-중심주의"(yo-ismo) 선언에도 잘 드러난다. "나는 공산주의도, 사회주의도, 자본주의도 믿지 않고, 지금 오로지 나-중심주의만 믿는다."

아바나 대학에서 만난 경영학도인 다비드(가명)는 더욱 냉소적이었다. "정치에 관심이 없다. 그것은 유일 지도자의 관심사일 뿐. 난 떠날 수만 있다면 이 나라를 떠나고 싶다." 우수한 교육을 받지만, 전공을 살려 취업할 기회가 전혀 없는 이들은 많은 것이 바뀌길 원한다. 많은 이들의 냉소적 시선에는 체제에 대한 소극적 저항의 기운이 느껴진다. 많은 젊은이들이 고학력을 소지하고 있지만 자신의 능력을 발휘할 취업자리가 없어서 불만이다. 혁명은 도덕, 희생, 애국심을 호소하지만, 젊은이들은 그렇게 쉽게 순응하지 않는다.[4] 하지만 이러한 시니시즘과 냉소가 적극적인 정치적 반대로 바뀌기는 어려운 것이 쿠바의 현실이다.

허약한 시민사회[5] 내부에 온건파 반체제 세력의 중심이라 할 수 있는 '전국대화'(Diálogo Nacional) 그룹이 있다. '바렐라 프로젝트'로 국제적으로 명망가가 된 오스왈도 파야가 이 그룹의 지도자이다. 그는 여러 차례 국내 정치세력 모두가 참여한 "대화를 통한 포스트-카스트로 체제로의 평화적 이행"을 주장해 왔다. 이들은 카스트로 체제와 정면으로 충돌하는 강경파 세력이 쿠바 국민의 애국주의 감정을 무시하고 있다고 비판한다. 강경파들이 "반체제운동은 곧 친미세력"이란 정식의 빌미를 주고 있다는 것이다. 이들은 쿠바의 문제는 "쿠바인의 손으로" 해결해야만 한다고 주장한다.

강경파 세력인 '시민사회촉진회의'(흔히 'Asamblea파'라 부른다)는

---

[4] 쿠바 청년의 사회화 과정에 주목하여 신세대의 저항적 잠재력을 강조하는 경우는 Gonzalez and McCarthy(2004: 35~41)를 참조하시오. 아벨도 이렇게 지적한다. "성년에 다다른 세대는 바티스타 독재를 모른다. 수업만 받았을 뿐이다. 그들은 앞 세대보다 공식 담론에 덜 귀를 기울인다. 쿠바인들에게 결코 설명된 바 없는 소련의 붕괴로 인해 민족적 감정으로만 채울 수 없는 이데올로기적 진공상태가 초래되었다. 몇몇 지식인들은 정체성이나 개인의 역할에 대한 탈근대적 주장을 펼치기도 한다"(Habel, 2005).
[5] 쿠바의 시민사회에 대한 전반적 개관으로는 Dilla and Oxhorn(2002)을 참조하시오.

마이애미의 이민자 집단과 미국 행정부가 지지하는 반체제 집단이다.[6] 이들은 현행헌법의 폐지와 신헌법의 제정을 주장하며 체제의 급격한 전환을 주장한다. 이들의 발언은 강경하지만 시민사회에 미치는 영향력은 대단히 제한적이다.

동유럽의 경험에서 보듯이 가톨릭교회가 반체제 세력의 중추로 변신할 수 있다. 하지만 요한 바오로 2세가 1998년에 아바나를 방문한 이래 교회 - 국가 관계는 더할 나위 없이 좋은 편이다. 카스트로는 신앙자도 공산당원이 되게끔 허용했고, 신앙의 자유를 대폭 허용하는 조치를 취했던 것이다. 교황이 선종하자 카스트로는 국가 전체가 3일간 조문할 것을 지시했고, 아바나의 광장에서 공개미사를 드리게 했다. 이런 맥락에서 볼 때 쿠바의 교회는 당분간 반체제 세력으로 변신할 가능성이 없다.

쿠바 국내에는 현재 반정부 인권단체들이 500여 개나 된다. 하지만 내부 사정은 복잡하다. 분열된 내부를 통합시킬 지도자도 없고, 단체 대부분이 미국 이익대표부가 제공하는 장학금으로 운영되고 있기 때문이다. 이들은 대부분 외신기자들과 인터뷰는 열심히 하지만, 실제로 삐라 한 장 살포하는 담대함조차 없다고 누군가 비꼬기도 한다. 한 인터뷰자는 "대부분 1인 조직이고, 미국 이익대표부에서 주는 지원금을 타 먹기 위해 만들어진 것"이라고 폄하하기까지 한다. 그래서 "구심점이 있을 까닭이 없고, 사실상 아무 일도 하지 않는다"고 한다.[7] 이는 다른 한편 쿠바 공안당국의 통제력이 강력함을 반증하는 것이기도 하다. 인터넷과 팩스의 세상이지만, 이들 사이의 정보 교류도 쉽지 않고, 네트워킹은 거의 불

---

6) 이하는 EIU(2005)를 참조하였다.
7) 펠리페 이슬라와 필자의 인터뷰, 『한국일보』, 2004년 9월 7일자.

가능하기 때문이다. 인구 100명당 6명꼴로 전화가 있기 때문에 인터넷 접속도 쉽지 않고, 또 사이버 공간에 대한 정부당국의 통제도 거의 완벽하다.[8]

5) 미국, 강경책 지속의 어려움

'카스트로 사후에 쿠바 사회가 민주화되고, 미국 시민들의 빼앗긴 재산권이 회복된다면 금수조치를 해제하겠다.' 적어도 1990년대 초반까지 미국의 위정자들 거의 대부분이 이런 태도를 견지해 왔다. '금수조치 지지자 집단'(pro-embargo group)이라고 할 이 세력에는 역대 대통령들은 물론 다수의 의원들, 그리고 막강한 마이애미의 쿠바이민자 사회가 포함되었다. 하지만 비타협적이고 초보수적인 '프로-엠바고'파도 지난 10여 년간의 변화 속에서 균열을 보이기 시작했다. 쿠바의 개혁과 개방에 따른 경제적 이익이 변화의 동인이었다.

강경파는 카스트로 체제의 붕괴를 꿈꾸며 경제봉쇄를 더욱 강화하는 조치들을 내놓았다. 「헬름스-버튼법」은 쿠바에 제3국의 투자를 억제하는 법이었다면, 2003년 11월에 나온 자유쿠바원조위원회 설치는 인권과 민주주의를 빌미로 체제의 탈안정화를 앞당기려는 조치였다. 하지만 강경파의 이런 조치를 시대착오적이라고 보는 세력도 많다. 즉 미국 내에는 대쿠바 금수조치를 완화하여 상호교역을 증대하는 것이 이익이라는 견해도 점차 증가하는 추세이다. 이미 2000년에 「무역제재개혁과 수출촉진법」(Trade Sanction Reform and Export Enhancement Act)

---

8) 2005년 쿠바당국은 인터넷 사이트에서 주소지를 파는 행위를 강력하게 규제하기 시작했다. 가명을 이용한 유령 사이트의 범람을 막기 위한 조치인 듯 보인다.

<표 1> 재미쿠바인 중 온건파의 등장

단위: %

남부 플로리다 재미쿠바인에게 실시한 설문 내용	남부 플로리다 재미쿠바인의 비율	
	1991	2004
금수조치 강화에 반대한다	13.6	34.0
전국적 대화체의 설치를 지지한다	39.8	55.6
이민자의 쿠바 침공을 반대한다	23.7	39.8
쿠바에 대한 식량 판매 허용을 지지한다	23.4	54.8
미국의 쿠바 내 사업 금지조치를 반대한다	38.4	51.1

출처: Cuban Research Institute, Florida International Institute, 1997; Corrales(1995: 72) 재인용

이 통과되어 농산물과 의약품의 판매가 가능하게 되었다. 법안이 발효된 지 3년 만에 쿠바는 미국 농산물 수입 22위를 기록했고, 12개 주의 27개 기업이 쿠바 비즈니스에 뛰어들었다. '미국의 기업이익'(Corporate America)이 개입하기 시작한 것이다(Corrales, 2005). 또 쿠바가 개발한 바이오기술을 이용하여 의약품을 생산하려는 업체들도 점차 늘어나고 있다.[9] 아울러 마이애미의 쿠바 이민자들 일부도 막무가내식의 봉쇄가 쿠바 문제를 푸는 데 도움이 되지 않으며, 심지어 자신들의 경제적 이익을 해치고 있다고 느끼기 시작했다.

마이애미 이민공동체의 정서 변화는 극적이었다. 지난 10여 년 동안 '프로-엠바고' 세력은 온건파와 강경파로 나눠졌다. 이제는 온건파 목소리도 강화되었다. 금수조치의 강화에 반대하고, 카스트로 세력과 대화를 통해 문제를 해결해야 한다고 생각하는 사람이 늘기 시작한 것이다. 대

---

9) 이에 대해서는 Cason(2004)를 참조하시오.

쿠바 식량판매를 지지하는 사람들도 늘어났고, 쿠바 내 외국인의 비즈니스를 금지하는 것에 반대하는 사람도 늘어났던 것이다. 특히 최근에 쿠바를 빠져나온 이민들은 반카스트로 감정을 전혀 지니지 않은 것으로 알려져 있다(Pyati, 2005).

이런 와중에 2004년 중반 부시 행정부는 카스트로 체제를 압박하기 위해 1년에 1회로 허용하던 재미쿠바인의 여행을 3년에 1회로 제한하고 친지에 대한 송금마저 금지하는 강력한 조치를 취했다. 당장 마이애미의 쿠바이민자 사회가 이 조치에 반발하여 궐기했다. 행정부는 2004년 11월에 쿠바에 대한 농산물 수출도 물품 선적 이전에 선불로 현금(cash in advance)을 지급하는 경우에 국한한다는 강력한 억제조치를 내놓았다. 하지만 이번에는 미국의 농산물 대기업들의 반발이 터져 나왔다. 34개 조직이 서명한 항의서한이 백악관으로 발송되었던 것이다. 몬태나 주 상원의원 맥스 바커스는 "이건 경제학이 아니라 백악관 이데올로기일 뿐"이라고 강력하게 비판했다. 이번 조치의 진정한 피해자는 쿠바가 아니라 미국 기업이었기 때문이었다.[10]

6) 군부와 기업의 타협적 이행 시나리오

쿠바 내부는 보수파가 강력한 정치세력으로 자리 잡고 있어, 부시 행정부의 압박정책이 먹혀들 가능성은 별로 없다. 오히려 압박정책은 쿠바 국민들과 보수파의 결함을 강제히는 효과마저 있는 것 같다. 연일 미국을 성토하는 데모대가 말레콘 해변에서, 혁명광장에서 구호를 외치게 만

---

10) 이에 대한 자세한 내용은 〈The Center for International Policy's Cuba Program〉의 사이트를 참조하시오(http://ciponline.org/cuba/trade/tradeembargo.htm).

들기 때문이다. 레이건 시대에는 소련을 압박하던 전략이 쿠바의 경우에는 전혀 먹히지 않는 것이다. 쿠바는 이민의 송금금지 조치로 고통을 겪었지만, 그 대체물로 중국과 베네수엘라와의 무역과 투자란 당근을 얻었다. 민주주의와 인권을 매개로 한 개입도 국내 반체제 세력의 허약성으로 인해 별로 효과가 없다. 따라서 설사 카스트로가 정치판에서 사라진다 해도 라울 카스트로가 주도하는 군부 중심의 집단지도체제가 이행기를 메울 가능성이 높다고 하겠다. 현재까지 군부는 체제 내에서 가장 강력한 엘리트 집단이고, 또 경제개혁을 주도하여 많은 경제적 이권을 장악하고 있으며, 당의 정치국과 선전기관, 국가 고위직 곳곳에 포진하고 있기 때문이다.

하지만 앞으로 미국-쿠바 관계에서 결정적인 역할을 할 마이애미의 쿠바이민 기업가의 역할을 주목해 볼 필요가 있다. 이들은 틀림없이 새롭게 열리고 있는 양국의 경제관계에서 중심적인 역할을 수행할 것이다. 이들은 자신들이 동원할 수 있는 자금력, 노하우, 기술, 마케팅 능력으로 쉽게 대쿠바 무역과 투자를 주도할 수 있을 것이다. 이미 군부도 광업과 관광업 부분을 관리하면서 대외거래의 능력을 학습받았다. 심지어 국영기업의 혁신 모델도 창안해 내는 기업관리능력을 배양했다. 이들은 카스트로 사후에 개방과 경제개혁이 불가피할 경우 자신들의 안전과 상대적 자율성을 보장해 준다면 쿠바이민자 기업인들과 타협을 마다할 이유가 없을 것이다(Corrales, 2005).

여기서 재미 중국인 사회가 대중 개방 국면에서 보인 행태를 염두에 둘 필요가 있다. 이들도 초기에는 미국의 중국 수교를 열렬하게 반대했지만, 수교한 이후에는 급격하게 입장을 바꾸어 비즈니스에 가담했던 것이다. 돈은 이데올로기보다 유연하기 때문이다. 쿠바 출신 기업인들도 이런 방식으로 변하고 있다. 이들은 민주화의 전제조건이 경제자유화이 므로 "선 경제자유화, 후 정치자유화"란 슬로건에 만족할 것이다. 물론 마이애미에 강경파 세력도 존재한다. 하지만 현실적으로 쿠바 내부의 야 당세력이 미약하므로 급격한 변화가 힘들다는 현실주의 분석이 힘을 얻 게 되면 곧 타협파의 "경제자유화를 통한 점진적 이행"안이 먹혀들 가능 성이 높게 될 것이다.

2. 쿠바의 대외관계 변화

1) 미국의 대쿠바 정책: 플로리다 정치의 연장

워싱턴의 대쿠바 정책은 "다른 수단에 의한 플로리다 정치의 연장"(an extention of Florida politics by other means)(Weinmann, 2004: 1)으로 이해하는 것이 편하다. 나아가 워싱턴의 대쿠바 봉쇄정책의 파고도 마이 애미의 쿠바계 미국인들의 로비 영향력에 달려 있다고 이해한다면 너무 단순한 이해일까? 하지만 상하원과 행정부 모두 쿠바계의 로비 영향권 에 있고, 정책결정자의 인적 구성조차 그 영향권에 있기 때문에 이렇게 이해해도 크게 틀리지 않는다.[11] 냉전이 해체되어 소련이 철수하여 카리 브에 미국의 안보위협이 사라졌음에도 불구하고 미국은 대쿠바 봉쇄를 늦추지 않았다. 오히려 소련의 영향권이었던 쿠바를 다시 미국의 영향권 으로 되찾아 오고픈 욕망이 강화되있나. 이런 맥락에서 1989년 이후 미

---

11) 현재 금수조치를 지지하는 하원의원 네 명 모두 쿠바계 미국인(세 명은 플로리다 공화당 출 신이고, 다른 한 명은 뉴저지 민주당 출신)이고, 부시 1기 시절 초기의 국무부 중남미 담당차관 보였던 오토 라이히(Otto Reich)나 현 차관보 로저 노리에가(Roger Noriega) 모두 마이애 미 쿠바인 강경파의 이익을 대변하는 로비스트로 알려져 있다.

국내 강경파들은 쿠바를 압박하는 경제제재 조치를 연이어 내놓았다.[12]

첫번째 조치가 1992년에 나온 「쿠바민주법」(Cuban Democracy Act: CDA)이다. 법안을 발의한 로버트 토리첼리(Robert Torricelli) 의원은 이 법안으로 카스트로 정부를 6개월 내에 무릎 꿇게 만들 수 있다고 장담했다. 통칭 '토리첼리법'이라고 불린 이 법안은 처음에는 국제적 반발을 고려한 까닭에 백악관의 지지를 얻지 못했지만, 당시 대선후보인 빌 클린턴이 선거전략으로 플로리다 주의 표를 얻기 위해 '쿠바계 미국인 전국재단'(CANF) 의장인 마스 카노사(Mas Canosa)와 합의를 맺자, 아버지 부시 대통령도 전격적으로 서명했다.

'토리첼리법'은 "제3국에 있는 미국계 지사가 쿠바와 무역을 하는 것을 금지"하였다. 나아가 쿠바의 항구를 정박한 배는 6개월 이내에 미국의 항구에서 선적이나 하역을 할 수 없도록 했다. 1991년 당시 7억 달러를 상회하는 교역이 제3국의 미국계 지사를 통한 것이었고, 이 가운데 90%가 곡물과 의약품이었기에 이 제재 조치는 쿠바에게 타격이 컸다. 곡물회사 카길(Cargill)의 아르헨티나 지사는 더 이상 아르헨티나 밀을 쿠바에다 팔 수 없었다. 게다가 교역선에 대한 통제로 인해 운송비도 크게 추가되었다. 항생제를 위시한 기초 의약품이나 곡물의 부족으로 쿠바가 고통을 받은 것은 당연한 일이었다. 하지만 이 법은 제3국에게도 대쿠바 교역에 부담을 주었기에 유럽과 중남미 국가들의 반발은 심했다.

클린턴의 민주당도 쿠바계 미국인의 재정적 지원과 표가 필요했기에 이런 봉쇄강화 전략은 클린턴 임기 내에도 꾸준히 지속된다

---

12) 1990년대 이후 미국과 쿠바 관계의 전반적 전개에 대해서는 김명애(2003), Weinmann (2004), Alzugaray(2004)를 참조하시오.

(Lievesley, 2004: 168). 대통령이 된 클린턴은 미국인의 쿠바 여행을 제한하는 조치를 취했고, 쿠바의 경화에 대한 접근을 통제했으며, 나아가 쿠바의 외교관이나 예술인들, 연구자들의 비자도 거부했다. 그는 중남미와 카리브 각국이 쿠바와 정치적 경제적 연계를 갖는 것도 엄격하게 통제하였다. 1995년에 칠레가 대쿠바 관계를 전면적으로 정상화하려 하자, 워싱턴은 경제적 제재를 가하겠다고 위협했고, 만약 국교를 정상화한다면 칠레의 NAFTA 가입을 재고하겠다고 압박했다.

2) 헬름스-버튼법

연이은 강경조치가 1996년 3월에 통과된 「헬름스-버튼법」(Helms-Burton Act)이었다. '쿠바자유민주연대법'(CLDSA: Cuban Liberty and Democratic Solidarity Act)으로 알려진 법안이었다.[13] 이 법안도 역시 CANF와 럼주 회사 바카르디-마르티니(Bacardi-Martini)의 로비로 이뤄진 것이었다. 제시 헬름스 의원은 이 법안의 핵심을 "아디오스, 피델!"(잘 가시오, 피델!)이라 잘라 말했다. 이 법안 역시 제3국에 끼칠 영향이 컸기에 클린턴은 세계여론을 고려해서 비토권을 행사하려 했다. 하지만 당시 쿠바계 미국인이 몰던 민항기 두 대를 쿠바 당국이 영공 침해를 이유로 격추하자 클린턴 행정부도 국내여론에 밀려 마지못해 서명했다. 반카스트로파는 쿠바혁명에 최후의 일격을 가했다고 자찬했고, 카스트로 정권은 조만간 붕괴할 것이리고 자신했다. 법의 내용은 다음과 네 부분으로 구성되어 있다(Lievesley, 2004: 169). 이를 간단히 요약해 보자.

---

13) 이 법의 원문은 인터넷에서 쉽게 구해 볼 수 있다.

- 제1조. 미국은 1959년 이후 '몰수된' 재산이 포함된 거래를 인정하지 않는다.
- 제2조. 미국은 쿠바의 국제기구(IMF, 세계은행, 미주개발은행 등) 가입을 자유롭고 민주적인 정부가 들어서기까지 반대한다. 만약 이들 기구가 쿠바에 금융을 지원한다면, 미국은 동 기구에 대한 지원액을 그만큼 줄이는 등 봉쇄조치의 해제에 대한 엄격한 조건을 달았다. 피델이나 라울 카스트로가 쿠바 정부의 일원인 한, 제재조치는 결코 풀지 않을 것이다.
- 제3조. 미국시민은 1959년 이후에 국유화된 재산을 거래하는 자가 누구라도 미국 법정에다 소송을 제기할 수 있도록 허용되었다. 쿠바 내에서 활동하는 유럽과 중남미 기업들이 몰수된 미국자산에 개입이 되어 있다면 미국 법원의 소송 대상이 될 수 있었다. 소송 청구자는 당시 기준으로 미국시민이 아닌 쿠바 국적자도 포함되었다. (다만 외국의 반발을 우려하여 대통령에게 국가안보나 쿠바 민주주의 촉진을 위해 이 조항을 유보할 수 있도록 했고, 실제로 1996년 이후 그렇게 하고 있다.)
- 제4조. 미국정부는 국유화된 자산에 개입된 제3국의 기업인에게 미국 입국 비자를 거부할 수 있다.

유럽연합이 즉각 반발하고 나섰다. 어떻게 국내법이 GATT나 WTO에서 수용되는 국제법규의 일반 원칙을 무시할 수 있냐고 비판했다. 멕시코를 위시한 라틴아메리카 국가들의 비판도 거세었다. 이런 비판에 밀려서인지 미국 대통령들은 지금까지 제3조의 소송 사항에 대해서는 유보조치를 내리고 있다. 하지만 실제로 캐나다 광업회사 쉐릿(Sherritt)사의 중역 아이언 델라니는 쿠바에 합작투자를 했다는 이유로 미국 입국을 거절당했다. 제3조의 효력을 유보시켜 놓았지만, 이 법은 제3국의 쿠바 투자에 대한 제동장치로는 큰 의미가 있었다. 합작투자 건수와 금액은 이후 크게 늘지 않았던 것이다.

「헬름스-버튼법」의 징치적 목표는 명백했다. 그것은 카스트로 형제를 제거하고 민주화와 시장경제로의 이행기에 미국이 완벽한 통제권을 행사하겠다는 의도를 보여 주었다. 그것도 모든 나라에게 미국의 국내법을 준수할 것을 강요하는 무리를 감행하면서 말이다. 하지만 유럽연합은 WTO에 제소하겠다고 즉각 나섰고, 워싱턴도 갈등의 파고에 신경을 써지 않을 수 없었다. 가까스로 1997년에 이 법의 제한적 운영에 두 당사자가 합의하면서 돌파구가 마련되었다.

대신 미국의 입장을 유럽연합에서 대변하던 스페인 수상 호세 마리아 아스나르(José Maria Aznar)의 압력으로 유럽연합도 쿠바가 민주화에 노력을 보이지 않는 한 원조나 투자를 제한하겠다는 약속을 해야만 했다. 이 문제는 1996년 '빙햄턴 합의'(Binghamton Agreement)란 이름으로 유럽연합도 봉쇄의 국제화에 동의함으로써 최종적으로 마무리 지어졌다. 하지만 미국 내 비판 여론도 만만치 않았다. 카터 전 대통령은 이 법을 "최악의 실수 가운데 하나"라고 비판을 했으며, 저명한 쿠바 연구자 호르헤 도밍게스(Jorge Dominguez)는 카스트로에게 준 '신의 선물'(a gonsend)이리 평했다. 카스트로는 이러한 노골적인 도발을 이용하여 국내의 정치적 탄압을 완벽하게 합리화할 수 있게 되었기 때문이었다. 이제 봉쇄는 행정명령의 차원을 떠나 법률의 이름으로 고착되었고, 이를 변경하는 것은 의회의 권능이 개입해야만 가능하게 되었다.

3) 쿠바와 미국 기업들의 반발

쿠바 정부의 논평은 격렬했다. "쿠바 공화국을 식민주의적으로 재흡수하려는 조치로 (미제국주의의 유산인) '명백한 운명'을 계속 적용하는 것"으로 과거 반식민지화의 도구로 이용한 플랫 조항(Platt Amendment)이나 내정개입과 다를 바 없다고 성토하였다.

하지만 봉쇄의 해제를 요구하는 국내 여론도 점차 강화되었다.[14] 미국 기업의 이익을 무시하는 봉쇄 압박에 반대하는 로비 단체들(USA Engage 등)도 늘어났던 것이다. 미국 기업들은 좋은 기회를 유럽과 라틴아메리카 기업들에게 빼앗기고 있다고 한탄했다. 이들은 차라리 쿠바 경제의 달러화를 강화하고 무역을 확대하는 방안이 오히려 「헬름스-버튼법」이 목표하는 것을 더 쉽게 얻을 수 있다고 주장했다. '상공회의소'(The Chamber of Commerce), '전국제조업자협회'(The National Association of Manufacturers), '전국무역협회'(The National Trade Council) 등 경제단체들이 워싱턴의 이념적 경직성에 반발하고 나섰던 것이다. 이어 1997년 미국의 의사, 종교계 인사, 그리고 30명의 하원의원들이 「쿠바인도주의무역법」(The Cuban Humanitarian Trade Act)안을 발의했고, 이는 1998년 3월에 통과되었다. 이 법안은 다수의 마이애미 쿠바계 미국인들도 지지했을 정도로 호응이 있었다. 점차 강경파의 입지는 약화되기 시작했다.

클린턴 행정부는 2000년 임기가 끝나기 전에 「무역제재개혁법」에 서명하여 곡물과 의약품 판매 분야에 대한 제재를 부분적으로 해제하기

---

14) 이 부분에 대해서는 Corrales(2005)를 주로 참조하였다.

도 했다. 하지만 여전히 「헬름스-버튼법」은 쿠바 압박의 골격으로 기능한다. 쿠바 정부는 국제금융기구의 중장기 신용에 접근할 수 없고, 민간 채권자로부터 단기신용을 높은 이자에 조달하고 있다. 하지만 이런 어려움에도 불구하고 쿠바의 외교는 라틴아메리카, 특히 베네수엘라와 중국으로 지평을 넓혀 대외신용과 무역 문제를 해결하는 기민성을 보였다.

조지 부시 행정부의 등장과 더불어 강경파의 입장은 더욱 강화되었다. 쿠바계 미국인은 플로리다 승리에 나름대로 공헌을 했기에, 국무부와 백악관에 일정한 영향력을 행사하게 되었다. 하지만 앞서 보았듯이 플로리다의 이민사회도 점차 변화하고 있었다. CANF의 의장 호르헤 마스 카노사가 1997년에 죽은 뒤 조직을 이어 받은 아들인 호르헤 마스 산토스(Jorge Mas Santos)는 부친과는 달리 조직의 이념과 기반을 확대하여 탈보수화하는 데 앞장을 섰다. CANF는 이제 쿠바의 변화가 내부의 반체제세력으로부터 나와야 한다고 믿는다. 이에 재단에 돈을 대던 강경보수세력은 탈퇴하여 '쿠바자유위원회'(CLC: Cuban Liberty Council)를 결성하였다. 이들은 국내 반체제세력이 유명무실하니 미국 행정부의 압박으로 카스트로 정부를 붕괴시켜야 한다고 주장했다. 수적으로 열세인 이들은 로비를 통해 더욱 강경한 입장을 정책에 반영하려고 했다. 만약 평화적이고 점진적인 이행이 이뤄진다면 향후 쿠바나 마이애미에서 그들의 입지는 사실상 사라지기 때문이었다.

4) 부시 행정부의 강경책: '자유쿠바원조위원회'

플로리다의 쿠바계 미국인 공동체와 깊은 이해관계가 있는 부시 가문으로서는 국내의 봉쇄 해제 여론을 무시할 수밖에 없었다. 주지사 젭 부시와 대통령에게는 2002년 11월에 있는 중간선거가 더 중요했다. 선거표를 의식한 부시 대통령은 강경책으로 일관할 수밖에 없었다. 쿠바를 방문하는 여행객을 종교인, 연구자, 기자들에 국한시켰고 기업인들의 방문을 철저하게 차단하는 조치를 취했다. 재무부는 허가증의 발급을 엄격하게 제한했고, 이를 어길 경우 거액의 벌과금을 물게 했다. 이어서 부시 대통령은 2002년 국무부 미주담당 차관보로 이란-콘트라 게이트에 연루된 바 있었던 오토 라이히(Otto Reich)를 지명했다. 그는 쿠바 태생의 냉전 보수파로 럼주로 유명한 바카르디 사의 로비스트였고, 나아가 카스트로에 대한 강경책을 상징하는 인물이었다. 하지만 라틴아메리카 여러 나라와 관계를 매끄럽게 끌어가기 힘든 인물이었기에 라이히는 상원의 임명 동의를 얻을 수 없었다. 부시 대통령은 다시 한 번 휴회기에 그를 전격적으로 임명하는 무리수까지 두기도 했다. 하지만 비판적 여론에 밀려 그는 후일 국가안보회의의 보직으로 밀려나는 수모를 겪게 된다.

부시 행정부의 대쿠바 압박은 9.11 테러 사태 이후 본격화되었다. 미국은 쿠바를 '테러 지원국가'로 분류하였고, 간첩활동과 중국무기의 밀매를 일삼을 뿐 아니라, 바스크의 분리주의 무장테러 집단 ETA와 콜롬비아의 마약 게릴라 FARC를 원조한다고 비난했다. 나아가 중앙정보부장은 쿠바가 생화학 무기를 개발하고 있다고 흘리기도 했다. 그는 2002년 9월에 친분관계가 두터운 제임스 카슨(James Cason)을 아바나 주재 이익대표부의 책임자로 파견하여 본격적으로 반체제 인사들에게 자금과 여타 도움을 제공하도록 하였다.

2003년 3월 쿠바 정부가 75명의 반체제 인사를 구금하자, 이들과 백악관의 강경파는 압박의 고삐를 더욱 죄었다. 2004년 5월에 '자유쿠바원조위원회'(Commission for the Assistance for a Free Cuba)를 설치하고 "독재의 시급한 종식"을 이루겠다고 나섰고 이어 7월에는 캘럽 맥캐리

(Caleb McCarry)를 쿠바 이행 조정관으로 임명하여 이라크형의 과도정부안를 준비하도록 지시했다. 이미 2004년 1월에 미국은 쿠바와 함께 6개월마다 협의해 오던 이민협상 테이블에서도 탈퇴했다. 이어 6월 30일에는 쿠바계 미국인의 송금과 여행을 제한하는 조치가 잇달았다. 또 쿠바와 거래한 스위스계 은행 UBS에게 벌과금 1억 달러를 부과하여 대쿠바 통상국들에 대한 압박의 수위도 높였다. 이제 쿠바계 미국인의 쿠바 방문은 3년에 1회로 제한되었고, 1인당 소지 현금도 과거 3,000달러에서 300달러로 대폭 낮추었다. 하루 경비 지출액도 과거 167달러에서 50달러로 줄었다.

부시 행정부가 제2기에 들어서면서 온건파인 파월 국무장관 후임으로 라이스 체제가 들어선 뒤 이러한 일방주의 조치는 더욱 거세질 것으로 관찰자들은 평가한다(Lamrani, 2004b). 하지만 부시가 주장하는 "최후의 단발마"는 비평자 웨인 스미스의 평처럼 "환상"(delusion)에 불과하다(Smith, 2005). 심지어 쿠바의 저명한 인권운동가인 엘리사르도 산체스(Elizardo Sánchez)는 "비생산적일 뿐"이라고 일축하기까지 했다. 국제사회도 여전히 대쿠바 엠바고를 강력하게 비난한다.[15] 2004년 10월 28일 13년 연속으로 유엔총회는 대쿠바 경제제재 강제를 비난하는 결의를 179 대 4로 가결시켰다.[16] 지금까지 미국의 여행제한과 엠바고 강화 조치는 별로 효능이 없는 것으로 드러났다. 비록 2억 달러 내지 4억 달러에 해당하는 송금액은 줄어들었지만 쿠바는 이미 다양한 소스에서 여분의 달러와 필요한 물건을 공급받는 유연성을 배양했기 때문이다.

---

15) 오바마 행정부의 대쿠바 정책에 대해서는 12장을 참조하시오.
16) 반대한 4개국은 미국, 이스라엘, 마셜제도, 팔라우이다.

5) 유럽과 쿠바

유럽연합은 일찌감치 쿠바의 경제개방과 개혁을 지원하고 나선 바 있었다. 특히 스페인과 이탈리아는 쿠바의 관광산업 개방을 지원한 바 있고, 또 쿠바 관광의 단골 손님들이 바로 유럽 관광객들이다. 유럽연합은 현재 쿠바 교역량의 3분의 1을 차지하고 있고, 투자액도 2분의 1을 차지한다. 2003년 현재 342개의 합작투자회사(IEA: International Economic Associations)의 비중을 보면 스페인이 98개, 캐나다가 52개, 이탈리아가 51개를 차지하며, 프랑스(15개), 멕시코(11개), 중국(10개), 영국(9개), 독일(9개), 파나마(8개) 등의 순으로 구성되어 있다. 여기서 유럽연합의 비중은 절반이 넘는다(Granma International, 2004: 1).

유럽연합은 쿠바의 경제개방과 투자에 대해서는 적극적인 입장이다. 이들은 미국의 경제봉쇄를 비난하는 유엔총회의 결의안을 지지할 뿐 아니라, 미국의 일방적인 제재나 제3국에 영향을 미치는 「토리첼리법」이나 「헬름스-버튼법」을 강력히 비난해 왔다. 하지만 1996년 버밍햄 합의 이후 유럽연합 국가들은 "쿠바에 대한 공동입장"(Common Positon on Cuba)을 채택하여 쿠바 인권과 민주화 이행에 대한 정책을 통일시켜 왔다. 이들은 쿠바의 인권 상황과 자유의 부재에 대해 비판적인 입장을 보이면서 정치적 이행과 반체제 인사를 지원하는 인도주의적 협력을 구체화시켰다.[17] 특히 정치적 비판은 스페인에서 우익정당인 민중당(PP)의 아스나르 정부가 성립하면서 더욱 강화되었다. 아스나르는 유럽

---

17) 버밍햄 합의는 브뤼셀이 「헬름스-버튼법」을 사실상 수용한 것이라는 해석에 대해서는 Vazquez Diaz(2004)가 있다. 이외 유럽연합과 쿠바의 관계에 대한 전반적 개괄로는 Bayo(2004)를 참조하시오.

연합의 공동입장을 연 2회에 걸친 인권과 자유 상황에 대한 평가와 연계시킬 것을 성사시켜 카스트로 정부와 각을 세우게 되었다(Bayo, 2004: 88~89). 자연히 유럽연합은 이런 메카니즘을 통해 유엔인권위원회의 쿠바 비난 결의에 동참하게 되었다.

2003년 쿠바의 반체제 인사에 대한 대량검거가 실시되자 유럽연합의 대쿠바 입장은 더욱 경화되었고, 이어 외교적 제재에 들어갔다. 유럽연합은 고위 공직자의 쿠바 방문을 제한하고, 반체제 인사들을 적극적으로 초청하는 등 쿠바의 민주적 이행을 촉진하는 여건을 조성하는 데 협력하기로 했던 것이다.

하지만 무역과 투자 관계에 대해서는 별다른 변화가 없었다. 카스트로는 유럽연합이 "미국의 압력에 순응"하는 "예속적 태도"를 보이고 있다고 격렬하게 비난하였다. 나아가 아바나의 스페인문화원이 문화 진흥이 아니라 반체제 인사를 부추기는 공작의 중심지가 되고 있다고 폐쇄하였고, "자존심"을 이유로 유럽연합의 정부 차원 원조는 사절하는 조치까지 취했다. 하지만 지방정부나 NGO의 원조는 이전처럼 유지하였다. 유럽과 쿠바의 관계는 이렇게 냉각되었다.

그러나 유럽연합 내부의 벨기에, 오스트리아, 포르투갈, 그리스는 쿠바와 대화를 하지 않는 것은 "비생산적"이라며, 새로운 돌파구를 찾아 관계를 정상화할 것을 촉구하고 있다. 2004년 스페인에서 다시 사회당의 호세 사파테로(Jose Zapatero) 정부가 성립하면서 강경한 대응책이 약화되고 있고, 유럽연합은 다시 소위 '공동입장'(Common Positon)을 수정할 입장을 보이고 있어 조만간 관계 정상화를 위한 모종의 합의가 도출되지 않을까 생각한다.

6) 중남미, 그리고 베네수엘라

중남미 국가들과 쿠바의 관계를 보면 우리는 두 개의 경향이 공존함을 알 수 있다. 1990년대 말부터 멕시코는 전통적인 우호관계를 벗어나 민주주의와 인권을 문제로 삼아 쿠바에 압박을 강화하고 있다. 특히 2000년 국민행동당의 폭스 정부가 들어서면서 이런 경향은 강화되어 왔다. 한때 좌파 지식인이었던 외무부 장관 호르헤 카스타네다(Jorge Castaneda)는 쿠바 내부의 정치적 억압을 공개적으로 비판하고 민주화와 인권을 향후 대쿠바 정책의 기준으로 삼겠다고 천명한 바 있었다. 폭스와 부시 행정부의 밀월은 카스트로를 더욱 고립시켰다. 심지어 2002년 폭스가 쿠바를 방문했을 때 반체제 인사와 만났고, 이런 흐름에 따라 정치적 망명을 요청하는 쿠바 사람들이 주 아바나 멕시코 대사관에 들이닥침으로써 양국 관계는 더욱 나빠졌다. 이어 멕시코 몬테레이에서 열린 유엔 개발회의 정상회담에서 부시와 카스트로의 불편한 만남을 방지하려 멕시코가 카스트로를 어설프게 출국시킨 사건도 역시 악재였다. 4월에는 멕시코 정부가 쿠바 인권상황을 비난하는 유엔 결의안에 전통적인 기권 입장을 버리고 지지로 돌아섬으로서 양국 관계는 걷잡을 수 없이 악화되었다. 페루의 톨레도 정부, 우루과이의 바트예 정부 역시 이런 멕시코의 인권외교 흐름에 동참했다(Erikson, 2004b).

하지만 쿠바에게 이즈음 새로운 기회가 도래했다. 미국의 바그다드 침공과 일방주의 외교는 중남미 전체의 여론을 급속도로 악화시켰다. 이제 중남미 대중들에게 부시 대통령은 카스트로보다 인기가 더욱 낮은 수준으로 떨어졌다. 이런 와중에 중남미 전체에 중도좌파 정부의 입지가 커졌고, 베네수엘라, 아르헨티나, 브라질, 에콰도르, 파나마에 쿠바에 상대적으로 우호적인 정부들이 들어섰다.

이 가운데 1998년 선거로 집권한 베네수엘라의 차베스 정부는 쿠바에게 큰 도움이 되었다. '볼리바르의 혁명'(Bolivarian Revolution)을 내걸고 과두제를 공격하며 나온 차베스 대통령은 처음부터 쿠바에 대한 지지와 석유 지원을 내세우며 나섰다. 소위 '카스트로-차베스 축'(the Castro-Chavez Axis)이 탄생한 것이다. 2000년 10월 양국은 베네수엘라의 석유 지원과 쿠바의 서비스 지원을 맞바꾸는 '오일-서비스 교환'(oil for service) 프로그램에 합의했다. 쿠바는 하루 평균 53,000배럴의 석유를 공급받는 대신, 그 대가로 쿠바의 의사, 연구원, 스포츠 감독들을 파견하는 데 합의를 했던 것이다.[18]

　이는 쿠바 에너지 필요량의 3분의 1에 해당하는 양으로 시장가액으로는 약 4억 달러에 해당하는 큰 규모였다. 물론 국영석유회사(PDVSA)의 연간생산량 2%에 불과한 양이지만, 달러 사정이 그렇게 좋지 않은 쿠바로서는 이 정도만 해도 큰 원군이라 아니할 수 없었다. 나아가 2004년 두 정상은 〈미주를 위한 볼리바르적 대안〉(ALBA: Alternativa Bolivariana para las Américas)을 결성하고, 2005년 이를 구체화하는 49개의 협정을 맺었다. 이제 양국 간의 경제적 협력은 이를 통해 거의 자유무역 수준으로 격상하게 되었다.[19]

　미국으로서는 카스트로-차베스의 결합이 중남미에 미칠 나쁜 영향을 심각하게 생각하게 되었다. 만약 차베스의 석유와 카스트로의 리더십이 결합한다면 또다시 1960년데와 같은 좌익운동이 창궐하는 것은 아닐

---

18) 베네수엘라 사회의 기득권층(의사, 기업인 등등)은 이를 자신들의 이익에 대한 중대한 위협으로 여겼다. 이 서비스는 주로 빈민층 부락에 공급되었는데, 이는 곧 차베스에 대한 정치적 지지와 연결될 뿐 아니라, 쿠바의 이념적 영향력이 침투할 것으로 인식하였기 때문이다.

까 우려하였고, 그렇게 된다면 중남미에서 미국의 안보와 이익도 심각하게 위협을 받을 것으로 생각하였기 때문이다. 하지만 두 나라의 우호관계가 중남미에 큰 영향력을 행사할 것이라고 보는 것은 현재까지는 기우일 뿐이다.

2003년에는 아르헨티나와 브라질에서 중도좌파 정부가 성립하였다. 2001~02년의 경제위기로 말미암아 극도로 불만에 찬 아르헨티나 국민들은 중도좌파인 키르치네르 정부를 선택하였다. 신임 정부는 IMF와 국제채권단에 대해 대결적인 자세를 취하며 신자유주의와 미국 중심의 질서를 비판하였다. 당연히 카스트로로서는 정치적 고립에서 빠져나오기 좋은 기회가 되었다. 브라질에서도 노동자당의 룰라 후보가 당선되었다. 룰라 정부 역시 미국 주도의 미주자유무역지대(FTAA)안에 반기를 들고 있었고, 특히 메르코수르를 중심으로 새로운 축을 형성하려고 하고 있었다. 룰라는 군부독재에 저항하던 시절부터 카스트로와 절친했다. 선거에서 당선된 이후 그는 쿠바를 방문하여 카스트로에게 2억 달러 상당의 무역투자 협정을 선물했다. 자연스레 룰라-키르치네르-차베스의 결합은 카스트로로서는 큰 원군이 되었다. 따라서 멕시코와의 불화에도 불구하고 카스트로는 2000년 이후 새롭게 등장한 중도좌파 정부들로 인해 숨쉴 공간을 다시 회복하게 되었다.

---

19) 주요 내용만 살펴보자. 첫째, 베네수엘라 국영석유회사는 아바나에 지사를 개설한다. 둘째, 베네수엘라는 저가 석유 공급량을 하루 9만 배럴로 늘인다. 셋째, 쿠바는 2만 명의 의사를 베네수엘라에 파견하고, 나아가 6만 명의 베네수엘라 의사와 기술자를 양성한다. 이에 대한 대가로 매년 10억 달러의 석유대금을 줄여 준다. 넷째, 무관세로 들어오는 베네수엘라산 식품, 신발, 의류, 가구는 쿠바 내에서 저가로 판매한다(http://ciponline.org/cuba/trade/Venezuelatrade.htm).

7) 중국의 등장

이런 맥락에서 최근 라틴아메리카에서 원자재와 에너지원을 적극적으로 구매하고 투자하고 있는 중국의 등장도 쿠바가 외환 사정의 어려움을 극복하는 데 큰 도움을 주고 있다. 중국은 이미 니켈, 고무, 석유부문에서 합작투자를 크게 늘렸다. 이와 더불어 TV, 자전거 제작기기, 전화기 등과 같은 공산품과 기계류를 수출하는 대신, 쿠바로부터 바이오 기술과 의약품을 수입하고 있고, 나아가 쿠바를 중남미 최초로 '공식관광지역'(ADS: Approved Destination Status)으로 지정하여 자국민의 관광을 독려하고 있다. 아바나는 이제 중국 중남미 관광객의 경유지 허브로 항공노선도 개설하게 되었다.

그야말로 '중국적 특색의 쿠바 무역'(Grogg, 2004: 2) 패턴이 생긴 것이다. 양국의 무역은 2003년 4억 달러 수준에서 2004년 6억 달러 규모로 급성장했다. 게다가 중국의 은행들은 쿠바의 달러 사정을 고려하여, 1990년대의 채무를 10년간 유예시켜 주었으며, 또 무역과 투자의 활성화를 위해 무이자라는 좋은 조건에 금융을 제공하고 있다(CEPAL, 2005: 2~3).

중국은 이미 모아(Moa) 니켈 광산에 합작투자를 하여 연간 22,500톤의 니켈을 생산하기로 합의했다. 중국 은행들은 합작투자 회사의 건설 기간을 거치기로 하여 이후 12년에 분할 상환할 것을 조건으로 5억 달러의 금융을 지원한 바 있다. 쿠바와 중국의 지분 비율은 각각 51%, 49%이다. 이어 카마구에이의 산 펠리페 니켈 광산에도 연간 5만 톤 생산을 목표로 13억 달러의 금융을 지원하는 프로젝트가 현재 진행되고 있다. 베네수엘라에 이어 중국의 투자와 수입 증가로 쿠바계 미국인의 송금이 금지된 이후의 국면도 그런대로 버틸 수 있게 된 것이다.

8) 남북한과 쿠바

1959년 쿠바에서 혁명이 일어나고 사회주의의 길을 가자 한국과의 관계는 자연스레 끊어졌다. 반면 북한은 1960년 사회주의 쿠바와 외교관계를 수립하였고, 이듬해 아바나와 평양에 서로 상주 대사관을 설치한 바 있었다. 북한과 쿠바는 이후 소련권의 일부로서 정치적으로나 군사적으로 긴밀한 관계를 유지하였고, 유엔 등 국제무대에서도 상대국의 입장을 적극적으로 지지하고 있다. 이러한 관계는 소련이 붕괴한 이후 지금까지 변함없이 유지되고 있다. 특히 두 나라 모두 미국의 적대국이라는 입지로 인해 동병상련의 심정을 지니고 있는 것이다.

양국의 우호친선 관계는 2005년 10월 북한노동당 창건 60주년을 맞이해 카스트로가 김정일 국방위원장에게 보낸 축전에도 잘 드러난다.

지난 세기 마지막 연대에 국제무대에서 일어난 변화와 미국 정부의 침략과 적대행위의 강화로 쿠바와 조선민주주의인민공화국은 다 같이 어렵고 복잡한 정세를 타개해 나가지 않으면 안 되었다. …… 두 나라 모두 인민들은 커다란 난관에도 불구하고 사회주의 건설을 계속 추진했고 이를 통해 자기 사상의 위력과 생활력 그리고 인민의 단결을 과시했다. ……(그리고) 전위대인 쿠바 공산당과 조선로동당의 결정적인 역할의 중요성을 보여 줬다.…… 나는 두 나라 당과 정부, 인민들 사이의 관계를 계속 강화해 나가려는 우리의 의지를 재확언한다.(「조선중앙방송」, 2005년 10월 5일자 『연합뉴스』에서 재인용)

미국의 경제봉쇄와 압박 전략의 압력을 강하게 느끼는 두 나라는 개혁, 개방기에도 여전히 협력을 강화하고 있다. 양국 무역성은 올해도 '상품교류 의정서'를 작성하여 필요한 품목들을 각자 합의한 가격 설정 기준에 따라 서로 교환하기로 하였고, '경제 및 과학기술 협의위원회 제23차 회의 의정서'를 교환하여 경제 및 기술 협력을 강화하기로 하였다. 또 쿠바의 개혁과 개방 실험은 이를 뒤따르는 북한에게도 여러 가지 시사점을 제공하고 있기에 북한 방문진들이 쿠바의 협동농장이나 합자회사를 시찰하는 경우도 많다고 한다.

한국은 아직까지 쿠바와는 공식적인 외교관계가 없다. 하지만 그동안 경제, 문화, 관광 등 비정치적 교류는 꾸준히 확대되어 왔다. 아바나와 외곽 여러 곳에 한국 상품의 광고 간판이 걸려 있고, 한국산 자동차들이 많이 굴러다니기 때문에 쿠바 국민들에게 한국의 상품 이미지나 국가 이미지도 높은 편이다. 대부분이 제3국(주로 파나마, 멕시코, 캐나다)을 통한 교역인지라 무역량은 정확히 추계하기 힘들지만 2002년에는 1억 2천만 달러 정도가 된다고 한다(한국수출입은행 발표 기준). 간접교역의 주요 수출품목으로는 자동차, 가전제품, 기계류, 타이어, 방직용 섬유 등을 들 수 있다. 가전제품의 경우 시장 점유율은 70% 정도가 되고, 자동차의 경우는 30%를 차지한다. 또 미미한 액수지만 사탕수수, 담배, 면역혈청, 철강 스크랩이 일부 수입되고 있다고 한다(KOTRA, 2001: 17)

1996년부터 한국의 업체들은 아바나에서 개최하는 연례 무역박람회에 매년 참석하고 있다. 특히 대한무역투자진흥공사(KOTRA)는 양국의 경제교류 활성화를 위해 고위급 인사의 교류 방문을 주선하고 있고, 2002년 11월에는 쿠바 상공회의소 등 3개 기관과 무역투자협력 양해각서(MOU)를 체결한 바 있다. 특히 2005년 9월에는 KOTRA 쿠바 무역관이 개소되어 향후 양국의 교역의 활성화에 큰 도움을 주리라 생각한다.

1998년 9월부터 쿠바 여행이 자유화됨으로써 관광객도 증가하고 있다. 의료관광에서 배낭여행객에 이르기까지 약 2,000명 정도가 매년 쿠바를 방문하는 것으로 추정되고 있다. 한국에는 쿠바 여행 상품을 전문적으로 취급하는 여행사도 생겼다. 젊은 세대나 기업인들에게 쿠바는 더 이상 사회주의 이미지로 다가오지 않는다. 젊은 세대에게는 「부에나 비스타소셜 클럽」의 음악으로, 카리브적 열정을 담은 다문화주의의 아이템일 뿐이고, 기업인들에게는 새로운 시장과 투자 개척지로 다가온다. 이에 대응하여 쿠바인들도 한국을 역동적인 시장경제로 바라보고, 경제 협력을 적극적으로 추진하고 싶은 대상국으로 여긴다. 비록 주변 여건은 엄중하지만 양국 모두 좀더 긴밀한 관계를 맺고 싶은 욕구를 지니고 있는 것 같다.

3. 바람직한 관계 설정을 위한 제언

카스트로 체제는 그 엄중한 경제난과 정치적 고립을 비교적 잘 극복하고, 현재로서는 상대적으로 안정적인 국정을 운영하고 있는 것으로 보인다. 경제는 3~4%의 성장을 지속적으로 유지하고 있고, 중국과 베네수엘라의 도움으로 달러 사정이나 무역 흐름도 원활하다. 정치적 차원에서 보면 반체제운동이 미약하게 존재할지라도 국정의 큰 틀은 흔들리지 않는다. 물론 부시 행정부의 흔들기와 압박 전략이 강력하게 전개되고 있지만, 현재까지 별로 힘을 발휘하지 못했다. 향후 포스트-카스트로 체제도 국내 엘리트와 마이애미 쿠바계가 타협하는 수순으로 가든지, 아니면 중단기적으로 현 체제가 부분적인 수정을 거친 채 유지될 가능성이 높다. 이 모든 것은 한국에 어떤 시사점을 줄까?

첫째, 미국의 봉쇄정책이 더욱 강화되고 있는 시점에서 국교 관계

수립은 쉽지 않은 프로젝트이다. 특히 6자회담이 진행되고 있는 국면에서 군이 국교 관계의 정상화를 서둘 필요는 없는 것 같다. 다만 미국의 양해 아래,[20] 또는 남북한 협력 아래 로우-폴리틱스(low politics)나 경제 및 문화 교류를 강화하여 향후 적당한 기회가 오면 관계를 정상화하는 것이 바람직할 것이다. 현재 파나마나 제3국을 통한 교역량은 계속 증가하고 있는 추세인지라 KOTRA 현지 지사나 현지 투자업체를 통해 충분한 정보 수집과 인적 교류망은 시급히 확충해야 할 것이다.

둘째, 미국의 봉쇄에 대한 미국 국내 경제단체들의 반발도 심각하다. 미국의 봉쇄노선은 부시 행정부 제2기 동안은 관성적으로 굴러갔다. 하지만 조만간 쿠바계 미국인들의 이반과 미국 농축산업계의 로비에 밀려 경제 분야에 국한하여 개방을 확대할 가능성도 배제할 수 없다. 우리 정부나 업계도 이런 가능성에 대비하여 충분히 준비해야 할 것이다.

셋째, 쿠바와 북한은 지구상에 별로 남지 않은 '강성' 사회주의 국가들이다. 카스트로 체제는 북한과의 의리 관계를 중시하여, 선뜻 한국과 국교를 정상화하려고 하지 않을 것이다. 이런 경우 남북한 협력의 틀을 이용하여 쿠바에 접촉하는 것도 관계 개선에 도움이 될 수 있다. 예컨대 북한의 식량 문제 해결을 위해 쿠바의 유기농 영농이나 협동조합 운영 사례, 바이오 기술과 유전공학 공동연구를 쿠바-남북한 3자가 공동연구

---

20) 사실 미일동맹체제의 일원인 일본과 쿠바 관계는 의외로 매우 돈독하다. 양국 관계는 1929년 국교가 수립된 이래 단절의 역사 없이 꾸준히 발전해 왔다. 2003년 카스트로는 일본을 방문하여 고이즈미 수상과 정상회담을 한 바 있고, 여기서 북-일 문제까지 의견을 교환했다. 일본의 하시모토 전 수상이 2001년 쿠바를 방문한 바 있고, 이어서 쿠바의 국회의장과 외무부장관 등도 도쿄를 방문한 바 있을 정도로 고위급 교류도 활발한 편이다. 한편 일본은 2005년 9월 허리케인 데니스의 피해가 큰 쿠바에 세계식량기금(WFP)을 통해 1억 달러의 식량 원조를 실시한 바 있다(일본 외무성 자료).

를 하고, 그 결과를 남북경협에 반영하는 한편, 우리와 쿠바의 다양한 교류관계를 창출할 수 있다.

넷째, 쿠바 역시 중남미 사회의 일원으로 공식적 관계보다 인적 네트워크나 비공식 관계를 중시하는 문화가 있다. 따라서 멕시코를 비롯한 중남미의 한국 지사와 상사 주재원들 그리고 공관원들이 보다 자주 접촉하여 인적 연결망을 만들고, 이를 향후 교류 확대에 이용하는 것이 바람직할 것이다.

다섯째, 이미 한국과 쿠바의 문화 교류는 상당히 진행된 편이다. '부에나비스타소셜 클럽'의 방한 연주회도 여러 차례 있었고, 한국인의 쿠바 여행도 점차 증가 추세에 있다. 쿠바 학자들이나 공무원들도 여러 차례 한국을 방문하여 상호 관심사를 나누기도 했다. 한국학술진흥재단이나 한국국제교류재단(Korea Foundation), 국책연구소와 대학들이 쿠바의 젊은 학자나 대학원생들을 초청하여 교육이나 연수를 시키고, 향후이들을 통해 상호이해를 증진하고 또 관계를 늘려가는 것도 하나의 방도라고 생각한다.

10장 미국의 대콜롬비아 마약전쟁:
현실주의 외교 논리의 문제점

1. 서론

2000년에 클린턴 행정부의 '플랜 콜롬비아'(Plan Colombia)가 출범한 이래 미국은 2008년까지 콜롬비아에 60억 달러의 원조를 제공하며, 적극적인 마약전쟁에 나섰다.[21] 하지만 공급영역에서 마약 생산량을 줄여 국내 마약소비를 줄이겠다는 미국의 정책은 오랜 역사에도 불구하고 아직까지 가시적인 성과를 뚜렷하게 낳지 못했다. 이 대대적인 마약전쟁이 콜롬비아 국내는 물론, 주변국에 미치는 영향도 심각하다. 이미 콜롬비아의 정치질서는 마약전쟁의 장기화로 인해 심각한 정당성의 위기를 겪고 있고, 통치조차 힘든 실정이다(Bergguist, Peñaranda and Sánchez eds., 2002; McLean, 2002a, 2002b). 최근 들어 미국의 대대적인 개입과 군사원조는 기뜩이나 힘든 이 나라의 정치질서를 더욱 폭력의 소용돌이로 몰아붙이고 있다고 비판하는 논자까지 등장하고 있다.[22]

---

21) 오바마 행정부도 2010년에 5억 달러 규모의 원조를 하기로 했다고 한다.

플랜 콜롬비아를 통한 마약전쟁은 이웃나라들에게 영향을 미쳐 지역 전체의 안보를 위협하고 있다. 인접국인 페루, 볼리비아, 에콰도르, 베네수엘라, 브라질과의 접경 지역에서는 이미 마약전쟁으로 인한 후유증을 경험하고 있다. 유민의 유입, 코카 밭의 확산, 게릴라와 우익 민병대의 잦은 출현으로 이웃 정부들도 이 마약전쟁을 반갑지 않은 손님으로 생각한다. 더구나 9.11 테러 사태 이후 부시 행정부가 그 방향을 '마약 테러리즘'(Narcoterrorism)의 박멸로 수정한 결과 '마약전쟁'(War on Drug)은 대테러 전쟁의 차원을 띠게 되었다. 2002년에 들어선 알바로 우리베(Álvaro Uribe) 정부도 미국의 대테러 전쟁 논리를 적극적으로 수용하여, 마약 퇴치와 게릴라 퇴치에 공세를 취하고 있는 실정이다.

수많은 예산과 인력이 동원된 미국의 마약 퇴치전략이 지난 수십 년간 왜 이렇게 지지부진한 결과를 낳았을까? 공급 측면에서 마약의 유입을 막겠다는 강력한 의지는 이미 수많은 정책에서 표명되었고, 또 의회에서 승인된 수십억 달러의 예산으로 뒷받침된 바 있었다. 하지만 이 정책들은 미국 내 마약의 유입을 크게 줄이지 못했다. 1996년부터 2001년까지 미국의 대콜롬비아 군사원조는 6,900만 달러에서 10억 달러로 15배나 증액되었지만, 코카 생산면적은 되려 67,200헥타르에서 169,800헥타르로 150%나 늘었다(403쪽 〈표 2〉 참조). 이와 더불어 미국의 적극적인 개입 정책은 가뜩이나 허약한 콜롬비아 정치질서에 나쁜 영향을 주었고, 민주주의와 인권, 그리고 생태환경에 좋지 않은 영향을 미쳤다. 이

---

22) 프랑스의 비판적 월간지 『르 몽드.디플로마티크』(Le monde diplomatique)는 플랜 콜롬비아가 "콜롬비아의 베트남화"를 부추기고 있다고 줄기차게 비판한 바 있다. 저널리스트인 알마 길에르모프리에토(Alma Guillermoprieto, 2002) 역시 폭력의 소용돌이를 생생하게 증언하고 있다.

제 콜롬비아는 '허약한 국가'(weak state)의 차원을 떠나 '국가의 붕괴'(state collapse)를 걱정해야 할 시점에 이르렀다(McLean, 2002b).

이 글은 1980년대 이래 미국의 대콜롬비아 마약정책의 경과를 살펴보고, 그것의 근간이 된 현실주의 외교 논리의 한계를 주목하고자 한다. 왜 수많은 군사원조비에도 불구하고, 코카 재배지는 줄지 않고 있는가? 현실주의 외교 논리는 무엇을 놓치고 있는가? 이런 질문과 더불어 공급 측면에서 마약 문제를 접근하는 군사원조와 군사적 해결책이 콜롬비아 정치와 지역질서에 미친 파괴적 영향을 살펴보면서, 장기적으로 바람직한 정책의 방향을 모색해 보기로 한다.

2. 미국의 대콜롬비아 마약정책의 계보

1) 현실주의와 마약전쟁: 1980년대

1982년 레이건 행정부는 국내에 급증하는 마약 소비를 줄이기 위해 대대적인 퇴치 전략을 선포했다. 연방정부는 이 마약퇴치를 위해 예산을 최대한 확보하고 1989년에는 63억 달러까지 증액한다는 목표를 세웠다. 무엇보다 특징적인 요소는 미국 군부가 국내와 국외에서 마약 퇴치에 적극적으로 대처한다는 점이었고, 마약 생산지(source)와 이동경로(transit)가 되는 국가에도 미국이 주도권을 행사한다는 방침을 세웠다.

레이건 행정부는 임기 내내 수요 측면보다는 공급 측면의 전략에 골몰했고, 예산의 70% 정도는 공급 측면 프로그램에 투입했다(Bagley and Tokatlian, 1992: 216). 마약퇴치 프로그램에 '전쟁'이란 극적인 수사도 부가되었다. 1986년 4월 '마약전쟁'(war on drugs)이란 용어가 「국가안보결정문 221호」에 등장했다. 이제 마약거래는 미국의 안보 이해에 대한 치명적인 위협으로 규정되었고, 미국 군부는 마약퇴치 활동에 적극적인 역할을 수행할 수 있게 되었다. 실제로 이해 7월에 미군은 볼리비아의 마약퇴치 작전에 직접 투입되었다. 같은 해 미국 의회가 통과시킨 '마약퇴치법안'도 주 내용이 금압과 형사처벌에 초점이 맞춰져 있어, 국제 마약퇴치 전선이 하나의 전쟁터로 변해가고 있음을 암시했다.

마약문제를 수요보다는 공급 측면에 초점을 맞추고, 힘과 무력에 의존한 군사적 해결책으로 풀려는 레이건 행정부가 1980년대에 실행한 일련의 노력을 브루스 배글리(Bruce Bagley)와 후안 토카틀리안(Juan Tokatlian)은 "마약퇴치 국가안보 레짐"(Antidrug National Security Regime)이라 부른다. 이 레짐은 성공적인 제도화를 위해 필수적인 정당성(legitimacy), 신뢰성(credibility), 대칭성(symmetry)의 측면에서 흠이 많았고, 따라서 마약퇴치에 크게 효능을 발휘하지 못했다.

첫째, 레이건 행정부는 일방주의적인 조치로 마약전쟁을 끌어갔기에, 정당성이 결핍되어 있었다. 정책의 우선 순위는 워싱턴에서 결정되었고, 협상의 여지가 없었으며 현지 사정은 간단히 무시되었다. 둘째, 마약의 '소스'에서 생산을 차단한다는 논리가 앞섰기에, 국내의 수요 억제책이라든가, 마약정제에 필수적인 화학물질의 수출을 통제한다든가, 재래식 무기 거래를 억제하고, 돈세탁을 방지하는 노력은 거의 하지 않아서 신뢰성이 높은 퇴치 전략이 되기 힘들었다. 셋째, 경기규칙을 강제하는 데 소요되는 인적, 제도적, 경제적 부담을 공평하게 나누지 않았기에 대칭적인 레짐이라고 보기도 어려웠다.

레이건 행정부는 마약거래를 국가안보에 대한 '대외적 위협'(external threat)으로 인식했다. 따라서 이 대외적 위협을 제거하기 위해서 연방정부는 당사국에 대외적인 압력을 행사했고, 모종의 조치를 취하도록 강제했다. 압력을 행사하는 수단에는 군사원조를 포함한 다양한 조치들이 동원되고, 이에 따라 당사국은 미국의 정책적 목표에 협력을 하게 된다는 것이다. 이러한 논의의 밑바닥에는 다분히 현실주의(realism) 시각의 국제정치관이 깔려 있다.

주지하다시피 현실주의 국제정치관은 국가 행위자들을 중심에 놓고 사고한다. 국제체계는 어차피 무질서한 상태이므로, 자신의 국익을 방어하기 위해서는 국가 스스로 자조(自助) 전략을 취해야만 한다. 마약 거래는 이미 미국의 국내 질서에 상당한 위해를 가하고 있기 때문에 '하이 폴리틱스'(high politics)로 다뤄져야 하고, 당연히 민주주의·인권·빈곤퇴치·환경 등과 같은 '로우 폴리틱스'(low politics)보다는 우위에 놓인다(Bagley and Tokatlian, 1992: 216~8).

레이건 행정부 이래 역대 행정부가 마약전쟁을 보는 기본적인 시각은 이런 특징을 지닌 현실주의 사고방식이다. 미국은 탈냉전 이후 서반구에서 공산주의를 대신하여 등장한 새로운 적이 마약이라고 보았다. 이제 서반구의 안보를 위협하는 주된 위협요소는 마약과 마약조직들이다(Tickner, 2003: 78). 레이건 정부는 일찌감치 마약전쟁을 '저강도 갈등'(low intensity conflict)으로 분류하고, 그 대상에 마약거래 조직들도 포함시켰다. 이런 분류방식에 의해 마약근절 정책(counternarcotics)은 곧 봉기진압(counterinsurgency)의 차원을 획득하게 되었다.

이러한 논리는 뒤이은 아버지 부시 행정부(1988~92)에서도 그대로 계승된다. 1989년 9월 국방부 장관 리처드 체니(Richard Cheney)는 "불법 마약을 생산하고 거래하는 것을 포착하고 억제하는 것이 (펜타곤의) 최우선적, 국가안보 차원의 의무"라고 명시적으로 언급했다. 더불어 부시 행정부는 마약 자금의 세탁에 관여한 것으로 알려진 파나마의 마누엘 노리에가(Manuel Noriega)를 무너뜨리기 위해 침공을 감행했고, 아울러 콜롬비아 정부의 허락도 받지 않고 콜롬비아의 영해에 미국 함대를 보내 항의를 받기도 했다. 미국의 일방주의와 군사적 개입은 부시 행정부 시절에 더욱 강화되었다. 당시 '마약 차르'(Drug Czar)였던 윌리엄 베넷은 그린베레를 안데스 코카 밭에 직접 투입해야 하며, 멕시코의 허락 없이 첩보위성을 이용하여 감시활동을 할 수도 있다고 주장했다(Bagley and Tokatlian, 1992: 231).

부시 행정부의 마약정책이 군사화되고 있는 조짐은 '안데스 전략' (Andean Strategy)에서도 잘 드러났다. 부시가 1989년 콜롬비아에 지원했던 것도 6,500만 달러어치의 재래식 무기였다. 정작 콜롬비아가 원했던 것은 첩보수집 장비와 약화된 사법기구에 대한 기술적 지원이었다. 뒤이어 2억 6,100만 달러의 볼리비아, 콜롬비아, 페루 원조도 거의 대부분 군부와 경찰에 대한 지원이었다. 1991~95년에 할당된 22억 달러의 지출예산도 대안적 개발·보건·제도 개선보다는 군사원조에 초점이 맞춰진 것이었다(Bagley, 1992: 137~8).

레이건 시절부터 부시 행정부에 이르기까지 미국의 대외마약 정책의 기조는 현실주의에 기초한 일방주의이다. 이들은 수요 측면보다는 공급 영역에서 힘과 군사력으로 마약의 유입을 억제하려고 했다. 따라서 복잡한 마약문제를 국가 안보적 차원의 대외위협으로 정형화시켰다. 이런 단순화된 사고방식을 잘 보여 주는 논리 가운데 하나가 '마약게릴라론'(narcoguerrilla theory)이다.

'마약게릴라'란 용어는 1980년대 당시 콜롬비아 대사를 지냈던 루이스 탬스(Lewis Tambs)가 '콜롬비아혁명군'(FARC)을 비판하면서 불렀던 말이다. 원래 게릴라 단체로 출범했던 이 세력이 이제는 코카를 재배

하는 농민들을 보호해 주고, 대신 세금을 걷는 것을 비꼬았던 것이다.[23)]
그러나 마약 카르텔이 지원하는 조직 MAS(Muerte a Secuestradoras: 게릴라, 노조 등의 활동가나 지지자를 암살하는 민병대 조직으로 후일 'AUC'로 발전한다)도 1980년대 초부터 이런 활동을 했기 때문에, FARC에만 이런 조어를 쓴다는 것은 형평성에 문제가 있기도 했다.

1980년대에 별로 인기가 없던 '마약게릴라'란 용어는 1990년대에 들어오면 미국과 콜롬비아에서 점차적으로 시민권을 획득하게 된다. 미국에서는 아울러 저강도 전쟁의 봉기진압 대책 차원에서 마약게릴라를 볼 것을 주문하는 논의도 나왔다. 1996년 당시 국무부 차관이었던 로버트 겔바드(Robert Gelbard)는 콜롬비아혁명군(FARC)이 메데인과 칼리 카르텔을 뒤이은, 제3의 거대 카르텔이라고 비판한 바 있었다(Tickner, 2003: 79). 당시 콜롬비아 대통령으로 대선 시절 마약 카르텔의 자금을 받았다는 의혹을 샀던 에르네스토 삼페르(Ernesto Samper) 대통령도 상황의 힘에 밀려서 '마약게릴라'(narcoguerrilla)란 말을 썼다.

하지만 미국 정부가 공식적인 차원에서 이 용어를 받아들인 것은 클린턴 행정부의 말기인 2000년 11월이었다. 이 시기에 미국 행정부는 FARC가 멕시코의 마약 카르텔 총수 아레야노 펠릭스와 거래하고 있다

---

23) 대표적인 좌익 게릴라 세력으로 군사력은 15,000명에서 17,000명을 헤아린다. 두번째 게릴라 세력은 '민족해방군'(ELN)이다. 이들은 도시의 급진화된 중간계급 출신이 주요 구성원을 이루며, 약 5,000명에서 7,000명을 헤아린다. 'M-19'란 게릴라 단체도 과거에 활동했지만, 1980년대 중반에 무기를 내리고 의회정치에 합류하며 해소되었다. 게릴라 단체들은 지역적으로 고립화된 콜롬비아 지형을 이용하여, '사실상의 정부'로 기능하고 있다. 게릴라 단체의 장기적 존속은 콜롬비아 국가의 영토적 통합성이 얼마나 허약한가를 방증한다. 이와 더불어 우익 성향의 준군사조직 '콜롬비아 통합우익 민병대'(AUC)의 병력 수는 12,000명에서 14,000명을 헤아린다. 이 조직은 재원의 70%를 마약거래에서 조달한다.

고 보았고, 아울러 콜롬비아 남부에서 이들이 통제하는 대규모 코카 필드를 확인하면서, '플랜 콜롬비아'를 준비하기 시작했다. 1990년대 중반에 주요 카르텔이 쇠퇴하자, FARC는 마약거래의 주요한 부분을 장악했다고 미국은 믿었다. 미국은 허약한 콜롬비아 국가가 마약게릴라들의 위협에 효과적으로 대처할 수 없다고 판단했고, 게릴라 통제구역의 마약화를 막기 위해 군사원조를 강화할 수밖에 없다는 결론을 내렸다. 그 결과가 '플랜 콜롬비아'라 불리는 13억 달러의 원조안이었다. 이 플랜은 레이건, 부시 시절에 본격적으로 시작된 군사원조를 더욱 큰 규모로 확대한 것이었고, 기존의 정책이 실패했음을 간접적으로 시인한 것에 다름 아니었다.

2) 플랜 콜롬비아: 클린턴 행정부

클린턴 행정부는 칼리 카르텔로부터 수백만 달러의 선거자금을 유입한 혐의를 받고 있던 삼페르 정부(1994~98)를 불신하였던 까닭에, 1996년에 대통령의 미국 비자까지 취소하는 조치를 취했다. 정부 차원의 협력이나 연계마저 사라지자, 경제 제재의 위협에 직면한 삼페르 정부는 오히려 마약 카르텔에 대한 강경책을 적극적으로 수용하였다. 미국의 현실주의적 위협 외교가 잘 먹혀 들어갔던 것이다. 삼페르 대통령은 전임 정부가 유예시켰던 범죄인 인도조약을 회복하고, 강력한 고엽제 살포 시책을 수용하였다. 또 적극적인 마약 카르텔 소탕작전에 나섰고, 이에 따라 양대 세력인 메데인 카르텔과 칼리 카르텔 조직은 점차 와해되었다. 하지만 마약거래 조직이 사라진 것은 아니었다. 거대 카르텔은 보다 작은 단위로 분화되면서 수평적으로 확산되었고, 수면 아래 가라앉은 상태로 활동하여 향후 이들의 검거가 더욱 어렵게 되었다(Tickner, 2001: 48).

1998년 안드레스 파스트라나(Andres Pastrana) 행정부(1998~
2002)가 들어섰고, 대통령은 '평화, 번영, 국가 강화를 위한 플랜'에 75
억 달러의 원조를 국제사회에 호소했다. 파스트라나는 콜롬비아의 문
제가 단순히 마약과 게릴라 문제에 대한 대증요법이 아니라 종합적 처
방이 요구된다는 점을 내외에 강조했고, 이를 해결하기 위한 신판 '마
셜 플랜'을 제안하였다. 클린턴 대통령은 곧 그와 만나 '마약퇴치 동맹'
(Counternarcotics Alliance)을 맺었고, 적어도 마약전쟁에 관한 한 미국
정부는 적극적으로 도울 것이라고 안심시켰다.

당시 행정부 내에서는 콜롬비아가 '문제국가'(problem state)로 서
반구의 지역 안정에 가장 우려를 자아내는 대상으로 등장하고 있었다.
상황을 내버려 두면 콜롬비아의 민주주의는 붕괴될 것이고, 나아가 허
약한 국가기구도 무너져 버릴 것이라고 전문가들은 입을 모았다. 당연
히 행정부의 대중남미 정책의 초점으로 부상할 수밖에 없었다(McLean,
2002b).

2000년 7월 워싱턴의 의회는 2000~01년 2년간 총 13억 달러의 원
조안을 승인하였다. 콜롬비아는 일약 미국의 군사원조 수혜국가로서는
이스라엘, 이집트를 이어 제3위 국가로 부상했다. 원조액 가운데 25%는
인권, 사법부 개혁, 법치, 난민 지원, 평화 등에 사용될 것이지만, 나머지
75%는 곧 군요원 훈련, 장비 구매에 투입될 예정이었다. 원조액은 대단
히 컸지만, 그 내용은 파스트라나가 제시한 종합적인 '마셜 플랜'과는 거
리가 너무 멀었다.

첫째, '플랜 콜롬비아'는 콜롬비아 남부를 압박하는 전략("Push into
Southern Colombia")에 초점이 맞춰졌다. 75%에 해당하는 군사원조액
의 대부분이 남부 푸투마요와 카케타 지역에 있는 3개의 마약퇴치대대

(1개 대대는 900명 단위로 총 2,700명 규모이다)의 훈련비용과 고가의 장비 구매에 들어갈 예정이었다.[24] 푸투마요는 'FARC'가 코카 재배 농민을 보호하는 지역일 뿐 아니라, 코카인 정제공장과 소형비행기 세스나가 이착륙을 하는 비행장도 많은 곳이었다. 고엽제 살포를 지원할 3개 마약퇴치 대대가 이용할 고가의 헬리콥터(18대의 신형 UH-60 블랙호크, 42대의 슈퍼-휴이 UH-1 헬리콥터) 구매에 배정된 자금만 3억 5천만 달러였다. 대대들은 이 헬기들을 이용하여 기동력을 향상시키고, 또 고엽제 공중살포를 안전하게 할 수 있도록 측면 지원하는 임무를 떠맡았다.

둘째, 이전 원조와 달리 수혜 집단은 국립경찰이 아니라, 군부였다. 군부의 역할은 약화되어 가는 국가의 새로운 건설자로 재규정되었다. 하지만 군사원조 자체가 군부와 FARC의 투쟁을 격화시키고, 나아가 '콜롬비아의 군사화'를 강화했다는 비판을 피하기 힘들게 되었다.

셋째, 클린턴 행정부는 원조기금을 수혜한 마약퇴치 단위들의 작전은 직접적으로 마약 통제에 연계되어 사용되어야 한다고 꼬리표를 달았다. 명시적으로 마약퇴치(anti-narcotics)와 봉기진압(anti-subversive)을 구분했다고 하지만, 양자의 경계는 압도적인 군사적 성격의 원조로 인해 사라지게 되었다.

넷째, 미국인들의 참여 비중을 줄이기 위해 고엽제 살포나 경계 활동에 민간기업을 아웃-소싱(out-sourcing)하는 형식을 취했다. '플랜 콜롬비아'에 직접 동원된 미국인의 숫자는 160~180명 수준이라고 하나,

---

24) 헬기 회사인 유나이티드 테크날러지즈(United Technologies)와 텍스트론(Textron)은 '플랜 콜롬비아'를 지지했던 의원들의 주된 정치자금 공급자란 의혹도 받았다(Adelman, 2002: 68).

비미국인을 포함하면 민간인의 숫자는 300명을 상회한다. 민감한 대외 지원 활동을 민간기업이 담당할 수 있느냐는 신뢰성의 문제나 인권침해 논란을 일으켰다. 실제로 2001년 4월 미국 선교사 일행을 태우고 페루 상공을 날던 비행기가 추락한 사고에 민간기업의 계약자가 연루되어 책임성 논란이 일었다.

다섯째, 과거의 경험에서 알 수 있듯이 군부의 인권침해 논란을 불식시키기 위해서 클린턴 행정부는 마약퇴치 대대의 활동을 모니터링하고 아울러 군부나 경찰이 (인권침해로 악명이 높은) 우익 민병대 그룹과 관계를 끊었다는 인증 절차를 밟도록 했다. 콜롬비아의 반대를 무릅쓰고 패트릭 리하이를 비롯한 민주당 의원들은 군부의 인권침해를 차단하기 위해 마약퇴치에 투입된 대대들을 모니터링 하도록 했고, 매년 이를 인증(certification)하는 의무를 익년의 원조와 연계시켰다.[25]

'플랜 콜롬비아'를 통해 콜롬비아의 마약전쟁은 격화일로를 걸었다. 푸투마요를 비롯한 남부 지역은 코카의 3분의 2가 생산되는 지역이자, 또 게릴라 FARC가 코카 농민들을 보호하는 일종의 안전지대이기도 했

---

25) 「리하이 수정법안」(Leahy Amendment)의 구체적인 내용은 다음과 같다. i) 콜롬비아 대통령은 인권침해에 책임이 있는 직책의 군부 인사 전원을 민간법정에서 재판할 것을 서면으로 요청한다. ii) 콜롬비아군 참모총장은 인권침해나 우익 민병대 집단을 도운, 책임이 있는 직책의 모든 군부 인사 전원을 해임한다 iii) 인권침해에 연루된 책임이 있는 보직의 군부 인사에 대해 민간법정이 조사를 하고 기소할 경우 육군은 전적으로 협력한다. iv) 콜롬비아 정부는 우익 민병대 대원과 지도자에 대한 기소를 민간법정에 맡기고, 군부 내 협력인사나 동조자도 마찬가지로 처리한다. v) 콜롬비아 정부는 모든 코카와 아편 생산을 2005년에 제거할 전략을 수립한다. 이 전략에는 대안적 발전 프로그램, 수공 제초작업, 공중 제초제 살포, 환경에 무해한 미생물 제초제(마약 식물만 공격하는 제초제)의 살포, 마약생산 공장의 파괴가 포함되어야 한다. vi) 콜롬비아 육군 검찰관들로 구성된 조사위원회를 구성하여 작전 지역 군인들의 어긋난 행동을 조사해야만 한다(Isaacson, 2001: 70~71).

다. 곧 이 지역에 대한 제초제의 대량살포가 행해졌고, 게릴라와 정규군의 충돌이 빈번해졌다. 1999년에 4만 헥타르의 코카 밭에 제초제가 뿌려졌지만, 2000년에는 그 대상이 8만 헥타르로 늘어났다. 하지만 코카 생산량은 줄지 않았다. 코카 밭은 다른 지역으로, 국경을 넘어서 또 이동하고 있었다.

FARC는 '플랜 콜롬비아'를 "은폐된 전쟁선언"이라고 주장했다. 이 게릴라 단체는 미국의 외부개입에 맞서 투쟁할 것이라고 공개적으로 천명했다. 곧 이들은 인프라에 대한 공격, 암살과 납치, 농민의 대중적 동원에 힘을 쓰기 시작했고, 콜롬비아 정국은 다시 폭력의 소용돌이 속으로 빠져 들어갔다.

3) 마약테러리즘 논리의 확산: 9.11 테러의 충격

현실주의 논리에 따른 미국의 국가안보관은 마약전쟁을 '마약게릴라에 대한 투쟁'으로 비화시켰다. 마약퇴치와 게릴라 퇴치를 엄격히 구분한 클린턴 행정부의 '플랜 콜롬비아'도 구체적인 실행에서는 거의 양자를 구분할 수 없었다. 이러한 혼동은 부시 행정부(2001~08)가 출범하고, 갑자기 찾아온 2001년 9.11 테러 사태로 인해 더욱 강화된다.

9.11 테러 사태는 부시 행정부의 안보전략을 근본적으로 수정하는 계기가 되었다. 행정부 내에서 강력한 발언권을 얻게 된 신보수주의자(neocon)들은 국내의 애국 여론에 힘입어, 미국의 일방주의 외교정책을 대외 안보정책의 기조로 삼았다. 이제 '플랜 콜롬비아'를 간접적으로 비판하던 유럽 열강들의 눈치조차 두렵지 않았다. 자연스레 반테러 전쟁의 논리가 확산되자, 서반구에서 '마약 테러리즘'(narcoterrorism) 논리는 기존의 마약전쟁(War on Drug) 논리를 대체하게 되었다. 이제 마약 퇴치

는 곧 봉기진압(counterinsurgency) 내지 테러퇴치(counterterrorism)로 바뀌었다(Tickner, 2003).

9.11 테러 한 달 뒤인 10월 10일에 국무부의 테러퇴치 담당관인 프랜시스 테일러는 "서반구에서 가장 위험한 국제 테러그룹은 바로 콜롬비아혁명군(FARC)"이라고 말했다. 국무부 장관 콜린 파월과 미국의 콜롬비아 대사 패터슨도 콜롬비아 내부의 무장 세력들이 지역 안정을 해치는 테러 조직들이라고 주장하였다. 9.11 테러 정세 아래에서 곧 테러리즘과 마약 그리고 무기밀매를 연결시키는 '마약테러리즘'이란 조어가 탄생했다. 여기에 해당하는 대표적인 무장 세력으로 게릴라 단체인 FARC(1만 7천 명 규모), ELN(4천 내지 5천 명 규모)과 우익 민병대 조직인 AUC가 지목되었다. '마약테러리즘' 논리는 9.11 테러 정세 아래에서 새로운 탄력을 얻게 되었다.

2002년 2월 20일 콜롬비아의 파스트라나 행정부가 추진했던 FARC와 정부의 힘겨운 평화협상이 실패로 끝나자, 파스트라나 대통령도 곧 워싱턴의 '마약테러리즘' 논리를 수용하였다. 이전까지 파스트라나는 게릴라 세력을 '테러리스트'라고 언급한 적이 없었다. 이어서 5월에 열린 대통령 선거에서도 쟁점은 '테러와의 전쟁'이었다. 국민들은 강경파인 알바로 우리베 후보에게 표를 몰아주었고, 그의 당선으로 이 마약테러리즘 논리는 더욱 강력한 추진력을 얻게 되었다.[26]

하지만 이런 논리에도 맹점이 없는 것은 아니다. FARC가 코카와 코

---

26) 우리베 정부를 역사적 시각에서 조망한 글로는 Hylton(2003)을 참조하시오. 힐턴은 이 글에서 콜롬비아 게릴라 전쟁의 장기화를 보수양당 정치의 한계에서 찾고 있다. 이 부분에 대한 대대적인 개혁이 없이는 미국의 군사원조나 강력한 대테러 전쟁은 제한된 효과를 가질 뿐이라고 그는 주장한다.

카 페이스트(coca paste)에 대해 과세를 하고, 그 자금으로 무기를 구매하는 편법을 쓰고 있지만, 이들이 마약 카르텔이 하듯이 마약을 수송하고 유통시키는 데 개입한다는 증거는 명확하지 않다. 미국의 마약단속국(DEA)도 이 게릴라 단체를 국제 마약 카르텔로 보지는 않는다. 반면 우익 민병대인 AUC가 마약거래에 개입한 사실은 명백하다. '플랜 콜롬비아' 이래 엄청난 군사원조와 상당한 인력을 투입했음에도 불구하고, 코카 필드가 줄지 않고, 콜롬비아 내전만 격화시켰다는 점에서 미국의 마약전쟁과 마약테러리즘 논리의 효능은 여전히 의문시되고 있다.

4) 안데스 지역 이니셔티브(ARI)

'플랜 콜롬비아'는 2002년에 들어와서 '안데스 지역 이니셔티브'(ARI: Andean Regional Initiative)로 재명명되었다. 이미 13억 달러의 예산 가운데 2000~01년 두 해 동안 8억 6천만 달러가 콜롬비아에 집행되었다. 이 가운데 군사원조가 75%가량 되었다는 점은 위에서도 지적하였다. 하지만 군사원조 비중이 너무 높다는 비판이 조야에 일자, 이번에는 군사 대비 경제 원조의 비중을 높이는 조치를 취했고, 이와 더불어 플랜 콜롬비아로 인해 영향을 받은 인접 6개국에 대한 지원도 포함시켰다.

국무부는 8억 8,200만 달러에 해당하는 ARI의 군사 대 경제 원조의 비중을 50:50으로 균형을 맞추었다. 하지만 콜롬비아가 받는 지원금 가운데 군사원조 비중은 63%나 된다. 전년도의 원조액 가운데 미집행액으로 2002년으로 이월된 금액을 합치면 ARI는 총 10억 4,100만 달러가 된다. 당연히 군사원조가 차지하는 비중도 57%로 높아진다. 이 가운데 콜롬비아에 돌아갈 몫은 5억 2,600만 달러로, 이 중 71%가 군사원조에 해당한다. 여전히 군사원조액의 비중이 높은 것이다.

<표 2> 안데스의 코카 생산

단위: 헥타르

국가/연도	1995	1996	1997	1998	1999	2000	2001	2002
콜롬비아	50,900	67,200	79,500	101,800	122,500	136,200	169,800	144,450
볼리비아	48,600	48,100	45,800	38,000	21,800	14,600	19,900	24,400
페루	115,300	94,400	68,800	51,000	38,700	34,200	34,500	36,600
합계	214,800	209,700	194,100	190,800	183,000	185,000	223,700	205,450

출처: U.S. Department of State, International Narcotics Control Strategy Report(2003: 2~16)

이와 더불어 인접국가로 영향을 받은 나라들도 원조 수혜대상이 되었다. 특히 브라질(345%), 파나마(220%), 베네수엘라(144%), 페루(82%)가 군사원조 부분에서 전년도 대비로 크게 증액되었고, 반면 에콰도르(63%), 볼리비아(20%)는 상대적으로 소규모로 증가하였다. 크게 증가한 지원액은 주로 콜롬비아의 내전으로 인해 영향을 받는 주변국들의 경계에 도움을 주기 위한 것이다.[27]

페루의 군부는 주로 해군의 해상경비 강화, 공군과 경찰의 장비 업그레이드에 도움을 얻게 되었다. 반면 에콰도르는 군과 경찰의 훈련, 병참지원, 커뮤니케이션 등에 도움을 받았다. 또 미국 공군은 태평양 연안의 '만타'를 초계비행을 위한 중간기지로 이용하기로 하였다. 볼리비아는 코카 재배 지역인 차파레에 병영을 건립했고, 여기서 미군들로부터 마약퇴치 훈련을 받게 되었다.

반면 브라질 경찰은 2002년 처음으로 상당액의 마약퇴치 원조를 받게 되었다. '코브라 작전'이라 불리는 콜롬비아 접경지역 강화에 주로 원

---

27) 이하는 주로 Isacson and Olson(2003)을 참조하였다.

조금이 투입될 전망이다. 군부가 없는 파나마 역시 콜롬비아와의 국경을 강화하기 위해 국립경찰이 장비와 훈련을 받게 되었다. 베네수엘라는 미국이 지난 50년간 사용료 없이 주둔해 온 카라카스의 티우나 요새 사령부로부터 나갈 것을 요구해, 미국과의 관계는 냉랭해졌다. 하지만 마약 문제에 관한 한 미국은 국방경비대에 도움을 주고 있다.

3. 마약전쟁의 효과

1) 코카 생산량의 증가

미국의 공급부문 중시 정책은 엄청난 군사원조와 제초 사업을 중심으로 진행되었지만, 그 결과는 참담하다. 제초제를 뿌린 지역이 엄청나게 방대했지만, 코카 필드가 전혀 줄지 않았을 뿐만 아니라, 다른 지역으로 늘어나고 있는 경향을 보이기 때문이다. 〈표 2〉에서 보듯이 1990년대 중반까지 코카의 주산지는 볼리비아와 페루였다. 하지만 콜롬비아에서 대규모 마약 카르텔이 약화되고, 페루와 볼리비아 양국과 콜롬비아를 잇는 공중선(air bridge)이 봉쇄되자, 코카 필드가 자연스럽게 콜롬비아로 이동하였다. 콜롬비아의 중남부 과비아레 지역에서 코카 생산이 활성화되자, 미국은 1995년부터 이 지역에 대대적인 제초제 살포를 실행하였고, 1990년대 말엽에 이르러 이 지역의 생산량은 크게 줄었다. 하지만 콜롬비아의 코카 생산량은 푸투마요 지역 주변의 남서부를 중심으로 두 배나 늘어나는 역설을 낳았다. 1995년에 코카 재배지가 50,900헥타르였는데 반해, 1999년에 이르면 103,500헥타르로 늘어났다. 코카 필드는 제초 비행기 통제구역을 넘어서 게릴라가 통제하는 남부 지역 깊숙이 이동하였고 주변으로 산재하게 되었던 것이다. 푸투마요에 대한 제초 활동을 집중한다고 해도 또 다른 지역이 대체지로 부상할 가능성이 높은 것이다. 제초 비행기와 코카 필드의 전쟁은 마치 숨바꼭질 놀이하는 것이나 다름없는 것이다.

2) 인권침해

국무부의 2001년판 「인권 보고서」에 따르면, 콜롬비아에서 사살당한 민간인 숫자는 3,700명에 이른다. 이 가운데 우익 민병대가 자행한 학살자 숫자가 70%를 점한다. 이 우익 민병대는 일반적으로 콜롬비아 정규군의 18개 대대 가운데 절반과 긴밀하게 연계되어 있다고 한다. 2001년 1월부터 10월까지도 161건의 학살이 있었고, 1,021명이 살해되었다. 2001년 한 해 동안 정치적인 이유로 살해된 사람은 하루 평균 20명꼴이나 된다. 아울러 남부 지역의 농민들 가운데 275,000명에서 347,000명에 이르는 사람들이 작전상 이유로 소개되어 생업을 잃게 되었다.

현재 4,500만 명의 전체 인구 가운데 난민 숫자가 290만 명가량으로 세계 3위를 차지한다. 지난 5년간 콜롬비아에서 농촌지역의 폭력 사태로 집을 떠난 난민 숫자는 1백만 명이 넘는다. 미국의 원조가 압도적으로 군사적 부문에 집중되어 있는 반면, 고엽제 살포로 피해를 당한 코카 농민들을 구제하는 '대안적 농업' 기금은 지극히 미미한 수준에 불과하다. 이에 따라 농민들의 불만도 점차 고조되고 있고, 지역별로 정부와 미국의 시책에 항의하는 데모대의 시위도 사주 발생하는 편이다.

FARC가 요인 납치와 코카 농민에 대한 세금 부과와 같은 탈법행위를 한다면, 정부의 보안요원들과 우익 민병대는 권력을 남용하고 인권을 침해하는 행위를 자주 하는 편이다.[28] 하지만 이 남부 지역에서 국가와 관료제는 너무나 허약하기 때문에, 우익 민병대가 준국가 기능을 하고 있다. 그러다 보니, 효율적인 전쟁을 치른다는 명목으로 보안요원과 우익 민병대에 의한 인권침해 사례가 빈발하고 있다.

이러한 인권침해에 대한 비판을 흡수하여 1996년 9월 미국 의회는 민주당 리하이 의원이 발의한 세칭 「리하이 수정법안」을 통과시켰다. 이 법안에 따라 인권탄압에 연루된 장교를 재판에 회부한 콜롬비아 정부의 조치를 미 국무부 장관이 확인할 수 없을 경우, 미 정부는 해당 군부 예하 단위에 대한 원조를 중단할 수 있게 되었다. 이제까지 이러한 일방조치를 '군부의 존엄성'을 해친다는 이유로 거부해 왔던 콜롬비아 군부도 이 '리하이 제약조건'을 수용하게 되었다. 하지만 1990년대 말에 이르기까지 제공된 원조의 대부분은 주로 국립경찰 쪽에 배정되었다.

클린턴 행정부 말기에 시도된 '플랜 콜롬비아'는 미국이 마약전쟁의 파트너로 국립경찰보다는 군부 쪽으로 이동해 가는 결정적인 계기를 마련했다. 콜롬비아는 이 계획으로 12억 달러의 원조를 받게 되었다. 이 중 75%에 해당하는 비용이 마약퇴치 대대의 훈련과 장비에 투입되는 군사부문 원조였고, 비군사용 할당액은 불과 25%에 그쳤다. 당연히 원조 자체가 인권침해에 연결될 여지가 그만큼 컸다.

2002년 6월에 미 의회가 이미 지출된 예산이 인권침해에 사용된 부분이 없음을 입증해 달라고 행정부에 요구했다. 이 '리하이 조건'(Leahy conditionality)에 따르면, 콜롬비아 군부는 인권침해에 관여한 장교들을 정직시키고 기소해야만 했다. 또 인권 범죄에 대해서는 민간 재판소의

---

28) 콜롬비아에서 폭력이 시민사회에 만성화되는 과정에 대한 역사적 서술과 해설로는 Bergquist, Penaranda and Sanchez eds.(1992), Pecaut(2002), Adelman(2002), Hylton(2003)을 참조하시오. 이들 대부분의 논자들은 원인을 콜롬비아 양당 정치의 실패에서 찾고 있다.

관할권이 적용되어야만 했다. 이와 더불어 군부와 우익 민병대 집단 사이의 연계를 명백히 단절시키는 구체적인 조치도 취해야만 했다. 하지만 이러한 사실들을 입증할 책임이 있는 클린턴 대통령은 미국의 국익에 결정적인 문제가 될 때 위 조건을 연기할 특권이 있다는 조항을 들어서 이 문제를 유야무야시킬 수 있었다. 그만큼 군사원조와 인권침해의 연계 고리를 끊는 것은 쉽지 않은 것이다.

알바로 우리베 대통령이 당선된 이후 콜롬비아 정부의 대게릴라 소탕작전은 강도를 더해 갔다. 2002년 8월, 우리베 대통령은 비상조치 상태를 선포하고 대통령령으로 나라를 이끌어 가겠다는 의지를 밝혔다. 이로 인해 경찰과 군부의 사법 관할권은 확대되었고, 군부의 입김도 확대되었다. 하지만 우리베의 초강수 정책이 실효를 거두리라고 평가하는 사람들은 별로 없는 것 같다.

3) 국가의 약화

2002년 9월에 발표된 부시 행정부의 새로운 '국가안보전략'에 따르면 허약한 국가는 테러리스트를 수용하는 경향이 있으므로 세계 안보에 위협이 된다고 명시한다. 따라서 마약과 테러리즘을 퇴치하고, 인권침해를 줄이기 위해서, 미국은 콜롬비아 군부를 도와야만 한다. 즉 군부가 영토적 통제권을 재확립할 수 있도록 도와주어서 콜롬비아 국가를 강화시켜야 한다는 논리를 표명하였다.

콜롬비아의 국가는 오랜 전통의 후원-수혜 관계, 보수 양당의 장기 집권 등으로 인해 허약한 전통을 지녀왔다. 이 허약한 국가는 1990년대 마약 문제가 확산되고 이와 더불어 미국의 '마약전쟁' 요구에 부응하느라 더욱 허약해졌다. 콜롬비아 정치에 마약 카르텔의 개입은 자연스레 정치적 부패와 폭력을 만연시켰고, 이로 인해 국가의 폭력 독점도는 그만큼 약화되었다. 마약 카르텔, 게릴라, 우익 민병대의 난무로 콜롬비아 사회의 정치적 폭력은 더욱 일상화되었고, 공적 권위는 그만큼 실추되었다(Restrepo, 1992). 콜롬비아의 일간지 『엘 티엠포』(*El Tiempo*)의 2002년 6월 28일자에 실린 세 개의 기사를 보면 '통치 불가능의 위기'(crisis of ungovernability)가 얼마나 심각한지 잘 알 수 있다.

민족해방군(ELN)의 관할 아래에 있는 시청. 나리뇨 주의 페놀에서 게릴라들은 공무원들을 동원하여 공공사업을 시행한다. 반군은 수요일부터 공무원들을 도로정비 사업에 투입하고, 여성들에게 식사를 준비시키고 있다. 시청은 텅 비었다. 27명의 공무원들은 필기구, 등록부, 컴퓨터 대신에 곡괭이와 삽을 들고 일을 한다. 민족해방군의 '남부 공동체 주민' 전선에 소속된 게릴라들은 수요일 아침 8시에 시청 청사 앞에서 집결하였고, 시청을 폐쇄하라는 강제명령을 내렸다. 이들은 시청 직원들을 도로의 정비사업에 투입시켰다. ……

우익 민병대(paras: paramilitares의 준말)의 부패분자 위협. 부카라망가의 우익 민병대 고급간부들은 이 도시에서 부패한 마피아들을 쫓아내야 한다고 말했다. 우익 민병대의 위협이 월요일에는 범죄자와 마약상용자들에게 가해졌다. 하지만 수요일에는 부카라망가의 노조지도자 12명, 그리고 시민운동 리더들을 위협했고, 그리고 어제는 자기들이 생각하기에 부패한 공무원들을 위협했다. 페드로는 이렇게 말했다. 만약 부패와 적들이 설득과 화해란 방식으로 사라지지 않는다면, 군사적인 방법으로 이 모든 것을 해결할 수밖에 없다. 이곳 부카라망가나, 여타 다른 지역에서도 이들 국가 마피아들 다수를 제거해야만 한다. 정치가들이 공공사업, 보건, 교육, 공공 서비스에 할당된 예산을 훔치고 있는데, 우리가 보기에는 참으로 아이러니이다.

시청의 봉쇄. 원주민들은 팬암 고속도로에 사람들이 지나가는 것을 막았다. 페에세 원주민들은 칼도소의 독직을 비난하면서 그의 사임을 요구했다. 이들에 따르면 칼도소는 공금을 유용했고, 원주민 공동체 사이의 갈등을 부추겼다. 데모대는 이 군청의 행정을 접수하려고 한다. 이 군청 인구의 80%가 파에세 사람들이다(Estrada, 2003).

미국의 '플랜 콜롬비아'는 마약 카르텔의 박멸에도 큰 효과가 없었다. 큰 암세포는 발견하여 제거하는 데 성공했지만, 이미 지역 곳곳에 작은 카르텔들이 퍼져 나갔기 때문이다. 1990년대 중반 이후 메데인 카르텔이나 칼리 카르텔이 해체되었지만, 폭력의 강도나 마약의 생산량은 줄어들지 않았다. 오히려 거대 카르텔을 대체한 중소형 조직들은 수평적으로 분산되면서 눈에 잘 띄지 않게 되었고, 보다 세련된 전략으로 기존의 거래 방식을 대체하였다. 이때 생겨난 시장의 공백 일부를 콜롬비아혁명군과 같은 게릴라 단체, AUC와 같은 우익 민병대 세력이 채운 것으로 보인다.

이러한 국가의 약화 과정에 미국의 마약 정책도 분명히 일조하였다. 미국이 공급 영역에서 마약을 차단하려는 정책은 마약 문제를 안보 쟁점으로 이해하게끔 했다. 안보 문제로 이해된 마약 정책은 곧 콜롬비아에 최대한 압력을 행사하여 협력을 얻으려는 위협적인 일방주의 정책으로 변하기까지 했다. 미국은 마약 카르텔로부터 선거자금을 접수한 것으로 소문난 삼페르 정부를 몰아붙여, 자신들이 원하는 결과를 충분히 얻어내기도 했다. 하지만 콜롬비아 국내사정을 무시한 이러한 조치는 국가의 정당성을 크게 실추시켰고, 허약한 국가를 더욱 약화시키는 의도하지 않은 결과를 낳게 되었다.

1996~97년에 미국은 콜롬비아의 조치들에 대한 인증을 거부 (decertification)함으로써 경제적 제재를 가하겠다고 삼페르 정부를 압박했다. 이러한 압력에 마지못해 삼페르 대통령은 미국이 요구하는 제초제 살포, 마약 카르텔에 대한 공격 조치를 강화시켰다. 하지만 1994년부터 1998년에 본격적으로 실행한 고엽제 살포 캠페인에도 불구하고 코카밭과 양귀비 생산량은 늘어만 갔다. 이와 더불어 고엽제 피해가 큰 남부 콜롬비아 지역의 농민들로부터 대대적인 저항운동을 야기시켰다. 대안적 농업 프로그램도 없이, 고엽제를 살포하고, 농민들을 소개시키는 작업은 생각보다 후유증이 컸다. 농민들은 점차 FARC를 지지하게 되었으며 FARC는 이 지역에서 혁명세를 거두는 등 '준국가'의 기능을 수행하게 되었다. 결국 미국의 일방주의 조치들은 FARC를 약화시키지도 못하고, 이들의 영향력을 증대시키는 역설을 낳았다.

4) 지역 불안정

미국의 대규모 군사원조로 콜롬비아 정부와 게릴라 사이의 갈등이 증가하자, 인접국들의 국경 지대에도 폭력 사태의 여파가 감지되고 있다. 당연히 주변국들은 미국의 군사원조가 지역의 정세를 악화시키고 있다고 성토하고 나섰다. 콜롬비아 남부의 푸투마요 지역에 대한 고엽제 살포가 시작되고, 게릴라와 마약퇴치 대대의 무력 갈등이 심화되자, 베네수엘라, 페루, 에콰도르, 파나마, 브라질의 접경지대는 게릴라나 우익 민병대 세력들이 도피하는 안전지대로, 무기나 마약을 밀매하는 거래지로 바뀌었다. 국경 지대에는 콜롬비아 무장 세력들이 자행한 납치와 살해 사건도 증가했고, 고엽제 살포로 살 길을 잃은 코카 재배 농민들의 난민 물결도 밀려들어 왔다.

베네수엘라의 국경지대 마을에는 월경한 게릴라 세력들에 의한 납치와 강탈 사건이 거의 일상적으로 발생하고 있다. 더구나 차베스 대통령은 미 공군의 영공 이용도 거부하며, 콜롬비아에서 미국이 주도하고 있는 마약전쟁을 비판해 왔다.

에콰도르에서도 1999년 말엽에 콜롬비아 무장 세력이 12명의 외국인들을 납치하여 논란을 일으켰다. 또 2000년에는 2천 명 이상의 민간인들이 게릴라와 우익 민병대 사이의 전쟁을 피해 영내로 도피해 왔다. 파나마에서도 미국이 운하지대(Canal Zone)에서 철수한 이래 게릴라와 우익 민병대 세력이 유입되어 치안이 엉망으로 변했다. 국방경비대 세력으로는 도무지 이들의 무장력을 감당할 수 없는 지경에 이른 것이다. 브라질 역시 국경 지내로 세릴라를 비롯한 부장세력들이 월경하는 것을 막기 위해 국경수비를 강화하고 있다.

다른 한편 코카 밭에 대한 고엽제 살포로 코카 이파리 가격이 오를 것을 대비하여 페루를 비롯한 안데스 인접 국가들에서 코카 농사가 다시 증가일로에 있다. 공급 측면의 금압 정책이 얼마나 어려운가를 잘 보여주는 대목이기도 하다. '플랜 콜롬비아'가 안데스지역 이니셔티브로 바뀌어, 콜롬비아에 집중하던 원조가 다시 인접국들로 분산할 수밖에 없는 저간의 사정도 바로 여기에 기인한다고 할 것이다.

대부분의 인접국들은 미국의 '플랜 콜롬비아' 발표 이후에 국경지대의 군비를 증강하고, 콜롬비아의 무장 세력들이나, 난민들이 유입되는 것을 방지하고자 안간힘을 다하고 있다. 이들은 대부분의 미국 정책이 지역 불안정을 유발하는 직접적인 원인이라는 점에 공감하고 있다. 미국의 마약전쟁에 협조적이었던 페루의 후지모리 전 대통령조차도 '플랜 콜롬비아'가 콜롬비아의 무장 갈등을 '베트남화'하고 있다고 비판한 바 있었다.

2002년의 '안데스 지역 이니셔티브'(ARI)에 인접국 지원책을 대폭 강화한 것은 바로 이러한 지역불안정에 대한 우려를 일부나마 불식시키기 위한 미 정부의 노력으로 읽을 수 있을 것이다. 하지만 미국의 일방적인 조치가 이들 나라 다수로부터 적극적인 지지를 끌어내기는 힘든 실정이다.

4. 결론

콜롬비아 국가는 이미 국내의 폭력 수준을 낮출 수 없을 정도로 약화되었다. 이 허약한 국가는 심각한 '불안정의 딜레마'(insecurity dilemma)에 빠져 있다. 무장한 게릴라나 우익 민병대 세력은 이미 정치적 경기규칙을 준수하지 않는다. 이들은 고위 정치인이나 성직자에 대한 납치나 살인도 마다하지 않는다. 2002년에만 해도 대통령 후보로 나왔던 잉그리드 베탕쿠르(Ingrid Betancourt) 후보가 납치당했고, 칼리 교구의 대주교인 이사야스 두아르테 칸시노가 암살당했다. 2003년 2월에는 전 국방부 장관 힐베르토 에체베리, 안티오키아 주지사 기예르모 가비아리아가 암살당했다. 정부가 겪는 정당성의 위기도 심각하다. 의회, 사법부, 행정부 모두 국민들의 신뢰를 얻지 못한다. 심지어 경찰과 군인들에 대한 불신도 심각한 수준이다. 시민들에게 안전과 복지를 제공하는 제도적인 능력도 크게 하락했다.

인권 상황은 나날이 악화되어 가고만 있다. 매년 4천 명 이상의 시민들이 폭력으로 죽는다. 마약전쟁으로 이미 2백만 명 이상의 이재민이 발생했다. 3천 명에 가까운 사람들이 납치되고 있으며, 그들 중 상당수는 돌아오지 못하고 목숨을 잃는다. 콜롬비아에서는 누구도 안전하지 않다.

'불안정의 딜레마'에 빠진 사회세력들은 정부나 공적 제도를 믿기보다는 개인적 해결책을 찾는다. 이들은 법률 송사보다는 뇌물이나 연줄로 문제를 해결하거나, 차라리 건맨을 산다. 이것도 저것도 아니면 외국으로 도피해 버린다. 농촌에 사는 농민들은 멀리 떨어진 수도 보고타의 권위를 믿기보다는 가까운 곳에 있는 무력 집단의 말을 들을 수밖에 없다. 그들은 자신을 보호해 주는 게릴라 세력이나 우익 민병대 세력에게 세금을 내고, 이들의 말을 따른다. 미국의 군사원조로 뿌려지는 고엽제로 농민들의 코카 농사가 망치게 되면 이들은 당연히 미국과 정부를 원망한다.

미국은 이 허약해진 국가에게 군사원조를 함으로써 무력을 회복케하고, 나아가 콜롬비아 중앙정부와 군대가 영토에 대한 통제력을 높이길 원했다. 클린턴 행정부의 '플랜 콜롬비아'는 바로 이런 목적에서 출발했다. 하지만 마약 문제를 국가안보 차원의 문제로 이해하고 있는 미국의 현실주의적 처방은 콜롬비아의 복잡한 현실을 무시하고, 군사적 문제로만 파악했다. 미 행정부는 콜롬비아의 내부 문제를 덮어두고 자신의 전략을 강요하였고, 마약문제를 과도하게 안보 쟁점화(over-securitizaton of drug problems)시켰다. "수용국에 최대한 압력을 행사하여 협력을 얻어내라"는 일방주의 외교는 안정적인 레짐의 구축에 필요한 협상 과정을 무시해 버렸다. 이러한 미국의 전략적 오류가 콜롬비아의 불안정 딜레마를 더욱 증폭시킨 것이다. 미국의 군사원조는 콜롬비아 내부의 폭력 수준을 더욱 고조시켰고, 허약한 국가를 더욱 약화시켰다. 나아가 코카 밭에 대한 엄청난 고엽제 살포가 있었음에도, 반입되는 마약의 양은 여전히 줄지 않고 있다. 미국 역시 전략적 딜레마에 빠져 버린 것이다.

콜롬비아의 갈등은, 한 논자의 말처럼 '애매한 전쟁'(ambiguous war)이다(Gomez, 2002). 게릴라 세력은 강력한 '무장' 세력이지만, 대중들의 지지를 받지 못하고 있다. 이들은 주로 납치, 사보타주, 세금 갈취를 통해 사회를 불안케 하지만, 결코 사회혁명이나 정치적 변화를 부르짖는 이념적 집단은 아니다. 농촌 지역에 암세포처럼 번식하고 있지만, 보고타를 노릴 만큼 정치적 야심을 가지고 있지 않다.

따라서 이들을 무너뜨릴 군사행동은 필요하지만, 대상에 대한 접근은 보다 세밀해야 하고 정치적일 필요가 있다. 고메스는 미국의 군사원조를 통한 대규모 군사행동보다는 경찰을 통한 게릴라 척결이 훨씬 유효할 것이라고 말한다. 아울러 군사 행동보다는 전쟁 지역에 무너져 가는 지역 공동체를 건전하게 가꾸는 노력에 보다 많은 재원을 투입하여 게릴라가 뿌리를 내리지 못하도록 만드는 것이 훨씬 효율적이라고 본다. 마약 "전쟁은 이념적 차이보다는 콜롬비아 오지에 사는 일반 주민이 당면한 일상적 기회구조와 인센티브에 뿌리를 박고 있기" 때문이다(Gomez, 2002: 4). 따라서 대체작물 경작을 지원하는 프로그램이 없는 한 고엽제 살포는 농민들의 반감만 살 뿐이고, 실패할 수밖에 없다. 코카 필드는 계속 이동하기 때문이다.[29]

콜롬비아와 미국은 마약전쟁에 한 목소리를 내고 있다. 하지만 미국은 마약 퇴치에 관심이 있는 데 반해, 콜롬비아는 폭력의 종식과 평화가

---

29) 고메스와 유사한 시각에서 콜롬비아의 갈등을 지정학적 차원에서 해부한 흥미로운 글로는 González(2002)가 있다.

궁극적인 관심이다. 마약과 폭력은 동일한 병의 두 증후군일 것이다. 보다 훌륭한 정책은 증후군을 보고 처방을 하지 않는다. 훌륭한 마약 퇴치 전략은 콜롬비아 마약 생산의 '원인들'에, 미국에 난무하는 마약 소비의 '원인들'에 초점을 맞춰야 할 것이다. 오늘날 미국의 학계와 정책결정자들 사이에서도 공급 측면의 마약 퇴치 전략이 들어가는 돈에 비해 효율적이지 않다는 목소리가 높아만 가고 있다. 예산 투입액 단위당 효율성은 수요 측면이 훨씬 높다.[30] 하지만 레이건, 부시, 클린턴, 부시, 오바마로 이어지는 안데스 마약정책은 여전히 공급측면 압박 전략에서 벗어나지 못하고 있다.

---

30) 1995년 랜드 연구소 보고서는 국내 마약상용자 치료에 1달러를 투자하는 것이 해외의 공급을 줄이기 위해서 사용하는 23달러만큼 효과가 있다고 주장했다. 하지만 클린턴 행정부 시절 재활 프로그램에 투여된 자금은 41% 증가했지만, 해외 투여금은 175%나 증가했다 (CIP, 2002, 9).

콜롬비아 마약전쟁 연보(1982~2003)

1982   도시에 테러리즘과 마약거래 문제가 심각해지자, 이를 막을 일련의 진압 작전이 이어진다. 하지만 MAS(Muerte a Secuestradores)와 같은 우익 민병대 세력(메데인 카르텔의 연계조직)도 진압 작전에 가담하는데, 이 조직도 마약거래에 개입했다.

        5월 30일 보수당 후보 벨리사리오 베탕쿠르가 46.8%의 지지로 대통령에 당선되다. 하지만 의회에서는 자유당이 다수 의석을 차지하여, 콜롬비아 정치의 특징인 양당정치의 균형이 이뤄지다. 베탕쿠르는 전통적인 친미 외교에서 벗어나 콜롬비아를 비동맹운동의 회원국으로 가입시키다.

        6월 11일, 게릴라 단체 M-19는 정전을 실시. 11월 20일 국내 화전의 일부 조치로 게릴라에게 전면 사면을 부여하는 법률이 효력을 발하다.

1984   4월 30일 법무장관 로드리고 라라 보니야가 마약 카르텔에게 암살을 당하다. 정부는 전국에 계엄령을 내리고, 이제까지 준수하지 않았던 미국과의 범죄인 인도조약을 실행하겠다고 선언하다.

1985   이 해부터 1987년까지 우익 민병대의 '살인 부대'가 애국연합(Union Patriotica: 1985년 게릴라 조직 FARC가 창당한 정당)의 당원들을 살해하는 캠페인이 벌어지다. 450명가량이 이 캠페인으로 사망하다.

        6월, 게릴라 조직 M-19가 공식적으로 정전 협정을 철회하다. 11월 6일, M-19가 법무부 건물을 장악하여, 11명의 판사를 포함한 100여 명의 사람들이 사살되다. 이 사건으로 계기로 정부는 M-19와의 협상을 무기한 연기.

1986   3월 게릴라 단체 FARC와 정부가 무기한 정전협정에 서명하다.

        5월 25일, 자유당 후보 비르힐리오 바르코 바르가스가 58%의 지지로 대통령에 당선되다. 바르코는 마약사범을 미국에 인도하는 정책을 지속하겠다고 선언하다. 메데인 카르텔은 범죄인 인도 조약 실행을 번복시키기 위해 일련의 폭력 캠페인을 시작하다.

1987   10월, FARC, M-19, ELN(민족해방군. 마오주의 게릴라 단체)를 포함한 6개의 게릴라 단체들이 '시몬 볼리바르 게릴라 협의체'(CGSB)를 결성하다. FARC와의 정전은 이전에 이미 끝을 맺었다. 같은 해 연말, 대법원은 콜롬비아와 미국의 범죄인 인도조약은 위헌이라고 판결하다.

1989   1월 13일, 정부와 M-19는 다시 직접 대화를 시도하다. 같은 해 3월 ELN, EPL, FARC, 모두 정부와 평화적 대화에 참여하겠다는 의사를 표시하다.

8월, 메데인 카르텔과 칼리 카르텔에 의한 일련의 요인 암살 사건이 일어나자, 바르코 대통령은 미국과의 범죄인 인도조약을 다시 활성화시킨다. 미국은 12명의 주요 마약사범을 인도해 줄 것을 요청하고, 이들 피인도측 사람들은 그들의 활동을 방해하는 모든 사람들에게 '총력전'을 선언한다. 같은 달 1990년 대통령 선거에 자유당의 대통령 후보로 지명될 가능성이 유력한 루이스 카를로스 갈란이 메데인 카르텔에 의해 살해된다.

10월, M-19는 무장해제와 해체하는 조건으로 완전 사면을 얻는 협정을 정부와 맺고 공식적으로 정당조직인 '민주연합-M-19'(AD-M-19)로 변신한다.

1990   3월, AD-M-19의 대통령 후보 카를로스 피사로가 1989년 8월 이래 후보로는 세 번째로 암살되다. 애국연합의 후보 베르나르도 하라미요도 암살되다.

5월 27일 자유당 후보 세사르 가비리아 트루히요가 47.4%의 지지로 대통령에 당선되다. 메데인 카르텔은 요인 납치는 계속하지만, 게릴라식 공격은 멈춘다. 가비리아 대통령은 피랍자들이 풀려나고, 카르텔 대원들이 항복한다면 범죄인 인도 방침을 철회하겠다는 제안을 한다.

1990   11월 9일, 새 헌법을 제정하기 위해 73석의 제헌의회 의원선거를 실시하다. 자유당은 24석, AD-M-19는 19석을 얻었지만, 보수당은 9석에 머문다.

1991   2월 5일, 새 헌법이 발효되다.

6월 19일, 메데인 카르텔의 두목인 파블로 에스코바르가 당국에 자수한다. 그는 미국이 인도해 주길 가장 바랐던 인물이었다. 그는 살인 등으로 기소되었지만, 메데인 외곽에 그를 위해 만든 특수감옥에 구금된다.

1992   7월, 에스코바르가 탈옥하다.

11월 8일, 90일 동안의 비상사태가 선포된다. 칼리 카르텔에 연루된 마약관련 폭력 사건이 다시 확산되었기 때문이다. 메데인 카르텔이 부분적으로 약화된 다음 칼리 카르텔은 강력한 세력으로 부상한다. 에스코바르의 탈옥도 부분적으로 폭력 사태의 재발에 영향을 준다.

1993   12월, 보안군과 메데인 카르텔 사이의 총격전에서 에스코바르가 사살되다. 같은 달 30일, 미군 분견대가 인도주의 차원이란 명목 아래 비예 델 카우카에 파병되다.

1994   2월 28일, 가비리아 대통령이 미군의 파병 문제를 상원과 상의도 않고 결정해 직권을 남용했다는 국가위원회의 결정이 있자, 미군은 철수하다.

6월 19일, 대통령 선거 결선 투표에서 자유당의 에르네스토 삼페르 피사노 후보가 50.4%의 지지로 당선되다. 보수당의 안드레스 파스트라나 아랑고 후보는 48.6%의 지지를 얻다.

11월 17일, 정부는 게릴라 그룹들과 무조건 대화를 할 용의가 있다고 선언하다.

1995 8월 16일, 게릴라 그룹들이 부추긴 일련의 폭력 사태가 증가하자 정부는 90일간 비상사태를 선포하다.

9월 11일, 알바로 벨란디아 우르타도 준장이 현직에서 물러나다. 정부가 인권침해로 기소된 고위 장교를 처벌하긴 처음이다.

11월 2일, 저명한 보수당 정치인의 암살이 있은 뒤 다시 90일간 비상사태가 선포되다. 이 조치는 1996년 1월과 4월에도 계속 연장이 된다.

1996 국방부 장관 페르난도 보테로, 대통령 선거 당시 재정책임자였던 산티아고 메디나, 전직 자유당 상원의원 마리아 이스키에르도가 선거 당시 유입된 마약 자금을 직질하게 처리하지 못한 관계로 모두 구금형에 처해지다. 검찰총장 오를란도 바스케스 벨라스케스는 재판에 영향을 미치려 한 혐의로 기소되다. 그도 곧 마약 자금에 관련된 죄로 8년 징역형을 선고받는다.

6월 12일, 마약사범들이 삼페르 후보의 선거 캠페인에 돈을 댔다는 사실을 삼페르 자신이 인지하지 못했을 것이라고, 콜롬비아 의회가 대통령을 비호하다. 7월 11일, 미국 행정부는 삼페르 대통령이 마약거래의 확산을 저지할 적절한 조치를 취하지 않고 있다고 비난하고, 그의 미국 여행 비자를 취소하다.

8월 30~31일, FARC와 ELN이 시작한 대공세로 100명 이상의 사상자가 나다.

9월, 정부는 수천 명의 예비군을 동원해 게릴라 그룹 박멸에 나서다. 같은 달 10일, 부통령 움베르토 델 라 카예는 삼페르 정부가 정당성을 상실했다고 언급하고 사임하다.

1997 5월, FARC가 포로로 잡은 70명의 정부군의 석방을 위하여 카케타 주의 일부를 일시적으로 비무장지대로 만드는 안에 정부가 동의하다. 그러나 같은 해 9월 27일, 정부의 대대적인 공세로 652명의 FARC 게릴라가 죽고, 1,600여 명이 생포되다.

11월, 우익 민병대 그룹에 의한 공격이 크게 증가한다. 8일 동안 47명의 사람이 살해되다.

1998 5월, 게릴라와 우익 민병대 그룹에 의한 폭력 사태 확대에 수만 명의 민간인들이 항의 데모를 하다.

6월 21일, 보수당의 파스트라나 후보가 대통령 선거 결선투표에서 50.4%를 얻어 당선이 되다. 다음 달인 7월 9일, 대통령 당선자 파스트라나는 FARC의 지도자 마누엘 마룰란다 벨레스와 비밀회담을 갖고, 90일간 남부의 5개 군을 비무장화하기로 합의했다고 선언하다. 10월, 파스트라나 대통령은 국가수반으로 1975년 이후 처음으로 미국에 공식방문에 나서다.

10월 18일, ELN이 안티오키아 주의 석유 송유관을 공격하여 적어도 66명의 민간인이 희생되다.

11월 7일, FARC가 보안군에 대해 계속 공격을 하고 있음에도 불구하고, 정부는 남부 5개 군 총 42,000평방킬로미터를 비무장지대로 만들다.

1999   1월 중엽, FARC가 평화회담을 중지하다. 이들은 월초에 있었던 130여 명의 민간인 학살에 대한 책임이 우익 민병대 세력에게 있다고 주장하고, 이들에 대한 정부의 조치를 요구하다. 1월 7일, 정부와 FARC 사이에 평화회담 준비모임이 산 비센테 델 카구안에서 공식적으로 열리다.

2월, 파스트라나 대통령은 비무장 기간을 3개월 연장하다. ELN과 계획된 협상은 이루어지지 않다. ELN은 그 책임이 볼리바르 주의 4개 지역을 비무장 지대화하길 거부하는 정부 측에 있다고 주장하다.

4월 9일, 우익 민병대 그룹에 협조한 것으로 알려진 두 명의 고참 장교가 강제로 전역하다. 같은 달 12일, ELN은 46명이 탑승한 국내선 항공기를 납치하다.

5월 6일, 파스트라나 대통령과 마룰란다가 미래 평화협상을 위한 포괄적 의제에 합의하다. 비무장 해제 기간은 다시 연장되다. 이 결과 같은 달 26일, 국방부 장관 로드리고 요레다가 FARC에 대한 양보에 불복하고 사임하다. 며칠 후인 5월 30일, ELN은 칼리의 한 성당에서 미사를 보던 140여 명을 납치하다.

6월 18일, 파스트라나 대통령은 ELN에 대한 정치적 승인을 철회하고, 인질들의 석방이 미래 평화회담의 전제조건이라고 못 박다.

7월 17일, 정부와 FARC 사이의 협상이 무기한 연기되었다. 양자는 비무장 지대에 대한 국제사찰위원회의 구성, 역할 등에 합의를 보지 못하다.

10월 19~20일, 정부 대표단과 ELN 대표단이 쿠바의 아바나에서 회동하다. 같은 달 24일, 파스트라나 대통령이 국제참관인단에 대한 요구를 철회하자, 정부와 FARC와의 협상이 라 우리베에서 재개되다.

11월, 게릴라 세력이 13개의 마을에 대한 공세를 취했음에도 불구하고 FARC와의 협상은 계속되다. 다음 달인 12월 20일, FARC는 22일간 일방적으로 정전을 선언하다.

2000   1월 29일, 정부와 FARC는 미래 평화협상의 형식에 대해 합의에 도달하다.

4월 20일, 남부의 볼리바르 주에 비무장지대를 만들기로 정부와 ELN가 합의에 도달하다. 같은 달 30일, FARC는 새로운 정당인 '신 콜롬비아를 위한 볼리바르주의 운동'(NBNC)을 창당하다.

7월, 미국 의회는 '플랜 콜롬비아'로 알려진 13억 달러 원조안을 승인하다. 이 원조는 보안군과 사법체계의 효율성을 제고하여 콜롬비아 국가를 강화하고, 코카 제조 및 작물 대체를 통해 마약 생산을 금압하기 위한 것이다.

8월 30일, 미국 대통령 빌 클린턴이 콜롬비아를 방문하다. 하지만 데모대는 콜롬비아에서 미국이 하는 역할에 대해 항의한다.

9월, FARC는 콜롬비아에서 코카 생산의 중심지인 푸투마요 지역을 효과적으로 봉쇄하여 코카 밭에 대한 고엽제 공중살포를 저지시킨다.

11월 14일, FARC는 평화회담에서 철수하고, 정부가 우익 민병대 조직인 AUC(콜롬비아통합 우익 민병대)에 좀더 적극적으로 대처할 것을 요구하다.

2001 1월, '플랜 콜롬비아'가 공식적으로 시작되다.

2월, 볼리바르 주에서 1만 명 이상의 주민들이 ELN에 대한 비무장 지대의 설립에 반대하여 평화적으로 시위하다. 같은 달 8~9일, 파스트라나 대통령과 마룰란다가 공식적인 협상을 재개하기로 합의하다. FARC의 비무장 지대 이용 기간이 9개월간 연장되다.

3월 9일, 정부가 볼리바르에 대해 군사적 공세를 가하자, ELN은 정부와의 평화회담을 중지하다.

5월, 국방부와 경제개발부의 장관들이 사임하다. 같은 달 15일, 우익 민병대 조직 AUC에 속한 것으로 알려진 사병들이 200여 명의 농장 노동자들을 납치하다. 이는 4월에 있었던 석유 노동자들을 ELN이 납치하자, 이에 대한 보복조치로 취해진 것이다.

6월 5~28일, 정부와 FARC가 포로들을 교환하다.

8월 7일, ELN과의 평화회담이 재개된 바로 후에 정부는 비무장지대 창설을 위한 세부조건에 합의에 도달하지 못했다는 이유로 협상을 중지시킨다. 같은 달 12일, 세 명의 아일랜드 시민이 FARC가 통제하는 비무장지대에서 체포되다. 이들은 아일랜드공화군(IRA)과 연계되어 있다고 알려졌고, 폭탄 제조 기술 전수에 협조했다는 의심을 받는다.

9월 24일, 전직 문화부 장관 콘수엘로 아라우호 노게라가 FARC에 의해 납치되다 (그는 후일 살해된 채로 발견된다). 다음 달인 10월 7일, 정부는 FARC의 비무장지대 이용기간을 2002년 1월 20일까지 연장한다.

2002 2월 23일, 산소당의 대통령 후보로 나왔던 여성 정치인 잉그리드 베탕쿠르가 게릴라 세력에게 납치되다.

5월 26일, 자유당의 독립 후보 알바로 우리베 벨레스가 53%의 높은 지지로 대통령에 당선되다. 게릴라에 대한 강경한 태도가 유권자들의 호응을 끌었기 때문이다.

8월 12일, 우리베 정부는 비상계엄령을 선포하고, 아울러 게릴라 척결을 위한 전쟁을 위해 한시적으로 목적세인 부유세를 신설하다. 이미 정부는 정보망을 확대하고, 아라우카, 볼리바르, 수크레 주를 포괄하는 두 개의 보안지역을 지정하다.

12월, 게릴라 단체와의 협상을 모두 중지한 정부는 대신에 우익 민병대 세력과 평화협상을 시작한다. 같은 달 유엔은 콜롬비아의 코카 경작이 252,000에이커로 전년 대비 약 35% 줄었다고 보고하다.

2003 2월 7일, 보고타 부유층 주거지의 사교 클럽에 폭탄 테러가 발생하여 30여 명이 죽고, 150여 명이 다치다.

4월, 헌법재판소는 우리베의 비상계엄령(2002년 8월 이후 두 번이나 연장되었다)이 위헌이라고 판결하다.

5월 5일, 전직 국방부 장관 힐베르토 에체베리, 안티오키아 주의 주지사 기예르모 가비리아, 그리고 군인 8명이 암살당하다.

6월, 새로운 반테러법이 통과되어, 전국의 치안 관할권이 군에게도 허용되다.

11장 남미국가연합의 출범과 미래

1. 먼로 독트린의 후퇴?

2008년 12월 2일은 먼로 독트린이 발표된 지 185주년이 되는 기념일이다. 먼로 독트린은 지난 두 세기 동안 중남미에 대한 외부 열강의 개입을 반대하고, 아울러 미국의 '뒤뜰'(backyard)로 만드는 데 결정적인 선언문이자 지렛대가 되었다. 하지만 요즘 들어와서 먼로 독트린은 폐기된 외교노선이 아닌지 의심이 들 정도로 미국은 중남미에 대해 무심하다. 아니 남미를 거의 잃고 있다. 특히 부시 행정부가 들어서면서 이런 경향이 가속화되었다. 미국은 겨우 콜롬비아에서 코카 재배 지역의 고엽제 살포와 게릴라 퇴치에 관심을 보이고 있을 뿐이다. 부시 행정부 내내 라틴아메리카는 관심의 밖에 있었다.

　　반론도 있을 수 있다. 아직도 미국과 이 지역의 무역고가 5,500억 달러(2006년 기준)나 되고, 미국에 거주하는 2천만 명의 라티노들이 본국에 송금하는 돈이 450억 달러가 되니 상호의존성이 높다고 주장할지 모르겠다. 하지만 미국이 1994년 클린턴 행정부 때에 제안한 미주자유무역지대(FTAA)안은 남미 국가들의 반발로 거의 폐기된 상태이고, 미국은 멕시코와 중미, 칠레, 페루, 콜롬비아 등과 FTA 협정을 맺은 데 그쳤다.

미국은 갈등 부분을 제거한 '연성의 FTAA'(FTAA light)도 제안했지만, 브라질 등의 반발에 밀려 포기하고 말았다. 브라질 등은 미국에게 농산물 시장 개방과 보조금 삭감이 전제되지 않으면 무역협상을 할 수 없다고 버티고 있다.

반면 유럽연합의 무역량은 1,770억 달러(2006년 기준)로 미국의 그것에 비해 3분의 1 수준이지만 증가 속도가 빠르다. 유럽연합은 메르코수르, 안데스공동체, 그리고 중미와 FTA를 맺고자 협상하고 있다. 유럽연합은 미국의 공백을 틈 타 자신들이 이를 채우려고 한다. 물론 그것도 농산물 시장 개방 문제를 둘러싼 갈등으로 인해 쉽지 않지만, 남미 측은 유럽과 먼저 FTA를 체결하고자 한다. 전반적으로 보면 먼로 독트린은 무역과 투자 영역에서 현재 크게 부식되어 가고 있다고 할 것이다.

2. 외부 행위자들의 등장

다른 외부 행위자들도 미국의 눈치를 보지 않고 중남미에 거보를 딛고 있다. 중국은 자원외교를 핑계 삼아 쿠바, 베네수엘라, 페루 등에 거액을 투자하고 있다. 미국, 일본, 스페인에 이어 제4위 투자국이다. 장쩌민, 후진타오 주석을 위시한 고위급 인사들이 정례적으로 중남미 국가들을 순방한다. 2007년 중국과 중남미의 무역고도 800억 달러가 넘었다. 이제 중남미 시장을 두고 미국 상품과 경생을 하고 있는 수준이다. 미 외교가 일각에서는 중남미에서 "중국의 위협"을 이야기할 정도가 되었다. 러시아도 1990년대의 침체를 벗어나 다시 중남미로 돌아오고 있다. 2006년 베네수엘라 한 나라에 대한 무기 판매액이 20억 달러가 넘었다. 또 베네수엘라, 브라질 등과 에너지 협력 사업을 추진하고 있다.

심지어 미국의 뒤뜰에 이란까지 출몰하고 있다. 이란은 2001년 이래 베네수엘라와 180개가 넘는 협정을 체결했다. 차베스는 페르시아 만과 카리브 해를 연결하고자 한다. 양국은 석유탐사, 석유화학, 농업 등의 협력 사업을 통해 200억 달러를 상호 투자할 예정이라고 한다. 이란은 베네수엘라가 주도하는 좌파 무역협정인 〈미주를 위한 볼리바르적 대안〉(ALBA)에 옵서버로 참가한다. 테헤란은 니카라과에 3,500만 달러의 금융을 지원하여 심해저 항구 건설을 돕고 있고, 아울러 10만 가구 주택사업도 지원한다.

확실히 미국은 중남미에 대한 관심을 잃어 버렸고, 또 과거에 행사하던 무소불위의 통제력도 크게 훼손되었다. 2005년 5월에 있었던 미주기구(OAS) 사무총장 선거에서 미국이 밀었던 멕시코, 엘살바도르 후보 대신에 남미 국가들이 밀었던 칠레의 호세 미겔 인술사(José Miguel Insulza)가 당선되었다. 2007년 라이스 국무장관이 미주기구에서 차베스의 언론탄압을 조사하는 조사단을 제안하자, 대부분 회원 국가들이 이를 거부했다. 얼마 전에 있었던 38차 총회에서도 미국 대표 존 네그로폰테가 베네수엘라의 '테러 지원'을 공박하자, 베네수엘라 외무부 장관은 쿠바 비행기 폭파범 루이스 포사다 카릴레스를 보호하는 이중기준을 비난하였다. 이제껏 미국이 의제를 주도해 왔고 자신의 입장이 거의 비판을 받아본 적이 없는 미주기구에서도 미국의 입장은 수세적이다.

3. 경제적 자신감과 실용주의 정치

라틴아메리카 경제위원회(ECLA)의 보고에 따르면, 2007년의 경제성장률은 5.6%였고, 2008년에는 4.9%를 전망했다. 지난 7년 연속으로 성장

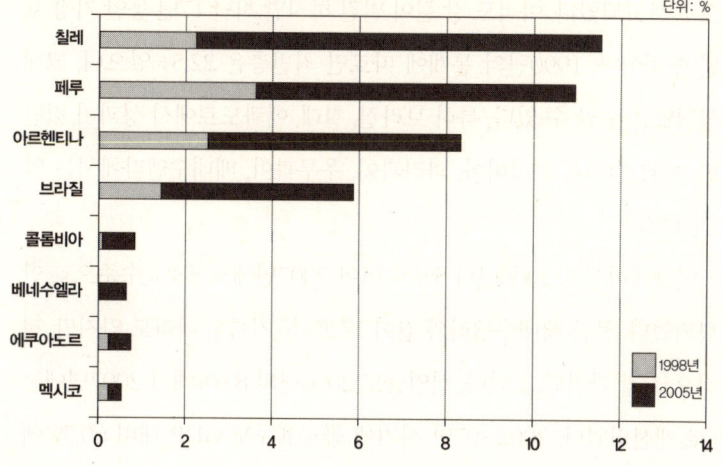

<그림 1> 라틴아메리카의 전체 수출량 중 대중국 수출량 비율

단위: %

출처: OECD Development Centre(2008); UNCTAD(2007)

의 랠리를 이어가면서, 1인당 GDP는 23%, 연평균 3.5% 성장하였다. 이런 장기지속적인 성장은 1960년대 말 이래 처음이다. 산티아고, 상파울루, 리마와 같은 대도시에 건설 공사 현장은 이런 호황 분위기를 잘 반영한다. 오랫동안 변화가 없던 도시 지형에 대형 건물이 올라가고, 곳곳에서 공사장 굉음이 들려온다.

이런 호황은 무엇보다 중국과 인도의 수입 수요에 기인하는 바가 크다. 이들이 요구하는 광산물, 에너지, 농산물 수요가 지속적으로 증가해왔고, 또 증가하고 있다. 구리, 철광석, 석유와 천연가스, 대두 등의 가격도 크게 올랐나. 그런 섬에서 현 단계의 성장은 내수보다는 수출이 주도하고 있다. <그림 1>을 보면 칠레, 페루, 아르헨티나, 브라질의 대중 수출 증가가 얼마나 가파르게 증가하는지 잘 알 수 있다.

지속적인 성장은 빈곤층 감소에도 영향을 주고 있다. 2007년 인구의 35.2%, 1억 9천만 명이 빈곤층으로, 이 중 12.7%, 6,900만 명이 최빈층으로 보고되었다. 아직도 갈 길이 멀긴 하지만 지난 17년 동안 가장 호전된 수치이다. 1990년의 통계에 따르면 최빈층은 22.5%였으니, 크게 개선되었음을 알 수 있다. 특히 브라질, 칠레, 에콰도르에서 성과가 컸던 반면, 아르헨티나, 볼리비아, 파라과이, 우루과이, 베네수엘라에서는 약간 저조했다.

인플레이션도 2006년의 5%에 이어 2007년에도 5.9% 수준으로 안정화되었다. 물론 베네수엘라와 같이 17.2%를 기록한 나라도 있지만, 전반적으로 잘 관리되고 있다. 실업률도 2006년의 8.6%에서 2007년에는 8%로 개선되었다. 2002~07년 시기에 공공채무도 GDP 대비 60.7%에서 31.8%로 크게 줄었다. 아르헨티나와 브라질은 IMF에 갚을 채무를 조기에 상환하기도 했다. 2008년 2월 말에 브라질 중앙은행은 자국 역사처음으로 순채권국가가 되었음을 선언했다.

이런 자신감을 반영해 남미 국가들은 2007년 10월 10일에 금융의 고질적인 대외 의존성을 줄이기 위해 남미은행(Banco del Sur)을 발족시켰다. 베네수엘라, 브라질, 볼리비아, 에콰도르, 파라과이, 아르헨티나, 우루과이가 참가하여 총 70억 달러의 자본금으로 출발한 것이다. 남미은행은 수송, 에너지 인프라 사업에 대한 투자금융의 기능을 맡아서 과거에 세계은행이나 IMF에 의존했던 관행을 개선하는 임무를 띠고 있다.

경제적 자신감만큼이나 정치적 방향에서도 무시하지 못할 변화가 생기고 있다. 중남미에 흔히 '중도좌파 붐'을 강조하는 언론의 보도가 끊이지 않고 있다. 2008년 8월에도 파라과이에 해방신학계열 사제 출신 대통령이 선서식을 갖기도 했다. 하지만 대부분의 중도좌파 정부도 경제정책에 관해서는 온건한 정책을 추구한다. 차베스의 베네수엘라, 에보 모랄레스의 볼리비아, 라파엘 코레아의 에콰도르가 에너지 주권 강화를 통해 일종의 재분배 정책과 민중주의 정치를 강화하고 있지만, 이들 나라의 중량감은 브라질, 아르헨티나, 칠레 등과 비교할 바가 아니다.

오늘날 중도좌파 정부든 우파 정부든 이념적 강령으로 정책을 펴는 경우는 거의 없다. 일종의 실용주의 정치인 세대가 들어섰기에, 각국의 현실적 필요에 맞은 사회경제 정책을 펴 나간다. 중도좌파 정부라도 개방경제와 성장을 무시할 수 없기에 안정 기조의 거시경제 정책을 펴 나가고 있고, 보수파 정부라고 해도 양극화와 빈곤층 문제를 더 이상 방치할 수 없기에 강력한 사회정책을 펴 나갈 수밖에 없는 것이다. 경제정책의 내용은 그 나라 집권층의 이념보다는 그 나라가 처한 사회적 상태에 달려 있다. 그 사회가 내부적 응집형 사회라면 사회정책에 대한 압력은 줄어들겠지만, 사회적, 지역적, 종족적 양극화에 시달리고 있는 사회라면 보수파라고 해도 어쩔 도리가 없을 것이다.

4. 남미국가연합의 출범

이런 와중에 2008년 5월 23일, 브라질리아에서 남미국가연합(Unasur)의 창립총회가 열렸다. 메르코수르와 안데스공동체 12개국이 유럽연합형의 국가연합을 목표로 기구를 창설한 것이다(〈표 3〉 참조). "남미를 하나로"란 슬로건으로 독립전쟁을 수행한 시몬 볼리바르(Simon Bolivar)의 오랜 꿈이 가시화되기 시작한 것이다. 오랫동안 남미 국가들은 미국의 입김에서 벗어나 대륙 중심의 정치적, 경제적 결집체를 만들고자 노력해 왔다. 특히 베네수엘라는 반미제국주의란 차원에서 에너지 외교를 매개로 카리브와 남미에 강력한 경제통합체를 구축하고자 했다. 차베스의 '볼리바리안 혁명'은 〈미주를 위한 볼리바르적 대안〉을 결성, 메르코

<표 3> 남미국가연합 주요 회원국의 특성

	국가	인구 (천 명)	GDP(10 억 달러, PPP)	1인당 GDP (PPP)	정치적 성향	대미 관계
메르코수르	브라질	191,908	1,836	9,700	룰라, 중도좌파	사안별 친미, 통합지향적
	아르헨티나	40,677	524	13,300	키르치네르, 중도좌파	반미
	베네수엘라	26,415	335	12,200	차베스, 좌파 민중주의	반미, 볼리바르적 대 안(ALBA)
	파라과이	6,831	27	4,500	페르난도 루고, 중도좌파	친미-중도
	우루과이	3,478	37	11,600	바스케스, 중도좌파	중도
안데스 공동체	볼리비아	9,248	39	4,000	에보 모랄레스, 중도좌파	반미, ALBA
	콜롬비아	45,014	319	6,700	알바로 우리베, 중도우파	친미, 미국-콜럼 FTA
	에콰도르	13,928	99	7,200	라파엘 코레아, 중도좌파	반미
	페루	20,181	219	7,800	알란 가르시아, 중도좌파	친미, 미국-페루 FTA
	칠레	16,454	231	13,900	미첼 바첼레트, 중도좌파	친미, 미국-칠레 FTA

출처: 인구는 2008년 7월 추정치, GDP는 2007년 추정치, CIA Factbook에서 추출함

수르 정회원국 가입, 남미 에너지 통합망 사업 등으로 구체화되었다.

브라질도 오래 전부터 미국을 견제하는 남미의 맹주국가를 꿈꾸어 왔다. 이미 WTO에서 G-20 결성을 주도하여 미국과 유럽의 농산물 보조금 제도를 문제 삼았고, 남남 다자외교를 강력하게 추진하여 왔다. 〈IBSA 대화 포럼〉(인도-브라질-남아공)은 남남협력의 대표적 사례이다. 브라질은 중국과 러시아과 같은 강대국과도 밀착하여 대외 발언권을 강화하여 UN 안보리 상임이사국 자리를 노리고 있다. 브라질은 인구 1억 8500만 명에 GDP 1조 3천억 달러(2007년 기준)의 제9위 경제대국이다. 이는 남미 GDP 총액의 절반을 차지하는 규모이다. 아마도 국가연합의 결성으로 가장 큰 이익을 볼 국가는 브라질일 것이다. 브라질의 실리외

교, 베네수엘라의 볼리바리안 이념이 결국 남미국가연합을 이끌어 낸 추동력이 아닌가 한다.

남미국가연합이 결성되기까지 남미 국가들은 수많은 실험과 도상 연습을 마쳤다. 1980년대 민주화 시대에 들어와서 앙숙이었던 브라질과 아르헨티나가 화해를 했고, 나아가 1991년에 메르코수르란 경제통합체를 결성하였다. 불완전한 관세동맹으로 자유무역지대에 가깝지만 두 국가는 외환위기 등 수많은 난관에도 불구하고 산업의 재구조화와 무역통합을 이루어 내었다. 메르코수르는 불완전한 통합체이지만, 그것이 깨어지지 않았다는 점에서 큰 성과라고 할 것이다.

브라질 카르도주 정부가 주도한 '남미지역 인프라통합 이니셔티브' (IIRSA)도 경제통합의 질적 제고를 위한 사업이었고, 남미판 IMF와 세계은행을 꿈꾸는 〈남미은행〉도 잦은 금융위기를 자력으로 헤쳐 나가겠다는 의지의 표현이었다. 나아가 최근 들어와서 가시화된 남미 가스관 (Gasducto del Sur) 연결 사업도 국가연합 구상에 가속 페달 역할을 하였다. 이미 2004년에 국가연합 모형의 초벌구이에 해당하는 남미국가공동체(CASA)가 발족하여 브라질 주도의 남미통합안이 가시화되었다. 2007년 베네수엘라에서 처음 열렸던 남미에너지 정상회담도 인프라와 에너지 통합망 사업이 시급함을 확인하였다. 결국 수많은 경제통합체와 공동 프로젝트의 경험, 나아가 역내문제를 자력으로 해결하려는 노력들이 수렴되어 남미국가연합으로 발전한 것이다.

창립총회에서 룰라 대통령은 이렇게 말했다. "통합된 남미는 전 세계를 상대로 정치적 체스판을 움직일 수 있는 능력을 갖게 된다." "우리들은 3억 이상의 인구가 성장과 사회통합을 통해 혜택을 보고 있는, 메르코수르(남미공동시장)와 안데스공동체의 성공적인 통합과정을 바탕으로 국가연합을 정초할 것이다.""금융과 에너지 통합, 인프라, 도로망과 철도망의 개선, 사회 및 교육 정책의 협력 등과 같은 우선성이 높은 혁신적 프로젝트"가 추진될 것이다. 룰라는 또 지역은행과 공동통화를 언급하면서, 모든 라틴아메리카 국가들에게도 문호가 개방되어 있음을 말하였다. 남미국가연합의 사무국은 에콰도르로, 의회는 볼리비아로 정해졌고, 현재 임시의장은 미첼 바첼레트(Michelle Bachelet) 칠레 대통령이 맡고 있으며, 아르헨티나의 네스토르 키르치네르 전 대통령이 사무총장을 맡으리라고 한다.

5. 각종 사업

남미국가연합이 추진할 사업은 기존에 산발적으로 추진되던 시장통합, 인프라와 에너지링 통합, 비자면제 협정, 경제개발, 공동방위 정책 등으로 나뉜다. 각 사업을 부문별로 살펴보면 다음과 같다.

① 시장통합: 단일시장의 창설을 목표로 한다. 비민감품목은 2014년까지, 민감품목은 2019년까지 관세를 철폐한다.

② 인프라 협력: 남미 인프라 통합 이니셔티브(IIRSA)를 승계한다. 대서양 국가와 태평양 국가를 연결하는 관통고속도로(Interoceanic Highway)의 건설을 추진한다. 이를 통해 태평양 국가인 칠레와 페루, 대서양 국가인 브라질과 아르헨티나의 물류 흐름이 개선될 것이다. 현재 진행 중인 회랑 사업은 2005년 9월에 착공되어 2009년 말에 완공될 브라질-페루 구간으로 양국이 각각 6:4로 투자를 하였다.

③ 남미에너지링(The South American Energy Ring): 페루의 카미세아 가스전과 볼리비아의 타리하 가스전 등을 아르헨티나, 브라질, 칠

레, 파라과이, 우루과이 등과 연결하는 사업으로 이미 추진 중에 있지만, 볼리비아와 아르헨티나의 국내 사정으로 지지부진한 실정이다. 칠레와 브라질은 이미 LNG 터미널 건설을 통해 해외 가스를 수입하려고 한다.

④ 국민의 자유로운 국경이동: 남미 시민이 이웃 남미 국가(프랑스령 가이아나 제외)를 방문할 경우 해당국의 신분증 제시만으로 90일간 체류할 수 있다. 2006년 11월 24일에 아르헨티나, 볼리비아, 브라질, 칠레, 콜롬비아, 에콰도르, 가이아나, 파라과이, 페루, 수리남, 우루과이, 베네수엘라는 여행객의 경우 비자를 면제한다는 협정을 체결했다.

⑤ 남미은행과 경제개발: 2007년 11월에 발족한 남미은행이 경쟁력 강화와 과학기술 개발을 개선할 발전 프로젝트에 신용을 공여한다. 칠레와 콜롬비아는 참여하지 않았다. 남미은행은 남미의 통합을 촉진하고 비대칭성을 줄이며, 투자의 균등한 배분을 강조한다.

⑥ 방위정책: 브라질과 베네수엘라는 남미방위위원회 계획안을 제시하여, 방위정책과 지역안보 메커니즘의 초안을 만들자고 제안했다. 콜롬비아는 처음에 가입하지 않았지만, 후일 초안을 검토한 뒤 2008년 7월 20일에 가입하였다.

6. 문제점과 향후 전망

하지만 미래의 전망은 그렇게 밝지만은 않다. 현 단계에서 국가연합으로 통합되기까지 거쳐야 할 단계는 무궁무진하다. 미국 워싱턴 D.C. 소재의 미주대회(Inter-American Dialogue) 소속의 마이클 쉽터는 남미국가연합을 "이 지역의 경제적 조건이 이런 종류의 통합을 하기엔 성숙하지 않았기에" "현재로서는 백일몽"에 불과하다고 폄하한다. 또 남미국가연합이 정치적 동력에 의해 추진되었기에 메르코수르와 안데스공동체의 무역통합보다 효과가 덜 하리라 평하는 비판자도 있다. 하지만 이런 고려 이전에 미국이 이러한 행보를 그냥 방관할 것인가가 의문이다.

2008년 8월 25일자 〈Council on Hemispheric Affairs〉의 뉴스레터에 따르면, 미 국방부는 카리브 해와 남대서양에 제4함대를 배치하기로 결정했다고 한다. 1950년대 이래 처음 있는 군사적 조치이다. 점차 남미 대륙의 자립이 강화되고, 중국, 러시아, 이란 등과 같은 비우호적 국가들이 이들과 교류의 폭을 넓히자, 미국도 일종의 경계 태세에 들어가면서 남미 국가들을 압박하고자 하는 것이다. 워싱턴 소재 미주문제위원회 소장인 래리 번스의 평가를 들어보자.

> 미국은 중국과 러시아가 베네수엘라를 위시한 남미 국가들에 무기를 판매하는 것을 점차 의심스런 눈초리로 봅니다. …… 미국은 특히 가까웠던 전통적 우방지역에 다가오는 여타 국가들의 행보에 우려하기 시작했습니다. 이미 중국, 스페인, 브라질, 러시아 측은 자원외교에 더하여 군사외교를 추가했습니다. 베네수엘라는 러시아로부터 20억 달러 규모의 무기를 구매했지요. 중국도 군사장비의 주된 판매자이자, 동시에 에너지와 석유를 구매하는 큰 손입니다. …… 라틴아메리카는 이런 거래로부터 점차 부요해지면서 점차 미국에 정치적으로 대결하며, 자신의 방식대로 밀어붙이려 하고 있습니다. …… 남미국가연합은 미국만이 회원국이 아닌 미주기구(OAS)입니다.

워싱턴의 매파들은 어떤 방식으로든 남미의 자율성이 제고되는 것을 약화시키려고 한다. 만약 브라질이 공동안보 장치까지 마련한 경제통합체의 맹주가 된다면 미국의 영향력은 더 빨리 잠식될 것이다. 이런 맥락에서 급기야 함대 배치를 통한 심리적 압박 전술까지 행사하는 데까지 왔던 것이다. 이미 콜롬비아·베네수엘라 접경 지대, 볼리비아·파라과이 접경지대에 군사력을 배치하여 반미 성향을 띤 국가들을 압박하는 수준으로 부족하다고 판단한 것이다. 오바마 대통령이 당선된 이후의 정책도 이러한 경향을 반영한다.

가령 미국의 압박이 없다고 가정하면 통합 프로세스는 순조로울 것인가? 그것도 그렇지 않은 것 같다. 물론 룰라 대통령의 지적처럼, 자신들만의 힘으로 통합의 동력을 만들어 내었고 인프라 프로젝트를 다시 발진시켜 큰 전진을 이룬 것은 사실이다. 하지만 내부의 장애물들도 많다.

첫째, 국가 간 갈등 관계가 여전히 걸림돌이 될 것이다. 창립총회에서 제안된 '방위위원회'에 핵심적인 행위국가인 콜롬비아가 가입을 거부하였다. 콜롬비아의 알바로 우리베 대통령은 대표적인 친미적 인사로 미국 대마약 테러리즘 전쟁에 협조적이다. 콜롬비아는 얼마 전에도 에콰도르와의 접경 지역에서 게릴라 세력인 '콜롬비아혁명군'(FARC)을 추격하다, 월경하여 전투를 수행하여 외교적 갈등을 일으킨 바 있었다. 우리베는 자신이 원할 때, 원하는 곳에서 일방적으로 작전을 수행하고자 한다. 이로 인해 콜롬비아는 에콰도르, 베네수엘라와 관계가 나빠졌다. 하지만 우리베 대통령도 후일 방위위원회 초안을 재검토한 뒤 2008년 7월에 가입했다.

둘째, 국가들마다 상이한 비전과 이해관계를 지니고 있기 때문에 이를 유럽연합 수준으로 통합하는 데 어려움이 클 것이다. 가장 강력한 통합 드라이브는 브라질과 베네수엘라로부터 나오지만, 전자는 주로 실용주의적 이해관계가 주도하고, 후자는 차베스주의란 이념적 드라이브가 주도한다. 외교 차원에서 본다면 친미적인 칠레, 콜롬비아, 페루가 브라질, 아르헨티나, 베네수엘라에 비해 통합에 소극적일 것이다.

에너지 통합 문제에서도 가스 생산국인 볼리비아, 페루, 베네수엘라의 이해관계는 소비국인 브라질, 아르헨티나, 칠레의 이해와 충돌한다. 게다가 칠레는 볼리비아(태평양 전쟁 당시 패전하여 해안지구를 빼앗겼다)와 태평양 항구 접근권을 둘러싸고 심각한 마찰을 빚고 있다. 가장 큰 두 나라인 브라질과 아르헨티나의 관계도 힘 관계가 전자로 기울어 아르헨티나는 방어적인 태도를 보인다. 칠레의 교역관계는 남미보다 미국, 유럽, 아시아로 다각화되어 있기에 다른 나라들보다 통합에 소극적이다. 구체적인 사안에 대해 공동 협력안을 만들어 내는 과정이 의외로 더딜 수 있다.

셋째, 유럽연합과 달리 국가 간 국력 격차가 격심하여 과연 통합이 순조롭게 이루어질 것인지 의문이다. 경제적 비대칭성이야말로 통합을 이루는 데 가장 큰 장애물일 것이다. 브라질은 인구나 경제력으로 압도적인 우위를 누린다. 현 단계로 보자면 산업 인프라가 잘 갖춰진 브라질을 허브로 시장통합이 이뤄질 가능성이 높고, 다른 나라들은 원자재, 에너지, 농산물을 이에 공급하고 공산품을 사가는 의존관계가 형성될 가능성이 높다. 자칫하면 남미국가연합의 통합이 남미의 브라질화로 귀결될 것이다. 하지만 메르코수르의 경험에서 보듯이 우루과이와 파라과이처럼 소국의 반발도 만만치 않은데, 이를 어떻게 해소해 나갈지가 관건이 될 것이다. 소국들은 좌절이 커지면 미국과의 무역협정을 선호할 가능성이 많다.

어쨌든 남미 대륙의 차원에서 3억 8천만 명의 인구를 포괄하는 경제적·정치적 통합체가 탄생한다면, 국제정치와 경제에서 새로운 추진력을 줄 것이다. 통합된 남미는 미국과 유럽 등 기타 열강의 갈등과 분열을 이용하여 자신의 영향력을 최대한 높이려 할 것이다. 1980년대의 외채위기와 제로 성장, 1990년대의 구조조정과 저성장을 겪은 남미 국가들은 새 천년에 들어와서 높은 에너지 가격과 1차 산품 가격의 덕을 보며 오랜만에 5%대 성장을 견지하고 있다. 남미국가연합은 오랜 몸살 끝에 통증이 가벼워진 환자의 자신감을 반영하고 있는 듯하다. 하지만 수많은 통합 조직체가 범람하고, 큰 성과를 이루지 못하고 지지부진했던 과거 경험도 결코 잊어서는 아니 될 것이다.

보론: 중남미 통합을 위한 프로젝트

메르코수르, 이름과 현실의 괴리

1991년에 아순시온 조약을 맺었으니 만 18년이 지났다. 메르코수르는 브라질, 아르헨티나, 파라과이, 우루과이 네 나라가 결성한 경제연합체이다. 본격적인 성년기에 접어든 이 '공동시장'은 아직도 불완전하다. 네 나라는 재정, 환율 정책의 조정을 통해 공동시장을 창설한다고 했지만, 아직도 미숙한 공동시장이며, 사실상 자유무역지대에 가깝다. 관세동맹 형식을 취하고 있지만 예외도 많고, 한 나라에 환율 위기가 생기면 바로 무역전쟁으로 비화한다. 2008년 경제위기에도 아르헨티나는 보호무역 조치를 강화하려 하고, 브라질은 반대하는 형국이다.

　2008년에 출범한 남미국가연합도 마찬가지이다. 남미의 12개국이 결합한 '국가연합'이란 명패에서 우리는 유럽연합과 같은 정치·경제 공동체를 머리에 떠올린다. 하지만 명패는 미래지향적인 목표일 뿐이다. 매년 모여 정상회담을 열어서 이것저것 논의하는 회의체에 불과하다. 먼 미래의 목표는 있지만, 이를 수행하는 제도와 규범은 초보적 수준에 불과한 또 하나의 통합기관일 뿐이다. 남미에는 너무 많은 통합체가 있고,

세 달에 한 번씩 대규모 정상회담이 열린다. 하지만 각료회의나 전문가 회의는 거의 열리지 않는다.

메르코수르든 남미국가연합이든 통합이 심화되지 않는 까닭은 단순하다. 메르코수르의 역내 무역고 비중은 15% 수준에 맴돈다. 유럽연합에 비하면 터무니없이 낮다. 비대칭성도 큰 문제이다. 브라질의 비중이 너무 크다. 브라질의 인구가 1억 9천만 명인데, 제2위국 아르헨티나는 4천만 명에 불과하다. 680만 명의 파라과이, 350만 명의 우루과이는 거의 중량감을 느낄 수 없다. 이런 비대칭성 때문에 결국 통합체는 브라질이 구사하는 대외정책의 수단으로 전락한다.

브라질의 수출 시장은 유럽연합, 미국, 아시아, 메르코수르 순으로 배치되어 있다. 그러니 브라질은 메르코수르에 몰입하지 않는다. 임기응변의 불완전한 관세동맹을 통해 자국 산업을 보호하고 역내 확장을 도모할 뿐이다. 메르코수르나 우나수르의 의미는 브라질이 국제무대에서 활동하기 위한 하나의 포석에 불과하다. 브라질은 미국, 유럽연합, 중국, 인도, 남아공, 다자기구 등에 외교역량을 많이 투입한다. 그러니 남미 연합체의 제도화와 규범 수립에 적극적이지 않다.

브라질의 리더십도 역내에서 제한적이다. 그동안 메르코수르 내부의 비대칭성에 대한 소국들의 성화는 컸다. 2006년에야 비로소 1억 달러 규모의 구조적 수렴기금이 조성되었고, 2008년 연말에 2억 2,500만 달러기 증액되었다. 하지만 소국들의 입장에서는 새발에 피일 뿐이다. 한 가지 다행스런 것은 '물티라티나'(Multilatinas)라 불리는 중남미계 다국적기업의 활동이 증가하고 있다는 점이다. 역내무역이 증가하면서 자연스럽게 생긴 현상이고, 경제통합의 효과를 간접적으로 방증하는 지표이기도 하다. 하지만 중도좌파 정부들이 남미에 우후죽순처럼 들어서면서,

이들의 활동에 제동이 걸리고 있다. 대중과 국내기업들의 요구에 민감할 수밖에 없는 중도좌파 정부들은 물티라티나의 기업 활동을 불공정 경쟁이나 불법 행위로 몰아 규제를 한다.

이미 볼리비아가 가스 산업을 국유화하면서 페트로브라스와 불화에 빠졌다. 브라질은 이타이푸 수자원 이용을 둘러싸고 파라과이와 갈등 관계에 놓여 있다. 아르헨티나는 야시레타 강의 수자원 개발을 둘러싸고 파라과이와 신경전을 벌이고 있고, 우루과이와는 펄프제지 회사의 건립을 둘러싸고 험악한 관계를 연출했다. 에콰도르는 브라질 기업 오데브렉트의 불법 활동을 이유로 채무 관계를 무효화했고, 외교관계가 어려움에 처했다. 통합과 연대에 대한 열망이나 담론은 무수하게 쏟아져 나오지만, 현실에서는 민족주의 열정이 분출하고, 국가이익이 앞선다.

남미의 지리는 통합에 어떤 영향을 미치는가

남미는 〈그림 2〉가 시사하는 바와 같이 지리적으로 5개의 섬처럼 형성되어 있다. 카리브 플랫폼, 안데스 지형대, 대서양 플랫폼, 아마존 엔클레이브, 남부 아마존 엔클레이브, 이 다섯 섬들을 연결하는 것이 인프라, 에너지 통합 사업의 핵심이다. 일단 콜롬비아에서 칠레에 이르는 남미의 서부는 안데스 산맥이란 등뼈가 물류의 흐름을 막고 있다. 이를 연결해야 태평양 연안국가와 대서양 연안국가의 교류가 원활해지고, 물류비용도 절감된다. 다양한 자원의 보고이자 생태적 보물이라 할 수 있는 아마존 열대우림 지대도 물류의 흐름을 막고 있다. 이를 각 지역 경제권과 연결하고 친환경적으로 개발하는 것도 인프라 통합 사업의 중요한 과제이다. 각종 수로와 강, 호수 등도 여러 나라에 걸쳐 있기 때문에 다양한 자원 개발에 국가 간 협력이 필요한 실정이다.

〈그림 2〉 섬으로 구별해 본 라틴아메리카 지도 : 지리적·사회적 장벽

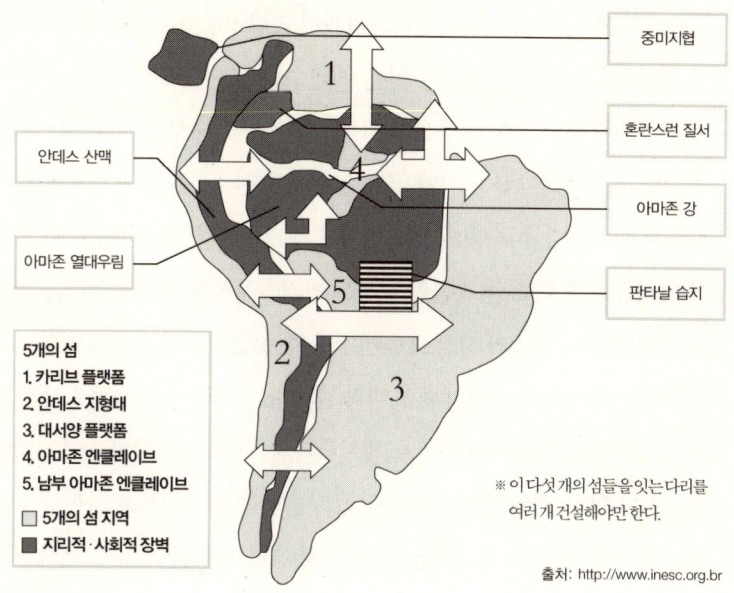

5개의 섬
1. 카리브 플랫폼
2. 안데스 지형대
3. 대서양 플랫폼
4. 아마존 엔클레이브
5. 남부 아마존 엔클레이브
□ 5개의 섬 지역
■ 지리적·사회적 장벽

※ 이 다섯 개의 섬들을 잇는 다리를
여러 개 건설해야만 한다.

출처: http://www.inesc.org.br

남미은행

지난 4~5년간 에너지와 원자재, 그리고 1차 산품의 가격이 급등하면서 개발도상국의 외환보유고가 2조 달러 정도로 증가했다. 이 중 절반은 중국의 몫이지만, 라틴아메리카 국가들의 외환 사정도 크게 호전되었다. 덕분에 몇몇 국가는 IMF에 진 빚을 조기에 상환하기도 하고, 미국의 재무증권을 사다 중앙은행에 비축하기도 했다. 늘어난 유동성을 가시고 나른 게임을 하겠다고 엉뚱한 제안을 한 사람이 있다. 바로 베네수엘라의 차베스 대통령이다.

그는 북쪽의 은행에다 남쪽의 외화자산을 예치하는 바보 같은 짓을 그만두자면서, 돈이 필요하면 남측 국가들이 스스로 돕는 방안을 제안했

다. 아르헨티나가 공동보조를 취했고, 이어서 에콰도르와 볼리비아가 뒤따랐으며, 미적거리던 브라질도 파라과이도 함께하기로 합의했다.

최초의 제안서를 준비한 팀은 베네수엘라와 아르헨티나의 경제학자들이었다. 구미 유학파 출신인 이들이 벤치마킹한 모델은 곧 IMF와 세계은행이었고, 허약한 남미의 금융 인프라를 현대화하는 매개체로 남미은행을 생각했다. 이사회의 투표방식도 세계은행처럼 지분에 따른 가중치 방식을 적용했고, 자본금의 일부는 민간자본시장에서 조달하는 방식도 집어넣었다. 기존의 시장 모델에 적응하는 방식을 제안한 것이다.

당연히 차베스가 생각한 모델과 달랐다. 에콰도르가 차베스가 생각했음직한 건설적인 반대 제안을 제시했다. 더 이상 선진국의 자본시장에 의존하지 말고, 회원국 정부가 똑같이 부담하는 기여금으로 자본금을 조성하자. 여기에 토빈세(Tobin's Tax: 미국 경제학자인 제임스 토빈이 제시한 단기성 외환거래에 부과하는 세금)나 환경보호세 같은 것을 일괄적으로 거두어 자본금에 포함시키자. 따라서 투표권도 일국일표제 원칙을 적용하자. 우선은 개발은행으로 시작하지만, 나아가 지역통화기금, 공동통화 창설로 나아가자. 직원이 13,000명이나 되는 세계은행처럼 '마스토돈'(Mastodon)이 되지 않기 위해서는 조직을 경량화하자.

에콰도르는 남미통화기금도 일괄적으로 자본금을 키울 것이 아니라, 긴급자금을 필요로 할 경우 회원국 외화준비금의 20%를 활용하도록 하는 제안도 했다. 만약 볼리비아가 투기자본에 의해 공격을 당하고 있다면 기금은 여타 5개국 회원국의 중앙은행이 외화준비금 20%를 몇 시간 내로 송금해 달라고 요구한다. 기금을 유연하게 동원하고 활용하겠다는 것이다.

뒤늦게 합류한 브라질은 지역 맹주로서 불참해 발생할 불이익을 막고자 했다. 룰라의 경제팀은 시장근본주의를 지향하는 신자유주의 틀에 친화적인 사람들이다. 이들은 워싱턴을 자극하지 않는 범위 내에서 메르코수르를 보완할 금융기관과 개발은행을 원한다. 2007년 7월 19일과 20일에 실무진이 모여 남미은행의 최종안을 만들고, 8월 초에 경제장관 회의에서 확정하여 12월 정상회담에서 설립을 선포했다. 노벨경제학상을 받은 스티글리츠는 남미은행을 "라틴아메리카의 발전을 견인할 매우 유용하고 창조적인 발명품"이라고 찬사를 아끼지 않았다.

12장 오바마 정부와 라틴아메리카

1. 오바마 정부 출범의 의미

2009년에 오바마 정부가 들어서면서 미국의 대중남미 관계는 큰 변화를 맞이하고 있다. 그는 이미 차베스와 악수를 했고, 쿠바에 대한 개방정책을 선언했다. 물론 가시적으로 구체화되기에는 시간이 필요할 것이다. 하지만 대중남미 정책의 기조는 부시 행정부와 사뭇 다르다. 사실 대통령 선거 기간 내내 '뒤뜰'의 이웃 문제가 쟁점이 된 적은 거의 없었다. 하지만 2008년 5월 전국쿠바인재단에서 연설할 때 오바마는 상호이해와 국가주권의 존중에 기초한 새로운 미주 시대를 열겠다고 기염을 토했다. 프랭클린 루스벨트(Franklin Roosevelt)의 "네 개의 자유"(Four Freedoms) 선언을 벤치마킹한 "미주를 위한 새로운 파트너십" 계획을 공표하고 이른바 3개의 자유 정책을 제시했다. 첫째, 정치적 자유·민주주의, 둘째, 공포로부터의 자유·안보, 셋째, 결핍으로부터의 자유·기회가 바로 그것이다.

　그는 우선 부시 행정부가 이라크 전쟁과 중동에 신경을 집중하면서 라틴아메리카에서는 '권력의 공백' 상태를 초래하여 미국의 국익을 보호하지 못했다고 평가했다. 지난 8년 동안 무관심과 부적절한 개입의 대가는 컸다. 라틴아메리카에 반미주의 정부가 여럿 생겼고, 러시아와 중국이 군사 및 경제 협력을 미끼로 자주 출몰하고 있다.

러시아는 자국 영토의 인접국가에 미국이 압박을 가하자, 이에 대한 반발로 라틴아메리카에 대한 개입을 강화하고 있다. 나를 괴롭히면 당신도 편안하지 않을 것이란 신호를 보낸 것이다. 러시아 해군은 2008년 카리브 해역에서 베네수엘라와 합동 해군훈련을 실시하였다. 러시아는 쿠바에서도 폐쇄한 기지를 다시 복원시키고 있다. 2008년도 러시아의 무기 판매액도 30억 달러를 넘었다. '신냉전 II'란 말까지 나올 정도이다. 미국이 그루지아를 지지하고, 러시아 국경 주변에 미사일 기지를 건설하자, 이에 대응하여 라틴아메리카에서 군사협력을 강화한 것이다. 러시아의 노후화된 군사력을 보건대 '신냉전'이라기보다는 일종의 심리전에 가깝다 할 것이다.

중국도 에너지 공급과 시장 확보를 위해 라틴아메리카 전역을 들쑤시고 다닌다. 워싱턴 정가에서도 라틴아메리카에서의 '중국의 위협'이란 말이 공적 담론으로 자리 잡았다. 중국은 베네수엘라, 쿠바, 페루 등에 에너지와 광산물을, 브라질과 아르헨티나 등에서는 농산물을 대량으로 구매하고 있다. 대신에 자국의 공산품도 대량 수출하고 있다. 현재까지 중국과 라틴아메리카 쌍방은 원-원 게임을 하고 있는 셈이다. 이런 중국의 공세가 워싱턴으로서는 달갑지 않다. 중국의 등장으로 메이저 기업들이 통제하는 에너지 시장에 교란이 오고 있고, 몇몇 나라들은 치이니 달러에 힘입어 대미 협상 태도가 한층 뻣뻣해졌다. 이 때문에 오바마 행정부는 라틴아메리카의 새로운 행위자들에 대해 신경을 곤두세우고 있다.

오바마 신정부는 과거 부시 행정부의 방기 정책에서 벗어나 한층 더 많은 재원과 시간을 투자하여 중남미 국가들을 다독거려야 한다. 그는 라틴아메리카를 향한 포괄적이고 성의 있는 접근법이 필요하다는 것을 인식하고 있다. 관심을 일깨우고 문제의 심각성을 인정하는 그 자체가 큰 변화이다. 오바마는 우고 차베스의 베네수엘라 정부를 포함한 민주적 좌파정부들과도 함께 일하겠다고 강조했다. 미국 대선 직후에 차베스도 "나는 네그로와 이야기하고 싶다"고 호의를 표명한 바 있었다. 분명히 부시 행정부의 대중남미 접근법과는 많이 다르다. 중남미의 중도좌파 정부들도 오바마의 접근법을 공개적으로 지지하고 있다. 하지만 금융위기에 직면한 미국 행정부로서는 시간이나 재원이 넉넉한 것은 아니다.

2. 분야별 도전

① 무역정책: 기존의 자유무역정책에 노동과 환경 기준을 첨가할 가능성이 높다. 오바마는 일찍이 중미자유무역협정(CAFTA)과 미국-콜롬비아 자유무역협정을 반대했고, NAFTA도 미국 노동자들을 위해 개정해야 한다고 주장해 왔다. 부통령 후보인 바이든 역시 칠레, 페루, 중미와의 자유무역협정을 반대하고, NAFTA의 재협상을 요구하고 있다. 모두 적절한 환경 및 노동 기준이 빠져 있기 때문이다. 차기 정부는 미국의 경기침체 분위기를 반영하여 재협상에 나선 후 해당국에 까다로운 조건을 요구할 것이지만 실현 여부는 불투명하다. 해당국의 반발 또한 무시할 수 없으며 보복 조치의 악순환을 불러일으킬 수 있기 때문이다.

② 에너지 안보: 기후변화와 에너지 안보에 대응하는 한 방안으로 클린 에너지와 지속 가능한 성장을 위해서 '미주 에너지 파트너십'을 제안하였다. 특히 브라질과 바이오 연료, 그린 기술 협력을 확대하고 싶다고 피력했고, 아마존 열대우림의 보호에도 관심을 표명한 바 있다. 에너

지 협력 정책은 특히 중국의 중남미 침투에 대한 견제장치로 활용될 가능성이 높다. 반면에 바이오 연료(농산물 연료)의 공동개발을 위해 브라질과의 파트너십은 강화할 것이고, 이에 따라 브라질의 위상은 다소 제고될 것이다.

③ 쿠바 정책: 일단 신정부는 대쿠바 문제에 대해 좀더 전향적으로 접근하고 있다. 먼저 이민자 가족의 대쿠바 송금 제한 정책을 철폐하고, 아울러 친지 방문도 자유롭게 허용하겠다고 발표했다. 쿠바가 정치범을 석방하면서 민주화를 향한 중요한 조치를 취한다면, 대쿠바 관계를 정상화 조치나 경제봉쇄 완화도 고려하겠다고 말했다. 하지만 봉쇄를 풀려면 의회의 협조가 필수적이다. 일방적인 봉쇄 해제를 실행하려면 상원의 60석이 필요한데 현재로서는 역부족이다.

2009년 쿠바를 개방하는 방식은 베트남식 해법을 따를 가능성이 높다. 일단 미국이 일방적으로 봉쇄를 풀거나 완화하고, 쿠바를 조건 없이 미주 국제기구의 회원국으로 받아들인다. 쿠바는 자신의 속도에 맞춰 필요한 경제개혁을 실행한다. 하지만 정치개혁 의제는 일단 먼 훗날로 미뤄 둔다. 이미 이런 해법이 작동하기 시작했다. 최근 멕시코의 사카테카에서 열린 미주의 안보협의체인 '리우 그룹'(Rio Group)은 쿠바를 회원국으로 받아들이겠다고 발표했다.

④ 포괄적인 안보 접근: 오바마는 중미와 멕시코에서 국제화된 조직폭력, 마약범죄 등의 문제에도 포괄적인 접근법으로 나서시겠다고 피력했다. 그는 부시 행정부가 멕시코와 중미 국가들에게 치안 확보를 위해 2010년까지 군부와 경찰에 대해 14억 달러 규모의 원조를 한다는, 이른바 '메리다 이니셔티브' 내지 '플랜 멕시코'(Merida Initiative; Plan Mexico)를 이어 받아 지역안보에 강력하게 대처하겠다고 밝혔다. 멕시

코의 경우 마약사범과의 전쟁 중인 2007년에는 2,447명이, 2008년에는 5,400명가량이 사망할 정도로 심각한 치안 위기 상황이다. '플랜 멕시코'는 클린턴 행정부가 제시한 '플랜 콜롬비아'와 유사한 군사원조를 통해 해당 국가의 경찰과 사법부의 전문성을 개선시킨다는 발상이다. 이 계획의 효능성에 대해서는 전문가들의 비판이 많다.

⑤ 밀레니엄 개발목표: 2015년까지 지구의 극빈층을 절반으로 줄이자는 이 계획을 달성하기 위해 원조 금액도 두 배를 증액하여 500억 달러를 지출할 것이다. 전반적으로 경기침체기에 들어간 미국으로서는 예산 부족으로 인해 장대한 원조 계획은 공수표가 될 가능성이 높다.

전체적으로 볼 때 오바마 행정부는 보다 적극적인 대중남미 정책을 펼쳐 지난 8년간의 라틴아메리카 국제관계 지형에 변화를 가져오려 할 것이다. 입지가 위축된 미국의 국익을 적극적으로 반영하고, 보다 호혜적인 관계 구축에 나서겠다는 의지가 강하다. 특히 라틴아메리카에서 각광을 받고 있는 '중국의 등장', 남미의 자립화를 표방하는 '남미국가연합' 등의 현상에 적극적으로 대응하고 각종 견제장치를 마련할 것이다. 하지만 금융위기 진화에 바쁜 임기 초반에 얼마나 라틴아메리카 문제에 집중할지는 의문이다.

3. NAFTA

미국에서 대멕시코 정책은 국내 문제와 긴밀하게 연결되어 있다. 우선 이민(불법이민을 포함해서), 무역과 발전, 안보, 인프라, 환경 문제는 모두 국경선 양쪽에 해당되기 때문이다. 그래서 멕시코는 미국에서 항상 국내적 이슈로 거론된다. 오바마가 취임 직후 맨 처음 만난 국가 원수도 멕시코 대통령이었다. 그러나 멕시코가 가깝긴 하지만 정책 수렴은 그렇게 쉽지 않다.

대선 기간에 오바마나 바이든 후보는 NAFTA의 틀을 재검토하겠다고 언급한 적이 있었다. 무엇보다 미국의 일자리를 보전하기 위해 환경과 노동 조항을 엄격하게 수정해야 한다고 주장했다. 하지만 이는 선거용 수사에 불과한 것이다. 이런 주장에 캐나다와 멕시코는 반발을 한다. 캐나다는 통나무 수출을 제한하는 미국의 불공정 무역을 성토할 것이고, 멕시코는 합의를 어긴 수송차량 통과 문제, 화약고가 되어 버린 농업 문제를 제기하며 옥수수와 콩 등의 주곡에 대한 무관세 조치를 재협상하려고 할 것이다. 결국 선거 시의 논란은 2009년이 지나면서 흐지부지될 가능성이 높다. 판도라 상자를 열면 너무나 많은 특수 이해집단들이 튀어나오고 결국 해결책이 없다는 것을 알게 될 것이다.

여기서 북미지역이 무역, 투자, 인구이동 등으로 이미 운명공동체가 되어 버렸다는 인식으로 나아가면 '북미공동체'(North American Community) 제안이 급물살을 타게 되고 관세동맹을 포괄하는 큰 틀이 그려질 가능성이 있다. '북미위원회'(North American Commission), '북미투자기금'(North American Investment Fund)에 대한 논의가 힘을 얻고 북미 통합을 한 단계 높일 가능성도 있다. 물론 이러한 쪽으로 논의가 흘러가려면 아무래도 금융위기가 어느 정도 진정된 다음이라야 가능할 것이다.

경기침체 시에 보호주의적 관행을 강화하면 결국 보복 조치를 유발시켜 경기를 악화시킨다. 따라서 자국 노동자와 시장을 보호하겠다는 선거 당시 주장은 그냥 선거용 수사로 치부될 것이다. 오히려 문제는 북미 3국이 미국발 금융위기로 인해 겪는 금융긴축과 구조조정 문제가 새로운 화두가 될 것이다. 이미 심각한 위기에 빠진 빅3의 문제는 북미 자동차 시장의 구조를 흔들고 있다. 멕시코는 시장, 투자, 기술개발 등의 측면에서 이미 미국 경제에 통합되어 있다. 미국이 기침을 하면 멕시코는 독감이 걸리는 메커니즘이다. 2008년 8월부터 11월 사이에 페소는 달러 대비 22% 절하되었다. 월가가 출렁일 때마다 페소화 가치나 증권지수도 따라서 출렁인다. 2009년 남미 국가들은 -1.9%대 성장을 하지만 멕시코는 -7%란 저성장에 머문다. 따라서 멕시코의 실질소득은 큰 폭으로 하락할 것이다.

멕시코 수출 분량의 80% 이상이 미국으로 향하고, 이것이 GDP의 30%를 차지한다. 2009년에도 수출 시장은 크게 둔화될 것이다. 자동차 수출이 급랭할 것이고, 이는 완성차 조립업체와 부품회사의 구조조정으로 연결될 것이다. 미국 수출 위주로 생산을 하는 마킬라도라 공단의 경기도 움츠러들 것이다. 그동안 투자의 부진으로 원유 생산량(290만 배럴/일)은 계속 줄어 왔고, 가격 급락과 더불어 수입도 크게 줄어들 것이다. 240억 달러(2007년 기준)에 달하는 히스패닉의 송금액도 불경기로 줄어든다. 그동안 불경기의 방파제 역할을 하던 불법 이민의 송출도 어렵고, 송금액도 줄어들면 실업자와 하층민의 사회적 불만이 정치적 갈등으로 비화될 가능성이 높아질 것이다.

이미 식료품과 에너지 가격의 앙등으로 중하층의 생활은 어려운 실정이다. 2008년도에 정부는 마약 카르텔과의 전쟁을 벌이면서 5천 명 이상의 사망자를 내었다. 치안의 악화로 멕시코시티는 '납치자의 수도'란 불명예도 얻고 있다. 멕시코시티의 데모대는 과거보다 자주 그리고 대규모로 행진하며 정치적 불안을 가중시키고 있다. 남부의 오아하카, 게레로 주와 같이 열악한 지역에서는 하층민, 노조 등 사회 불만층이 연대한 사회적 갈등이 재연될 가능성이 높다. NAFTA 삼국 가운데 멕시코는 제도적으로 '실패한 국가'(failed state)가 될 가능성마저 있다. 경찰이나 사법부에 대한 신뢰도가 현저히 떨어져 있기에 마약 카르텔 퇴치의 어려움을 잘 아는 오바마 당선자는 '메리다 이니셔티브'(Merida Initiative: Plan Mexico)를 통해 적극적으로 지원할 것이다.

이미 1,200만 명에 달하는 불법이민자 문제에 대해서도 포괄적인 대책을 내놓아야 한다. 물론 이 문제도 경제위기가 진화되어야 본격적인 논의가 될 것이다. 불법이민자 가운데 7백만 명이 멕시코인들이라는 점에서 양국은 계속 불편한 관계에 있다. 양국 사이에 우호적인 거래가 이뤄진다면 오바마 행정부가 시한부 근로이민자에 대해 비자를 발급해 주는 방향으로 비자법을 개정하고, 나아가 일회적으로 불법이민자들을 합법화시켜 주며, 이후부터는 불법이민자를 엄격하게 처벌하는 새 이민법을 실행할 가능성이 크다(Selee, 2009).

4. 남미국가연합

남미의 경제통합은 메르코수르, 안데스공동체로 양분되어 진행되고 왔지만 2008년 5월에 남미국가연합이 창립되면서, 이를 매개로 통합적으로 수렴되고 있다. 메르코수르는 원래 공동시장을 목표로 창설된 경제통합체이지만, 사실상 브라질, 아르헨티나, 파라과이, 우루과이의 자유무역지대로 기능해 왔다. 하지만 시장통합은 꾸준히 진행되어 남부 지역의 산업구조 개편과 시장통합을 견인해 왔다. 여기에 베네수엘라가 참여하면서 남미 통합의 속도는 더욱 빨라졌다. 2008년 남미국가연합은 '볼리비아의 위기'(모랄레스 대통령에 반대하는 동부 제주諸州의 자치 주장이 격화되고, 여기에 개입한 것으로 알려진 미국 대사의 추방 사태까지 일어난 정치적 위기) 상태에 외세의 개입을 거부하고 모랄레스 정부에 대한 지지를 표명하는 공동의 목소리를 내어 일종의 공조를 과시하였다.

남미 '국가연합'은 유럽연합과 달리 현 상태의 통합단계를 지시하는 것이 아니라, 향후 추구해야 할 목표지점을 가리키는 용어이다. 국가연합을 이루기 위해서는 가야 할 길이 멀고 험하다. 남미국가연합은 단일한 시장의 창출, 즉 자유무역지대를 넘어서 인프라 통합, 개발은행, 에너지 통합, 자유로운 국경이동, 공동방위정책과 지역안보를 포괄하는 초국적 프로젝트이다. 이제까지 진행된 모든 통합 프로젝트를 큰 틀에서 아우르는 지정학적·지경학적 게임이기도 하다.

남미은행은 워싱턴 컨센서스에서 내세우는 신자유주의 발전 모델을 넘어서는 개발주의 모델을 내세우고, 나아가 장기적으로는 공동화폐단위(SCU)를 모색한다. 장기적인 포부는 IMF와 세계은행을 넘어서는 남미통화기금을 정초하는 것이지만 현재는 개발은행으로 인프라 구축에 금융을 제공하는 데 제한되어 있다. 남미 인프라 통합 이니셔티브(IRRSA)는 대서양과 태평양 국가를 연결하는 고속도로 건설을 포함한 물류 체계의 개선을 목표로 한다. 남미 에너지링은 각국의 가스 생산지와 소비지를 연결하는 파이프라인 건설 사업이다. 이런 사업들은 2000년대에 들어와서 꾸준히 진행되어 왔고, 남미국가연합의 출범과 더불어 계속 추진될 것 같다.

하지만 2008년 하반기에 터진 미국발 금융위기로 남미 국가들의 통합운동은 다소 정체 상태에 빠질 것이다. 처음에 브라질 룰라 대통령은 서브프라임 사태를 "부시의 위기"라고 폄하하고, 남미에 미칠 영향은 미미할 것이라 평가했다. 소위 '비동조화'(decoupling) 명제를 지지했던 것이다. 하지만 10월 이후 브라질의 헤알화가 25%나 절하되고 주가지수가 반토막 나면서 시각이 바뀌었다. 남미도 결코 미국의 위기로부터 자유롭지 않았다. 남미국가연합의 의장인 칠레의 미첼 바첼레트 대통령은 이렇게 말했다. "확실한 것은 (미국발 금융) 위기가 이곳의 외국투자, 수출품 수요에 영향을 미치고, 지역의 장기적 성장에 나쁜 영향을 미치리라는 점이다. 이것은 진정 비극이다."

글로벌 금융은 이미 선진국과 신흥시장 모두를 통합하고 있기에 선진국의 위기는 곧바로 신흥시장에 전파된다. 즉 외환보유고의 감소, 자본도피, 주가 폭락, 리스크 프리미엄의 증대로 이어진다. 하지만 남미의 경우 1995년 데킬라 위기, 1997년 삼바효과, 2001년 아르헨티나 금융 위기를 겪으면서 학습을 하였고, 그 결과 보수적인 금융 관리를 해왔기에 다른 지역보다 충격이 덜할 것으로 예견된다. 외환보유고도 현재로서는 여유가 있다. 브라질은 2,160억 달러, 아르헨티나는 470억 달러, 베네수엘라는 300억 달러를 보유하고 있다. 경제규모에 비해 양호한 편이다. 적어도 외환위기의 가능성은 적은 편이다.

하지만 지난 5년 동안 지속되어 온 5% 수준의 성장률은 크게 하락할 전망이다. 남미국가연합의 주요 행위자인 브라질, 아르헨티나, 칠레는 2009년 1% 미만의 성장률을 기록할 전망이다. 베네수엘라는 1%에 머물 것으로 전망되고, 페루만 2% 이상의 고성장을 이어갈 것이다. 특히 베네수엘라는 유가 하락 때문에 경제적 어려움이 가중될 것이다. 값싼 석유를 주변국에 공여하는 외교에 국민들의 불만이 늘어날 것이고, 남미국가연합 내에서 차베스의 입지도 다소 위축될 것이다. 2009년 베네수엘라 정치는 차베스의 무제한 재선 개헌 논란으로 정치적 부담도 가중될 것으로 보인다.

이 지역에 중국의 수입 수요가 얼마나 지탱될 것인가 하는 것도 관전 포인트이다. 만약 중국이 8~9%의 성장률을 유지한다면 원자재와 곡물을 수출하는 브라질과 아르헨티나 등은 다소 한숨을 돌릴 수 있다. 하지만 7% 수준이면 좀 어려울 것이고, 그 이하라면 대단히 어려울 것이다. 남미 국가들은 중국의 수입과 투자에 목을 매고 있는 실정이다.

2009년에는 '라틴-퍼시픽 벨트'가 대서양 벨트보다 상대적으로 강세를 보일 것이다. 칠레, 페루, 멕시코 등의 태평양 연안국은 물론 브라질을 위시한 대서양 국가들도 시장의 다변화에 큰 노력을 한 결과, 아시아 시장과의 연계가 강화되었다. 신흥시장의 성장률은 구미 시장과 달리 상대적으로 높은 편이므로 수출 경기의 둔화 정도는 약할 것이다.

아시아와 남미의 경제협력은 지난 몇 년 동안 활성화되었고, 그 형태는 물물교환에서 투자협력까지 확대되어 왔다. 2007년 중국과 라틴아메리카의 무역고는 1,026억 달러에 달했지만 2009년에는 금융위기의 여파로 성장세가 다소 둔화될 것이다. 하지만 중국은 위기의 틈새를 파고들어 향후 5년간 1천억 달러를 투자하여 중남미에서 에너지, 원자재, 식량 조달을 안정화하려고 한다.

5. 에너지 파트너십

오바마는 대선 캠페인 과정에서 한 마이애미 연설에서 "미주 에너지 파트너십"을 구체적으로 제안한 바 있다. 석유에 기반을 둔 권위주의 정권을 부양하고, 모든 물건의 비용을 상승시키는 값비싼 석유 중독증에서 벗어나야 한다고 기염을 토했다. 그가 제안한 대안은 클린 에너지, 그린 에너지를 통해 지속 가능한 성장을 가꾼다는 것이다. 당연히 그린 에너지는 기후변화를 염두에 둔 것이다. 2008년 5월의 연설에서 오바마가 밝힌 구체적인 전략은 다음과 같다(Anderson, 2009: 1).

- 클린 석탄 기술의 연구 개발.
- 차세대형 지속 가능한 바이오 연료와 태양 및 핵 에너지 개발.
- 국경을 넘은 그린 에너지 협력.
- 미주 대륙의 에너지 자립 도모.
- 에너지부 내부에 기후변화 기술의 효율적 배분을 도모하는 프로그램을 신설함.
- 경제성장에 지장이 없도록 함과 동시에 개발도상국의 탄소배출을 감축시키는 메커니즘을 도모함.
- 무역협정에 환경기준을 강화함.
- 대규모 온실가스 배출국들의 포럼을 창설함.

이런 야심찬 계획을 바탕으로 오바마 행정부는 10년 내에 미국은 중동과 베네수엘라로부터의 석유 수입을 끝장내겠다고 밝혔다. 하지만 사태는 그렇게 간단하지 않다. 미국 에너지 정보국이 배포한 〈2009 에너지 전망〉을 보면 향후 20년간 재생 가능한 에너지와 바이오 연료의 사용량이 지속적으로 증가하겠지만, 현 단계 수준의 석유 소비도 2030년까지 지속될 전망이다. 바이오 연료가 액체 연료 수요 증가분을 흡수하겠지만, 수입 석유에 대한 소비량은 크게 줄지 않을 것이라는 것이다(Anderson, 2009: 2).

미국의 에너지 안보 딜레마는 여기에 있다. 만약 중동의 지정학적 리스크가 증가하여 사우디아라비아, 이라크, 쿠웨이트에서 수입량이 줄어들면, 오히려 라틴아메리카 석유에 대한 의존도는 더욱 높아진다. 이미 캐나다, 멕시코는 석유수입량 기준으로 제1위, 제3위 국가이다. 그 다음에는 베네수엘라, 에콰도르, 브라질, 콜롬비아로부터 수입 물량을 증가시킬 수밖에 없다. 하지만 최근에 자원민족주의 경향이 고조되면서 베네수엘라, 볼리비아, 에콰도르 등에서는 국유화, 수용 또는 로열티 인상 등으로 대응하고 있다. 이에 따라 외국인 투자가 뚝 끊어졌고, 확인 매장량은 별로 늘지 않고 있다. 게다가 이들은 선뜻 대미 수출물량을 늘려 줄 의사도 없다. 결국 오바마 행정부는 이들을 다시 다독거려야 하는 입장에 놓이게 된다.

이와 상관없이 브라질은 당분간 미국의 에너지 협력 파트너로서 주가를 크게 높이게 되었다. 이미 리우 앞바다에서 대용량의 해저유전이 발견되었고, 이것이 본격적으로 개발되면 브라질은 중간급의 석유 수출국가로서 부상한다. 이렇게 되면 미국은 베네수엘라, 에콰도르에 대한 의존도를 줄일 수 있거나, 최소한 상당한 협상력을 가지게 된다. 또 브라질은 사탕수수를 주원료로 하는 에탄올의 최대 생산국이자 수출국이다. 양국은 바이오 연료 프로젝트를 공동으로 추진하면서 전방위 에너지 협력을 도모할 예정이다. 이런 와중에 브라질의 지정학적 위상은 더욱 높아지리라 예상된다.

6. 오바마 행정부와 대쿠바 유화정책

오바마 행정부는 2009년 3월에 선거 공약의 약속대로 대쿠바 무역과 여행 제한 조치를 본격적으로 풀고 있다. 이제 쿠바계 미국인은 3년에 한 번 방문할 수 있던 쿠바 가족을 매년 만날 수 있다. 부시 행정부는 3년에

한 번, 최장 14일, 일일경비 50달러로 이들의 쿠바 여행을 묶어 두었다. 달러 소득이 카스트로 정부를 이롭게 한다는 이유였다. 하지만 오바마 행정부는 달러를 풀어서 쿠바를 민주화시키겠다는 전략을 택했다. 일단 아무런 조건도 달지 않고 여행 제한 조치를 풀었다.

티모시 가이스너 재무부 장관은 이 조치가 "보다 바람직한 방법으로 쿠바의 민주적 변화를 촉진하고, 국민의 생활을 개선시키려고 우리의 대쿠바 정책을 바꾼 것"이라고 말했다. 새 법은 여행 조건을 1년에 한 번, 체류기간은 원하는 만큼, 일일경비는 170달러로 정했다. 가족 범위도 직계존속에 제한하던 것을 삼촌과 사촌까지 넓혔다. 또 의약품과 식량 수출에 관한 규제도 완화시켰다. 심지어 이론적으로는 비쿠바계 미국 시민도 여행을 할 수 있다. 다만 여행경비의 제한 때문에 실현되기 힘들 뿐이다. 케네디 행정부가 여행 금지 조치를 취한 1962년 이래 가장 큰 폭의 대쿠바 개방조치이다.

오바마가 당선된 이래 라울 카스트로 대통령은 대미 관계 개선을 은근히 바랬다. 형 피델과 달리 그는 경제개혁의 폭을 확대하고 대미 관계가 개선되길 희망했다. 라틴아메리카 국가들도 그의 노력을 지지했다. 쿠바는 다자안보기구인 '리오 그룹'에 회원국으로 가입하면서 미주외교 무대로 복귀했다. 올해에 이미 8명의 중남미 대통령들이 쿠바를 찾았다. 물밑 조율이 시작된 것이다. 가장 중요한 조율사는 브라질의 룰라 대통령이다.

오바마 행정부는 올 4월에 트리니다드토바고에서 개최되는 미주정상회담을 새로운 대화외교를 실험할 절호의 기회라고 생각한다. 대 쿠바 개방조치로 중남미 국가들에게 확실한 메시지를 보여 주었다. 브루킹스 연구소의 한 정책보고서는 쿠바의 인권 개선과 민주화를 이야기하기 전에 국교 수립을 선행하라고 권한다. 미국의 수교국 가운데 인권 미달 국가가 많이 있기 때문에 이런 기준을 고집할 필요가 없다는 것이다. 국교 수립이 오히려 인권 개선과 민주화를 촉진시킬 것이라고 보고서 작성자들은 주장한다.

이제 공은 쿠바로 넘어갔다. 미국의 대쿠바 정책 변화가 물밑에서 진행되자 정작 초조해진 것은 쿠바의 집권층이다. 지난 2월 대통령 취임 1주년을 맞이한 라울 카스트로는 혁명 이후 최대 규모의 물갈이를 실행했다. 각료 12명을 교체한 것이다. 모두 라울 측근들로 대부분 군부에서 충원되었다. 그래서 "총참모부 내각"이라고 부르기도 한다. 경제개혁과 대외개방을 정치적 혼란이 없이 추진하기 위해서는 단합의 중요성이 그 어느 때보다 절실하다고 판단했기 때문이다.

이 와중에 피델의 심복으로 오랫동안 쿠바 정국의 핵심이었던 부대통령 라헤, 수상 페레스 로케가 물러났다. 라헤는 근 20년간 카스트로를 보필했고, 페레스 로케는 카스트로의 개인비서로 일약 외무부 장관으로 승진하여, 그의 복심으로 불렸다. 두 사람은 국내외에 신망이 높은 정치인으로 모두 차기 대권 후보자로 손꼽혔다. 그들에겐 그동안 쌓은 정치적 자산이 독이 되었다.

권력의 논리는 냉혹했다. 국민들에게 인기가 있고, 외국에 지인이 많은 정치적 자산가였기에 라울은 이들을 불편하게 여겼을 것이다. 피델은 이들이 "권력의 달콤함"에 빠졌다고 비판했고 동생 라울의 손을 들어주었다. 두 사람은 모두 "저지른 잘못을 시인하고 책임을 통감한다"는 자술서를 낭독하고 모든 직책에서 물러났다. 제2인자가 불필요한 쿠바식 물갈이의 통과의례이다. 쿠바 정국은 오바마의 개방정책에도 불구하고 단기적으로는 큰 격변을 맞이할 가능성이 적다.

13장 차베스 현상, 어떻게 볼 것인가?

1. 미션의 나라

2008년 2월, 카라카스 공항에서 시내로 들어가는 밤길, 가이드가 산동네 빈민가를 가리키며 "1년 내내 불을 밝히는 크리스마스 트리"라고 사뭇 진지하게 조크를 한다. 불빛은 항구적인 빈곤을 지워 버린다. '란치토'(ranchito)라고 불리는 거대한 빈민촌이다. 칠레의 산티아고에서는 '포블라시온', 멕시코시티에는 바리오, 리우데자네이루에서는 파벨라, 몬테비데오에서는 칸테그릴레……. 나라마다 부르는 이름이 다르다. 꽤 재치가 있고 유머가 넘치는 가이드이다. 자신들의 치부를 은근슬쩍 재치로 넘긴다. 내가 스페인어로 물으면 영락없이 유창한 영어로 대답한다. 나중에 여러 사람에게서 확인했지만 베네수엘라의 중상층은 어릴 때부터 영어로 교육을 많이 받는다고 한다. 중남미를 다녀보니 영어를 잘하는 사람들은 파나마와 베네수엘라 사람이다. 그만큼 중간계층이 미국화가 많이 된 까닭이다. 오랫동안 그네들은 마이애미에 쇼핑 투어를 다닌 경험이 있었다.

정치적 질문에는 일체 대답하지 않겠다던 그는 갑자기 슈퍼마켓에 커피, 계란, 밀가루가 보이지 않는다고 한탄한다. 정치적 발언을 먼저 꺼

낸 것이다. 영락없이 차베스를 싫어하는 사람이다(우스갯소리지만 베네수엘라에는 두 종류의 인간이 있다는 것이다. 차베스를 좋아하는 사람, 차베스를 싫어하는 사람. 중간지대는 거의 없단다). 유가가 배럴당 80달러를 상회하는 지금(2008년 2월 기준), 풍요로운 이 나라에 기초 생필품이 부족하다니! 차베스의 베네수엘라는 오래전부터 의문투성이였다. 쿠데타를 두 번이나 일으킨 군인, 선거에서 60%의 지지로 쉽게 당선된 풍운아, 「알로 프레시덴테」(헬로, 대통령) 프로그램에 매주 나와서 미친 듯이 격정을 토하는 사람, 석유공사 PDVSA의 위기와 총파업 데모, 쿠데타와 3일간의 억류, 권좌에의 재복귀, 그리고 신임투표에서 승리를 한 억세게 운이 좋은 사람. 차라리 풍운아라는 표현이 어울릴 것이다.

'21세기 사회주의'와 볼리바리안 혁명을 꿈꾸는 비전의 소유자, "예수는 혁명가"라는 약간 선동적인 발언도 주저하지 않는 그는 교사와 선교사의 열정을 가지고 베네수엘라를 바꾸자고 한다. 그가 주도하는 사회 프로그램에는 모두 '미시온'(mision)이란 레이블이 붙어 있다. 모두 선교사의 열정으로 추진되는 선교사업인 셈이다. 미시온 바리오 아덴트로(빈민 무료진료 프로그램), 미시온 리바스(교육개혁 프로그램), 미시온 알리멘타시온(빈민 식량구호 프로그램), 미시온 로빈손(문맹퇴치 교육 프로그램), 미시온 사모라(농지개혁 프로그램)……. 한 현지 외교관의 표현을 빌자면 "초등학교 교사처럼 국민들을 가르치고, 또 교도한다". 나는 이 외교관의 발언이 참 정확한 표현이라고 생각한다. 미션 스쿨 교사의 열정을 가지고 「알로 프레지덴테」 프로그램에서 대중들을 가르친다. 그리고 즉흥적으로 지시를 내리고 확인을 한다. 그가 즉흥적으로 지시하면 원주민 부락이 있는 외딴 열대우림지대에 도로가 깔리고 송전탑이 설치된다.

그는 언변과 독서력이 뛰어난 정치가이다. 예수 그리스도도 사회주의자라고 호명할 만큼 여기저기서 자기 논리의 전거를 끌어온다. 유엔 총회 연설에서는 부시를 악마에 비유하고, 그의 연설내용을 "악마의 묘책"이란 알프레드 히치콕류 영화의 대본으로 삼아도 좋겠다고 능청을 떨기도 한다. 인문주의적 상상력마저 느껴질 정도로 그의 정치 연설문은 세련되어 있다. 그는 노엄 촘스키를 인용하면서 미국을 비판하고, 오바마 대통령을 만나서는 에두아르도 갈레아노의 『수탈된 대지』(*Las venas abiertas de América Latina*)란 역사서를 읽을 것을 권한다. 라틴아메리카에 대한 구미의 수탈에 대한 간접적인 항변의 뜻을 전달한 것이다.

2. 국영석유공사, 국가 속의 국가

이튿날 국영석유공사를 찾았다. 석유공사는 '국가 속의 국가'이다. 석유수입으로 국가를 먹여 살리기 때문이다. 총고용원은 62,000명 규모이다. 사장은 현재 라파엘 라미레스 카레뇨. 에너지석유부 장관이면서 공사 사장을 겸직하고 있다. 차베스의 신임이 돈독한 실권자란다. 2002~03년 석유공사 파업 이후 회사를 평정하고, 재정을 재구조화하는 임무를 받고 2004년에 여기에 투입된 사람이다.

2005년 기준으로 베네수엘라는 세계 제6위 석유 수출국이다. 수출량은 하루 210만 배럴. 경질유 총매장량은 780억 배럴로 6위, 오리노코 분지의 중질류 보유량 2,350어 배럴을 합치면 3,130억 배럴로 세계 1위가 된다. 2008년 2월 기준으로 하루 석유 생산량 260만 배럴, 이 가운데 석유공사가 160만 배럴을 생산한다. 국내총생산(GDP)의 3분의 1을 생산하고, 정부 수입의 절반을 제공한다. 에너지만이 아니라 사회복지 사업도 직접 관장하는 무소불위의 국영기업이다.

건물의 외벽에는 체 게바라의 걸개그림에 '21세기 사회주의'란 슬로건이 붙어 있다. 접견실로 들어가는 복도에도 카스트로의 모습을 담은 에너지 협력 선전 포스터가 보인다. 홍보팀과 국제부장이 나서 석유공사의 활동을 설명했다. 영어에 능숙한 여성 홍보팀장이 이렇게 말한다. "석유공사가 이전과 다른 점은 수입의 많은 부분을 사회발전에 투입하여 민중에게 봉사하는 겁니다. 몇몇 세력들이 국부를 나눠 먹던 이전 시절과는 다른 것이지요. 이제껏 이 회사에서 일하면서 이런 자긍심은 처음 느껴 봅니다." 하지만 이런 식의 재원 투입이 생산성에 미치는 나쁜 영향력은 언급하지 않는다.

2007년에 각종 사회발전 프로그램에 공사는 139억 달러를 투입했다. 사회개발, 보건복지 기능을 공사의 주요한 기능 중 하나로 본다. 각종 미시온 프로그램과 주택개발 사업에 공사가 돈을 대는 것이다. 덕분에 서민들의 생활환경은 날로 좋아지고 있다. 빈민가의 의료센터들에는 쿠바에서 온 의사들이 공짜로 진료와 투약, 혹은 시술을 한다고 한다. 무엇보다 공공근로를 통해서 거리가 깨끗하게 정화된 것이 다른 곳에서 보기 힘든 풍경이었다. 길가에는 쓰레기 봉지나 오물 따위가 전혀 보이지 않았다.

'21세기 사회주의'라고? 차베스의 사회주의 담론은 무슨 내용을 담고 있을까? 과거 현존 사회주의와는 다른 새로운 가치를 담은 것이라 하는데, 그 내용이 무엇인지는 모호하다. 연대적 가치, 반미주의, 평등주의, 대중복지, 민중참여가 대체로 차베스주의에 포함된 것이리라. 내가 본 베네수엘라는 여느 자본주의 국가와 전혀 다를 바 없는 시장친화적 사회였다. 석유공사 역시 시장주의와 친화적이었다. 외국기업들은 운영계약, 이익분배, 전략적 제휴 등의 방식을 통해 상류와 하류부문 모두에 참여한다. 차베스가 들어오면서 바뀐 것은 외국회사들이 낼 로열티를 대폭 올린 것이다.

2001년 석유법의 개정으로 과거 외국기업들이 내던 로열티 1%가 20~30%로 대폭 인상되었다. 합작투자나 공동기업의 경우에도 석유공사가 반드시 과반수 지분을 보유하는 의무조항을 만들었다. 일종의 자원 민족주의 경향을 강화한 것이다. 몇몇 기업들을 국유화한 경우도 있지만 외국기업이 대규모로 투자를 철회한 경우는 거의 없다. 고유가 시대여서 비싼 로열티를 지불하고도 큰 이득을 남기기 때문에 여전히 여기에 남아 있다. 투자기업 가운데는 석유 메이저들도 있지만 중국과 베트남의 에너지 기업들도 여기에 가세했다. 차베스 정부는 구미의 메이저들을 견제할 파트너로 중국에 주목하고 여기에 엄청나게 공을 들이고 있다. 일종의 에너지 남남협력의 모범사례라고 생각하는 것이다.

하지만 석유공사의 고민도 많다. 석유 생산량이 자꾸만 줄어들고 있기 때문이다. 1998년에 하루 320만 배럴을 생산했는데, 2005년에는 253만 배럴로 위축되었다. 그 까닭은 2002~03년에 있었던 석유공사 파업 시에 많은 기술자와 노하우의 손실이 있었기 때문이다. 적어도 40만 배럴의 감축은 이 원인에 기인한다고 한다. 둘째, 신규 투자가 많이 필요한데도 공사의 재원이 사회발전 프로젝트에 투입되니 그만큼 생산량 증산에 이르지 못한다. 또 정부는 외국 파트너들과 재협상을 할 때 유리한 고지를 점하기 위해 외국기업들의 투자계획을 비토했기 때문이다. 정부와 공사도 2006~12년 사이에 560억 달러를 투자하는 계획을 세워 실천하고 있다. 여기에는 약간의 방향 전환도 포함되어 있다. 과거에 원유 채굴을 중심으로 이뤄지던 석유산업과 결별하고, 석유화학 부문과 천연가스 부문의 개발을 중점적으로 추진하기로 한 것이다. 어차피 고유가 시대이니, 빨리 뽑아내서 팔 필요도 없고, 고부가가치를 생산하는 방향으로 나가고, 또 널려 있는 가스전을 개발하여 국내의 유류 사용을 대체하고 나아가 인접국에 LNG 등의 형태로 수출하겠다는 것이다. 이런 설명을 듣자니, 차베스 정부가 아무 생각도 없이 에너지 자원과 국부를 남용하고 있는 것은 아니구나, 하는 생각도 들었다.

3. 페트로-포퓰리즘

이 나라가 과연 사회주의일까, 혹은 사회주의로 이행 중일까? 모두 아닌 것 같다. 과거 중산층에게 엄청난 보조금을 주던 국가가 이제 가난한 민중에게로 재원을 돌린 '페트로 포퓰리즘'에 가깝다. 일단 에너지 가격을 보자. 휘발유 가격은 과거나 지금이나 리터당 5센트 수준으로 거의 공짜나 다름없다. 그래서 에너지 낭비가 너무 심하다. 실내 냉방온도는 짧은 소매로는 견디기 힘들 정도로 추웠고, 전력 낭비도 꽤나 심한 것 같았다. 이동 시에 운전기사에게 너무 추우니 냉방기를 좀 꺼 달라고 부탁을 하면, 그때 잠시 껐다가 어느 순간엔가 다시 켜곤 했다. 자신들은 그렇게 살아왔기 때문에 어쩔 수 없다는 것이다.

1970년대와 1980년대 초 이 나라는 '사우디 베네수엘라'였다. 스위스에서는 병원이 통째로 수입되었다. 눈이 내리지 않는 마라카이보 시는 제설작업차를 수입했다. 관료들과 수입업자들은 이 과정에서 거액의 커미션과 이득을 챙겼다. 1980년대 초 뷰익 센추리 모델은 미국보다 싼 9,000달러 수준이었다. 조니 워커 블랙 레이블 값도 18달러로 미국보다 쌌다. 자동차 조립업체도, 고급양주 수입업자도 모두 정부에서 주는 보조금을 얻었다. 정부의 보조금에 기대어 기득권층과 중산층은 흥청망청

했다. 모두 마이애미로, 뉴욕으로 쇼핑을 다녔고, 돌아오는 비행기는 선물 보따리로 가득 찼다.

1958년부터 1998년까지 지탱된 보수적 양당체제는 이러한 재분배 정책을 뒷받침했다. 푼토피호 체제(Puntofijismo)라 불린 양당 체제 아래서 민주행동당(AD)과 코페이(Copei)당은 사이좋게 석유 수입을 나눠 먹었다. 무소불위의 양당 체제에서 체제 안에 있는 사람들은 모두 과실을 나눴지만 체제 바깥에 있는 사람들은 소외되었다. 풍요 속의 빈곤은 이 시기 동안 더욱 심해졌다. 1989년 유가 인상과 식량난으로 일어난 카라카스 사태(Caracazo)로 5천 명이 넘는 인구가 살상되었다. 이 사태로 푼토피호 체제는 결정적으로 금이 갔다. 이후에 정치적 혼란이 지속되었고, 차베스는 두 차례에 이르는 쿠데타를 감행했다. 쿠데타에 실패한 그였지만, 국민의 인기를 독차지하였고, 결국 선거정치를 통해 권력을 장악할 수 있었다.

차베스의 베네수엘라는 기득권층이 독식하던 석유 렌트를 그동안 사회적으로 배제되어 온 빈민층과 중하층으로 돌렸다. 석유 수입을 대중 복지정책에 대거 투입한 것이다. 먼저 대중 생필품 가격을 엄격하게 통제하여 소비자 물가의 앙등을 막았다. 메르칼(Mercal)이란 농산물 배급 체제를 통해 값싸게 농산물을 보급한다. 이 시스템에서 혜택을 본 사람은 총인구 2,600만 명 가운데 950만 명이나 된다. 인구의 40%가 덕을 본 것이다. 식량안보는 상당히 안정되었지만, 가끔 민간업자들은 가격통세에 항의를 하며 사보타지를 한다. 그 결과 수급 불균형이 생기고, 품목에 따라 부족 사태도 생긴다. 그래서 슈퍼마켓 선반에 설탕, 커피, 쌀이 없다고 중산층이 한탄하는 것이다.

빈민가에 진료센터를 짓고, 쿠바 의사 18,000명을 초빙하여 무료 의

료사업을 시행한다. 쿠바에 값싸게 석유를 공급하고, 그에 대한 대가로 고급인력을 수입한 것이다. 이것이 소위 차베스가 말하는 인민무역이다. 각자 필요한 것을 가져가고, 가지고 있는 것으로 교환한다는 것이다. 각종 대중 공교육 투자도 대폭 확대하여 무상 교육의 기회를 크게 늘였다. 토지개혁과 협동조합 사업도 열광적으로 추진한다. 모두가 미시온 프로젝트이다. 하지만 효율성의 차원에서 문제제기하는 비판자들도 많다. 특히 농축산업 정책, 협동조합 사업, 생필품 공급의 실패는 내부에서도 말이 많았다.

차베스는 일요일 방송 프로그램 「알로 프레시덴테」에 매주 출연하여 장광설을 쏟아 놓는다. 거의 선교사의 열정으로 이야기한다. 부시를 비판하는 부분에서는 거의 몇 개의 단어로 대여섯 번씩 반복한다. 겁쟁이, 미스터 데인저(Mr. Danger) 같은 단어는 여러 차례 반복한다. 하지만 우스갯소리나 문학적 표현도 가끔 즐긴다. 식자층들은 금방 짜증을 내지만, '무지몽매한' 백성들은 그를 따르고 박수를 친다. 그리고 조직화된다. 그래서 여섯 번이나 큰 선거를 치르면서 한 번 빼고 모두 이겼던 것이다.

하지만 볼리바리안 혁명은 재분배 정책을 넘어 새로운 발전모델을 만들어 내는 데에는 한계가 있는 것 같다. 석유자원에 절대적으로 의존하는 지대 국가(rentier state)의 체질을 벗겨 낼 만한 비전은 아직 보이지 않는다. 지대 국가는 발전주의 국가(developmentalist state)와 달리 재정의 자율성에 기대어 재분배 정책에 주력한다. 베네수엘라의 정부지출은 GDP 대비 40%에 육박한다. 그만큼 국가재정 부문이 비대하게 발달한 것이다. 또 민간부문도 국가재정에 큰 영향을 받는다. 여기서 국가는 "마술적 국가"(magical state)라 불릴 만큼 자유로운 재량권을 행사한다.

지대 국가 베네수엘라는 고질적인 '네덜란드병'에 걸려 있다. 유가가 오르면 재정수입도 늘어나서 기분이 좋지만 고평가된 자국 통화 때문에 여타의 수출산업은 위축되고, 값싼 수입품이 홍수처럼 밀려들어 온다. 여타 교역재 부문도 흔들리지만 국내의 서비스 가격도 오른다. 베네수엘라는 라틴아메리카에서 상대적으로 고임금 국가군에 속한다. 월별 최저임금은 코스타리카에 이어 중남미에서 두번째로 높다. 상대적으로 부국인 아르헨티나와 칠레보다 높다. 그러니 경쟁력이 있는 산업을 만들어 내기가 어렵다. 심지어 농업부문도 계속 위축되어 주곡의 70%를 비롯한 대부분 농산물도 수입에 의존하는 실정이다. 그래서 베네수엘라에서 논밭은 항구에 있다고, "항구농업"(port agriculture)이라고 말하기도 한다.

4. 차베스주의에 대한 평가

민주주의 국가가 붕괴되고 있다고 외신이나 야당과 식자층은 한탄한다. 2007년에 최대 공중파 방송사에 대한 허가권을 취소하여 내외에서 언론 탄압이란 정치적 비난이 있었다. 하지만 이 방송사는 차베스에 대한 쿠데타를 측면에서 지원했고, 계속 정부를 비방하는 뉴스를 내보내며 반정부 활동의 진원지로 활용되었기 때문에 정부 측에서도 적극적으로 대응한 것이다. 하지만 언론의 자유가 심하게 침해된 것 같지는 않았다. 체재 중 일간지들에 실린 차베스 비난 기사들 가운데는 대통령의 행태를 무솔리니에 비유하는 칼럼도 있었다. 언론은 여전히 자유를 만끽하고 있었다. 야당 세력은 야당대로 계속 응집력을 지닌 채 저항하기 때문이다.

2007년에 대통령 임기의 무제한 연장을 가능케 하는 헌법 개정에 국민들은 부(否)표를 던진 바 있었다. 사회주의로의 헌법개정과 재선 조항 철폐를 요체로 한 이 선거에서는 50.65 대 49.34로 간발의 차이(1.3%)로 밀렸다. 베네수엘라 국민의 과반수는 차베스주의의 연장과 급진화에는 동조하지 않은 것이다. 또 2008년 11월에 있었던 지방선거에서 야당은 중요한 주인 술리아, 타치라, 미란다에서 귀중한 승리를 얻어 내어 반차베스 투쟁의 교두보를 마련한 바 있다. 하지만 차베스도 나름대로 성공을 거둔다. 그의 임기를 연장할 수 있는 헌법 개정안은 2009년에 다시 표결에 부쳐져 55 대 45로 통과되었다. 아마도 2007년 패배가 차베스 진영에 충격을 주었고, 그 이후 대대적인 정치적 동원을 통해 지지층을 결집한 결과라고 생각한다.

필자는 차베스주의가 베네수엘라에 남긴 정치적 유산은 양극화 정치라고 생각한다. 차베스 지지층이 결집하여 대대적인 사회개혁을 이뤄 가고 있지만, 그에 못지않게 반대세력도 결집시키는 효과를 가져왔기 때문이다. 차베스의 선거정치는 60/40, 55/45, 51/49식의 균열구조를 만들어 내었다. 박빙의 리드를 유지하고 있지만, 이런 식으로는 대규모의 개혁조치를 이끌어낼 만큼 동력을 얻어 내기 힘들다.

야당세력은 이질적이고 여러 개의 당으로 쪼개져 있지만, 그래도 차베스에 대해 공동전선을 유지하고 있다. 2008년의 지방선거에서는 몇 개 주에서 큰 성과를 낸 바 있었다. 아마도 차베스의 동력은 이 선거를 기점으로 정체되거나 아니면 하향곡선을 그리며 떨어질 것이라고 생각한다. 반대파들의 공세의 영향도 있지만, 경제정책의 어려움, 치안의 악화, 가족 비리, 퍼스널리즘 등에 중간층의 이반이 증가하고 있기 때문이다. 하층의 조직화가 강화될수록 지지했던 중간층의 동요가 심해질 것이고, 이는 선거정치에 부메랑으로 돌아온다. 2008년의 지방선거는 그 효과를 잘 보여 주었다.

차베스에 대해 우호적인 좌파 식자층 내에서도 차베스주의에 내재하는 난제를 비판한다. 베네수엘라 중앙대학교의 에드가르도 란데르(Edgardo Lander) 교수는 이렇게 말한다. "차베스가 결정하고, 차베스가 발표한다." 베네수엘라 통합사회당(PSUV)도 있지만 당은 차베스의 의지를 실현하는 전도벨트에 불과하다. 대안적 리더십이 자라날 공간도, 공동의 토론 공간도 없다. 차베스를 지지하는 지식인들은 무조건 지지에 몰두하고, 발전 노선이나 대안적 논의에 대해 자유롭게 토론하려고 하지 않는다. 차베스 주변에 기획 팀이나 자문그룹 같은 것도 보이지 않는다. 그래서 "차베스 없는 차베스주의"란 상상할 수가 없다. 그 결과로 란데르는 "참여민주주의와 하향식 의사결정 형태 사이에는 대단히 큰 긴장이 존재한다"(Guadichaud et Lander, 2009)고 지적한다.

마지막으로 필자는 해방신학자로 주교직을 지냈고, 2008년 선거에서 중도좌파 정권을 창출해 낸 파라과이의 페르난도 루고 대통령의 차베스 평가를 소개하면서 이 글을 마치고자 한다. 그는 베네수엘라의 볼리바리안 혁명이 지닌 사회적 차원을 높이 평가한다. 빈자들에게 복지 혜택과 의료 및 교육 기회를 제공한 것은 오랫동안 심화된 양극화를 순화시킨 효과를 갖기 때문이다. 또 천연자원에 대한 주권을 강화했다는 점도 높이 평가한다. 그동안 외국기업들은 에너지 자원을 거의 공짜로 퍼 갔기 때문에, 차베스의 에너지 주권 강화는 바람직했다는 것이다. 하지만 "완전히 한 사람에게 봉사하는, 너무 강력한 국가주의와 연결되어 있다"고 비판한다(Nickson 2008: 216에서 재인용함). 이는 "진정한 민주주의에 위험한" "다원주의의 부재"일 뿐이다. 빈민가에서 오랫동안 사목활동을 한 사제출신의 좌파 정치인의 평가도 귀담아들어 볼 필요가 있다.

각 장의 출처

각 장과 관련된 논문을 최초로 수록한 출처를 붙인다. 모든 글은 이 책을 내며 대폭 수정하였다.

1부 발전모델의 명암

1장 NAFTA와 멕시코(1994~2006)
「NAFTA와 멕시코(1994~2006): 경제적, 사회적 효과」, 『경제와 사회』, 겨울호, 제76호, 2007.

2장 룰라의 브라질, 브릭스의 미래는 있는가?
「룰라정부의 브라질: BRICs의 밝은 미래는 있는가?」, 『역사비평』, 제76호, 2006.

「빈민에겐 밥을, 남미에는 희망을: 노동자 대통령 룰라의 거대한 실험」, 『신동아』, 12월호, 2002.

3장 쿠바의 경제개혁(1991~2006): 성과의 문제점, 그리고 전망
「쿠바의 경제개혁: 성과와 문제점, 그리고 전망」, 『경제와 사회』, 가을호, 제71호, 2006.

2부 신자유주의 정책의 평가

4장 멕시코 폭스 정부의 신자유주의 노동정책(2000~2006)
「멕시코 노사관계의 현황 : 폭스 정부(2000~2006) 출범 이후」, 김동원 편, 『세계의 노사관계 변화와 전망』, 한국국제노동재단, 2003.

5장 멕시코의 정치적 부패와 반부패 드라이브
「멕시코의 정치적 부패: 원인, 결과, 함의」, 『라틴아메리카연구』, 20(3), 2007.

6장 칠레 전력산업 민영화의 성과와 문제점
「칠레 전력산업 민영화의 성과와 문제점」, 『이베로아메리카연구』, 제14집, 2003.

7장 남미 천연가스 산업의 재구조화

「남미 천연가스 산업의 재구조화: 현황과 전망」, 김상곤, 김윤자, 홍장표 편, 『21세기 한국의 천연가스산업: 바람직한 발전방향과 정책 제안』, 노기연, 2004.

8장 남미 천연가스 산업 민영화 18년의 경험

「남미 가스산업의 민영화 15년의 경험: 아르헨티나와 브라질을 중심으로」, 김상곤, 김윤자, 홍장표 편, 『국가에너지 정책과 한국의 천연가스산업 연구』, 노기연, 2008.

3부 라틴아메리카의 국제관계

9장 카스트로 이후 쿠바, 어디로 가나?

「한–쿠바 관계발전을 위한 향후 전망과 우리의 대응전략」, 『연구보고서』, 외교통상부, 2005.

10장 미국의 대콜롬비아 마약 전쟁

「미국의 대콜롬비아 마약전쟁: 현실주의 외교 논리의 문제점」, 『라틴아메리카연구』, 18(4), 2005.

11장 남미국가연합의 출범과 미래

「남미국가연합과 남미 통합의 전망」, 『2008 주요국제문제분석』, 가을호, 외교안보연구원, 2008.

12장 오바마 정부와 라틴아메리카

「중남미」, 『2009 국제정세전망』, 외교안보연구원, 2008.

13장 차베스 현상, 어떻게 볼 것인가?

「베네수엘라는 과연 사회주의일까?」, 『사상계』, 8월호, 2009.

참고문헌

한글문헌

고희원, 2005. 「적극적인 물류 인프라 투자에 나설듯」, 『수은해외경제』, 4월호.

권기수, 2004. 「한-브라질 경제협력 강화방안」, 김원호 외, 『대중남미 경제협력 중장기 전략: 아르헨티나, 브라질, 칠레를 중심으로』, 대외경제정책연구원.

김명애, 2003, 「1990년대 미국의 쿠바 정책의 성격과 배경」, 『미국사연구』 18집, 11월.

김원호 외, 2004, 『북미자유무역협정 10년에 대한 영향 평가와 우리나라 FTA 정책에의 시사점』 (KIEP 연구보고서), 대외경제정책연구원.

브레세르-페레라, 루이스·손호철, 2004, 「고리대 국가 원자재 수출 제조업엔 장애」, 『한국일보』, 8월 31일자.

윤대희 외, 2006, 「인도 찾아나섰던 콜럼버스를 기억하며」, 국정홍보처.

외교통상부, 2005, 「룰라 대통령 정부의 2년 6개월 경제정책 평가 및 전망」, 『월간 중남미정보』, 8월호.

이성형, 1998, 『IMF 시대의 멕시코』, 서울대출판부.

_____ 1999, 『신자유주의의 빛과 그림자: 라틴아메리카의 정치와 경제』, 한길사.

_____ 2002, 「공포를 이긴 희망: 브라질의 선택」, 『황해문화』, 겨울호(통권37호).

_____ 2002, 「칠레의 경제기적, 거짓과 진실」, 『라틴아메리카, 영원한 위기의 정치경제』, 역사비평사.

_____ 2004, 「남미 천연가스 산업의 재구조화: 현황과 전망」, 김상곤·김윤자·홍장표 편저, 『21세기 한국의 천연가스 산업: 바람직한 발전방향과 정책 제안』, 노기연.

액커먼, 수잔 로즈, 2000, 『부패와 정부: 원인, 결과 및 개혁』, 장동진 외 옮김, 동명사.

타로, 요시다, 2004, 『생태도시 아바나의 탄생』, 안철환 옮김, 들녘.

베탄쿠르, 잉그리드, 2003, 『콜롬비아의 딸 잉그리드 베탄쿠르』, 이은진 옮김, 뿌리와 이파리.

할스테드, 테드·마이클 린드, 2002, 『정치의 미래: 디지털 시대의 신 정치 선언서』, 최지우 옮김, 바다출판사.

추아, 에이미, 2004, 『불타는 세계: 세계화는 어떻게 전세계의 민족 갈등을 심화시키고 있는가?』, 윤미연 옮김, 부광.

크라우세, 엔리케, 2005, 『멕시코 혁명과 영웅들』, 이성형 옮김, 까치.

한국가스공사 구조개편실, 2003, 『해외 가스 산업 구조개편 사례』, 한국가스공사.

베더, 샤론, 2004, 『파워 플레이: 세계 전력산업을 장악하기 위한 투쟁』, 최기련 외 옮김, 교보문고.

KBS 1TV, 「정치개혁 특별기획: 성공과 좌절의 조건」, 2004. 4. 9. 방영.

KOTRA, 2001. 『쿠바시장이 열린다』, KOTRA.

국외문헌

Acosta Silva, Adrián, 2004, "Hábitos del corazón? Corrupción política y escándalo en México", *Nueva Sociedad*, no. 191, mayo-junio.

Adelman, Jeremy, 2002, "Andean Impasses", *New Left Review*, no. 18, November/ December. pp. 41~72.

Agarwal, Chantal, 2004, "Cuba's Path to a Market Economy: Washington Consensus, Doi Moi, or Reforma á la cubana?", *Cuba in Transition*, vol. 14, ASCE.

Aguayo Quezada, Sergio, 2002, *México en cifras*, México: Grijalbo.

Aguilar Camin, Hector and Lorenzo Meyer, 1993, *In the Shadow of the Mexican Revolution: Contemporary Mexican History*, Austin: University of Texas Press.

Alain, Béatrice, 2004, "La crise méxicaine revisitée dix ans plus tard", *La Cronique des Amérique*, no. 42, décembre.

Alba Vega, Carlos, 2006, "El TLCAN 10 años después: Balance y perspectivas para México", *Asian Journal of Latin American Studies*, vol. 19, no. 1.

Aldana, Francisco, 1999, "Chile a media luz", *Problemas del Desarrollo*, vol. 29, no. 112.

Alzugaray, Carlos, 2004, "De Bush a Bush: balance y perspectivas de la política externa de los Estados Unidos hacia Cuba y el Gran Caribe", José Maria Gómez comp. *América Latina y el (des)orden global neoliberal: Hegemonía, contrahegemonía, perspectivas*, Buenos Aires: CLACSO.

Andrés, Luis, Makthar Diop y José Luis Guasch, 2007, "Un balance de las privatizaciones en el sector infraestructura", *Nueva Sociedad*, no 207, enero-febrero.

Ariagada, Genaro, 2006. "Petropolitics in Latin America: A Review of Energy Policy and Regional Relations", Working Paper for Inter-American Dialogue, December.

Aroche, Reyes, Fidel, 2003. "La integración económica, la apertura externa y el desarrollo económico reciente de México", *Nueva Sociedad*, no. 186.

Arroyo, Alberto et al., 2001, *Resultados del Tratado de Libre Comercio de América del*

Norte en México: Lecciones para la negociación del Acuerdo de Libre Comercio de las Américas, Mexico: Red Mexicana de Acción frente al Libre Comercio.

_____ 2003, *Impacts of North American Free Trade in Mexico: Lessons for the Free Trade Area of the Americas Negotiations*, Mexico: Mexican Action Network on Free Trade.

Arzt, Sigrid y Amalia Mena, 2004, "El acceso a la información pública en México", *Nueva Sociedad*, no. 191, mayo-junio.

Audley, John et als. 2003, *NAFTA's Promise and Reality: Lessons from Mexico for the Hemisphere*, Washington, D.C.: Carnegie Endowment for International Peace.

Ávila, José Luis, 2006, *Historia económico de México: La era neoliberal*, México: UNAM/ Oceano.

Azpiazu, Daniel y Eduardo Basualdo, 2004, *Las privatizaciones en la Argentina: Genesis, desarrollo y principales impactos estructurales*, Buenos Aires: FLACSO [http:// bibliotecavirtual.clacso.org.ar/libros/argentina/flacso/azpiazu.pdf, 검색일: 2008. 4. 17].

Bagley, Bruce M., 2001, "Narcotráfico, violencia política y política exterior de Estados Unidos hacia Colombia en los noventa", *Colombia Internacional*, No. 49~50, febrero, Bogota. pp. 5~37.

_____ 1992, "Myth of Militarization: Enlisting Armed Forces in the War on Drugs", in Peter Smith ed., *Drug Policy in the Americas*, Boulder: Westview Press. pp. 129~50.

Bagley, Bruce M. and Juan. G. Tokatlian, 1992, "Dope and Dogma: Explaining the Failure of U.S.-Latin American Drug Policies", in Jonathan Hartlyn, Lars Schoulz and August Varas eds., *The United States and Latin America in the 1990s. Beyond the Cold War*, Chapel Hill: The University of North Carolina Press. pp. 214~34.

Bailey, John and Pablo Paras, 2006, "Perceptions and Attitudes about Corruption and Democracy in Mexico", *Mexican Studies/Estudios Mexicanos*, vol. 22, no. 1, Winter.

Banco Interamericano de Desarrollo, 1998, *Elementos estrategicos para el sector energia en America Latina y Caribe*, Washington D.C.: BID.

Bartra, Armando, 2005, "México y TLCAN: Crónica de un desastre anunciado", bilaterals. org: everything that's not happening at the WTO [http://www.bilaterals.org/article. php3?id=article=3087, 검색일: 2006. 9. 15].

Bayo, Francesc, 2004, "Las tensiones entre Cuba y Europa con Estados Unidos de trasfondo", *Nueva Sociedad*, no. 190, marzo~abril.

_____ 2006. "Milpas airadas: hacia autosuficiencia alimentaria y la soberanía laboral", en Otero ed., 2006.

Beato, Paulina and Carmen Fuente, 2000, *Liberalization of the Gas Sector in Latin America: the Experience of Three Countries*, Washington D.C.: Inter-American Development Bank.

Bergquist, Charles, Ricardo Penaranda and Gonzalo Sánchez eds., 1992, *Violence in Colombia: The Contemporary Crisis in Historical Perspective*, Wilmington, Delaware: Scholarly Resources Inc.

Bitran, Eduardo, Antonio Estache, Jose Luis Guasch, Pablo Serra, 1999, "Privatizing and Regulating Chile's Utilities, 1974~2000: Successes, Failures, and Outstanding Challenges", in Guillermo Perry and Danny M. Leipziger eds., *Chile, Recent Policy Lessons and Emerging Challenges*, Washington D.C.: World Bank.

Blanlots, Vivianne, 1992, "La regulación del sector Eléctrico: la experiencia chilena", en Oscar Muñoz G. ed., *Después de las privatizaciones: Hacia el Estado regulador*, Santiago: Cieplan.

Boyer, Jean-François, 2007, "Une gauche mexicaine en désordre de bataille", *Le monde diplomatique*, avril.

Bresser-Pereira, Luiz Carlos, 2004, "La politique macroéconomique brésilienne(1994~2003) et le Second Consensus de Washington", *Problèmes d'Amérique Latine*, no. 53.

British Petroleum, 2007, *BP Statistical Review of World Energy 2007*, June.

Burchardt, Hans-Jürgen, 2002, "Contours of the Future: The New Social Dynamics in Cuba", *Latin American Perspectives*, no. 124, May.

Bulmer-Thomas, Ivor, 2001, "Regional Integration and Intro-Industry Trade" in Bulmer-Thomas ed., *Regional Integration in Latin America and the Carribean: The Political Economy of Open Regionalism*, London: University of London.

Camp, Roderic Ai, 2003, *Politics in Mexico*, New York: Oxford University Press.

Campodónico, Humberto, 1999, "The Natural Gas Industry and Its Regulation in Latin America", *CEPAL Review*, no. 68, August.

Carmona B., Antonio, 2004, *State Resistance to Globalisation in Cuba*, London: Pluto Press.

Cardoso, Fernando Henrique, 2004, "Crescimento para que?", *O Estado de S. Paulo*, December 5.

Carvalho, Carlos Eduardo, 2003, "El gobierno de Lula y el neoliberalismo relanzado", *Nueva Sociedad*, no. 187.

Casas, Juan Carlos, 1991, *Nuevos políticos y nuevas políticas en América Latina: Los cambios, las razones, los protagonistas*, Buenos Aires: Atlantida.

Cason, Jim, 2004, "Resquicio en el bloqueo de EU sobre Cuba", *La Jornada*, viernes 16 de julio.

Centro de Investigación Laboral y Asesoría Sindical, S.C., 2002a, "Observatorio laboral y sindical: junio-noviembre 2001", *El Cotidiano*, no. 111, enero~febrero.

_____ 2002b, "Observatorio laboral y sindical", *El Cotidiano*, no. 112, marzo~abril.

_____ 2002c, "Observatorio laboral y sindical: abril-junio 2002", *El Cotidiano*, no. 116, noviembre~diciembre.

CEPAL(Comisión Económica para América y Latina y el Caribe), 2005, *Cuba: Evolución económica durante 2004 y perspectivas para 2005*, México: CEPAL.

Cepeda Ulloa, Fernando, 2002, "Le role de la communauté internationale dans les processus de paix en Colombie", *Problèmes d'Amérique latine*, no. 1044, printemps. pp. 81~100.

Chávez, Daniel, 2007, "Hacer o no hacer los gobiernos progresistas de Argentina, Brasil y Uruguay frente a las privatizaciones", *Nueva Sociedad*, no. 207, enero~febrero.

Chipman, John, 2003, *Sategic Survey*, Oxford University Press.

Chong, Alberto, Eduardo Lora, 2007, "Valieron la pena las privatizaciones?", *Nueva Sociedad*, no. 207, enero~febrero.

Christo Fernández, Ciro Campos, 2003, "Sociedad de la información en Brasil", *Nueva Sociedad*, no. 187.

CIP's Colombia Project, 2002. "Why We Oppose the Andean Regional Initiative" [http://ciponline.org/colombia/092401.htm, 검색일: 2003. 9. 20].

Cobas Avivar, Roberto, 2005, "En Cuba: Revolución y contrarevolución a debate con los proyectos de las disidencias" [http://www.rebelion.org/noticias.php?id=17690, 검색일: 2005. 7. 30].

Coiteux, Marcel, 2005, "La decouverte de l'Amérique du Sud par la Chine", *La Chronique des Amériques*, Janvier, no. 1.

Collins, Paul, 1993, "Cuba: Crisis and the Road to Recovery", John Heath ed., *Revitalizing Socialist Enterprise: A Race Against Time*, London: Routledge.

Córdova, Lorenzo y Ciro Murayama, 2006, *Elecciones, dinero y corrupción: Pemexgate y Amigos de Fox*, México: Cal y Arena.

Corrales, Javier, 2002. "The Survival of the Cuban Regime: A Political Economy Perspective", *Cuba in Transition*, vol. 12, ASCE.

_____ 2005, "Cuba after Fidel", *Current History*, vol. 104, February.

Costa Vaz, Alcides, 2003, "El gobierno de Lula", *Nueva Sociedad*, no. 187.

Cypher, James, 1993, "The Ideology of Economic Science in the Selling of NAFTA: the Political Economy of Elite Decision Making", *Review of Radical Political Economics*, vol. 25, no. 3, December.

Deblock, Christian, et Sylvain F. Turcotte, 2003, "Les Négociations hémispheriques: Un face á face Brésil États-Unis", *Observatoire des Ameriques*, Octobre.

De la Garza Toledo, Enrique, 2000, "Las cuentas pendientes del sindicalismo mexicano", en *El Cotidiano,* no. 100.

_____ 2003, "NAFTA, manufactura y trabajo", en E. de la Garza Toledo y C. Salas coord., *NAFTA y Mercosur: Procesos de apertura económica y trabajo,* Buenos Aires: CLACSO.

Dilla, Haroldo, and Philip Oxhorn, 2002, "The Virtues and Misfortunes of Civil Society in Cuba", *Latin American Perspectives,* vol. 29, no. 125, July.

Domínguez, Jorge, 2004, "Cuba's Economic Transition: Success, Deficiences and Challenges", Shahid J. Burki and Daniel P. Erikson eds., *Transforming Socialist Economies: Lessons for Cuba and Beyond,* New York: Palgrave Macmillan.

Domínguez, Jorge, Omar Everleny Pérez Villanueva and Lorena Barberia, eds., 2004, *The Cuban Economy at the Start of the Twenty-First Century,* Cambridge, Mass.: Harvard University.

Drake, Paul, y Ivan Jaksic comp., 1999, *El modelo chileno: Democracia y desarrollo en los noventa,* Santiago: Lom Ediciones.

Dugas, Sylvie, 2004, "L'Alena: Un bilan social négatif", *La Chronique des Amériques,* octobre, no. 33.

_____ 2005. "L'administration Lula en crise: La corruption a l'assaut des institutions brésiliennes", *La Chronique des Amériques,* septembre, no. 29.

Dumbaugh, Kerry et als., 2005. "China's Growing Interest in Latin America", *CRS Report for Congress,* April 20.

Dussel Peters, Enrique, 2006, "Liberalización comercial en México: ¿quién se ha beneficiado?", Gerardo Otero comp., *México en transición: Globalismo neoliberal, Estado y sociedad civil,* México: Porrúa.

Eakin, Marshall C., 1997, *Brazil, the Once and Future Country,* New York: St. Martin's Press.

Eckstein, Susan, 2004, "Dollarization and Its Discontens: Remittances and the Remaking of Cuba in the Post-Soviet Era", *Comparative Politics,* April.

ECLAC, 2006, *Economic Survey of Latin America and the Caribbean 2005~2006,* Santiago of Chile.

EIU(The Economist Intelligence Unit), 2004, *Country Profile 2004, Brazil,* London: EIU.

_____ 2005, *Country Report, Brazil at a glance: 2005~06,* London: EIU.

Ellsworth, Chris and Eric Gibbs, 2004, "Brazil's natural gas industry: Missed opportunities on the road to liberalizing markets", *Critical Issues in Brazil's Energy Sector,* The James A. Baker III Institute for Public Policy of Rice University [http://www.rice.edu/energy/publications/docs/BrazilEnergySector_NaturalGasIndustry.pdf, 검색일: 2008. 4. 1].

Elorza, Antonio, 2000, "Cuba dual: Crisis económica, crisis del Régimen", *Cuba in Transition,* vol. 10, ASCE.

Erikson, Daniel, 2004a, "Castro and Latin America: A Second Wind?", *World Policy Journal*, vol. 21, no. 1. Spring.

_____ 2004b, "Who's on First?: The Struggle for Succession in Fidel Castro's Cuba", *Cuba in Transition*, vol. 14, ASCE.

Espinasa, Ramón, 2006, "Las contradicciones de PDVSA: Más petróleo a Estado Unidos y menos a América Latina", *Nueva Sociedad*, no. 204.

Fazio, Hugo, 2000, *La tansnacionalización de la economía chilena: Mapa de la extrema riqueza al ano 2000*, Santiago: Lom Ediciones.

Ffrench-Davis, Ricardo, 2007, "El contexto de las privatizaciones y la situación actual", *Nueva Sociedad*, no. 207, enero~febrero.

Fiorotti Campos, M. Tiomno Tolmasquim and C. Alveal, 2006, "Restructuring the Oil Segment in South America: Public Policy, Private Capital and Energy Integration", *Oil & Gas Science and Technology*, vol. 61.

Gener Group, 1999, "Regulation of Electricity Generation in Chile, Colombia, and Argentina(As of July 1999)" [http://www.gener.com/english/serch.html].

Giordano, Al, 2006, "Mexico's Presidential Swindle", *New Left Review*, 41, September~October.

Global Insight Report, "Argentina(Energy)", 2007, 16 December [www.globalinsight.com].

_____ "Brazil(Energy)", 2007. 16 December [www.globalinsight.com].

_____ "Chile(Energy)", 2007. 16 December [www.globalinsight.com].

Goertzel, Ted, 2003, "Eight Years of Pragmatic Leadership in Brazil: A Supplement to Fernando Henrique Cardoso: Reinventing Democracy in Brazil" [http://crab.rutgers.edu/~goertzel/fhc.htm, 검색일: 2004. 4. 1].

Goodman, Joshua, 2004, "A media luz", *La Jornada*, 4 de abril.

Gomez B., Hernando, 2002, "Colombia's 'Ambiguous War': Towards a Multidimentional Way-out", Paper prepared for the Conference "Colombia's Ambiguous War in Global and Regional Context", Miami, March 24~26.

González Corzo, Mario, 2006, "Dolarización: Definición, costos y beneficios. El caso de Cuba", *Delaware Review of Latin American Studies*, vol. 6, no. 2, January 15.

González, Edward and Kevin F. McCarthy, 2004, *Cuba after Castro: Legacies, Challenges, and Impediments*, Santa Monica: Rand Corp.

González, Fernán E., 2002, "Colombia entre la guerra y la paz: Aproximación a una lectura geopolítica de la violencia colombiana", *Revista Venezolana de Economia y Ciencias Sociales*, Vol. 8, No. 2, mayo~agosto. pp. 13~49.

González Guerra, José Merced, 2002, "Política sociolaboral y mercado de trabajo", en

Delgado y otros, México en el primero ano de gobierno de Vicente Fox, México: UAZ-Miguel Angel Porrua.

Granma International, 2004, "Business with China in Nickel, Rubber, and Oil is Prospecting", January 26.

Grogg, Patricia, 2004. "Cuban trade with Chinese Characteristics" [http://havanajournal.com/business/entry/cuban_trade_with_chinese_characteristics, 검색일: 2004. 9. 12].

Guillermoprieto, Alma, 2002, *Looking for History*, New York: Bintage Books.

Habel, Janette, 2004, "Cuba entre pressions externes et blocages internes", *Le monde diplomatique*, juin.

_____ 2005, "Cuba: Dollar Go Home!", Réseau d'information et de solidarité avec l'Amérique latine(RISAL), 14 avril.

Hachette, Dominique, Rolf Lüders, Guillermo Tagle, 1993, "Five Cases of Privatization: Chile", Manuel Sanchez and Rossana Lorena eds., *Privatization in Latin America*, Washington D.C.: IADB.

Halperín Donghi, Tulio, 1993, *The Contemporary History of Latin America*, Durham and London: Duke University Press.

Halstead and Michael Lind, 2006, *Almanaque México-Estados Unidos*, México: FCE.

Hernández Licona, Gonzalo, 2000, "El empleo en México en el siglo XXI", *El Cotidiano*, no. 100.

Herrera, Remy and Paulo Nakatani, 2004, "De-Dollarizing Cuba", *International Journal of Political Economy*, vol. 34, no. 4.

Hirst, Monica, 1996, "The Foreign Policy of Brazil: From the Democratic transition to its Consolidation", Muñoz, Heraldo, Joseph S. Tulchin eds., *Latin American Nations in World Politics*, Boulder, Col.: Westview Press.

Honty, Gerado, 2006, "Interconexión energética sin integración política", Revista del Sur, no. 165, mayo/junio [http://www.integracionsur.com/americalatina/HontyIntegracionEnergitica.pdf, 검색일: 2008. 4. 17].

Hylton, Forrest, 2003, "An Evil Hour: Uribe's Colombia in Historical Perspective", *New Left Review*, no. 23, September~October. pp. 51~93.

IADB, 2005, "Remittance and Development: the Case of Mexico"(PPT 자료) [http://idbdocs iadb.org/wsdocs/getdocument.aspx?docnum=561166, 검색일: 2006. 9. 15].

IEA(International Energy Agency), 2003, *South American Gas: Daring to Tap the Bounty*, Paris: OECD/IEA.

Inostroza, Enrique, 2004, "Gas natural: Argentina nos complica la vida", *Ercilla: Revista Informativo*, no. 3239. de 12 al 25 de abril.

IPESPE, "A economia e a eleção 2006: Pesquisa telefônica nacional" [http://www.ipespe. com.br, 검색일: 2008. 4. 26].

Isaacson, Adam, 2001, "La asistencia estadounidense a la seguridad en los paises de la región andina, 2001~2001", *Colombia Internacional*, 49~50, febrero, Bogota. pp. 63~81.

Isaacson, Adam, and Joy Olson, 2003, "A Quick Tour of U.S. Defense and Security Relations with Latin America and Caribbean" [http://ciponline.org/facts/1101jtf.htm, 검색일: 2003. 9. 20].

Jarry, Irene, 2002, "Colombie: La Presidence de tous les dangers", *Politique Internationale*, No. 97, automne. pp. 305~22.

Jatar-Hausmann, Ana Julia, 1999, The Cuban Way: Capitalism, Communism and Confrontation, West Hartford, Conn.: Kumarian Press.

Jiménez, Gerardo, 2007, "Argentina's Looming Energy Crunch", *Energy Tribune*, March.

Jorge, Antonio, 2004, "A Preliminary Approach to a Social Market Economy for Post-Castro Cuba", *Cuba in Transition*, ASCE.

Katz, Fridrich, 2000, "La Corrupción y la Revolución mexicana", en Lomnitz coord.

Kaufmann, D., A. Kraay, and M. Mastruzzi, 2007, "Governance Matters 2007: Worldwide Governance Indicators, 1996~2006" [http://papers.ssm.com/sol3/papers.cfm?abstract_id=999979, 검색일: 2009. 10. 23].

Klom, Andy, 2003, "Mercosur and Brazil: A European Perpective", *International Affairs*, vol. 79, no. 2.

Knight, Alan, 1996, "Corruption in Twentieth Century Mexico", Little, Walter and Eduardo Posada-Carbó eds., *Political Corruption in Europe and Latin America*, London: Institute of Latin American Studies, University of London.

Knoop, Joachim, 2003, "El Brasil con Lula, Mas de lo mismo?", *Nueva Sociedad*, no. 187.

Kozulj, Roberto, 2004, *La industria del gas natural en América del Sur: situación y posibilidades de la integración de mercados*, Santiago de Chile: Cepal.

_____ 2005, *Crisis de la industria del gas en Argentina*, Santiago de Chile: Cepal.

_____ 2006, "La integración latinoamericana: una prospectiva cargada de incertidumbre", *Nueva Sociedad*, no. 204.

_____ 2007, "Situación y perspectivas del gas natural licuado en América del Sur", presentación en seminario internacional 'La trancisión hacia un nuevo orden energético mundial.' 29 de noviembre, Santiago de Chile.

Krauze, Enrique, 1997, *Mexico, Biography of Power: A History of Modern Mexico, 1810~1996*, New York: HarperCollins Publisher.

Labrousse, Alain, 2002, "Drogue et terrorisme: Les liens du sang", *Politique Internationale*,

No. 97, automne. pp. 379~392.

Lamini, Salim, 2004a, "Cuba et la question des droits de l'Homme", *Reseau d'information et de solidarite avec l'Amerique latine(RISAL)*, 25 mars.

_____ 2004b, "Cuba face a la nouvelle Administration Bush", *Reseau d'information et de solidarite avec l'Amerique latine(RISAL)*, 3 decembre.

Lanzaro, Jorege coomp., 2001, *Tipos de presidencialismo y coaliciones politicas en America Latina*, Buenos Aires: CLACSO.

Lapena, Jorge y Jorge Olmedo, 2004, "Crisis energética argentina: Análisis y propuestas", PPT, Buenos Aries, 4 de mayo.

Latinobarómetro, 2007, *Informe Latinobarómetro 2007: Banco de datos en línea*, noviembre [http://www.der.oas.org/INFORME LB 2007.pdf, 검색일 2009. 10. 23].

Lievesley, Geraldine, 2004, *The Cuban Revolution: Past, Present and Future Perspectives*, New York: Palgrave Macmillan.

Linkohr, Rolf, 2006, "La política energética latinoamericana: entre el Estado y el mercado", *Nueva Sociedad*, no. 204.

Lomnitz, Claudio, coord., 2000, *Vicios públicos, virtudes privadas: La corrupción en México*, México: CIESA.

_____ 2000, "Ritual, rumor y en la conformación de los 'sentimientos de la nación'", en Lomnitz.

Lopes, Juarez B., 1996, "Obstacles to Economic Reform in Brazil", Lijphart, Arend, Carlos Waisman eds., *Institutional Design in New Democracies: Eastern Europe and Latin America*, Westview Press.

López Espinosa, Mario, 2002, *Remesas de mexicanos en el exterior y su vinculación co el desarrollo económico, social y cultural de sus comunidades de orígen*, Estudios sobre Migración Internacional no. 59. ILO, Geneva.

López Villafane, Victor, 2002, "El TLCAN y las lecciones de una integracion", in López Villafane y Di Masi coord., *Del TLC al Mercosur: Integración y diversidades en América Latina*, México: Siglo XXI.

Losada, Carlos, 2003, "La distribución de gas natural en Brasil", *ICE*, octubre~noviembre, no. 3.

Loyzaga de la C., Octavio, 2002, "Observaciones a las propuestas de la STPS para modificar la Ley Federal del Trabajo", *El Cotidiano*, no. 113, mayo~junio.

Lüders, Rolf J., 2000, "Early Massive, Broad, and Successful Privatizations: the Case of Chile", Melissa H. Birch and Jerry Haar eds., *The Impact of Privatization in the Americas*, Miami, Fl.: North-South Center Press.

Lustig, 1994, "NNAFTA: Doing Well by Doing Good", *Brookings Review*, vol. 12, no. 1.

Mainwaring, Scott, 1995, "Brazil, Weak Parties, Feckless Democracy", S. Mainwaring, T. Scully eds., *Building Democratic Institutions: Party Systems in Latin America*, Stanford University Press.

_____ 1997, "Multipartism, Robust Federalism, and Presidentialism in Brazil", Mainwaring, Scott, Mattew Schugart eds., *Presidentialism and Democracy in Latin America*, New York: Cambridge University Press.

Manzetti, Luigi, 2000, "The Political Economy of Regulatory Policy", Manzetti ed., *Regulatory Policy in Latin America: Post-Privatization Realities*, Miami, Fl.: North-South Center Press.

Mares, David R., 2006, "Natural Gas Pipelines in the Southern Cone", Victor, D., Am Jaffe, and M. Hayes eds., *Natural Gas and Geopolitics from 1970 to 2040*, Cambridge.

Martinez, Javier and Alvaro Diaz, 1996, *Chile, the Great Transformation*, Washington D.C: The Brookings Institution.

Martins, Renato e Marcela Escribano, 2005, "E agora, Lula?", *La Chronique des Amériques*, Décember, no. 42.

Mastrapa III, Armando, 2000, "Soldiers and Businessmen: The Far During the Special Period", *Cuba in Transition*, ASCE.

McLean, Phillip, 2002a, "Colombia-Thinking Clearly about the Conflict: A Discussion Paper", *Policy Papers on the Americas*, vol. 13, Study 7, October.

_____ 2002b, "Colombia: Failed, Failing, or Just Weak?", *The Washington Quarterly*, Summer.

Mendes da Fonseca, Maria and Luis Eduardo Duque Dutra, 2007, "Energy Integration in South America: Driving Force for Regional Integration Process?" [http://www.iadb.org/intal/aplicaciones/uploads/ponencias/i_foro_ELSNIT_2007_10_02_Maria_Fonseca.pdf , 검색일: 2008. 4. 17].

Mesa-Lago, Carmelo, 2005a, The Cuban Economy Today: Salvation or Damnation?", *Cuban Transition Project,* Institute for Cuban and Cuban-American Studies, University of Miami [http://ctp.iccas.miami.edu/Research_Studies/CMesaLago2005.pdf, 검색일: 2006. 6. 25].

_____ 2005b, "Growing Economic and Social Disparities in Cuba: Impact and Recommendations for Change", *Cuban Transition Project*, Institute for Cuban and Cuban-American Studies, University of Miami [http://ctp.iccas.miami.edu/Research_Studies/CMesaLago.pdf, 검색일: 2006. 6. 25].

Mettenheim, Kurt E., 1997, "Brazilian Presidentialism: Shifting Comparative Perspectives from Europe to the Americas", Mettenheim, K, ed. *Presidential Institutions and*

Democratic Politics: Comparing Regional and National Contexts, Johns Hopkins University Press.

_____ 2001, "Presidencialismo, democracia y gobernabilidad en Brasil", en Jorge Lanzaro comp., 2001, *Tipos de presidencialismo y coaliciones políticas en América Latina*, Buenos Aires: CLACSO.

Monclair, Stephanie, 2004, "Actions et bilans du gouvernement Lula", *Problème d'Amérique Latine*, no. 53.

Monreal, Pedro, 2002, "Development as an Unfinished Affair: Cuba After the 'Great Ajustment' of the 1990s", *Latin American Perspectives*, no. 124, May.

Monsiváis, Carlos, 1995. "El político: arquetipo y estereotipo", en Enrique Florescano coord., *Mitos mexicanos*, México: Aguilar.

Moreno-Brid, Juan Carlos, Juan Carlos Rivas Valdivia y Jesús Santamaría, *Mexico: Economic Growth, Exports and Industrial Performance after NAFTA*, México: CEPAL.

Morris, Stephen, 1991, *Corruption and Politics in Contemporary Mexico*, The University of Alabama Press.

_____ 2000, "La política acostumbrada o la política insólita? El problema de la corrupción en el México contemporáneo", en Claudio Lomnitz, coord., *Vicios públicos, virtudes privadas: la corrupción on México*, México: CIESAS

_____ 2003a, "Political Corruption in Mexico: An Empirical Analysis" [http://www. southalabama.edu/internationalstudies/sdmweb/crptn%20in%20Mexico%20lasa2003. pdf, 검색일: 2007. 7. 5].

_____ 2003b, "Corruption and Mexican Political Culture" [http://www.southalabama. edu/internationalstudies/sdmweb/crptn%20and%20political%20culture.pdf, 검색일: 2007. 7. 5].

Mueller, Alberto, 2006, "Infraestructura y servicios públicos en Argentina: Experiencias y propuestas", en *Escenarios de salida de crisis y estrategias alternativas de desarrollo para Argentina*, por Neffa, Julio Cesar y Hector Cordono, Buenos Aires: Conicet.

Mungiu-Pippidi, Alina, 2006, "Corruption: Diagnosis and Treatment", *Journal of Democracy*, vol. 17, no. 3.

Nadeau, Christian, 2005, *Étude socio-économique et politique: Cuba(1989~2005)*, Observatoire des Amériques, decembre [http://www.ieim.uqam.ca/ING/pdf/dossier_ cuba_05_03.pdf, 검색일: 2006. 5. 25].

Nieto, Francisco, 2004, "Desmitificando la corrúpcion en América Latina", *Nueva Sociedad*, no. 194, noviembre-diciembre.

Olmedo, Jorge, 2004, "Reforma institucional y nuevos criterios regulatorios"(PPT 자료),

julio de 2004, Buenos Aries.

Oppenheimer, Andres, 1992, *Castro's Final Hour*, New York: Touchstone.

Otero, Jerardo, ed. 2006, *México en transición: Globalismo neoliberal, Estado y sociedad civil*, México: Miguel Ángel Porrúa.

Paillard, Christophe-Alexandre, 2006, "L'Amérique du sud: une nouvelle arme politique, l'énergie", *Energie et Géopolitique: Rapport d'infomation*, Paris: Assemblée Nationale. [http://www.u-m-p.org/pdf/energie-et-geopolitique_AN-i3468.pdf, 검색일: 2008. 4. 17].

_____ 2007, "L'Amérique latine et ses défis energétiques: la tentation de la rupture révolutionnarie", Mars, Working Paper, Santiago de Chile: Universidad Bernando O'Higgins [http://www.centretransatlantique.fr/pdf/energie_amlat.pdf, 검색일: 2008. 4. 17].

Palermo, Vicente, 2004, "Estrategias riesgosas, Racionalidad política y gestión económica de gobiernos, en Palermo(comp. 2004).

Palermo, Vicente comp., 2004, *Politica brasileña contemporánea: De Collor a Lula en años de transformación*, Buenos Aires: Siglo Ventiuno de Argentia Editores.

Panizza, Francisco, 2004, "Política y económia de Brasil contemporáneo", en Palermo(comp. 2004).

Papademetriou, Demetrios, 2004, "The Shifting Expectations of Free Trade and Migration", in Audley et als., *NAFTA'S Promise and Reality*, CARNEGIE ENDOWME NT.

Paquin-Boutin, Marie-Pierre, 2005, La nouvelle stratègie commerciale des puissances du Sud: le G-3, le G-20 et le cas du Bresil", *La Chronique des Amériques*, no. 6, Fevrier.

Pécaut, Daniel, 2003, "Guerre, processus de paix, polarisation politique", *Problemes d'Amérique latine*, No. 1044, printemps. pp. 7~30.

Pérez-Lopez, Jorge F., 2003, "The Legacies of Socialism: Some Issues for Cuba's Transition", *Cuba in Transition*, vol. 13, ASCE.

_____ 2004, "Foreign Investment in Cuba: An Inventory", *Cuba in Transition*, vol. 14 ASCE.

Peschard, Jacqueline, 2006, "Control over Party and Campaign Finance in Mexico", *Mexican Studies/Estudios Mexicanas*, vol. 22, no. 1, Winter.

Petrecolla, Diego, 2000, "Natural Gas Market Structure in Argentina and Energetic Regional Integration: Competition Policies Issues", CEER/UADE Working Paper.

Phillips, Nicola, 2003, "Hemispheric Integration and Subregionalism in the Americas", *International Affairs*, vol. 79, no. 2.

Pinheiro, Leo e Ildo Sauer, 2006, "O problema do gas-Entrevista", *Valor econômico*, 12 decembre.

Ponce M., Nadia Karina, 2003, "La réforme invisible: la consolidation de la democratie au Méxique et la professionalisation de la fontion publique", *Observatoire des Amériques*, novembre 2003.

Pyati, Archana, 2005, "The New Immigrants Don't Hate Fidel", Lydia Chavez ed., *Capitalism, God, and a Good Cigar: Cuba Enter the Twenty-First Century*, Durham: Duke University Press.

Quintana, Victor, 2007, "Crisis de la tortilla, crisis del modelo" [http://www.art-us.org/node/213, 검색일: 2007. 7. 4].

Rabinobich, Gerardo, 2006, "El impacto de la privatización de la industria energética sobre los consumidores finales en la Argentina. Como explicar la partida de los operadores extranjeros", 4ème Colloque internacional de réseau francophone MONDER(Mondialisation, Energie, Environement), Sartigny, Suisse, 8~11 janvier.

Ranis, Gustav and Stephan Kosack, 2004, "Growth and Human Development in Cuba's Transitions", Institute for Cuban and Cuban-American Studies, University of Miami [http://ctp.iccas.miami.edu/Research_Studies/GRanis_SKosack.pdf, 검색일: 2006. 6. 15].

Restrepo, Luis Alberto, 1992, "The Crisis of the Current Political Regime and Its Possible Outcomes", in Berquist et al. pp. 272~92.

Reynolds, Maura, 2004, "President Bush source of Castro's 'cleanest' Cuban prostitute quote", *Los Angeles Times*, September 12.

Riding, Alan, 1989, *Distant Neighbors: A Portrait of the Mexicans*, New York: Vintage Books.

Romero, Miguel Angel y Javier Gutierrez, 2002. "La hora de los des(acuerdos)", *El Cotidiano: Revista de la realidad mexicana actual*, no. 116.

Rompay, Jan van, 2004, "Brazil's Strategy towards the FTAA", Vizentini and Wiesebron eds., *Free Trade for the Americas? The United States' Push for the FTAA Agreement*, London: Zed Books.

Sader, Emir, 2005, "Taking Lula's Measure", *New Left Review*, vol. 33, May-June.

_____ 2002, "La raiz de la crisis brasileña", Gambia, Julio comp., *La globalización económico-financiera: Su impacto en América Latina*, Buenos Aires: CLACSO.

Salas Páez, Carlos, 2003, "Integración económica, empleo y salarios en México", en E. de la Garza y C., Salas, coord., *NAFTA y Mercosur: Procesos de apertura económica y trabajo*, Buenos Aires: CLACSO.

_____ 2006, "Between Unemployment and Insecurity in Mexico: NAFTA Enters Its Second Decade", in Robert Scott, Carlos Salas, and Bruce Campbell, *Revisiting NAFTA: Still Not Working for North America's Workers*, Economic Policy Institute, EPI Briefing

Paper, no. 173, September 28.

Sallum Jr., Brasilio, 2004, "Metamorfosis del Estado brasileño a finales del siglo XX", en Palermo (comp. 2004).

Sallum Jr., Brasilio y Eduardo Kugelmas, 2003, "Gobierno de Lula, Continuidad, avance o retroceso?", Chacho Alvarez, comp., *La Argentina de Kirchner y el Brasil de Lula*, Buenos Aires: CEPES.

Saney, Isaac, 2004, *Cuba: A Revolution in Motion*, London: Zed Books.

Sanford, James, 1993, "Continental Economic Integration: Modelling the Impact on Labor", *Annals of the American Academy of Political and Social Science*, March.

Shifter, Michael, 1999, "Colombia at War", *Current History*, March.

_____ 2002, "A Shaken Agenda: Bush and Latin America", *Current History*, Feb., p. 51.

Siciliano Esposito, Alexandre, 2001, "Oportunidades e entraves ao uso do gas natural na geracao de eletricidade", 2° Congresso brasileiro de P&D em petroleo & gas [http://www.portalabpg.org.br/PDPetro/2/8033.pdf, 검색일: 2008. 4. 17].

Smith, Wayne, 2005, " 'Last throes' only in eye of delusional Bush", *The South Floria Sun-Sentinel*, August 6.

Stiglitz, Joseph, 2004, "The Broken Promise of NAFTA", *New York Times*, January 6.

Strake, Christian, 2003, "Mexico: The Sick Man of NAFTA", *World Policy Journal*, Summer.

Suárez Carrea, Victor, 2005, *Tiene futuro la agricultura campesina en México? Política pública para la soberaniá alimentaria y el desarrollo rural con campesinos*, Mexico: CEDRSSA.

Tavares de Almeida, Maria Herminia, 2003, "Los desafios de la reforma social en Brasil", *Nueva Sociedad*, no. 187.

Tickner, Arlene B., 2003, "Colombia and the United States: From Counternarcotics to Counterterrorism", *Current History*, vol. 102, Issue. 661, February.

_____ 2001, "Tensiones y consecuencias indeseables de la política exterior estadounidense en Colombia", *Colombia Internacional*, No. 49~50, febrero, pp. 39~61.

Transparencia Mexicana, 2006, "Indice nacional de corrupción y buen gobierno" [http://www.transparenciamexicana.org.mx/documentos/ENCBG/2005/Folleto_INCBG_2005.pdf, 검색일: 2007. 7. 10].

Trumbull, Charles, 2000, "Economic Reforms and Social Contradictions in Cuba", *Cuba in Transition*, vol. 10, ASCE.

Valdés U., Francisco, 2000, "La corrupción y las transformaciones de la burguesía en Mexico, 1940~1994", en Lomnitz, (coord., 2000).

Vázquez Díaz, René, 2004, "Fallait-il sanctionner Cuba?", *Le monde diplomatique*, fevrier.

Veliz, Claudio, 1980, *The Centralist Tradition of Latin America*, Princeton, N.J.: Princeton University Press.

Vigevai, Tullo e Marcelo Passini Mariano, 2005, "A ALCA Light e o Governo Brasileiro", *La Chronique des Amériques*, no. 3. Janvier.

Weinmann, Lissa, 2004, "Washington's Irrational Cuba Policy", *World Policy Journal*, vol. 21, no. 1, Spring.

Weintraub, Sidney, Alan Rugman, Gavin Boyd eds., 2004, *Free Trade in the Americas: Economic and Political Issues for Governments and Firms*, Cheltenham UK: Edward Elgar.

Weyland, Kurt, 2006, "Reform and Corruption in Latin America", *Current History*, February.

Zapata, Francisco, 2005, *Tiempos neoliberales en México*, México: El Colegio de México.

Zarsky, Lyuba and Kevin P. Gallagher, 2004, "NAFTA, Foreign Direct Investment, and Sustainable Industrial Development in Mexico", *Americas Program Policy Brief* [http://www.ase.tufts.edu/gdae/pubs/rp/amerprogfdijanat.pdf, 검색일: 2006. 9. 15].

Zibechi, Raúl, 2006, "Sous-impérialisme.br", *Risal*, 28 juin [http://risal.collectifs.net/spip.php?article1788, 검색일: 2008. 4. 26].

Zirnite, Peter, 1998, "The Militarization of the Drug War in Latin America", *Current History*, April. pp. 166~73.

잡지

『수은조사월보』(한국수출입은행)
『월간 중남미정보』(외교통상부)
Anuario La Jornada 2003(Mexico: La Jornada) 연보
L'Etat du monde 2004(Paris: La Decouverte) 연보
Sinopsis internacional [www.bndes.gov.br/espanol/estudios.asp]

웹사이트

대한무역진흥공사 홈페이지 [http://www.kotra.or.kr/wps/portal/dk] 상파울루KBC
AEB [http://www.acb.org.br/]
PDVSA [http://www.pdvsa.com/]
Petrobras [http://www.petrobras.com.br/]
Repsol [http://www.repsol.com/es_en/]
YPFB(Bolivia) [http://www.ypfb.gov.bo/]

찾아보기